TATORT Geschichte

TATORT Geschichte

Kriminalistische Spurensuche in der Vergangenheit

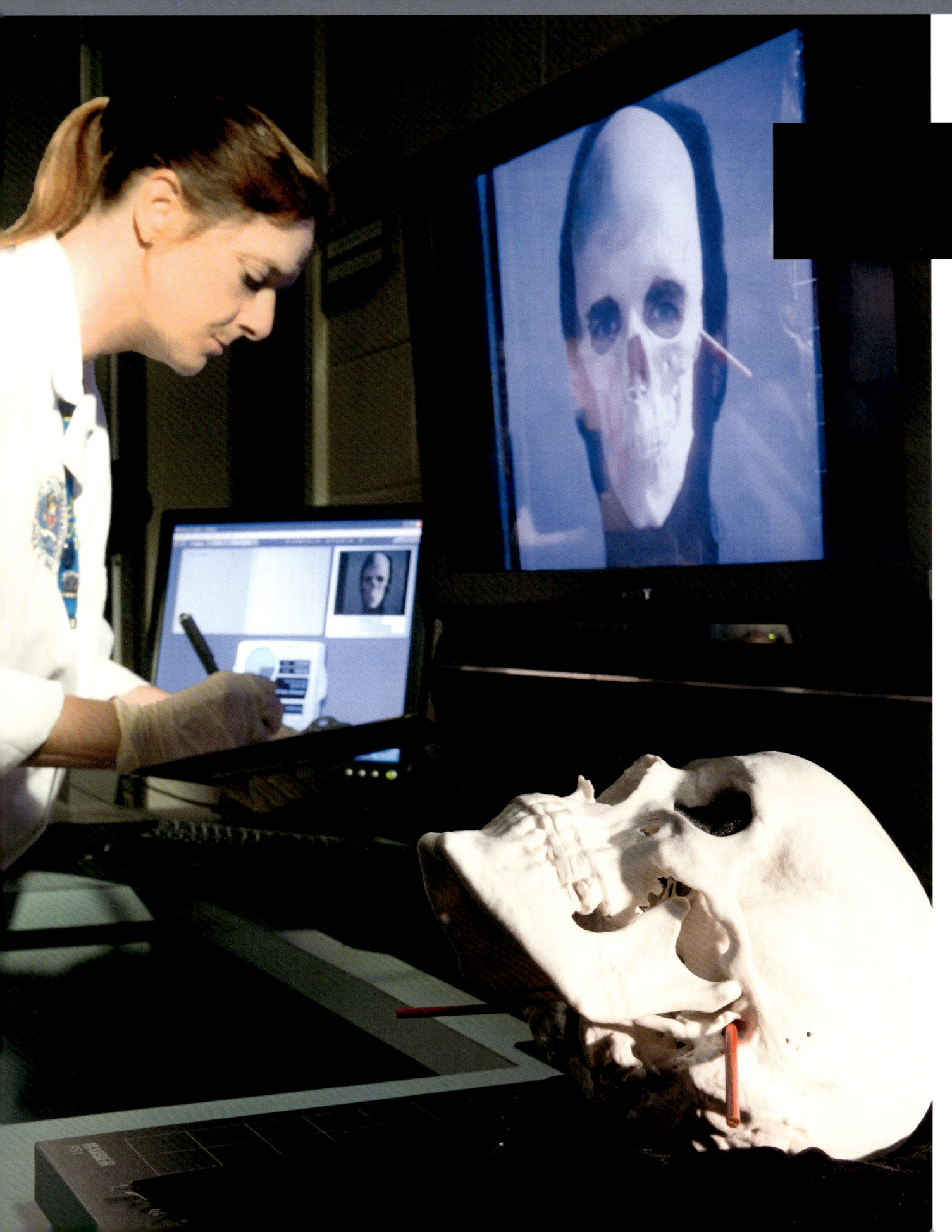

Vorwort

Wie ein roter Faden ziehen sich Mord, Betrug und Intrigen durch die Geschichte, ebenso wie leidenschaftliche Kämpfe für Heimat, Freiheit und Ideale. In den meisten Fällen – selbst wenn sie Jahrtausende zurückliegen – haben wir heute eine recht genaue Vorstellung vom Hergang der Ereignisse, von Tätern und Opfern, von Kämpfern und Helden. Manche aber sind mysteriös geblieben. Das Legendenhafte, Ungewisse, das diese Fälle umgibt, macht ihren besonderen Reiz aus – nicht nur für Historiker und Archäologen. Heute sind auch Linguisten, Mediziner, Forensiker, Computerexperten und viele andere an den Tatorten der Geschichte aktiv. Mithilfe modernster Forschungs- und Ermittlungsmethoden arbeiten sie zusammen, um die bekannten Fakten neu zu analysieren, zu interpretieren und schließlich die Rätsel der Geschichte zu lösen.

Dieses Buch führt Sie zu 70 solchen Tatorten der Geschichte und macht Sie zum Zeugen aufregender historischer Detektivarbeit. Es nimmt Sie mit auf die spannende Spurensuche der Ermittler, lässt sie an ihren Erfolgen teilhaben. Bei Geheimnissen, die immer noch darauf warten, vom Schleier des Mysteriösen befreit zu werden, bringen die Artikel Sie auf den aktuellen Stand der Nachforschungen. Darüber hinaus bietet „Tatort Geschichte" Ihnen in vielen Sonderartikeln Einblicke in die modernen Methoden, mit denen die wissenschaftlichen Detektive heute versuchen, Licht ins Dunkel der Vergangenheit zu bringen.

Die Redaktion

Inhalt

Unter
ungeklärten
Umständen

Bis heute bewegt der tragische Tod des Märchenkönigs die Gemüter. Verübte Ludwig II. von Bayern tatsächlich Selbstmord?

Tatort Starnberger See

A m Abend des 13. Juni 1886 ertrank Ludwig II., der gerade entmündigte König von Bayern, im nahe der Residenzstadt München gelegenen Starnberger See. Das ist das einzige wirklich gesicherte Faktum in der mysteriösen und viel diskutierten Geschichte vom Tod jenes Monarchen, den man gern mit dem Attribut „Märchenkönig" dekoriert.

Tatsächlich war Ludwig eine schillernde Persönlichkeit. Mit seinen Prunkbauten – beispielsweise dem Aushängeschild Schloss Neuschwanstein, wohin heute noch die Massen in seligem Gedenken an den berühmtesten König der Bayern pilgern – und anderen Extravaganzen hatte er den Staat an den Rand des Ruins gebracht. Und doch war er

beim Volk ungemein populär gewesen. Umso größer waren Trauer und Bestürzung, als die Nachricht von seinem plötzlichen Tod im Wasser die Runde machte.

Königlicher Schwärmer

Als er starb, war der Wittelsbacher Ludwig II. 40 Jahre alt. 1864 war er als Nachfolger seines Vaters Maximilian König im Land der Bayern geworden. Musik und Kunst liebte er, schwärmerisch und romantisch wie er war, mehr als die nüchterne Politik. Die meiste Zeit verbrachte er zurückgezogen in seinen Schlössern. Im Winter unternahm er nächtliche Schlittenfahrten durch die Wälder. Verheiratet war er nie, obwohl die Frauen für

Das Gedenkkreuz im Starnberger See markiert die Stelle, an der Ludwig II. am 13. Juni 1886 leblos aufgefunden wurde. Das Gemälde von Ferdinand Piloty zeigt den stattlichen König im Alter von 20 Jahren kurz nach seinem Amtsantritt.

gehalten wurde. Der entscheidende Satz stand ganz am Ende des weitschweifigen Dokuments und war trotz seiner geschraubten Formulierungen in der Grundaussage unmissverständlich: „Seine Majestät sind in sehr weit vorgeschrittenem Grade seelengestört und zwar leiden Allerhöchstdieselben an jener Form von Geisteskrankheit, die den Irrenärzten aus Erfahrung wohl bekannt mit dem Namen Paranoia – (Verrücktheit) – bezeichnet wird."

Einer der Gutachter war der bekannte Mediziner und Psychiater Bernhard von Gudden aus München, der seine Diagnose, wie Kritiker und Königstreue schon damals vermerkten, gestellt hatte, ohne den königlichen Patienten selbst untersucht zu haben. Nur über Berichte aus zweiter Hand hatte er sich mit dem Geisteszustand des Sonderlings auf dem Thron der Bajuwaren beschäftigt. Das Votum der Ärzte nahmen die Minister am 9. Juni 1886 aber gern zum Anlass, den König zu entmündigen und ihn damit praktisch abzusetzen. Die Regentschaft übernahm einen Tag später Ludwigs Onkel Luitpold.

ihn schwärmten. Man munkelte von Homosexualität. Jedenfalls war Ludwig II. eine außerordentlich attraktive Erscheinung. Später allerdings nahm sein Leibesumfang immer größere Ausmaße an.

Verhängnisvolles Gutachten

Die Minister des Königs hatten ein schweres Los, zumal Ludwig sich immer weniger um die Regierungsgeschäfte kümmerte, gleichzeitig aber das Geld mit vollen Händen ausgab. So kamen sie zu dem Schluss, dass Ludwig, der mehr und mehr die Öffentlichkeit scheute, nicht mehr in der Lage war, sein Amt auszuüben. Ein von der Regierung in Auftrag gegebenes Gutachten attestierte dem König eine unheilbare geistige und seelische Verwirrung. Zu diesem Urteil sah man sich auch deswegen berechtigt, weil Ludwigs Bruder Otto schon seit Längerem unter schweren psychischen Störungen litt und im Münchener Schloss Nymphenburg in Gewahrsam

Exil am See

Doch wie stellte man es an, einen populären, rechtmäßigen König aus dem Amt zu entfernen? Die Mitglieder des Kabinetts entschieden sich für den direkten Weg. Noch am selben Tag erschien auf Schloss Neuschwanstein, wo sich der Herrscher aufhielt, eine von ihnen zusammengestellte Delegation, die Ludwig über die Entscheidungen informierte. Der Erfolg der Mission hielt sich jedoch in engen Grenzen, denn der gegen seinen Willen entthronte Monarch ließ, ungewöhnlich entschlossen und kämpferisch, die ungebetenen Gäste auf der Stelle verhaften. Doch die Minister gaben nicht auf. Am 11. Juni erschien gegen Mitternacht eine weitere Kommission in Neuschwanstein, mit dem Arzt Gudden an der Spitze. Sie fand Ludwig in einem erregten und nervösen Zustand vor. Der Mediziner konnte ihn schließlich dazu überreden, Neuschwanstein zu verlassen und sich unter ärztliche Aufsicht zu stellen. Als Zwangsdomizil wurde Schloss Berg am Starnberger See ausgewählt, das dem König in den Jahren zuvor als Sommerresidenz gedient hatte. Diesen Ort konnte Gudden von seiner Klinik in München aus besser und schneller erreichen, um, wie es geplant war, die ärztliche Behandlung des prominenten Patienten fortzusetzen.

Dann kam der verhängnisvolle 13. Juni, ein Pfingstsonntag. Am Vormittag unternahm Gudden in Begleitung von zwei Pflegern mit dem Exkönig einen Spaziergang im Schlosspark. Ludwigs Wunsch, aus Anlass des Feiertags eine Messe besuchen zu dürfen, war abgelehnt worden. Der labile Patient hatte in den Tagen zuvor gegenüber Dienern wiederholt erkennen lassen, dass für ihn ein Selbstmord kein Tabu war. So wollte man kein Risiko eingehen und ihn rund um die Uhr unter direkter Kontrolle behalten. Während des Gangs durch den Park zeigte sich Ludwig aufgeschlossen und wach, redete viel mit dem Arzt. Gudden nahm diese positive psychische Verfassung zum Anlass, Ludwig für den Abend einen zweiten Spaziergang zuzusichern. Vertrauten gegenüber gab der Mediziner allerdings zu verstehen, dass er von der Aussicht, einmal mehr dem ununterbrochenen Redefluss des entmündigten Königs ausgesetzt zu sein, nicht eben begeistert war.

Der zeitgenössische Holzstich hält die gespenstische Szene der nächtlichen Bergung der Leichen Dr. von Guddens und des abgesetzten „Märchenkönigs" Ludwig II. fest. Wie genau sie den Tod fanden, ist bis heute nicht geklärt.

Drama am See

Nach sechs Uhr abends machten sich Arzt und Patient auf den Weg in Richtung See. Gudden hatte signalisiert, man werde um acht Uhr, zum Abendessen, wieder im Schloss sein. Im Gegensatz zum Vormittag hielt er es diesmal nicht für notwendig, sich von Pflegern begleiten zu lassen. Es wurde acht Uhr, und von den beiden Spaziergängern fehlte jede Spur. Doch machte man sich im Schloss noch keine Sorgen. Sicher hatten sie irgendwo Schutz vor dem starken Regen gesucht, der inzwischen eingesetzt hatte. Die Zeit verging. Allmählich machte sich Nervosität breit. Guddens Assistenzarzt Dr. Müller alarmierte die Gendarmerie. Drei Polizisten begaben sich auf die Suche, streiften durch den Park und nahmen das Ufer des Sees unter die Lupe. Zunächst vergebens. Der Arzt und der König blieben verschwunden. Jetzt ergriff die Menschen im Schloss erst Furcht, dann Panik. Alle verfügbaren Kräfte wurden mobilisiert.

Mit Lampen und Fackeln stapften die Helfer durch die Dunkelheit und den Regen, immer wieder nach dem König und dem Arzt rufend – eine gespenstische Szenerie. Gegen zehn Uhr dann die erste konkrete Spur: Ein Bediensteter bemerkte im trüben Wasser des Sees zwei dunkle Gegenstände – die Überkleider des Königs. Etwa eine halbe Stunde später machte ein Fischer namens Jakob Lidl die Entdeckung, die die schlimmsten Befürchtungen Wirklichkeit werden ließ. Nicht weit entfernt vom Ufer trieben die leblosen Körper der Vermissten im See. Es war Mitternacht, als Ludwig II., der ehemalige Märchenkönig, und der berühmte Psychiater und „Irrenarzt", wie man damals sagte, offiziell für tot erklärt wurden. Die Uhren der beiden Toten stellte man sicher. Den Aufenthalt im Wasser hatten sie nicht unbeschadet überstanden. Ludwigs Zeitmessgerät war um 6.54 Uhr stehengeblieben, Guddens erst um kurz nach acht Uhr. Aber für diese Diskrepanz fand sich schnell eine Lösung: Der geniale Arzt war auch ein typischer zerstreuter Wissenschaftler, der häufig vergaß, seine Uhr aufzuziehen.

Ludwig im Urteil moderner Psychiatrie

In einem Forschungsprojekt unter der Leitung des angesehenen Heidelberger Psychiatrieprofessors Heinz Häfner gelangten Wissenschaftler in den Jahren 2004 bis 2008 zu neuen Erkenntnissen über den Geisteszustand des Bayernkönigs. Das Gutachten seines Arztes Bernhard von Gudden hält demnach modernen wissenschaftlichen Standards nicht stand, nach Häfners Meinung erfüllt es nicht einmal die damaligen.

Ludwig war nicht verrückt, wahnsinnig oder geistesgestört. Lange Jahre erledigte er seine administrativen Aufgaben zuverlässig und sorgfältig. Um den seelischen Problemen, unter denen der König litt, auf den Grund zu gehen, erstellte Häfner ein psychiatrisches Gutachten und orientierte sich dabei schlicht an den heute dafür üblichen Kriterien: In der von königlichem Selbstbewusstsein geprägten Familie der Wittelsbacher fand er keine nennenswerten Hinweise auf Geisteskrankheiten, die Untersuchung von Ludwigs Hirn erbrachte ebenfalls keine solchen Erkenntnisse. Doch litt der König unter seelischen Konflikten, die sich in einer unkontrollierten Sucht, repräsentative Bauten zu errichten, artikulierten. Dazu wurde er von einer Sozialphobie geplagt, scheute also den Umgang mit anderen Menschen. Dieser Defekt verstärkte sich in dem Maß, wie er Schuldgefühle wegen seiner homoerotischen Neigungen entwickelte und wie eben diese Neigungen ihn gesellschaftlich unmöglich machten.

Spekulationen und Theorien

Aber was war an diesem regnerischen Abend an den Ufern des Starnberger Sees passiert? Da sich keine Zeugen meldeten, blieb nichts anderes übrig, als sich aus den Todesumständen einen Reim darauf zu machen, auf welche Weise Ludwig und Gudden den Tod gefunden hatten. Offiziell einigten sich die untersuchenden Behörden auf folgende Version: Der depressive, schon lange von Selbstmordgedanken geplagte König ging in den See, um dort den Tod zu suchen. Der Arzt wollte ihn daran hindern, folgte ihm ins Wasser. Es kam zu einem Kampf, in dessen Verlauf erst Gudden und dann, entweder in selbstmörderischer Absicht, durch einen

Herzschlag im kalten Wasser oder als Folge eines epileptischen Anfalls, Ludwig starb.

Bis heute halten sich jedoch hartnäckig Gerüchte, die davon sprechen, dass es bei Ludwigs Tod nicht mit rechten Dingen zugegangen sei. Die Rede ist von Verschwörung und Mord, aber auch von Fluchtversuch. Jede neue Theorie über das rätselhafte Ende des populären Königs – ganz gleich, wie abwegig sie auch sein mag – darf nicht nur im weißblauen Land der Bayern mit großem öffentlichem Interesse rechnen. In den gut 130 Jahren, die seit den dramatischen Ereignissen im Starnberger See vergangen sind, wurde jede nur denkbare Möglichkeit zur Rekonstruktion des Geschehens in Erwägung gezogen, diskutiert, verworfen, bestätigt und wieder verworfen. Der Starnberger See gehört daher zu den bekanntesten Tatorten der Geschichte.

Diejenigen, die ihre Zweifel daran haben, dass Ludwig Selbstmord beging, argumentieren mit einem Mordanschlag, hinter dem wechselweise die damalige bayerische Regierung mit Ministerpräsident Johann Freiherr von Lutz an der Spitze oder sogar Reichskanzler Otto von Bismarck standen, der einigen politischen Ärger mit dem eigenwilligen Bayern-Herrscher gehabt hatte. War Gudden von einem von ihnen oder gar von beiden angestiftet worden, den König zu töten? Aber hatte der Arzt nicht auch selbst einen Grund gehabt, Ludwig aus dem Weg zu räumen? Immerhin war Ludwig ein anstrengender, schwieriger und undankbarer Patient. In diesem Fall wäre es zu einem erbitterten Kampf gekommen, der beide Kontrahenten das Leben kostete. Doch auch externe Täter werden im Rahmen dieser Verschwörungstheorien für möglich gehalten. So soll es nach einer neueren Theorie ein bayerischer Gendarm gewesen sein, der Ludwig mit einer Waffe erschoss, die Anhänger dieser Version sogar glauben, genau identifizieren zu können.

Wer sich mit Selbstmord oder Mord als Erklärung nicht abfinden will, favorisiert die Variante einer missglückten Flucht. Ludwig wollte sich demnach aus dem goldenen Käfig von Schloss Berg befreien. Dazu nutzte er die Gelegenheit des Spaziergangs allein mit Gudden. Doch Ludwig, an sich ein guter Schwimmer, ertrank, verfolgt von Gudden, in den Fluten des Sees. Eine prominente Helferin hatte der König in der aus Bayern stammenden Kaiserin Elisabeth II. von Österreich. Angeblich hatte „Sisi", die sich damals in Feldafing, auf der anderen Seite des Sees, aufhielt, sogar einen Fluchtwagen nach Berg geschickt. Auf die Nachricht vom Tod Ludwigs soll die Kaiserin regelrecht hysterisch reagiert haben.

Die wahren Umstände des Dramas vom Starnberger See bleiben weiter ein Rätsel. Vielleicht für immer. Manchmal allerdings gibt es Lichtblicke, die dazu dienen können, den Schleier des Geheimnisses ein wenig zu lüften. 1999 wurde in den Beständen des Rosenheimer Stadtmuseums die Totenmaske des Arztes Gudden entdeckt. Die Untersuchung des wertvollen Fundes förderte Erstaunliches zutage: Der Kopf wies deutliche Spuren von Verwundungen auf – eine Beule über dem Auge und Kratzspuren auf Nase und Stirn. Einen Kampf zwischen Arzt und Patient hatte es also auf jeden Fall gegeben. Der König hatte Gudden tätlich angegriffen. Aber wieso und in was für einer Situation? Diese Fragen kann auch der Neufund nicht schlüssig beantworten.

Mythos Märchenkönig

Ludwig II., der einst von allen geliebte, am Ende verlassene und unglückliche Märchenkönig, fand sein Grab in der Michaelskirche in München. Das Herz des Monarchen befindet sich in der Gnadenkapelle des Wallfahrsortes Altötting. An seinen rätselhaften Tod im Starnberger See erinnert ein eher schlichtes Holzkreuz nahe des Ufers, genau dort, wo am 13. Juni 1886 sein lebloser Körper gefunden wurde. Eine zu seinem Gedenken errichtete Votivkapelle ist bei der alljährlichen Wiederkehr seines Todestages eine wahre Pilgerstätte für Verehrer des Königs – und das nicht nur aus Bayern.

Mord ohne Mörder

Eine Leiche baumelt an einer Londoner Brücke – das turbulente Leben des Mannes, den man den „Bankier Gottes" nannte, hat ein mysteriöses Ende gefunden.

Der Leichnam des italienischen Bankiers Roberto Calvi wenige Minuten nachdem er an der Blackfriars Bridge hängend tot aufgefunden worden war.

Der Vatikan und die Mafia: Eigentlich, so sollte man meinen, sind das zwei völlig verschiedene Welten. Im Sommer 1982 jedoch kamen Tatsachen ans Licht, die so ungeheuerlich waren, dass das Vertrauen vieler Menschen in die Seriosität der römischen Kirche erschüttert wurde. Unmittelbarer Anlass war der Fund einer Leiche in London. Passanten hatten sie am frühen Morgen des 18. Juni entdeckt. Ihr Anblick war nichts für schwache Nerven. Um den Hals war ein rötlich koloriertes Seil ge-

schlungen, das an der Brüstung der Blackfriars Bridge, die die City von London mit dem Stadtteil Southwark verbindet, festgeknotet war. Der untere Teil des leblosen, im Rhythmus der Wellen leicht schwankenden Körpers befand sich im schmutzigen Wasser der Themse. Die herbeigerufene Polizei machte sich sofort daran, die seltsame Leiche zu untersuchen. Die Taschen des Mannes enthielten Ziegelsteine, einen falschen Pass sowie verschiedene Devisen im Wert von einigen Tausend Dollar.

Dubioser Geschäftsmann

Rasch konnte der merkwürdige Leichnam identifiziert werden: Es handelte sich um die sterblichen Überreste von Roberto Calvi. Der war beileibe kein Unbekannter: Zu Lebzeiten hatte der smarte Italiener mit dem markanten Schnurrbart eine außerordentlich dubiose Rolle im Fadenkreuz zwischen internationaler Finanzwelt, Mafia und Vatikan gespielt. Sein Name stand stellvertretend für ein von außen schwer durchschaubares Netzwerk, bei dem die Grenze zwischen seriösen Geschäften und dunklen Machenschaften ebenso fließend war wie das Wasser der Themse, aus dem man Calvi gefischt hatte.

Nach dem spektakulären Leichenfund waren die Zeitungen voll von immer neuen Enthüllungen über das Leben und Wirken des Roberto Calvi. Geboren 1920 in Mailand, arbeitete sich der unscheinbar wirkende Mann dank bester Beziehungen an die Spitze des renommierten Geldinstituts Banco Ambrosiano empor. 1971 wurde er Generaldirektor, drei Jahre später Präsident. Bei dem Mailänder Unternehmen handelte es sich um eine der wichtigsten Privatbanken Italiens. Die staunenden Leser erfuhren, dass Calvi seine Rolle als Bankier alles andere als konservativ interpretierte. Vielmehr entwickelte er sich, wie sie lasen, zu einer dominierenden Figur auf dem glatten Parkett der globalen Bankenwelt, nicht zuletzt deswegen, weil er bei seiner Arbeit zwar von einem ausgeprägten Geschäftssinn, nicht aber von Skrupeln gelenkt wurde.

Banco Ambrosiano daher zu einer Anlaufstelle für Geldwäsche und die zuverlässige Regelung illegaler Devisengeschäfte. Nicht nur in Italien standen auf seiner Lohnliste Politiker, die bereit waren, als Gegenleistung für regelmäßige Zahlungen die Wünsche des Bankiers zu erfüllen. Eng waren seine Beziehungen auch zu einer Geheimloge namens P 2 (Propaganda Due). Ursprünglich eine Vereinigung von Freimaurern, nahm die Organisation seit Beginn der 1970er-Jahre zunehmend den Charakter einer Gruppierung politisch motivierter Verschwörer an.

Zwielichtige Partner

Zu seiner Kundschaft zählten sowohl der Vatikan (in Gestalt der einflussreichen Vatikan-Bank) wie auch Mafia-Bosse in Italien, Europa und Übersee. Calvis Partner wussten die Diskretion zu schätzen, mit der seine Mailänder Zentrale auch und gerade Transaktionen der dubiosen Art, etwa über Schein- und Briefkastenfirmen, abzuwickeln pflegte. Unter Calvis Leitung wurde die

Bankier Gottes

Die Zusammenarbeit mit dem Vatikan war für den umtriebigen Finanzier besonders lohnend, da zur damaligen Zeit in Italien strenge Bestimmungen bei der Ausfuhr von Devisen vorherrschten. Die Bank des Vatikans (nominell ein eigener Staat) war von diesen Vorschriften befreit und daher für Calvi ein begehrter Partner. So pflegte er herzliche persönliche Beziehungen zu Erz-

Roberto Calvi war mit der Mafia und auch im Vatikan gut vernetzt. 1981 überstand er (Bildmitte) einen Prozess in Mailand wegen dubioser Geschäfte noch unbeschadet.

bischof Paul Casimir Marcinkus, seines Zeichens oberster Finanzchef der päpstlichen Kassen. Der Bischof erwies Calvi und dieser im Gegenzug dem Bischof manchen Gefallen. So wurde auch der ehrwürdige Vatikan in den Sog der dunklen Geschäfte Calvis gezogen. Die Zeitungen nannten ihn deswegen in einer Mischung aus Bewunderung und Neid den „Bankier Gottes". Die Rede war auch von politischen Aktionen wie der Unterstützung der freiheitlichen Solidarnosc-Bewegung in Polen. Die Tatsache, dass der damalige Papst aus eben jenem Land stammte, verlieh diesen Gerüchten eine besondere Brisanz.

Das Blatt wendet sich

Doch die Erfolgssträhne des Roberto Calvi war nicht von endloser Dauer. Offenbar war er im Lauf der Zeit dem Wahn verfallen, in seinen Geschäften praktisch unfehlbar zu sein. Dass er seine Partner spüren ließ, wie sehr sie von ihm abhängig waren, trug nicht gerade zu einem vertrauensvollen, verlässlichen Verhältnis bei. Kolportiert wurden Sprüche wie „Der Papst muss zurücktreten, wenn mir etwas passiert" oder „Wenn ich singe, stürzt der Vatikan ein." Seinen Banco Ambrosiano trieb Calvi, der allmählich den Überblick über seine diversen Geschäfte verlor, in eine tiefe Krise. Im Juni 1982 stand die einst so blühende Bank kurz vor dem Kollaps. Dem Chef, der mit seinen Spekulationen zu einem erheblichen Teil zu diesen Schwierigkeiten beigetragen hatte, drohte eine Anklage.

Daraufhin verließ er am 11. Juni – sieben Tage bevor man seine an einer Londoner Brücke baumelnde Leiche entdeckte – in einer Nacht-und-Nebel-Aktion die italienische Heimat und floh nur in Begleitung eines seiner Leibwächter über Jugoslawien und Österreich nach London. Am 15. Juni nahm er sich im Hotel Chelsea Cloisters ein bescheidenes Zimmer. Bei sich hatte er nicht viel – außer etwas Gepäck mit Kleidern einen gefälschten, auf den Namen Gian Roberto Calvini lautenden Pass, sowie Dokumente und Geld.

Den Pass und das Geld trug er auch bei sich, als man ihn am 18. Juni als Brückenleiche entdeckte. Und die Ziegelsteine? Sie hatten offenbar dazu gedient, den Körper zu beschweren und im Fluss versinken zu lassen. Zu diesem Schluss kamen jedenfalls die britischen Behörden, nachdem Gerichtsmediziner die Leiche untersucht hatten. „Tod durch Ersticken" lautete die Diagnose, und weiter: Roberto Calvi habe Selbstmord begangen. Und hatte er nicht allen Grund zu einer solchen Verzweiflungstat gehabt? In Italien wartete die Justiz auf ihn. Auch die Mafia hatte sich an seine Fersen geheftet. Deren Bosse hatten ihn schon lange im Verdacht, Gelder unterschlagen und sich auf ihre Kosten bereichert zu haben. Und im Vatikan waren seine Partner alles andere als begeistert über den Crash seiner Bank. Hatte Calvi also nur die Nerven verloren und sich auf spektakuläre Weise das Leben genommen?

Selbstmord oder Mord?

Doch bald kamen Zweifel auf. Calvi war ein knallharter Geschäftsmann gewesen, den nichts so leicht aus der Bahn warf. Selbstmord passte einfach nicht zu ihm, sagten Freunde und langjährige Weggefährten.

Auch die Hinterbliebenen kämpften, nicht zuletzt mit Blick auf die auf Eis gelegten hohen Beträge aus Calvis Lebensversicherung, leidenschaftlich gegen die Version vom Selbstmord.

Also ein Mord, der wie Selbstmord aussehen sollte? Alle Gründe, die für einen Selbstmord sprachen, konnten auch für einen Mord ins Feld geführt werden. Verdächtige gab es genug. Besonders nahmen die Behörden in Italien die Mafia ins Visier. Ein Mord wie der von der Blackfriars Bridge in London passte gut zu ihrem kriminellen Repertoire. 1991 gab ein Exmafioso zu Protokoll, Calvi sei im Auftrag der Mafia ermordet worden. Er nannte auch den Namen des angeblichen Mörders. Dieser kam vor Gericht, bestritt aber vehement, etwas mit der Tat zu tun zu haben. Dafür nannte er die Namen zweier Camorra-Angehöriger, die er für den Mord verantwortlich machte. Hinter Schloss und Riegel konnte man sie nicht mehr bringen. Ein paar Jahre zuvor waren sie bei einer Mafia-Vendetta getötet worden.

1998 wurden die auf einem kleinen Friedhof bei Como bestatteten sterblichen Überreste des toten Bankiers exhumiert und einer Obduktion unterzogen. Dabei konnte der einwandfreie medizinische Nachweis erbracht werden: Es war Mord, kein Selbstmord. Man hatte Calvi auf einem Müllplatz erwürgt und anschließend in London an die Themse-Brücke gehängt. Wieder suchte man in den Kreisen der Mafia nach den Tätern. Die Ermittlungen waren schwierig und langwierig. Im Oktober 2005 konnte in Rom ein weiterer Prozess eröffnet werden. Auf der Anklagebank saßen fünf Mitglieder der Mafia, darunter der berüchtigte Giuseppe Calo. Der Staatsanwalt plädierte als Ergebnis der Verhandlungen auf lebenslange Haftstrafen, weil er es für erwiesen hielt, dass die Beschuldigten den Mord an Calvi geplant und durchgeführt hatten. Doch nach knapp zweijährigem Prozess wurden im Herbst 2007 alle Angeklagten freigesprochen.

Filmreif

In Italien wurde der Fall Roberto Calvi in Produktionen aus den Jahren 2002 und 2008 umgesetzt. In Sachen Berühmtheit konnten sie aber nicht mit dem dritten Teil des Klassikers *Der Pate* mithalten. Regisseur Francis Ford Coppola und Autor Mario Puzo nahmen dabei die reale Geschichte der Geldwäschegeschäfte um Calvi und die Vatikanbank, aber auch die Aktiviäten der Loge P 2 aufs Korn.

AUCH ALLE MACHT DER WELT KANN DAS SCHICKSAL NICHT BEEINFLUSSEN

FRANCIS FORD COPPOLA'S

Der Pate III
The Godfather

PARAMOUNT PICTURES PRÄSENTIERT
AL PACINO
DIANE KEATON TALIA SHIRE ANDY GARCIA THE GODFATHER PART III
ELI WALLACH JOE MANTEGNA BRIDGET FONDA GEORGE HAMILTON SOFIA COPPOLA
CARMINE COPPOLA BARRY MALKIN LISA FRUCHTMAN WALTER MURCH

Keine Lösung in Sicht

Seitdem gab es immer wieder Versuche, den Mord an Roberto Calvi aufzuklären und die Mörder hinter Schloss und Riegel zu bringen. Viele Insider und Beteiligte sehen solche Versuche jedoch mit Skepsis und befürchten, dass man die Täter niemals identifizieren wird. Wahrscheinlicher ist, so wird gemutmaßt, dass die Mafia irgendwann einmal Bauernopfer in den Gerichtssaal schickt, um Gras über die Sache wachsen zu lassen. Ein Insider aus dem Umfeld der Mafia hat diese Skepsis in die pessimistischen Worte gekleidet: „Die tatsächlichen Mörder werden nie verurteilt werden, da der italienische Staat und Mitglieder der P 2-Loge sie beschützen."

Wer war Kaspar Hauser?

Er lebte nur etwas mehr als 20 Jahre. Lange genug, um zum Anlass eines der meist diskutierten Geheimnisse der deutschen Geschichte zu werden.

Sein erstes öffentliches Auftreten ist genau dokumentiert. Es war der 25. Mai des Jahres 1828, Pfingstmontag. Schauplatz des Geschehens: die alte deutsche Reichsstadt Nürnberg. Auf dem Marktplatz bemerken Passanten einen seltsamen jungen Mann. Er hat einen merkwürdig schleppenden Gang, taumelt, stammelt kaum verständliche Worte vor sich hin. Handelt es sich um einen Betrunkenen? Oder um einen geistig Verwirrten?

Mysteriöse Briefe

Etwas Licht in die Sache bringen erste polizeiliche Untersuchungen. Aufgefordert, seinen Namen zu nennen, nimmt er ein Papier zur Hand und schreibt darauf mit ungelenker Hand „Kaspar Hauser". Man entdeckt bei ihm zwei Schriftstücke. Das erste ist an den Nürnberger Rittmeister Friedrich von Wessenig adressiert. Ein Mann, der sich als Tagelöhner bezeichnet, gibt darin an, das Kind im Oktober 1812 – also 16 Jahre zuvor –

vor seiner Tür aufgefunden und großgezogen zu haben. Zu dem Rittmeister schicke er es, weil es den Wunsch geäußert habe, als Reiter zum königlichen Regiment zu gehen. Der zweite Brief stammt angeblich von der Mutter. Sie erwähnt darin den Namen „Kaspar" und behauptet, das Kind sei am 30. April 1812 geboren. Der Vater sei bei der Reiterei gewesen und nicht mehr am Leben.

Dichtung oder Wahrheit?

Die Geschichte, die so ihren Anfang genommen hat, gibt bis heute viele Rätsel auf. Dabei kann alles auf wenige einfache Fragen reduziert werden: Wer war Kaspar Hauser wirklich? Tatsächlich nur ein einfaches Findelkind mit obskurer familiärer Herkunft? War er gar ein Schwindler? Oder steckt dahinter ein großes Geheimnis? Jedenfalls wird der junge Mann rasch zu einer viel bestaunten Attraktion. Er findet Aufnahme bei einem Nürnberger Gymnasiallehrer, der ihm Lesen und Schreiben beibringt. Ein auffälliges Interesse zeigt er an Musik und Malerei. Von sich selbst gibt er aber nicht viel preis. Doch habe er viele Jahre lang in einem dunklen Verlies leben müssen, ohne jeden Kontakt zur Außenwelt. Ein paar Monate nach seinem Auffinden passiert Merkwürdiges. Kaspar Hauser wird verwundet aufgefunden. Er behauptet, die Stimme seines Angreifers wiedererkannt zu haben: Es sei derselbe Mann gewesen, der ihn im Jahr zuvor nach Nürnberg gebracht habe.

Nun beginnt die Zeit der Spekulationen. In der heftig brodelnden Gerüchteküche werden Stimmen laut, die davon sprechen, dass Kaspar Hauser in Wirklichkeit ein Prinz sei. Kaspar, so heißt es, stamme aus dem Fürstenhaus Baden. Seine Eltern seien der Erzherzog Karl und dessen Gemahlin Stéphanie, eine Adoptivtochter Napoleons. Im September 1812 bekamen sie einen Sohn, der aber, wie offiziell kolportiert wurde, schon kurz darauf gestorben sei. Tatsächlich habe man den echten Erbprinzen gegen ein krankes Kind, von dem man annahm, dass es bald sterben würde ausgetauscht. Der Sinn der Aktion: Eine Seitenlinie der badischen Herzogsfamilie habe sich durch Beseitigung des legitimen Erben ihre Ansprüche auf die Herrschaft sichern wollen. Kaspar Hauser war nach dieser Konstruktion der – gesunde – Sohn des badischen Erzherzogs. Man habe ihn nach der Entführung in einem Kerker eingesperrt. Als Übeltäterin machte man die Gräfin Luise Karoline von Hochberg aus, die zweite Frau des badischen Markgafen Karl Friedrich.

Tod eines Findlings

Kaspar Hauser starb am 17. Dezember 1833 in Ansbach an den Folgen einer Stichverletzung, die er vier Tage zuvor erlitten hatte. Er selbst gab an, Opfer einer Messerattacke gewesen zu sein, nachdem ihn ein Unbekannter in einen Park gelockt habe. Die un-

Am 13. Dezember 1833 wurde Kaspar Hauser niedergestochen – so lautet jedenfalls seine eigene Darstellung. War der junge Mann, der offenbar in völliger Isolation aufgewachsen war, Opfer einer Erbintrige?

tersuchenden Behörden zweifelten an dieser Version. Es sah ganz so aus, als habe sich Kaspar Hauser die tödliche Verletzung selbst zugefügt, um das damals nachlassende öffentliche Interesse an ihm neu zu beleben.

Die Stunde der Wissenschaft

Sollte dies tatsächlich seine Absicht gewesen sein, so ging die Strategie voll und ganz auf. Die Entschlüsselung der Akte Hauser entwickelte sich in der Folgezeit zu einem Lieblingsobjekt von Kriminologen, Historikern und Naturwissenschaftlern. Die einen versuchten, die Theorie von dem Prinzen zu untermauern, die anderen, sie zu widerlegen. 1996 wurde ein Experiment gestartet, von dem man sich endlich Klarheit erhoffte. Man verglich das Erbgut von Nachkommen der herzoglichen Familie mit dem des Findlings Kaspar Hauser. Möglich war dies, weil man über einen – vermeintlich – originalen Blutfleck verfügte. Er befand sich an der Unterhose, die er bei dem tödlichen Messerangriff getragen haben soll und die im Ansbacher Stadtmuseum deponiert ist. „Genforscher haben ein Jahrhunderträtsel gelöst!" jubelte nach der DNA-Analyse das Magazin „Spiegel". Denn es ergaben sich keine Hinweise auf eine verwandtschaftliche Beziehung Hausers zum herzoglichen Haus. Doch die Anhänger der Prinzen-Theorie gaben sich nicht geschlagen. Sie konnten sich darauf berufen, dass die Identität der blutbefleckten Hose mit dem Kleidungsstück, das das Opfer bei dem Attentat am 13. Dezember 1833 trug, nicht zweifelsfrei gesichert war.

Einen weiteren Versuch der Klärung unternahm sechs Jahre später das Institut für Rechtsmedizin in Münster. Das Ergebnis war nun wieder Wasser auf die Mühlen für die Vertreter der Ansicht, Kaspar Hauser sei herzoglichen Geblüts gewesen und aus erbschleicherischen Gründen ermordet worden. Die Wissenschaftler nahmen sich bei ihrer Untersuchung die Haare und Körperzellen

des berühmten Findelkinds vor. Unter den sechs Proben, die analysiert wurden, befanden sich zwei Locken unzweifelhafter Herkunft – die eine aus dem Nachlass von Hausers Freund Paul Johann Anselm von Feuerbach, die andere aus den Beständen des Ansbacher Museums, außerdem winzige Gewebeteilchen, die sich an der Krempe von Hausers Hut befanden. Die Forscher bedienten sich der sogenannten mitochondrialen DNA, für deren Vergleich eine Nachfahrin der herzoglichen Familie gewonnen wurde. Das Ergebnis: Das genetische Profil ist weitgehend identisch. Aber eben nur „weitgehend". Absolute Sicherheit wurde also auch auf diese Weise nicht erzielt. Ein Ergebnis aber ist eindeutig: Die DNA des Blutflecks von der Unterhose stimmt nicht mit der DNA der Haare überein. Also war es gar nicht Hausers Unterhose, die man 1996 untersucht hatte? Das Rätselraten darf weitergehen.

DNA-Analyse auf der weiblichen Linie

Wie bei vielen anderen historischen Kriminalfällen wurden auch im Fall Kaspar Hauser Versuche unternommen, dessen Identität mithilfe moderner wissenschaftlicher Methoden zu klären. Eine Erbgutanalyse versprach Erfolg. Grundvoraussetzung dafür ist selbstverständlich, dass echtes Vergleichsmaterial vorliegt – im Fall Hauser waren das u. a. Haare. Ebenso wie ältere Knochen und Zähne verfügen sie nicht über eine sogenannte Kern-DNA, man kann jedoch die DNA der Mitochondrien aus ihnen ableiten. Diese Mitochondrien werden nur über die mütterliche Linie vererbt – im Fall Hauser benötigte man also eine weibliche Vergleichs-DNA. Die Analyse der sogenannten mitochondrialen DNA hat den Vorteil, dass sie sich nur sehr langsam verändert, sodass DNA-Vergleiche über sehr lange Zeiträume aussagekräftig bleiben. Mithilfe dieser forensischen Technik kann man auch Spuren auswerten, die über einen längeren Zeitraum Witterungseinflüssen ausgesetzt gewesen sind. So konnte 2008 das Genom eines Neandertalers identifiziert werden, der vor 38 000 Jahren lebte, die Identifizierung des Wild-West-Banditen Jesse James gelang ebenfalls mit dieser Technik.

Paläopathologie

Unter den Vertretern des Fachs kursiert ein Bonmot: „Unsere Patienten haben keine Gelegenheit mehr, sich über unsere Behandlungsmethoden zu beschweren." Tatsächlich haben es die Paläopathologen ausschließlich mit Menschen zu tun, die verstorben sind.

Junge Wissenschaft

Die Paläopathologie ist eine recht junge Wissenschaft, angesiedelt zwischen Medizin, Anthropologie und Archäologie. Objekt der Forschung sind Skelette, die mit Methoden wie Endoskopie, Röntgenstrahlen, Lichtmikroskopie und Rasterelektronenmikroskopie analysiert werden. Zum Handwerk der Paläopathologen zählen weiter Computertomografie und Magnetresonanztomografie, bei der Schnittbilder des menschlichen Körpers erzeugt werden.

Ziel der Disziplin ist die Erforschung von Krankheiten. So ist die Paläopathologie zunächst einmal ein wichtiges Instrument für die Geschichte der Medizin und der menschlichen Konstitution. Darüber hinaus ist der Mensch immer auch ein Abbild der jeweiligen Umwelteinflüsse gewesen. Denn die Skelette lassen Rückschlüsse auf Klima, Alltag und Ernährung zu. Auch kann die allgemeine anthropologische Entwicklung des *Homo sapiens* von der Prähistorie bis in die Gegenwart verfolgt werden.

Paläopathologische Alltagsarbeit geht meist geräuschlos über die Bühne. Öffentliches Interesse entsteht aber, wenn Begriffe wie „ägyptische Mumie" oder „Moorleiche" im Spiel sind. Für das größte Echo in den Medien sorgen Fälle, bei denen sich die Paläopathologen historische Prominenz vernehmen und dabei brandneue Ergebnisse präsentieren.

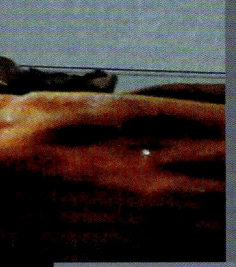

Tod einer Mätresse

Blond und schön war sie, Agnès Sorel (1422–1450), die langjährige Mätresse des französischen Königs Karl VII. (1403–1461). Doch sie starb früh. Bald kamen Gerüchte auf, die einflussreiche Geliebte des Königs sei vergiftet worden. Fast 600 Jahre später konnte der Verdacht erhärtet werden: 2004 wurde ihr Grab geöffnet und die Überreste einer paläopathologischen Analyse unterzogen – im Bild wird ihr Schädel vermessen. Das Ergebnis: Agnès Sorel litt an Wurmbefall und erlag einer Quecksilbervergiftung. Zwar behandelte man Wurmbefall damals mit Quecksilber, doch wusste man genau, wie es zu dosieren war. Die Todesursache war also entweder ein angesichts der Prominenz des Opfers eher unwahrscheinlicher Kunstfehler – oder Mord.

Was Knochen verraten

Aus den Knochen, die auf ihren Labortischen landen, lesen Paläopathologen ab, ob es krankhafte Veränderungen wie Gicht oder Knochentuberkulose gegeben hat. Zähne verraten ihnen mit ihrem Erhaltungs- oder Abnutzungszustand, wie es mit der Ernährung aussah. Noch mehr Möglichkeiten der Deutung ergeben sich, wenn sich neben den Knochen auch noch Weichteile erhalten haben, wie bei den gut geschützten Mumien oder tiefgefrorenen Leichen – Ötzi, der Mann aus dem Eis (Foto), ist dafür das beste Beispiel.

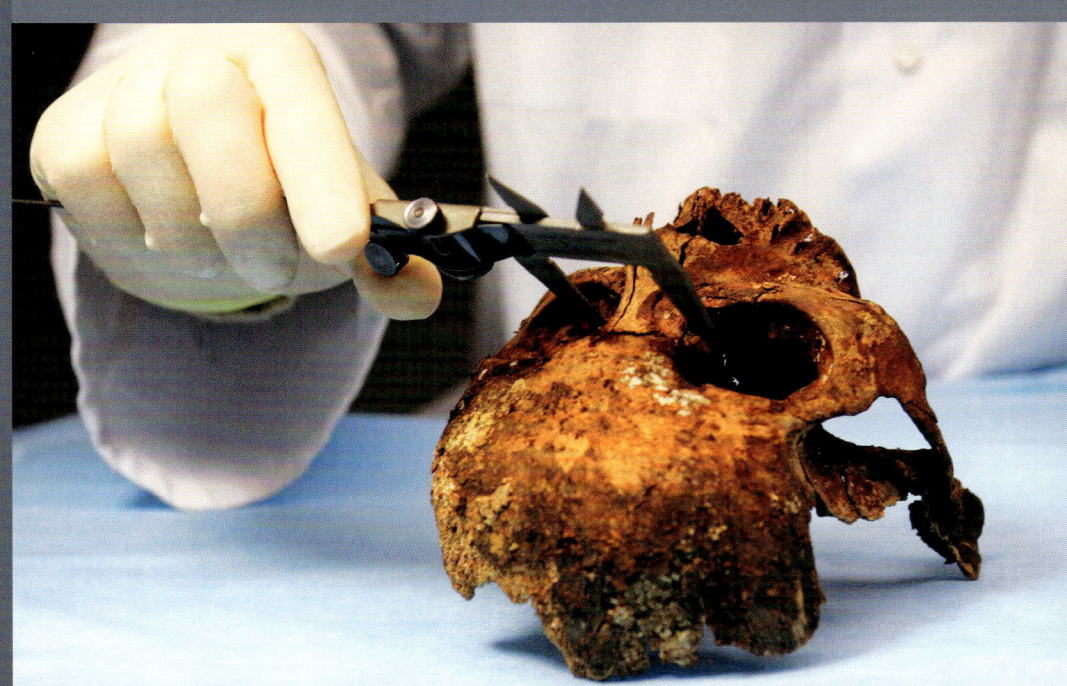

Die Medici-Leichen

Eines der größten Projekte dieser Art war die Untersuchung von Skeletten der mächtigen und reichen Florentiner Medici-Familie. Doch Reichtum und Ruhm forderten ihren Tribut – gesundheitlicher Art. Diesen Nachweis erbrachten italienische Paläopathologen. An einigen Medici-Knochen entdeckten die Wissenschaftler nämlich Hinweise auf eine Krankheit, die in Medizinerkeisen unter dem Kürzel DISH bekannt ist. Es steht für ein Leiden, das zu einer Versteifung der Wirbelsäule führt. In der Regel stellt sich dieser Effekt bei ungesunder, kalorienreicher Ernährung ein. Dass die Medici zu viel und zu gut aßen, legt auch ein anderer Befund nahe: Einige von ihnen hatten mit Gicht zu kämpfen, wohl, weil sie in Mengen Fleisch aßen. Gesund war das Leben der Medici also nicht.

Bei Skeletten von Kindern machten die Mediziner Anzeichen der Knochenkrankheit Rachitis aus, ein für den Hochadel eher untypisches Leiden, weil es meist durch ungünstige Umweltbedingungen hervorgerufen wird. Die Forscher vermuten, dass das isolierte Leben hinter den Mauern der Paläste schuld war: Die kleinen Medicis waren zu selten an der Sonne und an der frischen Luft, und das führte zu einem Mangel an Vitamin D, der heute noch häufigsten Ursache von Rachitis.

WER NICHT KÄMPFT, STIRBT AUF RATEN -
FREIHEIT IST NUR MÖGLICH IM KAMPF UM

GEGEN DEN SPRUNG DER IMPERIALISTISCHEN
UNSEREN SPRUNG IM AUFBAU REVOLUTIONÄRER

DIE BEDINGUNGEN FÜR MENSCHENWÜRDIGES UND
SELBSTBESTIMMTES LEBEN
IM KAMPF GEGEN DIE REAKTIONÄREN GROSSDEU
WESTEUROPÄISCHEN PLÄNE ZUR UNTERWERFUNG U
DER MENSCHEN HIER UND IM TRIKONT
DURCHSETZEN !

ZUSAMMEN KÄMPFEN UND WIR WERDEN ZUSAMMEN

ROTE ARMEE FRAKTION
KOMMANDO ULRICH WESSEL

Der Fall Rohwedder

Beim Mord an Treuhandchef Rohwedder tappte die Polizei lange im Dunkeln. Zehn Jahre nach der Tat tauchte ein wichtiger Hinweis auf.

Detlev Rohwedders große Zeit begann im Jahr 1990. Bis dahin war der Name des Juristen, Politikers und Managers nur Insidern ein Begriff. Dabei hatte er auch vorher bereits eine steile Karriere absolviert: geboren 1932 im thüringischen Gotha, promoviert in Jura, nach einer Tätigkeit bei einer Düsseldorfer Wirtschaftsprüfungsgesellschaft ab 1969 Staatssekretär im vom Sozialde-

mokraten Karl Schiller geführten Bundeswirtschaftsministerium. 1979 wechselte er nach Dortmund zum Stahlkonzern Hoesch. Mit seiner erfolgreichen Arbeit katapultierte sich Rohwedder dabei in die erste Riege der deutschen Manager. Doch erst 1990 wurde sein Name auch einer breiteren Öffentlichkeit bekannt. In diesem Jahr wurde mit dem Ende der Deutschen Demokratischen Repu-

Mithilfe eines Lasergeräts versuchen Ermittler am 3. April 1991, den Tathergang zu rekonstruieren. Das eingeklinkte Bild zeigt das Bekennerschreiben der RAF.

Treuhandchef Detlev Carsten Rohwedder (1932–1991) kurz vor seinem Tod bei einer Pressekonferenz in Berlin

blik (DDR) die deutsche Wiedervereinigung vollzogen. Sie war die große Wende für die Deutschen, aber auch die Wende im nur noch kurzen Leben des Detlev Rohwedder.

Die Einheit stellte die Politik im Osten wie im Westen vor große Herausforderungen. Eine Herkulesaufgabe bestand darin, die Privatisierung der ehemals „Volkseigenen Betriebe" der DDR und ihre Anpassung an die Grundsätze der sozialen Marktwirtschaft zu organisieren. Zu diesem Zweck wurde zum 1. März 1990 noch vom Ministerrat der DDR die Einrichtung der sogenannten Treuhandanstalt beschlossen. An ihre Spitze wurde Detlef Rohwedder berufen, zunächst als Vorsitzender, ab dem 1. Januar 1991 mit dem Titel eines Präsidenten.

Tod im Wohnzimmer

Nur drei Monate später war Rohwedder tot. Er wurde am 1. April 1991, es war ein Ostermontag, gegen 23.30 Uhr in seinem Haus in Düsseldorf ermordet. Der Treuhand-Präsident befand sich in einem hell erleuchteten Zimmer im ersten Stock, direkt am Fenster. Eine ideale Zielscheibe habe er abgegeben, wie auf einem Präsentierteller, kommentierten später die Zeitungen. Von den drei Kugeln, die abgefeuert wurden, war schon die erste tödlich. Sie zertrümmerte die Fensterscheibe und traf das Opfer im Rücken. Die zweite verletzte Rohwedders herbeigeeilte Ehefrau am Ellbogen, das dritte Projektil bohrte sich in ein Bücherregal. Kaliber 7,62 mm, ergaben später die polizeilichen Ermittlungen.

Eine sofort eingeleitete Großfahndung nach dem Täter oder den Tätern blieb erfolglos. Dafür konnten die Spezialisten der Kriminalpolizei schnell den Ort ausmachen, von dem die Schüsse abgefeuert wurden. Er befand sich, 63 m vom Wohnzimmer entfernt, in einem angrenzenden Schrebergarten. Dort wurde von einem Gartenstuhl aus in Richtung Treuhandchef gefeuert. Neben dem Stuhl aus Plastik entdeckten die Ermittler ein Fernrohr, ein Handtuch aus Frottee und ein Bekennerschreiben der „Rote Armee Fraktion" (RAF). Diese hatte seit Ende der 1960er-Jahre die Bundesrepublik mit einer Serie von Terroranschlägen und Attentaten erschüttert, war allerdings längere Zeit nicht mehr in Erscheinung getreten. Das Schreiben war mit dem Emblem der RAF – einem fünfzackigen Stern und einem Schnellfeuergewehr – versehen und trug den Namen eines Kommandos „Ulrich Wessel", der 1975 bei der Vorbereitung eines Terroranschlags der RAF ums Leben gekommen war. Im Text wurde der Ermordete als skrupelloser Kapitalist und „Bonner Statthalter in Ostberlin" beschimpft.

Schwierige Aufgabe

Trotz dieser Hinweise kamen die Ermittler in der Sache nicht weiter. Die Untersuchungen im Mordfall Rohwedder gerieten ins Stocken. Inzwischen schossen Spekulationen aller Art ins Kraut. War hier wirklich die RAF am Werk gewesen? Die meisten Terroristen waren tot, verbüßten Haftstrafen oder hatten sich von ihr losgesagt. Konnte nicht die Stasi dahinterstecken? Die gefürchtete „Staatssicherheit" der DDR, deren Strukturen und Seilschaften auch nach der Wiedervereinigung noch funktionierten? Rohwedder hatte sich in den wenigen Monaten seiner Tätigkeit als führender Kopf der Treuhand im Gebiet der ehemaligen DDR nicht eben viele Freunde gemacht. Vielmehr war er als knallharter Sanierer ans Werk gegangen. „Schnell privatisieren, entschlossen sanieren, behutsam stilllegen" lautete seine Devise bei der Abwicklung der DDR-Altlasten. Betriebe wurden geschlossen, Menschen entlassen, Hoffnungen zerstört. Das war notwendig, so hatte der Treuhandchef seine Arbeit legitimiert, um die Wirtschaft im Osten Deutschlands längerfristig wieder auf die Beine zu bringen. Diese Haltung trug dem massigen Mann viel Kritik ein. Immer wieder erhielt er Morddrohungen, zuletzt vier Tage vor dem Attentat. Trotz dieser Gefahren hatte es Rohwedder abgelehnt, die Fenster seines Düsseldorfer Wohnhauses komplett mit Panzerglas auszustatten. Am 1. April 1991 wurde ihm diese – den Tätern sicher bekannte – Unvorsichtigkeit zum Verhängnis.

Neue Erkenntnisse

Zehn Jahre lang tappten die Behörden im Dunkeln. Dann brachte eine neue Technik den Fall Rohwedder wieder ins Rollen. Spezialisten des Bundeskriminalamts hatten sich

noch einmal das am Tatort gefundene Handtuch vorgenommen. Schon 1991 hatte man darin Reste von Haaren entdeckt. Doch war man zu diesem Zeitpunkt noch nicht in der Lage, ihre DNA zu identifizieren. Nur „lebendes", also direkt dem Körper entnommenes Haar war bis dahin auswertbar. Nun aber förderte die perfektionierte gentechnische Untersuchung Überraschendes zutage. Die genetische Spur führte eindeutig zu Wolfgang Grams, Mitglied der RAF und Angehöriger der Kommandoebene. Nach ihm zu fahnden war allerdings zwecklos. Denn Grams war bereits tot. Bei einem Einsatz der Anti-Terror-Truppe GSG 9 auf dem Bahnhof von Bad Kleinen in Mecklenburg-Vorpommern war der Terrorist am 27. Juni 1993 unter bis heute nicht völlig geklärten Umständen ums Leben gekommen. Zuvor hatte es einen Schusswechsel mit einem GSG 9-Mann gegeben, dem dieser zum Opfer fiel, danach soll Grams einen Selbstmordversuch unternommen haben, an dessen Folgen er am selben Tag in einem Lübecker Krankenhaus starb.

So erhärtete sich der Verdacht, dass es tatsächlich die RAF gewesen war, die hinter dem Mord an Detlev Rohwedder stand. Weitere Indizien wie die Untersuchung der Patronenhülsen wiesen in dieselbe Richtung. Bei ballistischen Analysen kam heraus, dass die Waffe, aus der auf Rohwedder geschossen worden war, auch bereits im Februar desselben Jahres bei einem RAF-Anschlag auf die US-Botschaft in Bonn zum Einsatz gekommen war. Außerdem gaben inhaftierte RAF-Terroristen später zu Protokoll, dass der Mord am Treuhandchef auf ihr Konto gehe.

Gewissheit über den oder die Täter besteht trotz aller Fortschritte, die bei den Untersuchungen erzielt wurden, bis heute nicht. Wenn es ihr Ziel war, mit dem Anschlag auf Detlev Rohwedder die Arbeit der Treuhandanstalt und damit die Privatisierung der „Volkseigenen Betriebe" zu sabotieren, so wurde es verfehlt. Sie setzte ihre Tätigkeit gegen alle Widerstände unter neuer Führung fort.

Offene Fragen

Auch nach den Ergebnissen der DNA-Untersuchungen von 2001 hielt sich die Bundesanwaltschaft in Sachen Täterschaft im Mordfall Rohwedder bedeckt. Klar ist, dass Wolfgang Grams beteiligt war. Die Haare im Handtuch belegen seine Anwesenheit am Tatort. Doch in welcher Weise war er in den Mord involviert? War er der Todesschütze? Oder hatte er Helfer? Schoss überhaupt jemand anders? Nach dem neuesten Stand der Dinge kann jedenfalls eine Alleintäterschaft von Grams ausgeschlossen werden. Die RAF verübte ihre Anschläge immer mit mehreren Personen. Außerdem wurden bereits 1991 am Ort des Geschehens, direkt neben dem Gartenstuhl, drei Zigarettenkippen gefunden. An ihnen hafteten noch geringe Menge von Speichel, die eine Bestimmung der Blutgruppe des Rauchers ermöglichte: Blutgruppe A, nachweislich eine andere als die, die Grams hatte.

Marilyn Monroe – Tod einer Ikone

Selbstmord? Die Mafia? Die Kennedys? Ein Unglücksfall? Auch mehr als sechs Jahrzehnte nach dem Tod der Schauspielerin reißen die Spekulationen über ihren Tod nicht ab.

Los Angeles, Brentwood, 12305 Fifth Helena Drive. Hier starb in der Nacht vom 4. auf den 5. August 1962 die damals wohl berühmteste Filmschauspielerin der Welt. Als Todesursache wurde nach einer gerichtlich angeordneten Obduktion vonseiten der durchführenden Ärzte „wahrscheinlich Selbstmord durch Einnahme einer Überdosis" diagnostiziert.

„Wahrscheinlich Selbstmord", jedoch nicht „sicher Selbstmord" – dieser kleine, aber feine Unterschied lässt bis heute vielen Menschen keine Ruhe, obwohl das tragische Geschehen schon mehr als 60 Jahre zurückliegt. Das ist nicht wirklich verwunderlich, denn Marilyn Monroe, die eigentlich Norma Jeane Baker hieß, zählte zu den aufregendsten Frauen ihrer Zeit: Sie war eine gefeierte Schauspielerin und für Millionen weltweit Sexsymbol Nummer eins. Durch ihren frühen Tod wurde sie zum Mythos.

Todesnacht

Am 5. August 1962 ging um 4 Uhr 25 morgens bei der Polizei von Los Angeles ein Notruf aus dem Haus des Filmstars ein. Am Apparat war Marilyns Haushälterin Eunice Murray. Der herbeigeeilte Sergeant fand die Leiche der Schauspielerin bereits von einem Laken bedeckt vor. Die Haushälterin gab zu Protokoll, um 3 Uhr unter der Tür des Schlafzimmers Licht bemerkt zu haben. Das Zimmer sei verschlossen gewesen, auf ihr Klopfen hin sei keine Reaktion erfolgt. Daraufhin habe sie den Psychiater Dr. Ralph Greenson angerufen, bei dem Marilyn Monroe Patientin war. Der Mediziner verschaffte sich Zugang zum Zimmer, indem er das Außenfenster zertrümmerte. Die leblose Schauspielerin lag unbekleidet auf dem Bett, mit dem Gesicht nach unten, die Arme neben dem Körper. Sie habe ausgesehen, als würde sie schlafen, sagte der Polizist später. Die Bettwäsche hatte man inzwischen fortgeräumt, auch machte das Zimmer den Eindruck, als habe man es gesäubert. Greenson verständigte sofort den Hausarzt Dr. Hyman Engelberg, dem die traurige Aufgabe zukam, den Tod von Marilyn Monroe offiziell festzustellen.

Blick in Marilyn Monroes Schlafzimmer, in dem die Filmdiva in der Nacht vom 4. auf den 5. August 1962 an einer Überdosis Barbiturate starb.

Was damals, in jener verhängnisvollen Nacht, wirklich geschah, ist auch deswegen so schwer zu rekonstruieren, weil im Lauf der Zeit immer wieder Zeugen auftauchten, mit angeblichen Beweisen, die genau das Gegenteil von dem aussagten, was bis dahin aktueller Stand der Ermittlungen war. Und weil jeder, der etwas halbwegs Originelles oder gar Neues zum Tod von Marilyn Monroe beisteuern konnte, mit einem großen Echo in den Medien rechnen durfte, tauchte das Thema mit fast berechenbarer Regelmäßigkeit wieder in der Öffentlichkeit auf. Unüberschaubar ist inzwischen auch die Masse der Bücher, die sich dem Thema Marilyn Monroe widmeten. Bis heute sind rund 2000 Biografien, Bildbände und Romane zu ihrem Leben und zu ihrem Tod erschienen.

Sensibler Superstar

Marilyn Monroe hatte Filmhits wie *Blondinen bevorzugt, Das verflixte 7. Jahr* und *Manche mögen's heiß* gedreht, in denen sie Millionen begeisterte. Sie war das vielleicht begehrteste Foto-Objekt ihrer Zeit. Bilder, auf denen sie sich für die damalige Zeit fast schon skandalös freizügig zeigte, zierten Illustrierte und Magazine auf der ganzen Welt. Für das Publikum kam der Tod dieser so überaus erfolgreichen jungen Frau völlig überraschend. Umso schockierter waren ihre zahlreichen Fans, als die Ermittlungen, die gleich nach dem Tod der Schauspielerin angestellt wurden, auf Selbstmord hindeuteten. Denn in ihrem Körper wurden deutliche Spuren von einer Überdosis der Schlafmittel Nembutal und Chloralhydrat gefunden. Aber welchen Grund sollte diese allseits angehimmelte Schauspielerin gehabt haben, ihrem Leben ein Ende zu setzen?

Ein Blick hinter die strahlende Fassade liefert dafür einige Anhaltspunkte: Marilyn Monroe war eine höchst sensible, zunehmend depressiver werdende Persönlichkeit. Mit ihren 36 Jahren war sie bereits drei Mal verheiratet und drei Mal geschieden. Sie hatte

Marilyn Monroe in ihrem letzten, unvollendet gebliebenen Film *Something's Got to Give* (1962).

Regisseur George Cukor wurde durch ihre Launen manchmal zur Verzweiflung getrieben, eine Erfahrung, von der auch sein Kollege Billy Wilder nach *Some like it hot (Manche mögen's heiß)* ein Lied singen konnte. Durch die vielen Verzögerungen erhöhten sich die Produktionskosten erheblich, was man offen dem sensiblen Star zur Last legte. Das alles habe sie, so vermutete man nun, immer weiter in die Krise getrieben. Schon mehrmals vor der verhängnisvollen Nacht habe sie versucht, sich das Leben zu nehmen, wurde nun kolportiert.

etliche Fehlgeburten erlitten und war ohne Kinder geblieben, die sie gern gehabt hätte. Hinter der in der Öffentlichkeit immer strahlenden und fröhlichen Person verbarg sich ein offenbar labiles Wesen, dessen psychische Probleme immer größer geworden waren. Und hatte sie nicht selbst gesagt, wenn auch mit Blick zurück auf die Zeit, als sie gerade erst anfing, berühmt zu werden: „Ich gehörte zu jener Art Mädchen, die man tot in einem Schlafzimmer findet, mit einer leeren Schachtel Schlaftabletten in der Hand."

Während der Dreharbeiten zu ihren letzten Filmen war es immer wieder zu Schwierigkeiten gekommen. Manche Szenen mussten endlos wiederholt werden, weil der Star fahrig und unkonzentriert wirkte, unfähig, selbst kürzere Textpassagen zu behalten. Unvollendet blieb wegen ihrer Probleme auch der letzte Film, der eigentlich unter dem Titel *Something's Got to Give* in die Kinos kommen sollte. Wegen Krankheit, wie es hieß, musste Marilyn Monroe viele Drehtage absagen.

Andererseits machte Marilyn Monroe bei vielen Gelegenheiten einen ganz unverkrampften, positiven Eindruck. Personen, die sie gut kannten, schworen Stein und Bein, dass an den durchaus kursierenden Gerüchten von einer schweren Depression absolut nichts dran sei. Die Schauspielerin selbst gab sich in Interviews unbeschwert und unkompliziert. So äußerte sie sich ein paar Wochen vor ihrem Tod gegenüber Journalisten: „Was mich betrifft, ist jetzt die glücklichste Zeit. Es gibt eine Zukunft, und ich kann sie kaum erwarten."

Merkwürdigkeiten

Aufgrund solcher Indizien machten bald nach ihrem Tod erste Theorien die Runde, die von Verschwörung und Mord sprachen. Schon ein Teilergebnis der Obduktion, in deren Folge Selbstmord als wahrscheinliche Todesursache festgestellt worden war, hatte viele Beobachter stutzig werden lassen:

US-Präsident John F. Kennedy (rechts) und sein Bruder Robert F. Kennedy im Gespräch mit Marilyn Monroe, nach deren legendärem Geburtstagsständchen für den Präsidenten.

Eines der beiden Medikamente, das im Körper der Leiche identifiziert wurde, war zwar ins Blut gelangt, nicht aber in den Magen. Es konnte daher nicht auf dem normalen Weg des Einnehmens durch den Mund den Weg in den Körper gefunden haben. Es musste, so wurde weiter gefolgert, ein Klistier im Spiel gewesen sein, also ein Instrument zur Einleitung von Flüssigkeiten. Denn von Injektionen fand sich bei der Toten keine Spur.

Eigenartig auch, dass bei der ersten Untersuchung einem anderen auffälligen Umstand keine Bedeutung beigemessen wurde. Denn am Dickdarm wurde eine violette Färbung bemerkt, und außerdem ein schwerer Bluterguss im unteren Lendenbereich. Vielen Experten war völlig schleierhaft, wie sich diese Befunde mit der Theorie vom Selbstmord vereinbaren lassen sollten. Und dann waren da noch die Aussagen von Nachbarn, die gleich nach Marilyns Tod bezeugten, ein Mann oder mehrere Männer seien am Abend zuvor in ihrer Wohnung gewesen. Um wen es sich dabei handelte, hatten sie allerdings nicht erkennen können. Die Rede war auch von Telefonaten, die die Verstorbene kurz vor ihrem Tod geführt hätte. Und rätselhaft war schließlich, dass man sich in der Todesnacht offensichtlich die Mühe gemacht hatte, die Bettwäsche zu beseitigen und das Schlafzimmer sorgfältig der Verstorbenen aufzuräumen.

Filme über den Filmstar

Neben den vielen Filmen mit Marilyn Monroe gibt es auch zahlreiche über sie: Von den Dokumentarfilmen sei hier nur *Marilyn* (1963) erwähnt, der sich stark auf Archivmaterial stützt. Unter den Spielfilmen zeigt *Goodbye, Norma Jean* (1976) Marilyns Aufstieg, Thema von *The Island* (1998) ist ihre Affäre mit John F. Kennedy.

Verschwörungstheorien

War also Fremdeinwirkung im Spiel? Aber wer sollte ein Interesse daran gehabt haben, die berühmte Filmschauspielerin Marilyn Monroe aus dem Weg zu räumen? Der Blick vieler Interessierter richtete sich bald nach ganz oben, zum Präsidenten der Vereinigten Staaten von Amerika, der damals John F. Kennedy hieß. Der charismatische, jugendlich wirkende Präsident bildete zwar nach außen hin mit seiner Frau Jackie ein Traumpaar, galt jedoch als Frauenheld, auch wenn sich das Weiße Haus redlich mühte, die amourösen Eskapaden des Hausherrn geheim zu halten. Eine dieser Affären hatte er offensichtlich mit Marilyn Monroe, wovon sich ganz Amerika am 19. Mai 1962 überzeugen konnte. An diesem Tag war die Schauspielerin bei der Geburtstagsgala des Präsidenten im New Yorker Madison Square Garden. Als Höhepunkt der Veranstaltung hauchte der aufreizend mit einem knappen Hermelin-Mantel bekleidete Star ein Ständchen ins Mikrofon, das den 15 000 Gästen den Atem raubte. „Happy Birthday, Mr. President" avancierte zur Hymne – und wurde allgemein als Beweis dafür gewertet, dass John F. Kennedy und Marylin Monroe ein Liebespaar waren.

Kennengelernt hatten sich die beiden bereits 1960, nachdem Kennedy von der Demokratischen Partei als Präsidentschaftskandidat nominiert worden war. Den Kontakt hatte der Schauspieler Peter Lawford hergestellt, der mit Patricia Kennedy, der Schwester des Präsidenten, verheiratet war. Danach sollen sich Kennedy und Monroe häufig getroffen und eine heiße Affäre gehabt haben. Freunden gegenüber habe der Star behauptet, der Sex, den sie miteinander hatten, sei gut gegen die Rückenschmerzen des Präsidenten gewesen. Doch die Beziehungen der Schauspielerin zum Kennedy-Clan gingen noch weiter. Auch Johns Bruder Robert, damals Justizminister, soll mit ihr eine intime Beziehung eingegangen sein.

Heikel wurden diese Affären der Kennedy-Brüder nicht nur, weil sie ihrem öffentlich gepflegten Ruf als brave Familienväter und moralische Saubermänner widersprachen. Man hatte auch bereits eine zweite Amtsperiode der Präsidentschaft im Blick. Zwar war es bis zu den nächsten Wahlen noch eine Weile hin. John F. Kennedy hatte sein Amt im Januar 1961 angetreten. Doch die Parteitage für die Nominierungen zu den Wahlen, die im November 1963 stattfinden sollten, warfen bereits ihre Schatten voraus. Das amerikanische Wahlvolk sollte nicht durch Gerüchte über Affären und Bettgeschichten verunsichert werden. Hinter vorgehaltener Hand hieß es, Marilyn Monroe habe vom Präsidenten sogar die Scheidung verlangt. Ein solcher Skandal hätte für Kennedy das politische Aus bedeuten können, und auch sein Bruder Robert hätte seine Ambitionen an den Nagel hängen können.

Aus dieser Konstellation heraus verdichteten sich nach dem überraschenden Tod des Filmstars Gerüchte, wonach die Kennedys die Ermordung veranlasst hätten. Operativ sei die Ausführung das Geschäft des Geheimdiensts gewesen. Für diese Theorie schien auch der Umstand zu sprechen, dass Robert Kennedy und Peter Lawford am Tag vor deren Tod in Marilyn Monroes Wohnung erschienen waren. Natürlich waren sie selbst nicht die Mörder. Dieses Geschäft überließen sie Profis, die der Schauspielerin die tödliche Substanz verabreichten. Sogar Namen wurden im Rahmen dieser Enthüllungen genannt: Anthony Spilotro und Frank Schweihs, zwei Killer der Mafia, angeheuert von der CIA oder vom FBI.

Spekulationen ohne Ende

Sichere Beweise für diese Theorie gibt es nicht, selbst wenn Autoren und Journalisten immer wieder Versuche starteten, die Version vom präsidialen Auftragsmord zu untermauern. Bis heute werden aber auch alternative Szenarien diskutiert. Den Mord hätte die Mafia durchaus in Eigenregie durchführen können, um dann den Verdacht auf den Präsidenten zu lenken, dessen Wiederwahl sie

Attentat auf John F. Kennedy

Auch die Umstände des Todes von John F. Kennedy zählen zu den ungeklärten Rätseln der Geschichte. Der junge US-Präsident starb am 22. November 1963 bei einem Attentat in Dallas, als er im offenen Präsidentenauto aus dem Hinterhalt von dem damals 24-jährigen Lee Harvey Oswald erschossen wurde. Oswald wurde noch am selben Tag verhaftet. Zwei Tage später allerdings fiel er selbst – in der Obhut der Polizei – dem Anschlag eines Nachtklubbesitzers zum Opfer.

Bis heute geben die Umstände des Attentats auf Kennedy Anlass zu Spekulationen, in deren Fokus mal die Mafia, mal Kuba, mal Geheimdienste standen. Ballistiker widerlegten immerhin die Vermutung, es habe zwei Schützen gegeben, auch die Annahme, dass Oswald gar nicht tot sei, wurde per Exhumierung entkräftet. Womöglich wird 2017 die Wahrheit publik: Dann sollen die Akten der mit den Ermittlungen beauftragten hochrangig besetzten „Warren-Kommission" zugänglich gemacht werden.

verhindern wollte, weil er zu einer Kampagne gegen das organisierte Verbrechen geblasen hatte. Diese Konstruktionen vermischen sich mit Spekulationen über das Attentat, dem Kennedy 1963 in Dallas zum Opfer fiel.

Neben solchen politischen Konstruktionen sind bis heute weitere Spekulationen im Umlauf. Zu der Selbstmord-Version sind noch Theorien über Unfälle getreten: Eine Variante besagt, der Star habe die tödlichen Schlafmittel unabsichtlich eingenommen, eine andere beruht auf einem angeblichen Behandlungsfehler des Arztes Greenson.

Das Rätselraten um den Tod von Marilyn Monroe dauert also an. Womöglich wird es für immer ein Geheimnis bleiben, wie und warum die Filmdiva in der Nacht vom 4. auf den 5. August 1962 starb.

Jassir Arafat – Opfer eines Komplotts?

Schon beim Tod des Palästinenserführers hatte die Gerüchteküche heftig gebrodelt. Acht Jahre später schienen Untersuchungen den Verdacht auf einen raffiniert eingefädelten Mord zu bestätigen.

Bis zum Sommer 2012 war der Name Polonium nur Fachleuten bekannt. Das änderte sich schlagartig, als der arabische Sender Al-Dschasira am 3. Juli ein brisantes Gutachten des renommierten Instituts für Strahlenphysik an der Universität Lausanne veröffentlichte. Jasir Arafat, der knapp acht Jahre zuvor verstorbene Palästinenserführer, war, so die eidgenössischen Wissenschaftler, vermutlich vergiftet worden, und zwar mit dem extrem gefährlichen radioaktiven Polonium 210. Zu diesem Ergebnis waren sie nach der Untersuchung von persönlichen Gegenständen gekommen, die Arafats Witwe ihnen zur Verfügung gestellt hatte. Dazu gehörten eine Zahnbürste, eine Unterhose und die Kufiya. Das Kopftuch war Arafats Markenzeichen gewesen und nie war er in der Öffentlichkeit ohne dieses „Palästinensertuch" zu sehen gewesen. Plötzlich erschienen die Bilder des schwerkranken Politikers, der in den letzten Monaten seines Lebens von einem rapiden körperlichen Verfall gekennzeichnet gewesen war, in einem völlig neuen Licht. Und als der von seinen Anhängern verehrte, von seinen Gegnern gehasste Arafat am 11. November 2004 in einem Militärkrankenhaus in der Nähe von Paris gestorben war, hatten die behandelnden Ärzte keine sichere Diagnose über die Todesursache geben können. Nur vage war von einem Schlaganfall, einer Hirnblutung oder einer Infektion die Rede gewesen.

Zwischen den Fronten

Schon damals hatten allerlei Verschwörungstheorien die Runde gemacht. Die Palästinenser beschuldigten den Erzfeind Israel, beim Tod des streitbaren PLO-Chefs die Hände im Spiel gehabt zu haben. Tatsächlich hatten ranghohe Politiker und Militärs regelmäßig und unverhohlen zum Ausdruck gebracht, dass ihnen der Tod des „Terroristen", wie ihn viele wegen seiner einst radikalen Aktivitäten und Ansichten nannten,

Nach Ansicht von Professor François Bochud von der Universität Lausanne ist die Vergiftung Jassir Arafats mit Polonium erwiesen, nicht aber, dass er auch daran starb.

mehr als willkommen sei. Doch auch in der arabischen Welt hatte der Ruf Arafats, der seit 1989 Präsident des einseitig proklamierten Staates Palästina war, stark gelitten, nachdem er zeitweise die Annäherung an Israel gesucht hatte und dafür 1994 sogar mit dem Friedensnobelpreis ausgezeichnet worden war. Radikale Palästinenser hatten diese moderate Politik offen als Verrat gebrandmarkt.

Verdächtige Umstände

Weitere Nahrung erhielt die Vermutung, bei dem Tod Arafats sei es nicht mit rechten Dingen zugegangen, durch die Weigerung der palästinensischen Behörden, Einsicht in die Krankenakte des Verstorbenen zu gewähren. Eine Autopsie hatte nicht stattgefunden und die Beerdigung im palästinensischen Ramallah, wohin die sterblichen Überreste überführt worden waren, war den Gesetzen der Muslime folgend rasch vollzogen worden.

Auch wenn das Schweizer Institut betonte, keinen wirklichen Beweis für eine absichtlich herbeigeführte Vergiftung gefunden zu haben, sondern lediglich Hinweise, war die Lawine nicht mehr aufzuhalten. Für Arafats Anhänger war nun klar, dass ihr Idol vergiftet worden war. Zwar konnte niemand sagen, wie das Polonium in seinen Körper gelangt war. Doch dafür gab es verschiedene theoretische Möglichkeiten, etwa über Wunden oder beim Essen.

Polonium

Polonium ist ein radioaktives Element aus der 6. Hauptgruppe des Periodischen Systems mit dem Kürzel *Po*. In der Natur entsteht es beim Zerfall von Uran. Künstlich hergestellt dient es nuklearen Zwecken und der Raumfahrt. Entdeckt wurde das Element 1898 von dem französischen Forscherpaar Marie und Pierre Curie. Der Name „Polonium" war eine Reverenz an Marie Curies Heimatland Polen.

Aktive Witwe

Zur treibenden Kraft bei dem Bestreben, Arafats Tod als Mord zu deklarieren, wurde seine Witwe Suha at-Tawil, die zu diesem Zeitpunkt in einer Villa im Botschafterviertel von Malta lebte und wegen ihres mondänen Lebensstils zur Zielscheibe der Kritik auch von Palästinensern geworden war. Sie begab sich nun in die Offensive und forderte nach den Enthüllungen von Al-Dschasira eine Exhumierung der Leiche, nachdem sie zuvor in Frankreich Anzeige gegen Unbekannt erstattet hatte. Am 27. November 2012 wurde das Grab neben der Mukataa, Arafats ehemaligem Hauptquartier in Ramallah, geöffnet. Experten entnahmen dem Leichnam 60 Proben, die einem Forensiker-Team, bestehend aus Wissenschaftlern aus der Schweiz, Frankreich und Russland, zur Analyse übergeben wurden. Anschließend landeten die Partikel von Haaren, Knochen und Kopfhaut in den Labors, wo sich die Chemiker, Toxikologen und Mediziner an die Arbeit machten.

Experten sind sich nicht einig

Gespannt wartete die Weltöffentlichkeit auf die Ergebnisse. Diese ließen lange auf sich warten. Erst im Herbst des folgenden Jahres war es so weit. Doch die erhoffte Klarheit blieb aus, denn die Diagnosen der Institute fielen sehr unterschiedlich aus. Die Franzosen und die Russen hatten keine Anhaltspunkte für eine Polonium-Vergiftung entdecken können. Anders die Kollegen aus der Schweiz. Sie bestätigten am 27. November 2013 die frühere Analyse ihrer Kollegen aus Lausanne: In den Knochen Arafats habe sich eine große Menge Polonium befunden, die 18-mal höher als normal gewesen sei. Jedoch konnten auch sie nicht mit Bestimmtheit sagen, dass der Tod Arafats durch diese Substanz hervorgerufen worden war. Die lange Zeitspanne zwischen Tod und Exhumierung hatte auch dazu geführt, dass die Polonium-Werte zurückgegangen waren und man die mögliche Ausgangsdosis nicht mehr feststellen konnte. Denn Polonium hat, wie die Forscher bekannten, nur eine geringe Halbwertszeit. Schon nach 138 Tagen ist die Hälfte der Atome zerfallen.

Die Russen, so wurde von arabischer Seite kolportiert, hätten ihre Untersuchung manipuliert. Sie hätten nur jene Proben analysiert, bei denen ohnehin nicht zu erwarten gewesen war, dass sie einen bedeutenden Anteil des giftigen Elements enthielten. Allerdings konnte dieser Vorwurf nicht bewiesen werden. Die französischen Kollegen brachten eine neue Erklärung ins Spiel. Die radioaktiven Spuren, die von den Schweizern festgestellt worden waren, stammten nach ihrer Ansicht von Radon-Gas, das sich im Grab Arafats befunden habe.

Ende offen

So sprach alles dafür, dass der berühmte Palästinenserführer eines natürlichen Todes gestorben war. Doch Restzweifel blieben. Seine Witwe gab nicht auf, sprach weiter vom „Verbrechen des Jahrhunderts" und beschuldigte nun auch alte Weggefährten ihres Mannes, an dessen Tod beteiligt gewesen zu sein. In anderen Erklärungen beteuerte sie, niemandem die Schuld geben zu wollen. Viele Palästinenser hielten an der Verschwörungstheorie fest. Für sie war Arafat ein Märtyrer, den seine israelischen Feinde aus dem Weg geräumt hätten. Auch Palästinenserpräsident Mahmud Abbas meldete sich zu Wort und forderte die Einsetzung einer internationalen Untersuchungskommission.

Die Israelis hingegen wiesen jeden Verdacht von sich. Präsident Simon Peres erklärte, dass man den Tod Arafats, wenn man ihn denn gewollt hätte, unkomplizierter hätte arrangieren können: „Mit Kugeln", ließ der Spitzenpolitiker verlauten, „wäre das doch viel leichter zu erledigen gewesen." Inzwischen haben sich die Wogen geglättet. Doch zu den Akten darf man den Fall Arafat wohl noch lange nicht legen.

Der berühmte Komponist fand seine letzte Ruhe in einem schlichten Grab in Wien. Aber woran starb er?

Mozart: Tod eines Genies

Ein freundlicher Tag neigt sich dem Ende zu, die Sonne hatte sich noch einmal von ihrer besten Seite gezeigt. Nun bricht allmählich die Dunkelheit ein. Eine kleine Trauergemeinde folgt dem Leichenwagen mit dem einfachen Sarg auf dem Friedhof St. Marx, vier Kilometer vor den Toren der Hauptstadt Wien. Zuvor hat im Ste-

phansdom in Anwesenheit der Familie des Verstorbenen und einiger weniger Freunde die Feier der Einsegnung stattgefunden. Es ist ein Begräbnis „dritter Klasse", gemäß der von Kaiser Joseph erlassenen Bestattungsordnung, die drei Klassen kennt, unter denen die dritte Klasse die einfachste und billigste ist. Zum Grab gehen die Trauergäste nicht mit.

Die Radierung von 1897 zeigt das „Wunderkind" Mozart bei der Probe eines seiner Werke.

Oper schrieb er mit elf Jahren, es folgten Klavierkonzerte und Sonaten.

Nicht nur glatt verlief die Entwicklung vom Wunderkind zum erwachsenen Menschen, der fest entschlossen war, sein Leben der Musik zu widmen und von der Musik zu leben. Eine erste Stelle als Konzertmeister des Salzburger Erzbischofs gab er 1781 auf. Seine Ziel war Wien, wo er in den folgenden Jahren als freischaffender Künstler wirkte, häufig unter schwierigen finanziellen Bedingungen. Nicht selten musste er sich damit abplagen, unbegabten Kindern reicher Eltern Musikunterricht zu erteilen. 1782 heiratete er Constanze Weber (sein „Stanzerl"), die er in Mannheim kennengelernt hatte. Aus der meist glücklichen Ehe gingen sechs Kinder hervor, von denen vier früh starben.

Kompositionen am Fließband

Angesichts der häufigen Ebbe in der Familienkasse waren lukrative Auftragsarbeiten höchst willkommen. So schuf Mozart 1782 für Kaiser Joseph II. die *Entführung aus dem Serail*. Danach begann seine musikalisch produktivste Phase. Es entstanden in rascher Folge Klavierkonzerte, Sinfonien, Streichquartette, Kirchenmusik, vor allem aber Opern, von denen die meisten bis heute mit großem Erfolg aufgeführt werden: Titel wie *Figaros Hochzeit, Don Giovanni, Cosi fan tutte* und *Die Zauberflöte* kennen auch die meisten derer, die sich in der klassischen Musik sonst nicht unbedingt zu Hause fühlen. Die manchmal hohen Entgelte für diese Arbeiten linderten die wirtschaftlichen Nöte der Familie, doch zum Leidwesen von Constanze neigte Mozart dazu, seine Honorare gleich mit vollen Händen wieder auszugeben.

Die Zauberflöte, am 30. September 1791 uraufgeführt, sollte sein letztes großes Opus sein. Mit seiner Gesundheit stand es nicht mehr zum Besten. Immer wieder hatte der begnadete Musiker seinem hohen Arbeitspensum Tribut zollen müssen. Schon von

Das ist auch nicht üblich. Die Aufgabe, den Toten in der Erde zu vergraben, übernehmen die Totengräber. Es handelt sich, wie amtlich verlautet, um ein „allgemeines einfaches Grab".

Wunderkind

So endete das Leben des berühmten Komponisten Wolfgang Amadeus Mozart. Nur 35 Jahre alt wurde er. Geboren am 27. Januar 1756 in Salzburg entwickelte er sich, gefördert von seinem ehrgeizigen Vater Leopold, zu einem musikalischen Wunderkind. Schon mit fünf Jahren komponierte er eigene Stücke. Kurz darauf folgten die ersten öffentlichen Auftritte. Als 6-Jähriger machte er eine Konzertreise nach München und Wien. Bald folgten ausgedehnte Tourneen, die ihn bis nach Paris und London führten. Überall waren die Säle voll, überall bereitete ihm das Publikum begeisterte Ovationen, wenn er virtuos auf dem Klavier spielte. Seine erste

Kindheit an hatte er eine schwache Konstitution. Die häufigen Wunderkind-Reisen hatten ihm dabei nicht gerade gutgetan. Krankheit und Erschöpfung waren seine ständigen Begleiter geworden. In den Wochen vor seinem Tod arbeitete er fieberhaft an der Fertigstellung eines Requiems, einer Totenmesse, die über Mittelsmänner von einem reichen österreichischen Adligen namens Graf Franz von Walsegg anonym in Auftrag gegeben worden war. Mozart arbeitete wie ein Besessener, doch immer häufiger musste er mit Fieber das Bett hüten. In den letzten Wochen vor seinem Tod kam er kaum noch zum Arbeiten.

Fiebriges Ende

Wolfgang Amadeus Mozart, das große musikalische Genie, starb in den frühen Morgenstunden des 5. Dezember 1791, kurz nach 1 Uhr, in seiner Wohnung in der Rauhensteingasse 8 in Wien. Der amtliche Totenbericht gab als Ursache für das Ableben des Komponisten „hitziges Frieselfieber" an. Darunter verstand man in der medizinischen Terminologie der damaligen Zeit starkes, von auffälligem Hautausschlag begleitetes Fieber. Diese nicht sehr präzise Angabe ist ganz wesentlich dafür mitverantwortlich, dass der Tod Mozarts bis heute ein Gegenstand heftiger Diskussionen und Spekulationen ist. Denn die Diagnose „hitziges Frieselfieber" gab nicht Auskunft über das Wesen der Krankheit, die zu Mozarts Tod führte, sondern beschrieb nur die Symptome.

Die Palette möglicher Todesursachen ist im Lauf der Zeit sehr umfangreich geworden. Man versuchte, die zeitgenössisch überlieferten Fakten über den Verlauf der tödlichen Krankheit Mozarts mit bekannten Krankheitsbildern in Einklang zu bringen. Neben dem hohen Fieber hatte der Patient unter geschwollenen Gelenken und Gliedern, Kopfschmerzen, Schweißausbrüchen und Erbrechen gelitten. Das Angebot moderner Erklärungen reicht von Syphillis über Nie-

renversagen, Herzversagen, Angina, rheumatisches Entzündungsfieber, Hirnblutung, Infektion durch Trichinen bis hin zu dem durch übermäßigen Alkoholgenuss hervorgerufenen Leberschaden. Gemeinsamer Nenner all dieser Diagnosen, die fast jährlich durch

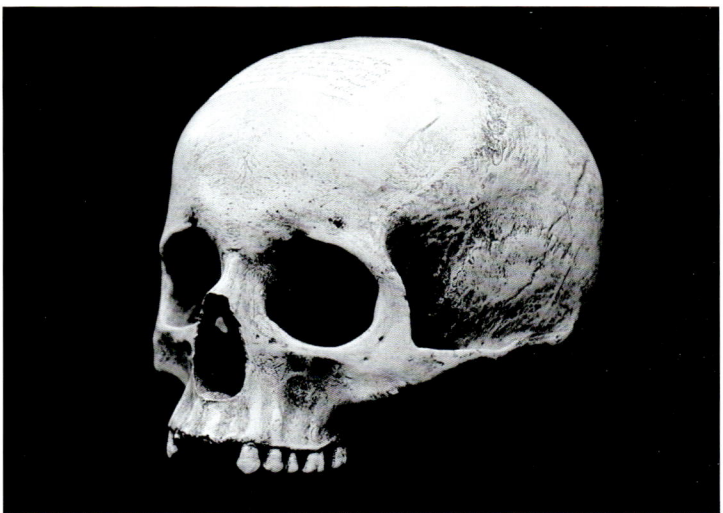

Eindeutige Analyse – unklares Ergebnis

2006 starteten Pathologen aus Österreich und den USA aus Anlass von Mozarts 250. Geburtstag ein viel beachtetes Experiment. Sie nahmen sich einen Schädel vor, der sich seit 1902 im Besitz der Stiftung Mozarteum befand, um endlich den Nachweis zu erbringen, dass es sich dabei, wie immer wieder behauptet worden war, um den Schädel des Komponisten handle. Verglichen wurde dabei die aus einem Zahn entnommene Erbsubstanz mit der DNA von zwei Skeletten – der Großmutter und einer Nichte – aus dem Familiengrab der Mozarts in Salzburg. In die Analyse wurden auch zwei angeblich von Mozart stammende Haarlocken einbezogen. Die voneinander unabhängigen Labors der Institute in Innsbruck und Rockville kamen zu einem eindeutigen Ergebnis, das der renommierte Innsbrucker Patholge Walther Parson in einem Satz zusammenfasste: „Die Personen stehen zueinander in einem Ausschlussverhältnis." Auch die beiden Frauen waren also nicht miteinander verwandt. Damit aber ist das Rätselraten um den Schädel nicht beendet – wenn das Vergleichsmaterial gar nicht aus Mozarts Familie stammte, könnte der Schädel echt sein …

neue Theorien ergänzt werden, ist der Umstand, dass sie nicht alle richtig sein können, weil sie sich zumindest teilweise gegenseitig ausschließen.

Kein natürlicher Tod?

Unter den 1000 Toden, die der Komponist also gestorben sein kann, findet sich auch die Theorie, dass er Opfer eines Mordes wurde – genauer gesagt: eines Giftmordes. Angeblich soll Mozart nicht lange vor seinem Tod bei einer Kutschfahrt im Prater geäußert haben, dass es mit ihm nicht mehr lange dauern werde und man ihm gewiss Gift gegeben habe. Abgesehen davon, dass die Authentizität dieser Worte nicht über jeden Zweifel erhaben ist, können sie, sollten sie wahr sein, dem speziellen Humor zuzuschreiben sein, dessen er sich manchmal bediente. Obwohl es keine konkreten Beweise dafür gibt, dass jemand bei Mozarts Tod mit giftigen Substanzen nachgeholfen hat, wurden Historiker und Musikwissenschaftler nicht müde, nach möglichen Verdächtigen Ausschau zu halten. So erscheint auf der Liste der Kandidaten auch die Ehefrau Constanze. Zwar war das Leben an der Seite des verschwenderischen, unsteten Komponisten nicht immer einfach, doch auch wieder nicht so schwer, dass sich das treue Stanzerl zu solch einem drastischen Schritt hätte hinreißen lassen. Selbst die Ärzte gerieten ins Visier, ebenso die Freimaurer, die es Mozart übelgenommen hätten, dass er in der *Zauberflöte* Geheimnisse der Loge preisgegeben habe.

Nur im Film

Als Hauptverdächtiger aber gilt den Anhängern der Gifttheorie Antonio Salieri. Der italienische Komponist bekleidete in Wien – mit Unterbrechungen – das prestigeträchtige Amt des Hofkapellmeisters. Zwischen ihm und Mozart, so wird bis heute hartnäckig behauptet, gab es eine heftige Rivalität. Der Italiener soll neidisch auf den begnadeten Musiker Mozart und dessen geniale Kompositionen gewesen sein, und so habe er gegen ihn intrigiert, wo er nur konnte. Schließlich habe er den Gegner mit Gift aus dem Weg geräumt. Diese Theorie wurde noch populärer durch den erfolgreichen Film *Amadeus*, den der US- Regisseur Milos Forman 1984 in Szene setzte. In diesem Streifen sorgt Salieri auf perfide Weise dafür, dass Mozart bei der Arbeit an seinem letzten Werk, dem Requiem, vor Angst und aus Überanstrengung stirbt. Doch von der neuesten Forschung ist Salieri rehabilitiert worden. Die angebliche Konkurrenz hat sich längst als Erfindung entpuppt, tatsächlich pflegten Mozart und Salieri zwar kein herzliches, aber doch ein kollegiales Verhältnis. Die Mordthese kann man nach aktuellem Stand der Dinge also getrost zu den Akten legen. Keiner der Verdächtigen hatte ein nachvollziehbares Motiv.

Geheimnisvolles Grab

Ein weiteres Geheimnis, das den Tod Mozarts umgibt, ist seine Grabstätte. Die Beerdigung auf dem St. Marxer Friedhof fand wahrscheinlich bereits einen Tag nach seinem Tod, also am 6. Dezember 1791, möglicherweise aber erst etwas später statt. Dass er, wie häufig kolportiert, in einem Massengrab bestattet wurde, ist unwahrscheinlich, ebenso, dass es sich um ein spezielles Armengrab handelte. Sicher ist jedoch, dass sein Grab nicht namentlich gekennzeichnet wurde. Deshalb ist nicht klar, ob die Stelle, die heute als Grab Mozarts präsentiert wird, wirklich seine letzte Ruhestätte ist. Erst 1855 stellte man seine Lage „mit großer Wahrscheinlichkeit", aber damit auch nicht sicher, fest. Vier Jahre später wurde ein Grabmal errichtet, das später unter die Ehrengräber auf dem neu eingerichteten Wiener Zentralfriedhof eingereiht wurde. Ein Friedhofswärter versah den frei gewordenen Platz auf dem St. Marxer Friedhof mit einer steinernen Platte, die den Namen sowie Geburts- und Sterbejahr des Komponisten enthielt.

Wer erschoss Olof Palme?

Der schwedische Ministerpräsident wurde auf offener Straße erschossen.
Die Ermittlungen waren für die Behörden kein Ruhmesblatt.

O lof Palme gab sich gern als einfacher Bürger. Der populäre Ministerpräsident mochte es nicht, wenn er von Bodyguards umgeben war. Er verzichtete auch auf einen gepanzerten Dienstwagen. Warnungen, damit ein leichtes Ziel für Attentäter zu sein, schlug er in den Wind. Selbst zahlreiche Morddrohungen konnten den Sozialdemokraten nicht einschüchtern.

Verhängnisvoller Kinobesuch

Am 28. Februar 1986 büßte Olof Palme die demonstrative Sorglosigkeit mit dem Leben. Am Abend dieses Tages hatte er gemeinsam mit seiner Frau und ihrem Sohn Marten ein Kino in der Stockholmer Innenstadt besucht, um sich die Komödie *Bröderna Mozart* (*Die Gebrüder Mozart*) anzusehen. Sie waren mit

Die schwedische Polizei gab im Fall Palme kein gutes Bild ab. Das Foto zeigt Stockholms Polizeichef Hans Holmer (M) in einem Polizeibüro am 15. März 1986.

der U-Bahn gefahren, die Karten an der Kinokasse hatte der Ministerpräsident selbst bezahlt. Nun machten sie sich auf den Heimweg. Marten verabschiedete sich und machte sich auf den Weg nach Hause. Palme und seine Frau gingen noch ein Stück weiter. Wer sie nicht erkannte, musste sie für ein ganz normales Ehepaar halten, das einen abendlichen Spaziergang durch die hell erleuchtete City genoss.

Um 23.21 Uhr fand das Idyll ein grässliches Ende: Gerade hatte das Paar die Kreuzung Sveavägen/Tunnelgatan erreicht, als zwei Schüsse durch die Nacht peitschten, abgegeben aus nächster Nähe. Der Täter hatte sich im Schatten eines Farbenladens versteckt. Die Schüsse fielen aus nächster Nähe. In den Rücken getroffen brach der Ministerpräsident zusammen. Seine Frau Lisbet beugte sich sofort zu ihm hinunter. Das rettete ihr das Leben. Der zweite, allem Anschein nach für sie bestimmte Schuss verursachte nur eine harmlose Streifwunde. Der Täter nutzte das Chaos und Entsetzen aus, floh zu Fuß über einen Treppenaufgang.

Einige Passanten nahmen die Verfolgung auf. Doch der Mörder konnte unerkannt entkommen. Augenzeugen beschrieben ihn vage als 30 bis 40 Jahre alt, 1,80 Meter groß. Ministerpräsident Palme wurde sofort in ein Krankenhaus eingeliefert. Doch jede Hilfe kam zu spät. Um Mitternacht gaben die Ärzte den Tod von Olof Palme bekannt. Noch am Tatort war er seinen Verletzungen erlegen.

Keine Spuren

Die schockierte Öffentlichkeit Schwedens erwartete einen schnellen Fahndungserfolg. Ein Mord auf offener Straße, das Opfer der Ministerpräsident – eine solch unerhörte Tat verlangte nach rascher Aufklärung. Doch Erfolgsmeldungen blieben aus. Im Gegenteil: Die Kriminalpolizei bat immer wieder um Geduld. Man verfolge viele Spuren, hieß es, doch eine heiße Spur sei noch nicht dabei. In der Presse kam Kritik auf. Die Polizei mache in der Angelegenheit viele Fehler. Schon in der Mordnacht habe es unglaubliche Pannen gegeben. Man hatte es versäumt, den Tatort ordnungsgemäß abzusperren. So waren nach der Tat Schaulustige und Neugierige in Massen umhergelaufen, um die Stelle zu inspizieren, an der Palme ermordet worden war. Daher waren viele Spuren zerstört worden, die man für eine forensische Analyse hätte verwenden können. Auch die übliche Routinearbeit, die in einem solchen Fall normalerweise einsetzt, blieb aus: Keine Sperrung von Brücken und Ausfallstraßen. Landesweiter Alarm wurde erst mit drei Stunden Verspätung ausgelöst.

Der Mordfall Olof Palme entwickelte sich im weiteren Verlauf der Untersuchungen zu einem Mysterium. Die Behörden arbeiteten fieberhaft, doch ohne jedes greifbare Ergebnis. Nicht einmal die Tatwaffe kam zum Vorschein. Hunderte von Verdächtigen wurden vernommen und mussten wegen Mangels an Beweisen wieder freigelassen werden. Im Lauf der Zeit nahmen die Akten im Hauptquartier der Stockholmer Polizei rekordverdächtige Dimensionen an. Sie füllen inzwischen 225 Regalmeter, 3600 Ordner wurden angelegt.

Weltweite Kontakte

In den Medien und in der Öffentlichkeit machte sich allmählich Unruhe breit. Warum kamen die Behörden nicht weiter? Warum gab es so viele Pannen? Wieso ging man vielversprechenden Spuren nicht nach? Steckte etwa die Regierung dahinter? Olof Palme war ein Politiker gewesen, der polarisierte. Der Sozialdemokrat vertrat unkonventionelle Positionen. Er gehörte zu den schärfsten Kritikern des Vietnamkriegs und hatte sich dadurch den Zorn der US-Regierung zugezogen. Engagiert kämpfte er gegen Apartheid und Atomkraft. Offen unterstützte er die kommunistischen Regime in Kuba und Nicaragua. Im Inland wie im Ausland hatte er sich damit viele Gegner, ja sogar Feinde gemacht. War das Attentat auf Olof Palme also ein politisch motivierter Mord? Das Ergebnis einer internationalen Verschwörung?

War die Angelegenheit so sensibel, dass die Regierung Beweise unter Verschluss hielt? Wechselweise gerieten in der öffentlichen Diskussion daher verschiedene Verdächtige ins Visier. An der Spitze der Kandidaten stand das Apartheid-Regime in Südafrika. Die kurdische PKK wurde genannt, der israelische Geheimdienst, wegen der kritischen Haltung Palmes zur Politik Israels gegenüber den Palästinensern, und ein kriminelles Syndikat aus Jugoslawien. Dazu verschiedene terroristische Organisationen, vor allem rechtsextremer Couleur, die man als Täter oder wenigstens als Drahtzieher vermutete. Regierung und Behörden aber hielten sich zu allen diesen Spekulationen bedeckt. Erschwert wurden die Ermittlungen dadurch, dass sich Wichtigtuer, die gern ihren Namen in der Zeitung lesen wollten, zu dem Mord bekannten. Die Polizei war verpflichtet, diesen Selbstanzeigen nachzugehen und verlor dabei viel kostbare Zeit.

Politik der Reformen

Olof Palme hatte viele Gegner. Auf der anderen Seite hatte der Ministerpräsident in Schweden eine große Schar von Anhängern. Deswegen waren auch so viele Menschen darüber verärgert, dass die Ermittlungen nicht vorangingen. Als er ermordet wurde, bekleidete Olof Palme zum zweiten Mal in seiner Karriere das Amt des Ministerpräsidenten. Er war 1982 erneut zum Premier gewählt worden, nachdem er bereits zwischen 1969 und 1976 Hausherr im Amtssitz des Regierungschefs gewesen war. 1927 in Stockholm geboren, wandte sich der ambitionierte junge Mann, obwohl er aus einer großbürgerlichen Familie stammte, bereits während des Studiums der Sozialdemokratie zu. Engagiert trat er für eine Politik des sozialen Ausgleichs ein. Von seinen konservativen Gegnern als Architekt eines egalitären Wohlfahrtsstaats gebrandmarkt, von den Sympathisanten als Anwalt der einfachen Menschen verehrt, setzte Palme als Ministerpräsident Reformen wie die Gleichstellung der Ehepartner und die Verbesserung der Kinderbetreuung durch. Frauen waren dankbar dafür, dass er ihnen den Weg auf den Arbeitsmarkt ebnete. Auch Umweltfragen standen auf seiner politischen Agenda weit oben.

Präsentation eines Täters

Lange Zeit hörten die Schweden nichts mehr von Ermittlungen im Fall Palme. 1988 ganz überraschend der Paukenschlag: Die Polizei präsentierte den Mörder von Olof Palme. Sein Name: Christer Pettersson, schwedischer Staatsbürger, 41 Jahre alt, drogenabhängig, vorbestraft. Darüber, wie er in Verdacht geraten war, und über die Umstände seiner Festnahme, vor allem aber auch über seine Motive machten die Verantwortlichen nur wenige Angaben. 1970 hatte er in den Straßen von Stockholm einen Mann erschossen. Kurz nach dem Attentat auf Palme war Pettersson schon einmal ins Fadenkreuz der Fahnder geraten, doch hatte er damals ein Alibi vorweisen können. Dieses Alibi hatte

sich aber bei einer Nachprüfung als falsch erwiesen. Zwar stand die Anklage auf schwachen Füßen, weil weiterhin die Tatwaffe fehlte und man Pettersson auch nicht nachweisen konnte, dass sie sich in seinem Besitz befand oder befunden hatte. Die wichtigste Zeugin des Verbrechens war Palmes Ehefrau Lisbet. Sie gab an, in dem Angeklagten jenen Mann wiedererkannt zu haben, der ihren Mann erschossen hatte. So wurde der mutmaßliche Attentäter zu lebenslänglicher Haft verurteilt, auch wenn die Motivlage völlig unklar blieb. Was hätte Pettersson für einen Grund haben können, Palme umzubringen? Vielleicht, so mutmaßte man in Polizeikreisen, hatte es sich um eine Verwechslung gehandelt. Pettersson wollte seinen Drogendealer erschießen und tötete aus Versehen Palme – eine Hypothese, die niemanden so recht überzeugen konnte. Der angebliche Mörder jedenfalls stritt vehement ab, die Tat begangen zu haben.

Doch bereits ein Jahr später durfte er das Gefängnis wieder verlassen. Von einem Berufungsgericht wurde das erste Urteil in zweiter Instanz revidiert. Begründet wurde dies mit Unzulänglichkeiten bei den Ermittlungen, die zu der Verurteilung geführt hatten. Palmes Witwe soll vor der Gegenüberstellung einen Hinweis bekommen haben, wen sie als Täter identifizieren sollte. Der Verdacht gegen Pettersson war damit nicht vom Tisch, doch juristisch konnte er nicht mehr belangt werden.

Gerichtszeichnung des Tatverdächtigen Christer Pettersson (r) vor dem Bezirksgericht in Stockholm am 19. Juni 1989. Links die Hauptbelastungszeugin Lisbeth Palme.

Tod eines Verdächtigen

Wieder in Freiheit, schlug der geschäftstüchtige Exmörder Kapital aus der Affäre, indem er die Geschichte an Zeitungen und Magazine verkaufte. Da er zudem 300 000 Kronen an

Olof Palme und die junge sozialdemokratische Politikerin Anna Lindh, aufgenommen im Jahr 1980, wurden beide Opfer von Attentaten.

Mordfall Anna Lindh

Eine neue Dimension erhielt das Attentat auf Olof Palme am 10. September 2003. An diesem Tag wurde die schwedische Spitzenpolitikerin Anna Lindh mitten in Stockholm Opfer eines Attentats. Das Verbrechen geschah in der Konfektionsabteilung eines großen Kaufhauses. Ein Unbekannter stach die Außenministerin nieder. Wie früher Palme, so war auch Anna Lindh ohne Sicherheitsbeamte unterwegs gewesen. Nach stundenlanger Operation erlag sie am darauffolgenden Tag im Krankenhaus ihren schweren Verletzungen. Anders als bei Palme konnten die Ermittlungsbehörden einen schnellen Fahndungserfolg vermelden. Bereits zwei Wochen nach der Tat wurde ein 25-jähriger Schwede serbischer Herkunft dem Haftrichter vorgeführt. Im März 2004 wurde er zu einer lebenslangen Freiheitsstrafe verurteilt. Aufgrund eines psychiatrischen Gutachtens wurde das Urteil erst aufgehoben, dann letztinstanzlich bestätigt. Die Tat hatte keinen politischen Hintergrund. Viele Schweden fühlten sich dennoch an den Fall Palme erinnert. Nach dem Tod von Anna Lindh wurden Konsequenzen in Sachen Sicherheit des politischen Spitzenpersonals gezogen: Seitdem sind Regierungsmitglieder wie alle führenden Politiker dazu angehalten, in der Öffentlichkeit nur in Begleitung von Leibwächtern zu erscheinen.

Haftentschädigung erhielt, war der Mordfall Palme für ihn zu einer lukrativen Angelegenheit geworden. Bis zu seinem Lebensende blieb er dabei, mit dem Attentat an dem schwedischen Ministerpräsidenten nichts zu tun zu haben. Dieses Lebensende trat am 29. September 2004 ein. Knapp zwei Wochen zuvor hatte er sich bei einem Sturz schwere Kopfverletzungen zugezogen, die zu einer Hirnblutung führten. So nahm er das Geheimnis um die Frage, ob er nun der Mörder war oder nicht, mit ins Grab. Palmes Witwe ist bis heute von der Schuld Petterssons überzeugt. Eine Freundin behauptete ein paar Jahre später gegenüber dem Reporter eines Magazins, Pettersson habe ihr gegenüber den Mord gestanden, den er im Auftrag eines Freundes durchgeführt habe, der Probleme mit Palmes Steuerpolitik gehabt habe.

Anhaltende Spekulationen

Der Mord an Olof Palme liegt inzwischen 30 Jahre zurück. Früher gab es im schwedischen Strafrecht für Mord eine Verjährungsfrist von 25 Jahren. Sie galt bis zum 1. Juli 2010. Der oder die Täter hätten nach dieser Bestimmung ab Ende Februar 2011 mit Straffreiheit rechnen können. Einer solchen Konsequenz wurde 2010 durch das schwedische Parlament ein Riegel vorgeschoben. Bei Straftaten, die nach dem 1. Juli 1985 begangen wurden, gilt keine Verjährung mehr. Olof Palme starb am 28. Februar 1986.

Ganz offensichtlich haben die schwedischen Ermittlungsbehörden die Hoffnung nicht aufgegeben, eines Tages dem Mörder doch noch auf die Spur zu kommen und ihn hinter Schloss und Riegel zu bringen.

In regelmäßigen Abständen geistern neue Verschwörungstheorien durch die Gazetten. So ist die Rede von geheimnisvollen Aktivitäten rechtsextrem unterwanderter Polizeiverbände oder von dem Bekenntnis der inzwischen verstorbenen Tetra-Pak-Erbin, die den Mord an Palme einem bekannten Unternehmer in die Schuhe schieben wollte. Wie alle anderen Theorien, die seit dem 28. Februar 1986 in Umlauf waren, liefen entsprechende Recherchen ins Leere.

Die Schweden haben Olof Palme nicht vergessen. Alljährlich legen sie an seinem Todestag an der Stelle, an der er erschossen wurde, Kränze und rote Rosen nieder. Auch sein Grab ist regelmäßig Ziel von Pilgern.

Tödlicher Irrtum?

Sacco und Vanzetti, die beiden Amerika-Einwanderer aus Italien, kamen zu trauriger Berühmtheit. Viele hielten sie für unschuldig, doch sie starben auf dem elektrischen Stuhl. Später wurden sie rehabilitiert.

Schon der Mord sorgte international für Schlagzeilen, mehr aber noch der sich anschließende Prozess. Auf der Anklagebank saßen Fernando (genannt „Nicola") Sacco und Bartolomeo Vanzetti. Beide waren 1908 aus Italien nach Amerika eingewandert, jedoch nicht gemeinsam, sondern nur gleichzeitig. Die große Karriere machten sie nicht. Beide blieben arme Schlucker, hielten sich mit Gelegenheitsarbeiten über Wasser, waren in Fabriken tätig, verkauften Fisch. Um ihre soziale Lage zu kompensieren, schlossen sie sich anarchistischen Bewegungen an, die damals in den USA Sammelbecken für Menschen wurden, denen es nicht gelang, im Land der unbegrenzten Möglichkeiten Fuß zu fassen. 1917 lernten sich Sacco und Vanzetti kennen, ohne zu ahnen, dass ihre Namen – im Paket – einmal zum Synonym für einen der größten Justizskandale in Amerika werden sollten.

Die Begegnung fand auf einer Reise nach Mexiko statt. Sie gehörten zu einer Gruppe junger Männer, die sich auf diesem Weg

Die Anarchisten Nicola Sacco (S. 44 rechts) und Bartolomeo Vanzetti (S. 44 links) wurden wegen Mordes hingerichtet. Das Urteil sorgte in den USA, aber auch in Europa, für große Empörung. Das Foto zeigt eine Kundgebung amerikanischer Sozialisten, die im August 1927 für die Freiheit von Sacco und Vanzetti demonstrieren.

der Einberufung zum Kriegsdienst entziehen wollten. Damals waren die Vereinigten Staaten von Amerika gerade in den Ersten Weltkrieg eingetreten. Ausländer, deren Einbürgerungsverfahren noch nicht abgeschlossen waren, wurden eigentlich nicht zu den Waffen gerufen. Doch man ging besser auf Nummer sicher. Als sie nach ein paar Monaten Aufenthalt in Mexiko zurückkehrten, benutzten sie eine Zeit lang vorsichtshalber falsche Namen.

Raubmord in der Schuhfabrik

So schlugen sich die beiden Einwanderer mehr schlecht als recht durch das Leben, bis der 15. April 1920 kam. Das war der Tag, nach dem für Sacco und Vanzetti nichts mehr wie vorher sein sollte. Ein Raubmord in South Braintree, nicht weit entfernt von Boston, schreckte die amerikanische Öffentlichkeit auf. Opfer waren zwei Mitarbeiter einer Schuhfabrik. Den beiden Tätern, die mehrere Schüsse aus Handfeuerwaffen abgegeben hatten, fiel eine Beute von 15 776 Dollar in die Hände – Lohngelder, die den beiden Angestellten anvertraut worden waren und die man in zwei schwarzen Behältern deponiert hatte. Die Täter flohen mit einem blauen Wagen, in dem sich noch zwei oder drei weitere Personen befunden haben sollen.

Die Polizei nahm bei der Suche nach den Tätern ohne Umschweife das Milieu der Anarchisten unter die Lupe. Sie ging davon aus, dass ein Zusammenhang mit dem Überfall auf einen Geldtransporter in Bridgewater wenige Monate zuvor bestand. Dieser Überfall war gescheitert, den Tätern aber war die Flucht gelungen. Bestimmte Indizien führten auf die Fährte eines polizeibekannten Anarchisten, der inzwischen untergetaucht war. Man durchsuchte seine Wohnung und wurde im Lauf der weiteren Ermittlungen auf eine Autowerkstatt aufmerksam, in der sich das Fluchtauto von dem Überfall auf die beiden Angestellten der Schuhfabrik befinden sollte.

Pro und contra

In dieser Werkstatt griff die Polizei Sacco und Vanzetti auf. Die beiden wurden festgenommen und gerieten nun in die Mühlen der Justiz. Ihr großer Nachteil war von Anfang an, dass sie mit Attributen verbunden wurden, die sie schon von vornherein als suspekt erscheinen ließen: Einwanderer – Gelegenheitsarbeiter – Anarchisten – Kriegsdienstverweigerer. Diese Kombination von Schlagwörtern genügte, um in weiten Teilen der Öffentlichkeit den Eindruck hervorzurufen, die Täter erwischt zu haben (zumindest, was den Überfall von South Braintree anging). Zudem gab es objektiv belastende Umstände.

So wurden bei Sacco und Vanzetti Waffen sichergestellt. Nach ihrer Festnahme machten sie falsche Angaben, insbesondere über ihre Verbindungen zu anarchistischen Kreisen. Im Verlauf der Vernehmungen verwickelten sie sich in weitere Widersprüche. Außerdem hatten sie keine überzeugenden Alibis, sodass am Ende offiziell Anklage erhoben wurde.

Bevor der Prozess im Fall des Raubmordes in der Schuhfabrik begann, wurde im Sommer 1920 in einem gesonderten Verfahren der Bridgewater-Fall verhandelt. Sacco bescherten Zeugen ein wasserdichtes Alibi. Staatsanwalt Frederick G. Katzmann musste sich in diesem von Richter Webster Thyer geleiteten Verfahren also auf Vanzetti konzentrieren, den die Geschworenen für schuldig befanden. Der Richter sprach darauf eine langjährige Gefängnisstrafe aus.

Ab dem 31. Mai 1921 standen die beiden Italien-Auswanderer in Dedham, Massachusetts dann gemeinsam vor dem Richter – in einem Prozess, der in die Annalen der amerikanischen Justiz eingehen sollte.

Zweifelhafte Methoden

Am Ende des Prozesses wurden beide Angeklagte zum Tod durch den elektrischen Stuhl verurteilt. Ihre Schuld galt den Geschworenen als erwiesen, obwohl die Beweisführung der Staatsanwaltschaft, wie nicht nur Kritiker bemängelten, einige Lücken und Schwächen aufwies. Beispielsweise mühte man sich keineswegs, Widersprüche zwischen den Aussagen verschiedener Zeugen aufzuklären. Neutrale Prozessbeobachter registrierten zudem, dass die Mitglieder der Jury mehrheitlich deutlich ihre mangelnde Unvoreingenommenheit gegenüber den Angeklagten erkennen ließen. Auch Richter Webster Thayer und Staatsanwalt Frederick O. Katzmann – die schon den Bridgewater-Fall verhandelt hatten – ließen während des Prozesses keinen Zweifel daran, dass für sie die Schuldfrage klar war. In seinen Verhören zielte Katzmann weniger darauf ab, den

Ablauf und die Hintergründe der Tat zu beleuchten. Vielmehr investierte er viel Energie in das Bestreben, die Angeklagten als gewissenlose Outlaws zu geißeln, denen man alles zutrauen musste.

Das Urteil fiel am 9. April 1927. So lange hatte sich der Prozess hingezogen. Immer wieder war es wegen neuer Anträge und wegen Berufungen zu Unterbrechungen gekommen. Sacco und Vanzetti saßen währenddessen in ihren Zellen in verschiedenen Gefängnissen. Die Verkündung des Urteils wurde mit großer Spannung erwartet, nicht nur in Amerika, sondern auch in Europa, wo die Öffentlichkeit den Prozess ebenfalls aufmerksam verfolgte. Als der Richter die Worte sprach „Todesstrafe durch die Anwendung elektrischen Stroms an ihrem Körper", herrschte im Gerichtssaal Schweigen und Betroffenheit. Die Vollstreckung wurde für die Woche nach dem 10. Juli angeordnet.

Politik vor Recht?

Das Urteil im Sacco-Vanzetti-Prozess sorgte in Teilen der amerikanischen Öffentlichkeit, besonders bei Journalisten, Schriftstellern, Intellektuellen, Künstlern und Vertretern der Kirche, für einen Sturm der Entrüstung. Ein Komitee wurde gegründet, das sich für die Verurteilten einsetzte, eine Revision sowie einen Untersuchungsausschuss forderte. Auch im Ausland, so in Italien und Frankreich, gab es Proteste und Demonstrationen. Man monierte, dass es sich nicht um ein faires Verfahren gehandelt habe. Richter, Staatsanwalt und Jury hätten den Prozess zur Bühne der Abrechnung mit unerwünschten ethnischen Minderheiten und mit Anarchisten missbraucht. Politische Voreingenommenheit habe das Recht überlagert.

Doch alle Proteste halfen nichts, auch nicht ein Gnadengesuch an den Gouverneur von Massachusetts, das diesem am 4. Mai zugestellt wurde und zur Folge hatte, dass die Hinrichtung verschoben wurde. Doch am 22. August um 23.03 Uhr entschied Alvan T. Fuller: Gesuch abgelehnt. Die Exekution wurde für Mitternacht angesetzt. Erst wurde Sacco in die Todeszelle geführt. Er sagte: „Lang lebe die Anarchie!" Um 00.19 Uhr wurde sein Tod festgestellt. Vanzetti beteuerte beim Gang zum elektrischen Stuhl immer wieder seine Unschuld. Als seine Todeszeit verzeichnen die Akten 00.27 Uhr.

Handelte es sich wirklich um einen Justizmord? Eindeutig ist der Fall nicht. Bis heute gibt es einige Ungereimtheiten. Viele Vorwürfe gegen die Angeklagten konnten nicht entkräftet werden – etwa das fehlende Alibi und die Widersprüche, in die sie sich bei den Vernehmungen verwickelt hatten. Beobachter gaben auch der aufgeregten Öffentlichkeit eine gewisse Schuld an dem Ausgang des Prozesses. Es sei von außen eine Druckkulisse aufgebaut worden, durch die sich Richter, Staatsanwalt und Jury in ihrer Neutralität und Unabhängigkeit bedroht gesehen hätten. Im Interesse der Gerechtigkeit und der Souveränität der Justiz hätten sie auf die Schuld der Angeklagten pochen müssen.

Tag der Erinnerung

23. August 1977. Genau 50 Jahre sind seit dem Tod Saccos und Vanzettis auf dem elektrischen Stuhl vergangen. An diesem Tag gibt Michael Dukakis, Gouverneur des US-Staates Massachusetts (und später Präsidentschaftskandidat), eine in Englisch und Italienisch abgefasste Erklärung ab. Inhalt: die Rehabilitierung der damals Angeklagten und Verurteilten. Sie hätten kein faires Verfahren bekommen, die Instanzen, die sie verurteilten, seien voreingenommen gewesen. Ihre Unschuld sei nicht erwiesen. Jedoch habe der Staatsanwalt absichtlich gefälschte und irreführende Beweise vorgelegt. Der 23. August wurde zum Tag der Erinnerung an die Justizopfer Fernando Sacco und Bartolomeo Vanzetti proklamiert – auch als Mahnung an die Justiz, sich ihrer Verantwortung bewusst zu sein, wenn es bei einem Prozess um Leben oder Tod geht.

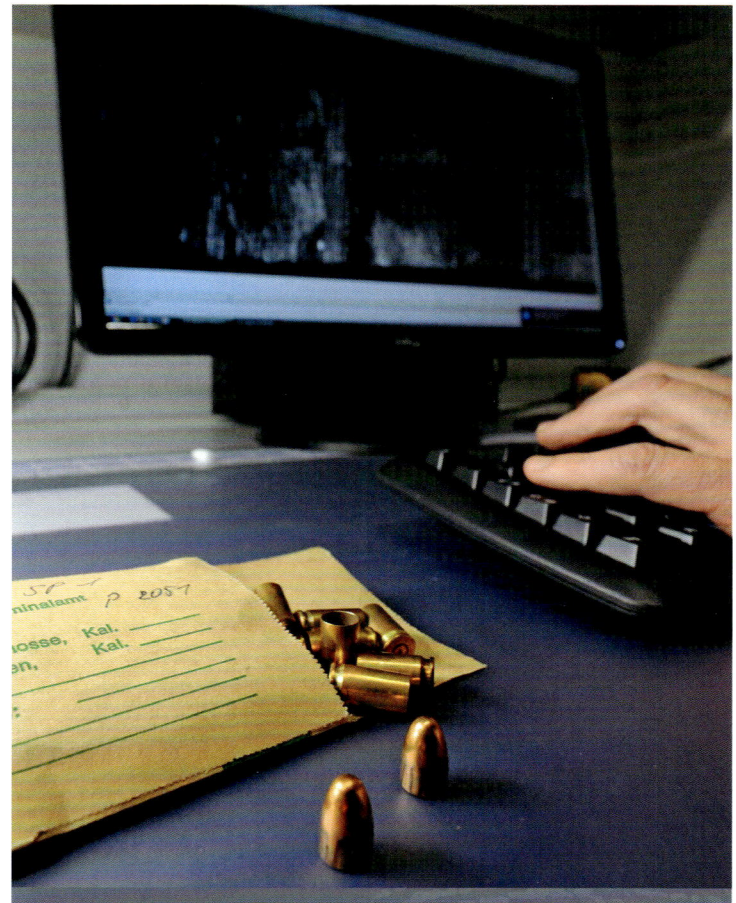

Ballistik – dem Geschoss auf der Spur

Am Tatort abgegebene Schüsse bieten den Ermittlern heute viele wichtige Fährten. Die Ballistik liefert aufgrund ausgeworfener Hülsen und anderer Spuren detaillierte Aufschlüsse über Kaliber und Art der Schusswaffen. Mit modernster Technik arbeitet die Forensische Ballistik. Im Labor können die Wissenschaftler mit Hochgeschwindigkeitskameras den exakten Ablauf der Schussabgabe rekonstruieren.

In den 1920er-Jahren steckte die Kriminaltechnik allerdings noch in den Kinderschuhen. Mit moderner Technologie hätte die Ballistik bei der Aufklärung des Raubmordes von South Braintree wichtige Erkenntnisse erbringen können. Die Frage, ob die Waffen, die Sacco und Vanzetti bei ihrer Festnahme bei sich trugen, auch die Tatwaffen waren, wurde in dem Prozess nicht geklärt. Man musste sich auf Indizien verlassen. Sacco hatte bei seiner Verhaftung einen 32er Colt bei sich, geladen mit neun Schuss. Vanzetti besaß einen 38er Revolver. Von der gleichen Marke war die Waffe eines der bei dem Raubmord getöteten Angestellten gewesen. Sie war seit der Tat verschwunden. Vanzetti konnte keine Angaben darüber machen, wie die Waffe in seinen Besitz gekommen war.

El Cid – Lichtgestalt und Legende

Der spanische Nationalheld führte ein abenteuerliches Leben – mit einigen dunklen Kapiteln und manchen Rätseln.

So stellt man sich einen Ritter vor: ein unerschrockener Kämpfer für das Gute und für die Ehre, verwickelt in die tollsten Abenteuer, mit einem treuen Pferd und einem starken Schwert an seiner Seite, amourösen Verlockungen nicht abgeneigt, und einem Tod, der nach Möglichkeit nicht im Bett stattfand. Gemessen an diesem Anforderungsprofil muss Rodrigo Diaz de Vivar, besser bekannt unter seinem arabischen Ehrennamen „El Cid", „der Herr", als fast perfekter Ritter gelten. Er war pausenlos an Kämpfen beteiligt, erlebte viel, hatte eine Reihe von Affären, besaß ein berühmtes Pferd namens Babieca und ein nicht minder berühmtes Schwert namens Tizona. Dieses Schwert wurde vor nicht allzu langer Zeit vom Stadtmuseum im nordspanischen Burgos erworben – für 1,6 Mio. Euro, was beweist, dass El Cid auch den heutigen Spaniern noch eine Menge wert ist. Eine eigens eingeholte Expertise der Universität Madrid bestätigte die Echtheit der Waffe.

Aber war auch sein Tod ritterlich? Darüber herrscht heute, mehr als 900 Jahre später, nicht wirklich Klarheit.

Christen gegen Muslime

Um 1043 in einem kleinen Dorf in Kastilien geboren, lebte El Cid in turbulenten Zeiten, wie geschaffen für einen ehrgeizigen Krieger und späteren Nationalhelden. In Spanien tobten damals die Kämpfe zwischen den Christen und den Mauren. Die Spanier nannten sie die „Reconquista", die „Wiedereroberung" der von den islamischen Arabern im 8. Jahrhundert eroberten Gebiete. An der Spitze der Reconquista standen die christlichen Königreiche des Nordens – Kastilien, Galizien, León, Navarra, Arragon. Sie hatten es geschafft, den Vormarsch der Araber zu stoppen und verstanden sich nun als Bollwerke des christlichen Spanien. Zwar verfolgten sie das gleiche Ziel, waren aber nicht immer ein Herz und eine Seele. Jeder Herrscher hatte für sich den Ehrgeiz, als ruhm-

voller Besieger der Mauren in die Geschichte einzugehen. So kämpften nicht nur Christen gegen Muslime, sondern auch Christen gegen Christen.

Frühe Jahre

Rodrigos Eltern gehörten dem lokalen Adel an. Der Sohn wurde zur Erziehung an den Hof des Königs Ferdinand von Kastilien geschickt. Dort lernte er den Prinzen Sancho kennen, der seinen Vater 1065 als König beerbte. Der neue Herrscher beförderte den jungen Ritter aus der Provinz auf den angesehenen Posten des Königlichen Bannerträgers. Dann geriet Sancho mit seinem Bruder Alfonso in Streit. Die brüderliche Fehde endete 1072 mit der Ermordung Sanchos. Der Mörder – ein spanischer Adliger – war schnell ausgemacht. Doch wollten Gerüchte nicht verstummen, wonach der neue König höchstpersönlich Drahtzieher gewesen war. Als Alfonso VI. übernahm er die Herrschaft über Kastilien sowie über die beiden Teilreiche von León und Galizien.

Für Rodrigo bedeutete der Tod des Gönners Sancho keinen Karriereknick. Alfonso nahm ihn ebenfalls in den engeren Kreis seiner ritterlichen Gefolgsleute auf und fädelte für ihn sogar eine attraktive Eheverbindung ein. Die Auserwählte war keine Geringere als Jimena, die schöne Tochter des Grafen Diego Rodríguez von Oviedo und Nichte des aktuellen Königs. Obendrein stattete Alfonso ihn mit umfangreichen Ländereien aus und übertrug ihm auch wieder das Amt des Bannerträgers.

Seitenwechsel

Das Leben des Rodrigo Díaz hätte nun in Diensten des Königs von Kastilien in ruhigen Bahnen verlaufen können. Allerdings wäre er so nie zum spanischen Nationalhelden geworden. Fast wie aus heiterem Himmel entzog ihm der König 1081 seine Gunst und entfernte ihn aus seiner Umgebung. Die

Ursachen des Zerwürfnisses sind trotz aller Bemühungen der Historiker, Licht in die Sache zu bringen, im Dunkeln geblieben. Vielleicht hatte sich Rodrigo der Unterschlagung von Tributzahlungen schuldig gemacht, die er im Auftrag des Königs bei dem arabischen Fürsten Almotámid von Sevilla kassiert und möglicherweise nicht ordnungsgemäß abgerechnet hatte. Vielleicht war dem König der ambitionierte Ritter aber auch einfach nur zu mächtig geworden. Denn im selben Jahr hatte er auf eigene Faust einen Feldzug gegen das maurische Reich von Toledo organisiert. Offenkundig strebte Rodrigo nach höheren Weihen und wollte sich nicht mehr mit einer Rolle im Schatten des Königs zufriedengeben.

Mit der Verbannung begann ein gänzlich neues Kapitel im Leben des Rodrigo Díaz de Vivar. Als entlassener Ritter musste er sich zunächst einen neuen Arbeitgeber suchen und fand ihn in Moktádir, dem maurischen König von Saragossa, der das Angebot des erprobten Kriegers, für ihn kämpfen zu wollen, gern annahm. Als Moktádir starb, zog Rodrigo nun für dessen Sohn und Nachfolger Mutamin ins Gefecht. An der Spitze arabischer Söldnertruppen eilte der Verbannte von Sieg zu Sieg. Dabei kämpfte er auch gegen die christlichen Gegner seiner neuen arabischen Freunde und erwarb sich große Meriten bei der Verteidigung von Saragossa gegen Sancho von Aragon. Sein Ansehen bei den Arabern erreichte Schwindel erregende Höhen, als ihm 1082 das Kunststück gelang, Raimund Berenguer II., den Grafen von Barcelona, im Kampf um Valencia gefangen zu nehmen. Dafür zeichneten ihn seine maurischen Verbündeten, in Anlehnung an das arabische Wort „sayyid" („Herr"), mit dem Ehrentitel „El Cid" aus. Das hörte sich noch besser an als der Name „El Campeador" („der Kämpfer"), den er bereits während seiner Zeit in Kastilien erhalten hatte.

Den Wechsel auf die Seite der Muslime nahmen die christlichen Spanier El Cid nicht übel. Als Verbannter war er gezwungen gewesen, sich ein neues Betätigungsfeld zu suchen. Außerdem waren die Fronten zwischen Christen und Muslimen nicht so verhärtet, dass es nicht auch über die Religionsgrenzen hinweg zwischen einzelnen Fürsten Bündnisse und Koalitionen gegeben hätte. Und schließlich hat, wie es aussieht, El Cid zu keinem Zeitpunkt die Beziehungen zu seinem früheren Lehnsherrn Alfonso völlig aufgegeben.

Kampf gegen die Almoraviden

Tatsächlich kehrte der verlorene Sohn, der es im Osten der Iberischen Halbinsel zum Helden der Araber gebracht hatte, 1086 an den kastilischen Hof zurück. Die spanischen Araber hatten die gefürchteten Almoraviden als Helfer ins Land gerufen. Die sieggewohnte Berber-Armee überquerte die Straße von Gibraltar und fügte den Truppen des Königs empfindliche Niederlagen zu. Alfonso hielt es in dieser Situation für ratsam, sich wieder der Dienste Rodrigos zu versichern. Bereitwillig garantierte Alfonso dem berühmten Ritter und Heerführer die Verfügungsgewalt über alle Besitzungen, die er im Gebiet der Mauren erobern würde. Sofort stürzte sich der erfolgreiche Heerführer wieder ins Gefecht.

Die Harmonie mit Alfonso währte jedoch nicht lange. Es folgte ein neues Zerwürfnis, und El Cid begann nun, gestützt auf seine erfahrene Söldnerarmee, auf eigene Rechnung zu kämpfen. Dabei konzentrierte er seine Aktivitäten auf die an der Ostküste Spaniens gelegene Stadt Valencia. Hier herrschte offiziell der Taifa-Fürst Alkadir, dessen Stern aber zu jener Zeit bereits am Sinken war. Er befand sich inzwischen in der Abhängigkeit von König Alfonso. Mit stillschweigender Duldung Alfonsos machte El Cid Valencia samt Umland zu seiner persönlichen Schutzzone, von der aus er sich den Attacken der anstürmenden Almoraviden entgegenstellte. 1092 wurde die Lage ernst, als es den Almoraviden gelang, El Cids Verbündeten Alkadir vom Thron zu stürzen und zu ermorden. König Alfonso erwog den Plan, sich selbst an die Spitze eines Heeres zu stellen, um Valencia zu befreien. Doch dann überließ er das Feld Rodrigo.

Herrscher von Valencia

In den sich anschließenden Kämpfen gegen die Almoraviden vollbrachte Rodrigo jene Taten, die ihn auch auf der Seite der christlichen Spanier zu einer Legende werden ließen. 19 Monate lang belagerte er die von den Muslimen besetzte Stadt. Die Entscheidung fiel im Juni 1094. El Cid brach die Verteidigungslinien der Gegner, stürmte die Stadt und vertrieb die Besatzer. Als Sieger konnte er die Bedingungen diktieren. Formal kleidete er seine uneingeschränkte Führungsposition in das Amt des obersten Richters. Besser aber noch wurde seine Macht durch den stolzen Titel „Senor de Valencia" („Herr von Valencia") dokumentiert. Über den „Kämpfer" und den arabischen „Herrn" hatte es Rodrigo Díaz de Vivar nun auch noch zum „Herrn" einer ganzen Stadt gebracht. Nach der Eroberung von Valencia gab sich der zeitweilige Heerführer der Muslime wieder sehr christlich. So wandelte er die Moschee von Valencia in eine christliche Kathedrale um.

Siegreiche Leiche

Am 10. Juli 1099 herrschte in Spanien große Trauer. El Cid war gestorben. Klagen und Jammern erfüllte die Straßen und Plätze der Städte, heißt es in einer alten Chronik. Aber wie war es zu dem Tod gekommen? Fiel er, wie es zu seinem abenteuerlichen Leben gepasst hätte, auf dem Schlachtfeld? Die Chroniken liefern dazu widersprüchliche Angaben. Ein hinterhältiger Pfeilschuss, heißt es bei einigen Autoren, habe seinem Leben ein Ende bereitet. Andere meinen, er sei ganz einfach im heimischen Bett gestorben. Das ist sogar die wahrscheinlichste Version. Weil solch ein Tod für einen ruhmreichen Ritter wie El Cid aber als zu unspektakulär erschien, dachte man sich noch eine Ge-

schichte aus, die beweisen sollte, dass der Verstorbene auch in totem Zustand noch der Schrecken seiner Feinde war. Auf seinen letzten Wunsch hin, so wird erzählt, band man den Leichnam in voller Rüstung und mit dem Schwert in der Hand an sein Pferd und schickte ihn so in die Schlacht. Mit durchschlagendem Erfolg: In der Meinung, El Cid sei von den Toten wieder auferstanden, ergriffen die gegnerischen Scharen in Panik die Flucht.

Im Kinofilm *El Cid* (1961) verkörperte Charlton Heston den spanischen Nationalhelden.

In der Heldenrolle

Über *El Cid* wurden zahlreiche Filme gedreht. Der bekannteste stammt aus den Studios von Hollywood. 1961 schlüpfte der bereits in anderen historischen Heldenrollen wie „Ben Hur" gestählte Charlton Heston in El Cids Rüstung. Die Rolle der schönen Jemina spielte die italienische Diva Sophia Loren. Die Schlussszene entspricht der idealisierten Version der meisten Chroniken: Der tote El Cid führt sein Heer zum triumphalen Sieg gegen die Mauren.

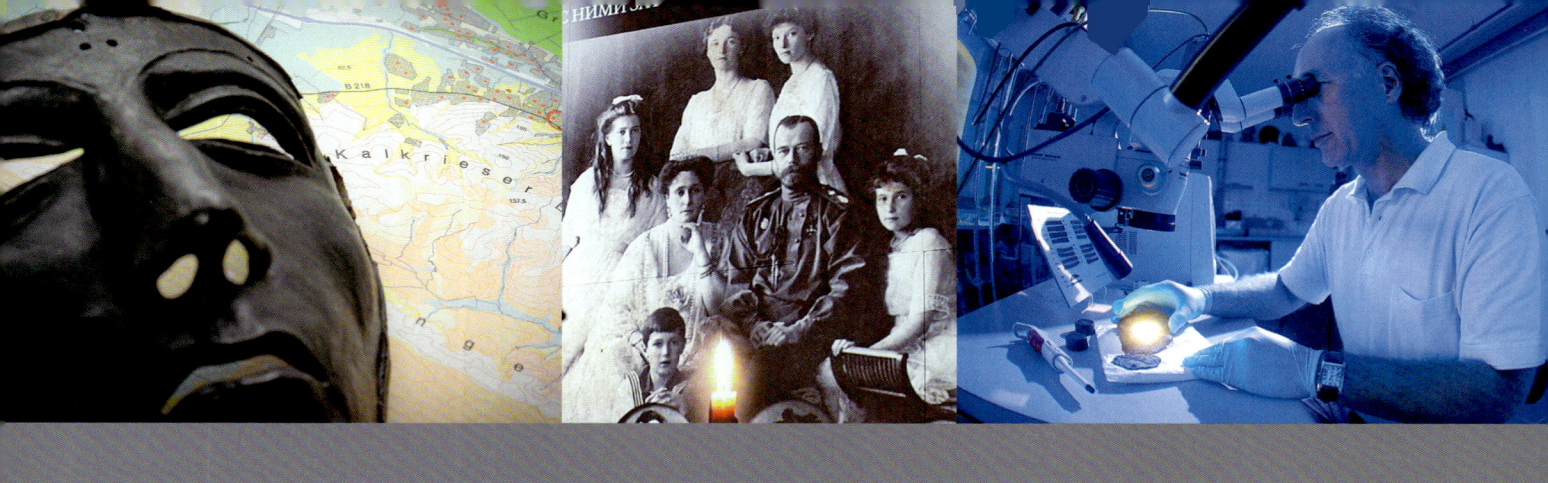

Alte Fragen – moderne Antworten

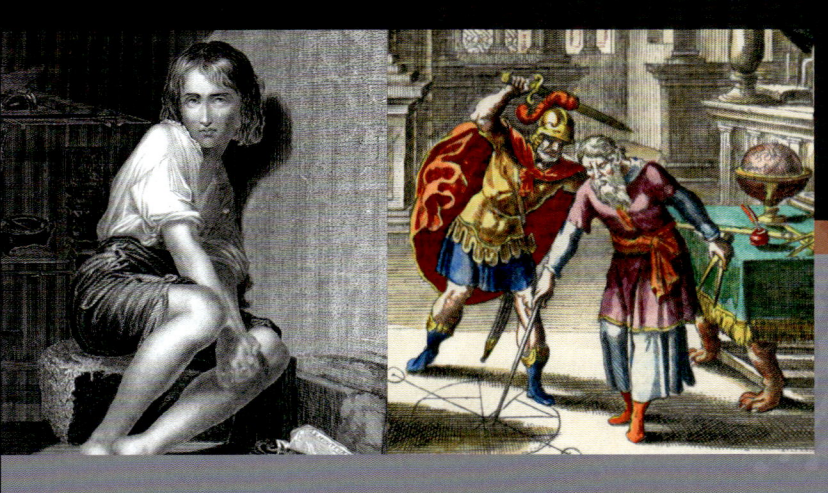

Das steinerne Herz

Welches Geheimnis verbarg das Herz in der Basilika von Saint-Denis? Eine DNA-Analyse, prämiert mit dem Nobelpreis, brachte Licht ins Dunkel.

Im Jahr 1993 zeichnete das Stockholmer Nobelpreiskomitee den US-amerikanischen Biochemiker Kary Banks Mullis mit dem Nobelpreis für Chemie aus. Der 49-jährige Wissenschaftler erhielt die begehrte Trophäe für seine Forschungen bei der Entwicklung der „PCR". Hinter diesem harmlosen Kürzel verbarg sich Revolutionäres. Mithilfe der „Polymerase Chain Reaction", also der Polymerase-Kettenreaktion, wurde ein völlig neues Kapitel in der Erforschung des menschlichen Erbguts aufgeschlagen.

Die Idee zu diesem neuen Verfahren, den Rätseln der DNA auf die Spur zu kommen, hatte der Forscher zehn Jahre zuvor gehabt – in einer kalifornischen Frühlingsnacht, als er sich auf dem Weg von Berkeley nach Mendocino befand. Als leidenschaftlicher Wissenschaftler nutzte Mullis eben jede Gelegenheit, um über sein Fach nachzudenken. Er ahnte damals nicht, dass nur kurze Zeit danach mithilfe seiner Entdeckung eines der großen Geheimnisse der französischen Geschichte gelüftet werden konnte.

Stockholm, Konserthuset, Anfang Oktober 1993: Kary Mullis erhält den Nobelpreis für Chemie für seine Entwicklung der Polymerase-Kettenreaktion.

König in Bedrängnis

Paris, Juli 1789. Mit dem Sturm auf die Bastille, das alte Staatsgefängnis, begann die Französische Revolution. Zuerst ging es den Revolutionären um politische und wirtschaftliche Reformen. Bald aber wurde das ganze System infrage gestellt und damit die Macht der Bourbonen, die seit Generationen als Könige von Frankreich herrschten. 1774 hatte Ludwig XVI. den Thron bestiegen. Dem persönlich umgänglichen Herrscher fehlte es sowohl an politischem Format als auch an Einsicht für die Probleme, die die Menschen bewegten. So manövrierte er sich im Verlauf der Revolution durch ungeschicktes Taktieren immer mehr ins Abseits. Wenig Popularität genoss auch die Königin. Marie Antoinette, Tochter des österreichischen Kaisers Franz I. und der Maria Theresia, war 1770 knapp 15-jährig mit dem damaligen Dauphin (so nannten die Franzosen den Kronprinzen) verheiratet worden. Aus

der Ehe gingen vier Kinder hervor: die Töchter Marie Thérèse (geb. 1778) und Sophie Hélène (geb. 1786) sowie die Söhne Louis Joseph (geb. 1781) und Louis Charles (geb. 1785).

Hatten die Revolutionäre anfangs nur die Absicht, die Macht des Königs zu beschränken, ohne die Monarchie anzutasten, wurden im weiteren Verlauf die Rufe nach dem Sturz des Königtums und der Einrichtung einer Republik immer lauter. Im Juni 1791 ergriff der König mit seiner Familie inkognito die Flucht, wurde aber entdeckt – ein Postmeister hatte den Monarchen anhand eines Münzporträts erkannt. Im August 1792 wurde Ludwig offiziell abgesetzt und mit seiner Familie im Temple interniert, eine nach dem Orden der Templer benannte Festung außerhalb der Hauptstadt. Im September riefen die Revolutionäre die Republik aus.

Tod im Namen der Republik

Damit war das Schicksal des Königs besiegelt. Als Symbolfigur des verhassten Regimes der Bourbonen musste er nach dem Willen der Revolutionäre aus dem Weg geräumt werden. Am 21. Januar 1793 starb der „Bürger Capet", wie er mit Bezug auf das alte Herrschergeschlecht der Kapetinger nun offiziell genannt wurde, auf der Guillotine. Auch die Königin, die ihre letzten Tage als Gefangene in der Conciergerie in Paris verbrachte, wurde zum Tode verurteilt. Ihrem Leben bereitete der Henker am 16. Oktober 1793 auf der heutigen Place de la Concorde in Paris ein Ende.

Königskinder

Von den vier Kindern waren zu diesem Zeitpunkt bereits zwei tot. Sophie Hélène wurde nicht einmal ein Jahr alt. Sie kam am 9. Juli 1786 in Versailles zur Welt, als jüngstes Kind der königlichen Familie, und starb am selben Ort am 19. Juni 1787. Als Todesursache wurde in den ärztlichen Bulletins Lungentuberkulose angegeben. Hinter vorgehaltener Hand munkelte man auch von einem missglückten Abtreibungsversuch während der Schwangerschaft – das angeblich uneheliche Kind sei deshalb schon krank zur Welt gekommen. Doch derlei Spekulationen fanden keine Bestätigung. Nicht mehr am Leben war beim gewaltsam herbeigeführten Tod der Eltern auch Louis Joseph, der Zweitgeborene, als erster männlicher Nachkomme Kronprinz und designierter Nachfolger. Der Dauphin wurde keine acht Jahre alt. Er starb am 4. Juni 1789, kurz vor Beginn der heißen Phase der Französischen Revolution. Das Kind litt an Wachstumsstörungen, als deren Ursache die Mediziner eine chronische Rachitis diagnostizierten. Sein Herz wurde, wie es damals in königlichen und adligen Kreisen nicht unüblich war, dem Körper entnommen und in ein Kloster gebracht. Der tote Dauphin fand seine letzte Ruhestätte in der Kathedrale von Saint Dénis, nördlich von Paris gelegen. Sie war traditionell die Grablege der französischen (und zuvor bereits der fränkischen Könige).

Am längsten lebte das erste Kind. Marie Thérèse (benannt nach der Großmutter Maria Theresia) stand, wie ihre Eltern, auf der Fahndungsliste der Revolutionäre. Diese waren fest entschlossen, die gesamte königliche Familie auszulöschen, um damit das Ende der Monarchie zu dokumentieren. Doch die älteste Tochter des Königs hatte Glück: Im Tausch gegen Franzosen, die während der Revolutionskriege in Kriegsgefangenschaft geraten waren, wurde sie nach Österreich, in die Heimat ihrer Mutter, ausgeliefert. Nach dem Ende der Ära Napoleon, der die Wirren der Revolution dazu ausgenutzt hatte, eine neue, nunmehr kaiserliche Alleinherrschaft zu etablieren, war sie maßgeblich beteiligt an der vom Wiener Kongress beschlossenen Wiedereinsetzung bourbonischer Könige. Marie Thérèse starb am 19. Oktober 1851 an einer Lungenentzündung. Sie wurde 72 Jahre alt und überflügelte damit deutlich alle anderen Mitglieder ihrer Familie.

Nach dem Tod des älteren Louis Joseph rückte Louis Charles an die erste Stelle der Thronfolge. In den Zeiten der Revolution war dies eine mehr als gefährliche Position. Nicht einfacher wurde für den jungen Prinzen die Lage dadurch, dass die Ro-

Der zeitgenössische Holzstich hält die erschütternde Szene fest: Am 3. Juli 1793 entreißen Revolutionäre der königlichen Mutter Marie Antoinette ihren kleinen Sohn, den potenziellen Thronfolger Louis-Charles.

Dieser Stahlstich aus dem 19. Jahrhundert illustriert das Elend des jungen, allein im Pariser Temple gefangengehaltenen Prinzen.

yalisten im Land nach der Hinrichtung des Vaters in ihm den legitimen König sahen. In der Reihenfolge der französischen Könige führten sie ihn konsequenterweise als Ludwig XVII. (so taucht er auch noch in vielen modernen Darstellungen auf). Rechtlich war dies nach der Ausrufung der Republik allerdings ein klarer Anachronismus.

Prinz im Kerker

Als der Vater auf der Guillotine starb, befand sich der Prinz mit ihm, der Mutter und der einzig verbliebenen Schwester im Gefängnis des Temple. Die Revolutionäre stellten ihn hier am 3. Juli 1793 unter die Obhut eines linientreuen Schuhmachers namens Antoine Simon, nachdem die Mutter Marie Antoinette für die Dauer ihres Prozesses in die Conciergerie verlegt worden war. Simon war ein Anhänger der Jakobiner, die sich unter ihrem Anführer Robespierre zu einer der radikalsten Gruppierungen unter den Revolutionären entwickelten. Dementsprechend rüde fiel die Behandlung aus, die der Jakobiner dem Kind angedeihen ließ.

Auch nach der Hinrichtung der Mutter blieb Louis Charles im Gefängnis. Als Hoffnungsträger der Königstreuen stellte er für die Revolutionäre eine nicht unerhebliche Gefahr dar. Simon und seine Frau wurden als

Wächter abgezogen, der verhinderte König lebte für ein paar Monate in völliger Isolation in einer Zelle. Nur ganz gelegentlich sahen Delegierte der Revolutionäre bei ihm vorbei, ohne dass es dabei zu Gesprächen gekommen wäre. Ansonsten waren die ständig wechselnden Wächter die einzigen, die der prominente Gefangene zu sehen bekam.

Ende Mai 1795 erkrankte der kleine Prinz ernstlich. Ein Arzt namens Dessault, der sich früher schon einmal um den Kranken gekümmert hatte, wurde gerufen, konnte aber nicht kommen, weil er exakt zu diesem Zeitpunkt starb. Da insbesondere die Royalisten nach dem Tod des Dauphins alles Merkwürdige, was im unmittelbaren zeitlichen Vorfeld geschehen war, genauestens registrierten und analysierten, wurden auch Gerüchte festgehalten, die davon sprachen, beim Tod des Doktors sei es nicht mit rechten Dingen zugegangen. Häufig fiel bei Mutmaßungen dieser Art das Wort „Gift". Mit der Untersuchung des jungen Patienten wurden nun zwei andere Ärzte betraut.

Früher Tod

Wenige Tage später, am 8. Juni 1795, war Louis Charles, der Sohn des abgesetzten und hingerichteten Königs von Frankreich, tot. Er starb mehr als zwei Monate vor seinem zehnten Geburtstag. Die Gemälde, die es aus dieser Zeit mit seinem Porträt gibt, zeigen ihn deshalb immer nur als kleinen Jungen. Nach den veröffentlichten Berichten fanden die beiden Mediziner den Exprinzen allein vor. Für sein Sterben gibt es keinen Zeugen. Auch nicht für seinen Tod, fügen bis heute französische Königsfreunde hinzu – jedenfalls nicht für seinen Tod als Gefangener in einer Pariser Zelle. In ihrem Bulletin, das nach der Untersuchung der Leiche publiziert wurde, drückten sich die Ärzte merkwürdig zurückhaltend und gewunden aus, was die Person des Toten anging. Sie schrieben von einem Kind von etwa 10 Jahren, von dem man ihnen gesagt habe, es sei der Sohn von Ludwig Capet (also Ludwig XVI.). Als Todesursache nannten die Doktoren Tuberkulose. Sie fügten hinzu, der ganze Körper sei mit Narben übersät gewesen.

Wenig später fand das Begräbnis statt. Um zu zeigen, dass man mit dem ehemaligen Dauphin auch die Monarchie begrub, wählte man ein Massengrab auf dem Friedhof Saint Marguerite. Man ließ das Grab unmarkiert, damit es nicht zur Wallfahrtsstätte für Anhänger der Bourbonen wurde. Pelletan, einer der beiden Ärzte, hatte während der Obduktion aber das Herz des Verstorbenen herausgeschnitten, so wie es bei den Bourbonen Sitte war. In ein Taschentuch gewickelt, hatte er das kostbare Stück aus dem Labor geschmuggelt. Und weil Philippe-Jean Pelletan ein königstreuer Arzt war, kümmerte er sich auch weiter um das Herz des Jungen. Er hütete das wertvolle Andenken, in Alkohol eingelegt, in einer Urne aus Kristall, versehen mit dem Monogramm „Louis XVII".

Herz auf Reisen

Nach dem Ende Napoleons kamen in Frankreich noch einmal die Bourbonen ans Ruder. Der Bruder Ludwigs XVI. bestieg als Ludwig XVIII. den Thron und erkannte mit dieser Zählung seinen Neffen posthum als König an. Dessen Herz befand sich in dieser Zeit im Palast des Erzbischofs von Paris. 1830 brach wieder eine Revolution aus, die den „Bürgerkönig" Louis Philippe an die Macht brachte. Für das Herz des kleinen Bourbonen begann nun, da die Bourbonen in Frankreich erneut auf das politische Abstellgleis geraten waren, eine wahre Odyssee durch Europa. Die einzelnen Stationen sind aufgrund der unsicheren Quellenlage nicht mehr genau

zu bestimmen. Auf der Suche nach sicheren Aufbewahrungsorten für die Kristallurne gelangte das Herz jedenfalls über Österreich und Italien nach Spanien. Dort herrschte seit den Spanischen Erbfolgekriegen zu Beginn des 18. Jahrhunderts eine Nebenlinie der Bourbonen. 1975 kehrte das Herz schließlich nach Paris zurück, wo die Reise viele Jahrzehnte zuvor begonnen hatte. In einer Kapelle der Basilika von Saint Denis bekam die Urne nun einen neuen Ehrenplatz. Allerdings war nach der langen Zeit aus dem Herz inzwischen ein Herz aus Stein geworden, weil es in der Urne völlig ausgetrocknet war.

Doch handelte es sich wirklich um das echte Herz des kleinen Prinzen? Zweifel waren erlaubt. Auf der langen Reise der Urne konnte viel passiert sein. Und außerdem kursierten hartnäckige Gerüchte, wonach dem Dauphin damals die Flucht geglückt und ein anderes Kind auf dem Seziertisch gelandet war. Er habe, so wurde in königsfreundlichen Kreisen weiter spekuliert, später eine Familie gegründet und damit den Anspruch der alten Bourbonen auf die Herrschaft in Frankreich aufrecht erhalten. Tatsächlich waren bald nach dem (angeblichen) Tod Menschen aufgetreten, die behaupteten, Louis Charles zu sein. Zwar konnten sie sämtlich als Schwindler und Hochstapler entlarvt werden. Doch trugen sie dazu bei, dass das Thema nichts von seiner Brisanz verlor.

Zauberformel PCR

Um endlich Gewissheit zu erlangen, schritt man 1999 mit modernsten wissenschaftlichen Methoden zur Tat. Forscher aus Belgien und Deutschland nahmen sich die DNA des Herzens vor. Sie bedienten sich dabei der Mitochondrien-Analyse, die es ermöglicht, verwandtschaftliche Beziehungen von der mütterlichen Seite aus zu rekonstruieren. Verfeinert wurde die Untersuchung durch die Technik der Polymerase-Kettenreaktion (PCR), für deren Entwicklung wenige Jahre zuvor Kary Banks Mullis mit dem Nobelpreis für Chemie ausgezeichnet worden war. Die DNA des fraglichen Herzens wurde mit der DNA aus den Haaren von noch lebenden Nachkommen der Maria Theresia und der Marie Antoinette verglichen. Das Ergebnis, das im April 2000 veröffentlicht wurde, ließ aufhorchen: Der Junge, dem das Herz gehörte, war zweifelsfrei mit Marie Antoinette verwandt. Und nicht nur das: Es war das Herz eines ihrer Söhne.

Bruderherz?

Eines ihrer Söhne – aber welchen Sohnes? Auch das Herz von Louis Joseph, dem früh verstorbenen Bruder von Louis Charles, war einst in der Basilika von Saint-Denis deponiert worden. Dieses Herz war allerdings verschwunden, über seinen Verbleib war nichts bekannt. Oder handelte es sich bei dem Herz von Louis Charles in Wirklichkeit um das Herz von Louis Joseph?

Das kleine Fragezeichen, das blieb, konnte die Freude über die nun wissenschaftlich verbriefte Fastgewissheit nicht trüben. Und auf den Tag genau 209 Jahre nach dem Tod des Dauphin wurde am 8. Juni 2004 in einer feierlichen Zeremonie sein Herz in der Krypta der Bourbonen in der Basilika von Saint-Denis beigesetzt. Anwesend waren 2500 Gäste aus aller Welt, darunter viele gekrönte Häupter und Vertreter des Hochadels. Zuvor hatte der päpstliche Nuntius eine Messe gelesen. Und vor der Kirche skandierten mehr als 1000 Königstreue den Namen des Prinzen, den sie so gern als Ludwig XVII. als historischen Akteur auf der großen Bühne der Politik gesehen hätten.

Nach diesem 8. Juni 2004 hatte Kary Banks Mullis ein Thema mehr, über das er auf seinen Fahrten von Berkeley nach Mendocino nachdenken konnte. Mit seiner PRC hatte er französische Royalisten glücklich gemacht – und die Republikaner nachdenklich, weil sie einen Beweis dafür geliefert bekommen hatten, wie populär die Bourbonen immer noch waren.

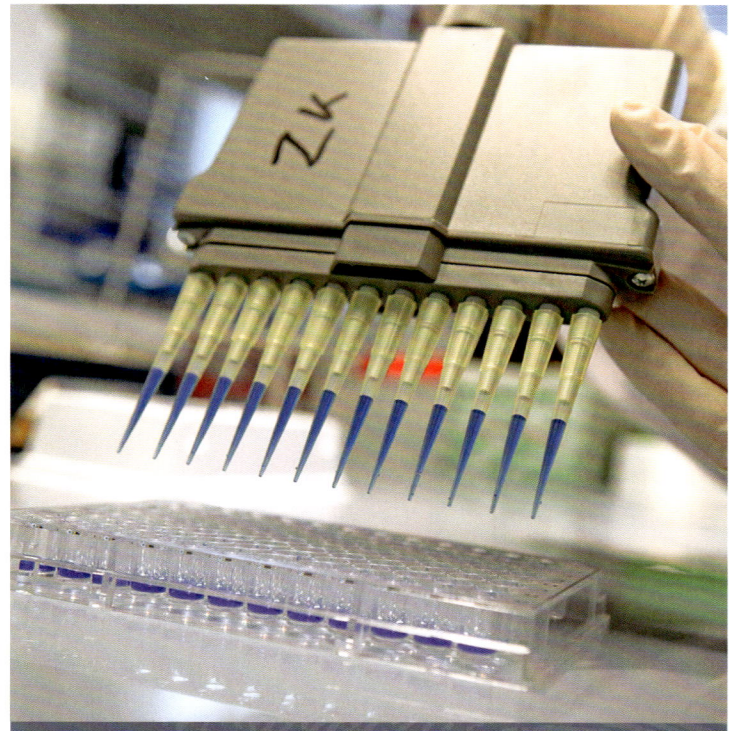

Polymerase-Kettenreaktion

Die Polymerase-Kettenreaktion ist ein Verfahren zur Multiplizierung der DNA mithilfe eines DNA-Polymerase genannten Enzyms. Zum Einsatz kommt sie vorrangig bei Vaterschaftstests und anderen Gutachten zur Klärung von Abstammungsfragen, bei der Untersuchung des genetischen Fingerabdrucks in Kriminalfällen (Blut oder Sperma) und bei der Bestimmung von Krankheiten, beispielsweise Erbkrankheiten und Virusinfektionen.

Die Vervielfältigung des Genmaterials verläuft in drei Stufen. Zunächst muss das genetische Material in sogenannte Einzelstränge zerlegt werden – nur von ihnen kann man die DNA ablesen. Im Genmaterial sind sie über Wasserstoffbrücken miteinander verbunden, die also „abgebrochen" werden müssen. Das geschieht durch Erhitzen der Substanz auf 94 °C. In einer zweiten Stufe reagieren sogenannte Primer-Moleküle bei einer Temperatur von 60 °C mit diesen Strängen. Zuletzt wird die Temperatur wieder auf 70 °C erhöht. Aus zwei DNA-Einzelsträngen entstehen in diesem Verfahren durch chemische Verbindungen zwei Doppelstränge. Dieses Verfahren kann beliebig wiederholt werden. Aufgrund der Kettenreaktion können die Forscher von einem einzigen DNA-Fragment bis zu eine Milliarde Kopien herstellen.

Das Archimedes-Manuskript

Ein antiker Mathematiker, ein byzantinischer Gelehrter, ein Mönch, ein Kurator und einige amerikanische Wissenschaftler waren die Hauptakteure in einem Krimi um antike Texte.

Seine letzten Worte lauteten: „Störe meine Kreise nicht." Der Soldat, an den diese Worte gerichtet waren, hielt sich nicht an diese Aufforderung. Er nahm das Schwert und schlug zu. So starb der große Archimedes, einer der bedeutendsten Wissenschaftler der Antike. Man schrieb das Jahr 212 v. Chr. Schauplatz des Geschehens war die Stadt Syrakus auf Sizilien. Nach langer Belagerung hatten die Römer die einst von Griechen gegründete Stadt gestürmt und geplündert. Im Garten eines Hauses war der Soldat auf den Gelehrten gestoßen, der gerade damit beschäftigt war, geometrische Figuren in den Sand zu malen – eben jene Kreise, die der römische Soldat nicht stören sollte.

ein Flaschenzug, der den Ingenieur zu der selbstbewussten Äußerung veranlasste: „Gib mir einen Punkt, wo ich stehen kann, und ich werde die ganze Erde bewegen." Zur Hochform lief der Wissenschaftler noch einmal kurz vor seinem Tod auf, als die Römer Syrakus belagerten. Monatelang brachten Verteidigungswaffen, von Archimedes ersonnen, die Römer fast um den Verstand. So hatte er Kräne konstruiert, die plötzlich hinter den Stadtmauern auftauchten und mit ihren Greifarmen die römischen Schiffe in die Luft hoben und sie dann „mit furchtbarem Sausen und unglaublicher Geschwindigkeit", wie der antike Schriftsteller Plutarch notierte, im Meer versenkten. In der Geschichte der Mathematik sicherte er sich einen ewigen Ehrenplatz durch einige bahnbrechende Erkenntnisse. So gilt der Syrakusaner als Vater der Infinitesimalrechnung und als Erfinder der Kreiszahl Pi, deren Wert er zwischen 3,141 und 3,142 taxierte.

Archimedes hatte nicht nur viel getüftelt, sondern im Gegensatz zu manchen seiner Kollegen auch viel über seine Forschungen geschrieben. Die meisten Lehrbücher aus seiner Feder sind allerdings nur vom Titel her oder von Erwähnungen und Zitaten bei anderen antiken Autoren bekannt. Umso größer war die Überraschung nicht nur in der Fachwelt, als 2006 ein Team US-amerikanischer Forscher mit der Nachricht an die Öffentlichkeit trat, einen neuen Archimedes-Text präsentieren zu können. Gespannt wartete die interessierte Öffentlichkeit auf die neuen Nachrichten aus der Vergangenheit.

Kostensparendes Recycling

Zu verdanken war diese Sternstunde der Wissenschaft dem Geiz eines mittelalterlichen Mönchs und den Errungenschaften modernster Technologie. Die lange Geschichte des Archimedes-Manuskripts begann im Jahr 1229. Damals machte sich ein in Jerusalem lebender Mönch namens Johannes

Großartige Erfindungen

Mit dieser Gewalttat endete ein 75-jähriges erfülltes Forscherleben. Fast endlos ist die Liste der Entdeckungen und Erfindungen, die auf das Konto des Archimedes gehen. Seine Spezialgebiete waren die Physik, die Mathematik und die Mechanik. Revolutionär war die Entdeckung des nach ihm benannten Prinzips: Der Auftrieb eines Körpers in einer Flüssigkeit, so fand er heraus, entspricht dem Gewicht der verdrängten Flüssigkeit. Die Eingebung dazu hatte er, wie es heißt, in der Badewanne. Legendär ist der Bericht, nach dem er danach splitternackt durch die Straßen von Syrakus gelaufen und „Heureka" („Ich habe es gefunden") gerufen hat. Weitere Spitzenerzeugnisse aus der Werkstatt des Archimedes waren eine Wasserschraube und

Myronas daran, ein Gebetbuch zu produzieren. Der übliche Beschreibstoff war in dieser Zeit Pergament. Dieses Material, hergestellt aus gegerbter Tierhaut, konnte man käuflich erwerben. Billiger, wenn auch etwas umständlicher, war die Methode des Recycelns. Man nahm sich vorhandene Schriften zur Hand, schabte die Buchstaben ab und versah die frei gewordene Fläche mit einem neuen Text. Einen solchen Palimpsest, wie der in der Wissenschaft gebräuchliche Name für einen wieder verwendeten Beschreibstoff lautet, fertigte nun auch besagter Mönch an. Zu diesem Zweck griff er ins Bücherregal, nahm einige Schriftrollen heraus, in denen zu diesem Zeitpunkt offensichtlich nicht viel gelesen wurde, entfernte mit einem Schwamm und mit Zitronensaft den mit Tinte geschriebenen ursprünglichen Text und begann nun damit, säuberlich seine Gebete niederzuschreiben. Als er damit fertig war, brachte er das Werk in die damals übliche Form: Die Bogen wurden in der Mitte neu gefalzt, sodass aus einem Blatt nun zwei Seiten entstanden. Fertig war das neue Buch. Der hinzugefügte Text verlief aufgrund dieses Verfahrens quer zu den ursprünglichen Schriftzügen. Gewissenhaft notierte der Mönch, wann er seine Arbeit zu Ende gebracht hatte: Es war der 14. April 1229.

Odyssee eines Buches

Das Gebetbuch des Johannes Myronas erlebte in den folgenden Jahrhunderten eine regelrechte Odyssee, deren Rekonstruktion die Forscher einige Mühe kostete. Es verschwand aus Jerusalem, tauchte danach in einem Kloster in der Nähe von Bethlehem auf, wo es längere Zeit lagerte, bevor es schließlich in einem alten Kloster in Istanbul eine neue Heimat fand. Dass es sich bei dem Text um ein Palimpsest handelte, war schon Ende des 19. Jahrhunderts bekannt, als philologisch gebildete Gelehrte den Kodex genauer unter die Lupe genommen hatten. Jedoch war der Mönch bei seiner schabenden

Tätigkeit so gründlich vorgegangen, dass die entfernten Buchstaben nur sehr schwer rekonstruierbar waren. Erkennbar war immerhin, dass es sich um einen griechischen Text handelte, der sich mit Mathematik befasste. 1906 nahm der dänische Aristoteles-Forscher Johan Ludvig Heiberg das Dokument genauer unter die Lupe und identifizierte es zweifelsfrei als eine Schrift des großen Archimedes.

Nicht nur die Fachwelt horchte nach dieser Expertise auf. Das Manuskript des Archimedes wurde auch zum Objekt der Begierde von zwielichtigen Geschäftsleuten. 1923 gelangte der Text vorübergehend in die Hände eines Franzosen. Bei dem Erwerb soll es, wie man munkelte, nicht ganz mit rechten Dingen zugegangen sein. Sogar von Diebstahl war die Rede. 1934 bot ein Pariser Antiquariat das Werk zu einem Preis von 6000 Dollar an, ohne jedoch einen Abnehmer zu finden. Um das triste Gebetbuch attraktiver zu machen, wurde es von den damaligen Besitzern, wenig sachkundig, mit bunten Heiligenbildern ausgemalt. 1998 schließlich kam es im New Yorker Auktionshaus Christie's für den sagenhaften Preis von zwei Millionen Dollar unter den Hammer. Der Käufer, der anonym bleiben wollte, übergab das Exemplar, das inzwischen einigen Schimmel angesetzt hatte, dem Walters Art Museum in Baltimore. Zum Glück – denn jetzt erst zeigte sich der wahre Wert des Dokuments.

Mit modernster Technik

Die Federführung bei den folgenden Untersuchungen des 174 Seiten umfassenden Pergament-Konvoluts übernahm William Noel, Kurator des Museums. Seinem Team standen Forscher des Stanford Synchrotron Radiation Laboratory zur Seite, ausgewiesene Experten auf dem Gebiet der Röntgenfluoreszenzanalyse. Bei diesem Verfahren wird Materie auf molekularer und atomarer Ebene analysiert. Mit der Hilfe von Synchrotronstrahlen gelang es, die Buchstaben des mathematischen Textes, ebenso die Abbildungen und Formeln,

Große Teile vom Gebetbuch und kleinere des antiken Textes sind wie hier unter ultraviolettem Licht lesbar. Um deren ganzen Reichtum zu entdecken, bedurfte es hochkomplexer Laborarbeit.

wieder sichtbar zu machen. Allerdings nicht sofort: Zuerst produzierten die Strahlen keine Buchstaben, sondern nur physikalische Messwerte in Form von Zahlen, die es zu decodieren galt.

Das Experiment verlief ganz nach den Wünschen der Forscher. Bei der Präsentation ihrer Ergebnisse beschrieben sie bereitwillig, mit welchen Methoden sie vorgegangen waren. Die Strahlung wird erzeugt, so erklärten sie, wenn ein Elektronenstrahl mit Lichtgeschwindigkeit auf ein Magnetfeld trifft. Dabei entstehende elektromagnetische Wellen lassen Eisenpartikel fluoreszieren. Das Eisen war überhaupt der Schlüssel zur Lösung des archimedischen Geheimnisses. Es erwies sich als ein Glücksfall, dass die Tinte, mit der der Archimedes-Text geschrieben worden war, solche Partikel von Eisen enthielt. Beim Auftreffen der Röntgenstrahlen auf die Eisen-

atome gab dieses bei den Experimenten in Stanford die erhoffte Strahlung ab, und zwar so intensiv, dass die Buchstaben geradezu glühten. Die auf diese Weise wieder zum Leben erweckten Wörter konnten nach der Übertragung auf den Bildschirm eines Computers bequem gelesen werden.

Natürlich war es nicht die originale Handschrift des Archimedes, die auf dem Bildschirm erschien. Alles, was der Gelehrte einst selbst zu Papier – besser gesagt: zu Papyrus (dem in seiner Zeit verbreitetsten Beschreibstoff) – gebracht hatte, ist nicht mehr erhalten. Das gilt auch für alle anderen Autoren der Antike. Die Überlebenschancen der Texte stiegen, wenn sie schon in der Antike viele Leser fanden. Dann gab es eine hohe Nachfrage nach Kopien, die von professionellen Schreibern angefertigt wurden. Meistens schrieben sie auf Papyrus, einem vergänglichen Material, das nur im heißen Wüstensand Ägyptens die Chance zum Überleben hatte. Unzählige Schriften aus der Antike sind deswegen für alle Zeiten verloren. Archimedes hatte das Glück, dass seine Schriften in der Antike immer wieder kopiert wurden – auf Papyrus oder auch auf Pergament, das im Lauf der Zeit immer mehr in Mode kam. Später sorgten arabische Wissenschaftler und christliche Mönche mit eifriger Abschreibearbeit dafür, dass die literarische Produktion kluger Köpfe und großer Geister wie Archimedes weiterhin verfügbar war.

Zylinder und Bauchschmerzen

Die Kopie des Archimedes-Manuskripts stammt, so konnte festgestellt werden, von einem unbekannten Schriftgelehrten, der in der zweiten Hälfte des 10. Jahrhunderts die verdienstvolle Aufgabe übernommen hatte, geniale Forschungen des Archimedes vor dem Vergessen zu bewahren. Die Datierung ergibt sich aus der für diese Zeit in Konstantinopel, der Hauptstadt des Reiches von Byzanz und dem mutmaßlichen Ort der Aufzeichnung, charakteristischen kursiven Ausformung der Buchstaben. Schon vorher bekannt waren, wenn auch meist nur in Auszügen und Fragmenten, Werke wie „Über das Gleichgewicht ebener Flächen", „Quadratur der Parabel" und „Über Kugel und Zylinder". Was die Röntgenstrahlen zutage förderten, ließ jedes Mathematikerherz höher schlagen. Plötzlich konnte man nachlesen, was genau der große Meister vor 2200 Jahren über Methodenlehre, über Mechanik, schwimmende Körper und Infinitesimalrechnung gesagt und geschrieben hatte. Ein Juwel ist ein Text mit dem Titel „Stomachion". Die Übersetzung dieses griechischen Wortes lautet „Bauchschmerzen". Ein mathematisches Spiel mit wissenschaftlichem Anstrich ist es, das der Gelehrte hier seinen Lesern anbietet. Stücke, die durch Schnitte aus einem Quadrat entstehen, müssen zusammengesetzt werden – Dreiecke, Vierecke und Fünfecke, 14 an der Zahl. Es gibt 268 Möglichkeiten, aus diesen Grundmustern wieder ein Quadrat zu formen. Das haben moderne Berechnungen ergeben.

Mathematische Ruhestätte

„Störe meine Kreise nicht" – vielleicht war Archimedes in den letzten Sekunden seines Lebens, als er Figuren in den Sand malte, gerade mit diesem oder einem ähnlichen mathematischen Problem beschäftigt. Der römische Kommandant Marcellus war über das brutale Verhalten seines Soldaten nicht begeistert. Im Gegenteil: Er hatte sogar daran gedacht, den genialen Erfinder abzuwerben. Immerhin kümmerte er sich höchstpersönlich um ein ordentliches Begräbnis. Das Grab des Archimedes entwickelte sich in der Folgezeit zu einer viel besuchten Pilgerstätte. Um die Gestaltung seines Grabsteins hatte sich der passionierte Mathematiker schon lange vor seinem Tod selbst gekümmert. Seine Freunde waren instruiert worden, nach seinen Weisungen Bilder und Sätze anzubringen. Und so staunten die Besucher des Grabes über eine seltsame Gravur: ein die Kugel einschließender Zylinder und darauf die Formel über das Verhältnis des umschließenden zu dem umschlossenen Körper.

Kaum zu glauben

1889 erwarb das Britische Museum in London vier Papyrusrollen aus Ägypten. Erst lagerten sie in den Regalen, dann wurden sie einer genauen Untersuchung unterzogen. Sensationell war der Befund des Textes auf der Rückseite: Es handelte sich um eine Schrift des Universalgelehrten Aristoteles (384–322 v. Chr.) oder eines seiner Schüler mit dem Titel „Staat der Athener". Sie war bis dahin nur durch ein paar Zitate bei anderen antiken Autoren bekannt. Nun verfügte man über einen vollständigen Text. Auf der Vorderseite des Papyrus standen Rechnungen aus dem Jahr 79 n. Chr. Offenbar hatte ein armer oder auch geiziger Gelehrter kostbaren Platz sparen wollen und schrieb, was mehr als ungewöhnlich war, den Aristoteles-Text auf die Rückseite.

König Richard III. fiel in der Schlacht, Leiche und Grab blieben unauffindbar. Die Suche endete auf einem Parkplatz.

Spurlos verschwunden

Passanten, die im August 2012 an einem Parkplatz im Herzen der mittelenglischen Stadt Leicester vorbeikamen, nahmen von den Arbeiten, die dort stattfanden, kaum Notiz. Wahrscheinlich dachten sie, es handle sich um eine normale Baustelle. Tatsächlich ging es um eine hochbrisante Angelegenheit. Die vermeintlichen Arbeiter waren Archäologen und sie waren einem der größten Geheimnisse der englischen Geschichte auf der Spur. Unter dem Parkplatz, so vermuteten sie, befanden sich die sterblichen Überreste von König Richard III. 527 Jahre zuvor war der Monarch aus dem ehrwürdigen Hause der Yorks, die sich auf die noch ehrwürdigeren Plantagenets zurückführten, gestorben – am 22. August 1485 in der Schlacht von Bosworth, knapp 25 Kilometer von Leicester entfernt. Damals war Richard seinem Konkurrenten, dem späteren König Heinrich VII., unterlegen gewesen. Ein gezielter Schlag mit einer Streitaxt, so berichten die Chroniken, bereitete seinem Leben ein abruptes Ende.

Überreste eines Königs:
Mehr als 500 Jahre ruhte der
englische König Richard III. in
diesem Grab auf dem Gelände
der einstigen Abtei Greyfriars.

Blutiger Rosenkrieg

Richard III. war ein machtbewusster Herrscher gewesen. Die Quellen sind voll von
Untaten, die auf sein Konto gehen sollen.
Hintergrund der Auseinandersetzungen waren die als „Rosenkriege" in die Annalen der
englischen Geschichte eingegangenen Dau-
erfehden um den Thron zwischen den beiden
Adelsfamilien der Yorks und der Lancasters.
Sie hielten England 30 Jahre lang – von 1455
bis 1485 – in Atem. Der Name „Rosenkriege"
bezog sich auf die Wappen der Familien: Die
Yorks hatten eine weiße, die Lancasters eine
rote Rose. Ausgangspunkt war der Widerstand gegen den außenpolitisch erfolg- und
innenpolitisch glücklosen König Heinrich VI.,
der aus dem Hause Lancaster stammte. 1461
übernahm Edward IV. aus dem Hause York,
nachdem er Heinrich in einer Schlacht besiegt
hatte, die Herrschaft. Heinrich ging ins schottische Exil, kehrte ein paar Jahre später zurück, wurde wieder König, verlor jedoch eine
weitere Schlacht und starb 1471 unter un-

geklärten Umständen im Tower von London.
Bis 1483 blieb nun Edward IV. am Ruder. Mit
harter Hand versuchte er, seine Herrschaft zu
sichern, wobei er auch auf die Unterstützung
der Städte und der Ritterschaft setzte.

Am 9. April 1483 starb Edward an einer
Krankheit. Als Nachfolger hatte er seinen
gleichnamigen Sohn bestimmt. Doch hatte
er die Rechnung ohne seinen Bruder Richard
gemacht. Dieser bestritt die Herrschaftsan-
sprüche des Neffen, indem er vorgab, die Ehe
des verstorbenen Königs sei nicht rechtmä-
ßig gewesen. Zugleich setzte er seine eigenen
Ambitionen durch, erklärte sich am 20. Juni
1483 zum neuen Herrscher und ließ sich am
6. Juli desselben Jahres offiziell zum König
krönen.

Tod in der Schlacht

Gleich nachdem er sein Amt angetreten
hatte, ließ er seine Gegner einkerkern oder
hinrichten. Auf seinen Befehl hin wurden

Edward und ein weiterer Neffe, in dem er einen möglichen Konkurrenten witterte, im Tower ermordet. Zwar geht vieles von dem, was über Richard verbreitet wurde, auf das Konto der nachfolgenden Dynastie der Tudors. Sie setzten manches in die Welt, was nicht den Tatsachen entsprach, um auf diese Weise ihre Machtübernahme zu rechtfertigen. Aber ganz sicher war Richard in der Wahl seiner Mittel nicht zimperlich. So setzte ihm auch William Shakespeare in seinem Drama „Richard III." ein nicht gerade freundliches Denkmal. 25 Monate später starb er in der Schlacht von Bosworth. Dieses Datum markiert auch das Ende der Rosenkriege. Die Lancasters waren Sieger. Heinrich VII. heiratete ein Jahr später Elisabeth, die Tochter Edwards IV., und vereinte damit die einst zerstrittenen Familien der Lancasters und der Yorks in der neuen Dynastie der Tudors.

Unbekannt blieb der Ort, an dem der umstrittene König begraben worden war. Fast alle englischen Könige hatten ordentliche Grabstätten erhalten, nur Richard III. war spurlos verschwunden. Nach zeitgenössischen Quellen hatte man ihn nach dem Tod in der Schlacht nackt auf ein Pferd gebunden und durch Leicester geführt. Manche sprachen davon, dass man den Leichnam nach dieser Vorführung in den Fluss geworfen habe. Aber es gibt auch eine andere Überlieferung. Demnach wurde der König in der Franziskanerabtei Greyfriars in Leicester bestattet. Nach deren Auflösung 1538 aber wurden die Gebäude zerstört und über den Ruinen entstanden neue Bauten.

Fundort Parkplatz

Dass sich die Forscher der Universität Leicester 2012 daran machten, ausgerechnet auf einem städtischen Parkplatz nach dem toten König zu suchen, hatte mit Optimismus, aber auch mit gründlichen Recherchen zu tun. Nach der akribischen Auswertung alter Karten kamen die Archäologen zu dem Ergebnis,

Röntgentomografie

Hässlich und verkrüppelt – so stellten sich die Engländer ihren einstigen König Richard III. jahrhundertelang vor. Dass dies ein Zerrbild war, bewiesen Forscher mithilfe der Röntgentomografie.

Sie ist ein bildgebendes Verfahren zur Durchstrahlung von Körpern, also zur Untersuchung von Schichten innerhalb eines Körpers, das z. B. aus der medizinischen Diagnostik nicht mehr wegzudenken ist. Wie die Bezeichnung des Verfahrens schon verrät, werden dabei Röntgenstrahlen verwendet – eben weil sie in der Lage sind, Objekte zu durchdringen.

Auf dem Weg durch ein Objekt werden Teile der Strahlung absorbiert, die dahinter austretende Strahlung wird zu einem zweidimensionalen Durchstrahlungsbild verarbeitet. Um ein dreidimensionales Bild daraus zu machen, wird der Körper auf einem Drehtisch in zahlreichen Positionen aus allen Richtungen durchstrahlt. Dies geschieht kreisförmig. Die Daten der so gewonnenen Schicht- bzw. Schnittbilder werden dann in einem mathematischen Verfahren per Computer zu einem dreidimensionalen Bild weiterverarbeitet.

dass dort, wo nun Autos parkten, einst die Abtei Greyfriars gestanden hatte. Man begann zu graben und stieß Anfang September in einem Grab in der Nähe des ehemaligen Chorgestühls tatsächlich auf ein menschliches Skelett – ein Mann von mittlerer Statur, etwa 30 Jahre alt, gestorben zwischen, wie paläopathologische Untersuchungen ergaben, 1455 und 1540. Das alles traf auf Richard zu, der zum Zeitpunkt seines Todes im Jahr 1485 32 Jahre alt gewesen war. Die Vermutung, das so lange vermisste Grab Richards III. entdeckt zu haben, wurde auch durch die Wunden erhärtet, die an dem Skelett festgestellt werden konnten. Viele davon waren ihm erst nach seinem Tod zugefügt worden – vielleicht, als man den toten König auf einem Pferd durch die Stadt geschleppt hatte?

Definitive Gewissheit über die Identität des Toten vom Parkplatz brachte eine mitochondriale DNA-Analyse. In London konnte ein entfernter noch lebender Verwandter der

Schwester Richards III. ausfindig gemacht werden. Die Mutter des aus Kanada stammenden Schreiners war in 16. Generation und in direkter weiblicher Linie mit jener Anne von York verwandt. Seine DNA wurde mit dem Material in den Knochen des Skeletts verglichen. Das Ergebnis war verblüffend: Die genetischen Fingerabdrücke waren absolut identisch. Es war tatsächlich der unglückliche König Richard, der jahrhundertelang unentdeckt mitten in der Stadt Leicester gelegen hatte.

Legende und Wahrheit

Die Wissenschaftler hatten noch eine weitere Überraschung parat. Richard III., so lautete bis dahin das Schulwissen, war nicht nur bösartig, sondern auch noch hässlich gewesen. An diesem Bild hatten schon seine zeitgenössischen Widersacher fleißig gestrickt und in William Shakespeare ein prominentes Sprachrohr gefunden. Bucklig sollte der König gewesen sein, hinkend und mit einem verkürzten Arm. Daran ist nichts Wahres, hieß es nun aus den Kreisen der Forscher. Mittels einer Röntgentomografie hatten sie ein 3D-Modell des Skeletts angefertigt. Zwar litt der Monarch zweifelsfrei unter einer Verkrümmung des Rückgrats, die wahrscheinlich auf seine frühen Jugendjahre zurückging, jedoch nicht erblich bedingt war. Von außen war dieser kleine Defekt nicht sichtbar. Allerdings war dadurch der Rumpf im Verhältnis zu den Beinen etwas kürzer als normal. So wirkte der König kleiner als die meisten Männer in dieser Zeit.

Vielleicht gab diese Konstellation den Ausschlag für all jene Legenden vom hässlichen König Richard. Dass er hinkte, konnten die Wissenschaftler durch ihre Analysen ebenfalls in das Reich der Legende verweisen. Zur gleichen Zeit legte die britische Anthropologin Caroline Wilkinson die Ergebnisse ihrer Forschungen zur Rekonstruktion von Richards Gesicht vor. Mithilfe des unter dem Parkplatz gefundenen Schädels stellte

ihr Team nach eingehenden forensischen Studien ein dreidimensionales Modell des königlichen Kopfes vor. Tenor: Richard sah viel freundlicher aus als die bis dahin bekannten Schilderungen des Königs erwarten ließen. Ein Grund mehr anzunehmen, dass er kaum ein so schlechter Mensch gewesen sein konnte wie über Jahrhunderte behauptet worden war.

Aufwendige Bestattung

Gleichgültig, ob Richard III. ein grausamer Herrscher war oder nicht: Die Stadt Leicester kündigte an, ihm ein würdiges Grab zu verschaffen, fern vom Parkplatz und den Unilabors. Die Kathedrale von Leicester sollte nach dem Willen der Stadtväter die nun wirklich letzte Ruhestätte des letzten Herrschers aus der Dynastie der Plantagenets werden.

Dieses Vorhaben wurde im März 2015 in die Tat umgesetzt. Die Stadtväter und -mütter sowie Freunde der Monarchie und Sponsoren scheuten keine Kosten und Mühen, dem König, der im Leben und mehr noch im Tod so viel hatte mitmachen müssen, nach einer ausgetüftelten Choreografie alle Ehren zu erweisen. Zuerst verließ der Monarch in einem Eichensarg durch ein Spalier von Wissenschaftlern und Nachkommen die Universität. Danach stand eine Fahrt mit dem Leichenwagen durch die Stadt und durch das Umland auf dem Programm. Der Zug kam auch an jenem Ort vorbei, wo Richard 1485 ums Leben gekommen war. Die eigentliche Trauerfeier wurde am 26. März 2015 in der Kathedrale von Leicester von keinem Geringeren als dem Erzbischof von Canterbury zelebriert.

Danach erfolgte die feierliche, nunmehr bereits zweite Bestattung des Königs Richard III. Eine mit dem königlichen Wappen verzierte Grabplatte erinnert an Titel, Leben und Tod des Königs – und auch an seinen langen Aufenthalt in seinem ersten Grab in der Franziskanerabtei Greyfriars.

König ohne Kopf

Den Kopf verlor der französische König Heinrich IV. erst 183 Jahre post mortem. Das monarchische Haupt verschwand, tauchte wieder auf und brachte die Franzosen zum Schwärmen.

Siebzehn Attentate hatte der König überlebt. Beim 18. Mal ging es nicht mehr glimpflich aus. Am 14. Mai 1610 fuhr Heinrich IV. mit drei Begleitern in einer offenen Kutsche durch die Straßen von Paris, um einen Freund zu besuchen. Als man wegen eines Fuhrwerks anhalten musste, tauchte plötzlich eine Gestalt auf, bestieg die Karosse und stieß zweimal mit einem Messer in die Brust des Königs. Heinrich IV., König von Frankreich, war tödlich verwundet und starb kurze Zeit später. Der Attentäter, ein Mann namens François Ravaillac, wurde gefasst und hingerichtet.

Königlicher Seitenwechsel

Bis heute herrscht über die Motive des Anschlags keine vollständige Klarheit. So weiß man nicht, ob Ravaillac auf eigene Rechnung handelte oder ob es Hintermänner gab. Zwar war Heinrich bei den meisten Untertanen sehr populär. Nachdem er, aus Navarra im Grenzgebiet zu Spanien stammend, 1594 als erster Bourbone den französischen Thron bestiegen hatte, bemühte er sich mit Erfolg um die Sanierung der zerrütteten Staatsfinanzen und stattete das Land mit einer modernen Infrastruktur aus. Doch hatte der

Monarch auch viele Feinde. So konnten ihm viele seiner frühen Mitstreiter den Übertritt zum Katholizismus nicht verzeihen. Diesen Schritt hatte der ehemalige Calvinist und Anführer der Hugenotten (der französischen Protestanten) vollzogen, um den Papst, die Spanier und den überwiegend katholischen Adel Frankreichs auf seine Seite zu bringen. Den Seitenwechsel kommentierte Heinrich mit den klassischen Worten „Paris ist eine Messe wert" und brachte damit zum Ausdruck, dass er bereit war, als Preis für den Einzug in die Hauptstadt als König künftig katholische Gottesdienste zu besuchen. Zuvor war Frankreich von langwierigen Bürgerkriegen erschüttert worden, die sich an den Ansprüchen des damaligen Protestanten auf den französischen Thron entzündet und die in der berühmt-berüchtigten Bartholomäusnacht (24. August 1572) zu einem schrecklichen Blutbad unter den Hugenotten geführt hatten. Versöhnt hatte der König jedoch viele protestantische Franzosen, die ihn als Verräter ansahen, mit dem „Edikt von Nantes", das ihnen 1598 Religionsfreiheit gewährte.

Plünderung des Grabes

Bestattet wurde der ermordete Herrscher in der traditionellen Grablege der französischen Könige in der Kathedrale von Saint-Denis vor den Toren von Paris. In der dortigen Gruft ruhten seine Gebeine bis Oktober 1793. Damals hatte die radikale Phase der Französischen Revolution ihren Höhepunkt erreicht. Den Revolutionären galt Heinrich IV. als eine Symbolfigur des verhassten alten Regimes. Weil man den Leichnam mumifiziert hatte, befand er sich noch in einem erstaunlich guten Erhaltungszustand. Die Revolutionäre zerrten den toten König aus der Gruft, brachen ihm einen Arm und ein Bein, rissen den Bart aus, stellten ihn zur Schau und beförderten die sterblichen Überreste anschließend in ein Massengrab, in dem sich der „gute König", wie ihn viele seiner Zeit-

genossen genannt hatten, in der makabren Gesellschaft anderer Skelette und Knochen aus geplünderten Königsgräbern befand.

Vergebliche Suche

24 Jahre später begann ein weiterer Akt in der schier unendlichen Geschichte vom toten König Heinrich IV. Am 18. Januar 1817 ließ König Ludwig XVIII. das von den Revolutionären geschaufelte Massengrab direkt neben der Kathedrale von Saint-Denis öffnen. Der politische Wind hatte sich in der Zwischenzeit wieder einmal gedreht. Die Revolution war in das Kaisertum Napoleons übergegangen. Nach dessen Sturz und Ende war auf dem Wiener Kongress die Wiedereinsetzung von französischen Königen aus der Linie der Bourbonen beschlossen worden. Ludwig XVIII., der erste dieser neuen Könige, wollte mit der Graböffnung ein Zeichen setzen und mit diesem demonstrativen Akt seine Herrschaft in die Tradition der alten französischen Könige stellen. Man fand bei der schaurigen Aktion auch die lädierten Gebeine Heinrichs IV. Genauer gesagt: Man glaubte, die Gebeine gefunden zu haben. Ganz genau wusste es keiner, denn die Revolutionäre hatten sich nicht die Mühe ge-

Der Name Heinrichs IV. ist bis heute mit der Unterzeichnung des Edikts von Nantes (1598) verbunden, das die Hugenottenkriege beendete und den französischen Protestanten Gleichberechtigung und eine bedingt freie Religionsausübung gewährte.

Konkreter wurde die Spur im Oktober 1919. Ein Pariser Auktionshaus bot einen mumifizierten Kopf zum Verkauf an, der als Kopf König Heinrichs IV. angepriesen wurde. Angeblich stammte das Stück aus der Erbschaft der Malerin. Falls deren Nachkommen auf einen hohen Erlös gehofft haben sollten, wurden sie schwer enttäuscht. Der Kopf wechselte für gerade einmal drei Franc den Besitzer. Der Käufer, ein in der Bretagne beheimateter Antiquar, war dagegen überzeugt, ein echtes Schnäppchen gemacht zu haben – er glaubte fest daran, dass es sich bei dem Kopf um den des Königs handelte. Doch die Begeisterung seiner Mitmenschen hielt sich in Grenzen. Als er den Schädel in seinem Laden öffentlich ausstellte, war die Resonanz enttäuschend. Achtlos gingen die Passanten an seinem Laden vorbei, manche wunderten sich über die makabre Art und Weise, ein Schaufenster zu dekorieren. Nach dem Tod des Besitzers erbten seine Schwestern das schwer vermittelbare Stück. Sie versuchten, das Louvre-Museum für den Kopf zu interessieren. Vergeblich: Die Experten erklärten, er sei nicht echt.

macht, die Skelette der französischen Könige in dem Massengrab in geordneter Weise zu verteilen. Eine neue Bleibe fanden sie in einem Seitenraum der Krypta von Saint-Denis.

Begehrter Kopf

Jedoch fehlte dem Skelett, das man Heinrich IV. zuwies, ein wichtiges anatomisches Detail: Der König war ein König ohne Kopf. Aber was war mit dem Schädel passiert? In den Wirren der Französischen Revolution hatte sich ein schwunghafter Handel mit königlichen Reliquien entwickelt. Gegner wie Freunde der Monarchie brachten sich in den Besitz von Haaren, Zähnen, Knochen oder sonstigen Körperteilen, horteten sie als Souvenirs oder verkauften sie an Sammler. Ähnliches musste mit Heinrichs Kopf passiert sein. Über seinen Verbleib kursierten die wildesten Gerüchte. So wurde kolportiert, ein deutscher Graf aus dem vornehmen Hause derer zu Erbach habe das Haupt des Königs gleich nach der Plünderung der Gräber von einem französischen Totengräber erworben und als Devotionalie nach Deutschland gebracht. Später tauchte es auf verschlungenen Pfaden wieder in Paris auf – in der Wohnung einer Malerin auf dem Montmartre.

Schädel in der Truhe

Das war im Jahr 1947. Damals verfügten die Wissenschaftler noch nicht über die Möglichkeiten wie die Forscher des 21. Jahrhunderts. 2010 verbreitete sich in Frankreich eine Nachricht wie ein Lauffeuer: Der Schädel ist echt, der kopflose König hat endlich wieder einen Kopf. Den Stein ins Rollen gebracht hatte ein Pariser namens Jacques Bellanger, der behauptete, das Corpus delicti 1955 für die Summe von 5500 Franc von den Schwestern des Antiquars erworben zu haben. Jahrelang bewahrte er den Schädel in

Indiana Jones der Friedhöfe

Er ist einer der Stars in der Riege der historischen Forensiker: Philippe Charlier, Jahrgang 1977, Rechtsmediziner und Paläopathologe an der Universitätsklinik Raymond Poincaré in Garches bei Paris (Foto rechts). Vor seinem wissenschaftlich geschärften Spürsinn ist keine Leiche sicher, mag sie auch noch so alt sein. Charlier arbeitet mit Hightech und allen modernen Methoden, von der Toxikologie bis hin zur Radiologie.

Bekannt wurde der Forscher, dem man bewundernd den schmückenden Spitznamen „Indiana Jones der Friedhöfe" gegeben hat, durch die Bestimmung von Knochen, bei denen man sich nicht sicher war, ob sie von berühmten Persönlichkeiten oder doch nur von einfachen Menschen stammten. Vermeintliche Knochen der französischen Nationalheldin Jeanne d'Arc, der „Jungfrau von Orléans", identifizierte der Forscher als Überreste einer ägyptischen Mumie. Bei Diane de Poitiers, der berühmten Mätresse des französischen Königs Heinrich II., die 1566 nach einem Reitunfall gestorben war, lag der Fall anders. Über die Identität der sterblichen Überreste gab es keine Zweifel. Und Spuren von Trinkgold in Haaren und Knochen bewiesen, dass die Skandaldame jünger aussehen wollte, als sie wirklich war.

einer Truhe auf seinem Speicher auf. 2008 gab er die Zurückhaltung auf und ließ in einem Brief an einen bekannten Historiker durchblicken, dass er einen königlichen Schatz der besonderen Art hütete. Es dauerte nicht lange, bis auch die Presse aufmerksam wurde. Die Journalisten witterten eine spannende Story, und so war der Kopf Heinrichs plötzlich in aller Munde.

Dem Rätsel auf der Spur

Ein internationales Team von Wissenschaftlern unter der Leitung des französischen Paläopathologen Philippe Charlier machte sich an die Arbeit. Der Kopf, der ein vorübergehendes Domizil in einem Bankschließfach gefunden hatte, landete nun im Labor der Forscher, wo er nach allen Regeln forensischer Kunst obduziert wurde. Beteiligt waren Forscher der unterschiedlichsten Disziplinen – Mediziner, Genetiker, Pathologen, Anthropologen. Auch an Hightech fehlte es nicht.

Um das mutmaßliche Alter des Kopfes zu bestimmen, kam die Radiokarbonmethode zum Einsatz. Sie beruht auf der Tatsache, dass alle lebenden Organismen während ihrer Lebenszeit Kohlenstoff aufnehmen. Beim Tod des Organismus nimmt der Körper keine Isotope mehr auf, sie zerfallen in einem messbaren Verhältnis. Nach 5730 Jahren ist die Hälfte schon nicht mehr vorhanden. Nach dieser Maßgabe wurde nun auch der mutmaßliche Heinrich-Kopf auf den Prüfstand gestellt. Ergebnis: Der Kopf stammte aus dem 16. Jahrhundert. Das war schon einmal eine viel versprechende Spur.

Als Nächstes wurde die Form des Schädels mit zeitgenössischen Porträts des Königs verglichen, der ein markantes, fast unverwechselbares Profil hatte. Das Ergebnis war auch hier positiv. Bilder und Kopf stimmten überein. Reste von roten Haaren, die von den Revolutionären bei der Schändung der Leiche übrig gelassen worden waren, entsprachen auch dem, was man über Heinrichs Haarfarbe wusste. Da die Weichteile des Schädels durch die Mumifizierung noch gut erhalten waren, gelangten die Forscher zu weiteren aufschlussreichen Erkenntnissen. So bemerkten sie ein Loch im rechten Ohrläppchen. König Heinrich IV. trug, wie man wusste, einen Ohrring. Eine kleine Verletzung auf dem rechten Nasenflügel passte ebenfalls zu dem, was man über den historischen Heinrich wusste. Und der Oberkiefer zeigte

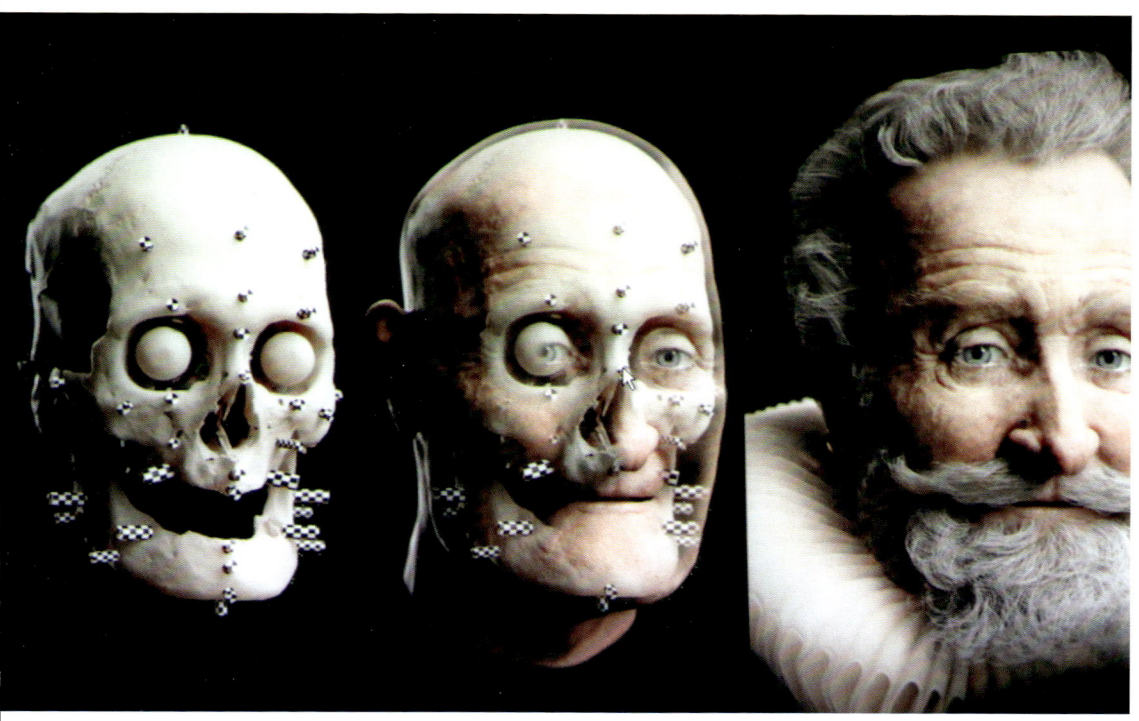

Drei Stadien der Rekonstruktion des Gesichts von König Heinrich IV., die auf der Basis seines Schädels und bekannter Merkmale von forensischen Wissenschaftlern erstellt und 2013 öffentlich vorgestellt wurden.

deutliche Spuren einer Verwundung. Eben an dieser Stelle hatte sich der König bei einem Attentat 1554 eine Verletzung zugezogen, als ein Student versucht hatte, ihn zu erdolchen.

Blutiges Taschentuch

Eine erdrückende Reihe von Indizien, aber noch kein handfester Beweis – dieser Meinung waren nicht nur Kritiker, sondern auch die beteiligten Wissenschaftler selbst. Was noch fehlte, war eine DNA-Analyse zur Herstellung genetischer Verbindungen. Deshalb entnahmen sie dem mumifizierten Kopf DNA-taugliches Material. Als Gegenstück diente ein altes Taschentuch. Es war mit Blut getränkt, dessen ursprünglicher Besitzer, Ludwig XVI., ein Nachfahr Heinrichs gewesen sein soll. Der König war am 21. Januar 1793, während der Französischen Revolution und wenige Monate vor der Schändung von Heinrichs Grab, auf der Guillotine enthauptet worden. Ein Revolutionär habe, wie aus allerdings nicht über jeden Zweifel erhabenen Quellen verlautete, sein Taschentuch in das Blut des Königs getaucht, in der Absicht, damit seine Anwesenheit bei dem denkwür-

digen Ereignis zu dokumentieren. Andere sprechen von einem Royalisten, der sich eine Erinnerung an den unglücklichen König sichern wollte.

Rätsel gelöst?

Nach den Tests war klar: Das Genmaterial des Kopfes und des Blutes zeigte signifikante Übereinstimmungen. Der Kopf gehörte „zweifelsfrei" zu Heinrich IV. Allerdings warnten Skeptiker vor einem Zirkelschluss. Denn es könne nicht als erwiesen gelten, dass das Blut auf dem Taschentuch von Ludwig stammte. 2013 traten belgische Wissenschaftler sogar mit der These vor die Öffentlichkeit, dass der fragliche Schädel „mit Sicherheit" nicht Heinrich gehöre, wie ihre Untersuchungen des Genmaterials von noch lebenden Nachfahren der Bourbonen-Familie zeigen würden. Das Charlier-Team reagierte prompt: Der Kopf sei echt. Zwischen Heinrich IV. und den heutigen Bourbonen lägen jedoch 13 Generationen – genetische Abweichungen seien wahrscheinlich. Das Rätsel um den kopflosen König bleibt, trotz vieler moderner Antworten, bis auf Weiteres ungelöst.

Indizien im Boden

Ein britischer Hobbyarchäologe brachte Bewegung in die Lokalisierung
eines der berühmtesten Schlachtorte der Antike.

Im Herbst des Jahres 9 n. Chr. waren drei römische Legionen in den Wäldern Germaniens unterwegs. Sie befanden sich auf dem Weg von den östlichen Gebieten in die Winterlager am Rhein. Bald würde man Kaiser Augustus in Rom die frohe Botschaft übermitteln können, dass der Auftrag erfüllt war. Der Kaiser träumte davon, Germanien bis zur Elbe zu unterwerfen. Unermüdlich waren in den Jahren zuvor römische Armeen damit beschäftigt gewesen, die kampfstarken germanischen Verbände zu besiegen. Weite Teile des Landes befanden sich bereits unter römischer Kontrolle und galten, in der Terminologie der Besatzer, als befriedet. Den Oberbefehl über die römischen Legionen hatte seit zwei Jahren Publius Quinctilius Varus, ein enger Vertrauter des Kaisers. Die Eroberung Germaniens würde der Höhepunkt seiner Laufbahn sein. In seiner Begleitung befand sich mit Arminius ein Germane, der als Verbündeter galt, weil er mit seinen germanischen Hilfstruppen den Römern in der Vergangenheit gute Dienste geleistet hatte. Hinweise, dass der Angehörige des Stammes der Cherusker ganz andere, für ihn und seine Truppe gefährliche Pläne hatte, nahm Varus nicht ernst.

Kalkriese in der Nähe von Osnabrück ist mit größter Wahrscheinlichkeit der wahre Schauplatz der Varusschlacht. Hier fand man in großer Menge römisches Kriegsgerät wie die abgebildete eiserne Maske (links). Das Hermannsdenkmal (rechts) bei Detmold steht zwar für die Schlacht, aber wohl am falschen Ort.

Unerwarteter Angriff

Die Sorglosigkeit sollte sich rächen. Es machte Varus auch nicht stutzig, dass sich Arminius und seine Leute plötzlich verabschiedeten, angeblich, um Nachschub an weiteren Hilfstruppen zu organisieren. Die trügerische Sicherheit, in der man sich wähnte, führte auch dazu, dass die Soldaten die gewohnte Ordnung beim Marschieren aufgaben und sich in einer endlosen Kolonne durch die engen Wälder bewegten. Damit beraubten sie sich selbst ihrer stärksten Waffe – der Ausnutzung von Flächen und Räumen, um die Reiterei und die Fußtruppen wirkungsvoll einzusetzen.

Der Angriff kam für die Römer daher völlig überraschend. Als sich plötzlich aus allen Richtungen germanische Kämpfer auf sie stürzten, wurde ihnen schlagartig klar, dass sie von Arminius in eine Falle gelockt worden waren. Die Germanen kannten das Gelände genau. Gegen ihre gezielten Attacken hatten die Römer keine Chance. Zwar versuchten sie sich zu verteidigen, so gut es ging. Und es gelang ihnen sogar eine Zeit lang, sich vor den Feinden zu verschanzen. Die Gefechte zogen sich auf diese Weise drei, vier Tage hin. Regen, Sturm und Matsch raubten zusätzlich die Moral. Dann aber waren die stolzen und sieggewohnten Legionen geschlagen. Die Truppe wurde völlig aufgerieben, unzählige Tote und Verwundete blieben in den Wäldern Germa-

niens zurück. Der unglückliche Varus wusste, was man von einem erfolglosen Feldherrn erwartete und stieß sich noch an Ort und Stelle das Schwert in den Bauch. Die anderen Kommandanten folgten seinem Beispiel. Arminius hingegen, der Organisator des Geschehens, war der gefeierte Held der Germanen. Doch er konnte sich seines frischen Ruhms als Besieger der Römer nicht lange erfreuen. Neid, Intrigen und Rivalität anderer germanischer Stammesfürsten machten ihm zu schaffen, ebenso Probleme in der eigenen Familie. Zwölf Jahre nach seinem größten Erfolg wurde er von einem Verwandten ermordet.

Grausige Entdeckung

Diese denkwürdige Schlacht ist als die Varusschlacht oder auch „Schlacht im Teutoburger Wald" in die Geschichte eingegangen. Die Information, dass sich das für die Römer tragische Geschehen in einem Gebiet abspielte, das in der Antike *saltus Teutoburgiensis,* also „Teutoburger Wald" genannt wurde, stammt von dem römischen Historiker Tacitus, der etwa 100 Jahre später über diese Ereignisse berichtete. Dies erfolgte im Zusammenhang mit der ersten Entdeckung des Schauplatzes der Schlacht im Jahr 15 n. Chr. Damals war der römische Feldherr Germanicus in jenen Gegenden unterwegs, die seinem Vorgänger Varus sechs Jahre zuvor zum Verhängnis

Gut zu wissen

Münzen aus der römischen Kaiserzeit lassen sich gut datieren. Sie enthalten als Prägedatum die Angabe des jeweiligen Regierungsjahres des Kaisers, gezählt von dem Zeitpunkt des Antritts der Herrschaft. Beispielsweisel bedeutet das lateinische Zahlzeichen X, dass die Münze im zehnten Jahr der Regierung des Kaisers geprägt wurde. In der Archäologie sind Münzen wegen dieser Genauigkeit wichtige Datierungshilfen.

geworden waren. Kaiser Tiberius, Nachfolger des verstorbenen Augustus, hatte zu einer neuerlichen Germanienexpedition geblasen – nicht etwa, um die Eroberungspläne des Augustus wieder aufzugreifen, sondern um gegenüber der römischen Öffentlichkeit wie auch gegenüber den Germanen trotz oder gerade wegen des Varusdebakels Handlungsfähigkeit zu demonstrieren. Als Germanicus und seine Soldaten den Ort des Geschehens von damals erreichten, bot sich ihnen ein grausiger Anblick: bleichende Knochen, zerbrochene Waffen, Gerippe von Pferden, an Bäume genagelte Schädel von getöteten römischen Soldaten. Ihre eigenen Toten hatten die Germanen nach der Schlacht bestattet, jedoch die traurigen Überreste der römischen Armee samt den Gefallenen zurückgelassen, ohne sie zu begraben.

Auf der Suche nach dem Schlachtort

Jahrhunderte wuchs nun Gras über die „Schlacht im Teutoburger Wald". Das Interesse an ihr stieg jedoch schlagartig an, als die Deutschen im 19. Jahrhundert nach Ereignissen in ihrer Geschichte suchten, die sich national und patriotisch vereinnahmen ließen. Schon im 16. Jahrhundert hatte man sich im Zuge einer verklärten Annäherung an die germanische Antike mit der Glanztat des Arminius befasst und ihn, weil dies kerniger klang, in „Hermann" umgetauft.

Im 19. Jahrhundert aber, dem Zeitalter der deutschen Reichsgründung, wurde die Beschäftigung mit der fernen Vergangenheit zu einer vaterländischen Pflicht. Und gleich geriet auch die Frage in den Fokus: Wo hatte die Schlacht im Teutoburger Wald stattgefunden?

Kein Problem? Es gab und gibt ja den von Tacitus ausdrücklich erwähnten Teutoburger Wald, einen Höhenzug im nordwestlichen Deutschland, der sich zwischen den Städten Bielefeld, Osnabrück und Bad Meinberg er-

streckt. Und doch konnte dieses Faktum bei der Suche nach dem Ort der Varusschlacht nicht helfen. Denn schon im 16. Jahrhundert hatten einzelne Gelehrte wissen wollen, wo Arminius die Römer besiegt hatte. Damals waren in einem Kloster gerade wieder die Schriften des Tacitus aufgetaucht, in denen man von den Ereignissen des Jahres 9 n. Chr. erfuhr. Da zu dieser Zeit aber kein Höhenzug mit dem Namen „Teutoburger Wald" existierte, ergriff zu Beginn des 17. Jahrhunderts ein Historiker und Geograf namens Philipp Clüver die Initiative. Er las noch mal genau bei Tacitus nach, erfuhr, dass Germanicus bei seiner Entdeckungstour in das Gebiet „zwischen den Flüssen Amisia und Lupia" gekommen war und deutete diese lateinischen Bezeichnungen als Namen für Ems und Lippe. Nun suchte er nach einem Höhenzug in der fraglichen Region und stieß dabei auf eine kleine Bergkette namens Osning, die er 1616 in „Teutoburger Wald" umbenannte. Und da man keine Zweifel an der richtigen Verortung der Schlacht hatte, wurde gegen Ende des 19. Jahrhunderts dort eine imposante Statue des Varusbezwingers Arminius, das „Hermanns-Denkmal" aufgestellt, es befindet sich im südlichen Teil des „neuen" Teutoburger Waldes, in der Nähe der Stadt Detmold.

Viele Theorien

Die Festlegung auf Detmold sollte aber nicht lange der Weisheit letzter Schluss bleiben. Denn nun stürzten sich professionelle Historiker und Archäologen, pensionierte Lehrer und Generäle sowie passionierte Heimatforscher in die Aufgabe, den genauen Ort der Schlacht im Teutoburger Wald zu suchen. In die Freude an detektivischer Arbeit mischten sich dabei auch Marketing-Konzepte. Denn viele Orte und Gemeinden erkannten, dass man mit dem Slogan „Bei uns fand die Schlacht im Teutoburger Wald" statt, viele schaulustige Gäste anlocken und damit auch viel Geld machen konnte. Bis heute gibt es 700 verschiedene Vorschläge und Theorien,

Grabungstechniker bei der Arbeit auf dem Grabungsgelände bei Kalkriese (2014). Der Ort geriet erst spät ins Visier von Historikern und Archäologen, die die Varusschlacht verorten wollten.

was den angeblich richtigen Platz angeht. Viele operierten mit reinen Spekulationen, andere glaubten, in den Texten eines Tacitus oder anderer antiker Schriftsteller Hinweise zu erkennen. Die topografischen Angaben in den antiken Quellen waren, was die Lokalisierung betrifft, jedoch zu unpräzise, um genaue Verortungen in der Landschaft vornehmen zu können, zumal sich die geografischen und klimatischen Verhältnisse seit der Antike erheblich verändert hatten.

Dabei erstreckte sich der geografische Radius bei vielen dieser Angebote weit über den geografischen Radius des ehemaligen Osning und heutigen Teutoburger Waldes hinaus. Die Ermutigung dazu lieferte die Tatsache, dass die Identität des von Tacitus erwähnten „Teutoburger Waldes" mit dem modernen Teutoburger Wald alles andere als gesichert, sondern eher willkürlich hergestellt worden

war. Nichts sprach wirklich dafür, dass Varus und Arminius bei Detmold die Klingen gekreuzt hatten.

Bereits am Ende des 19. Jahrhunderts wies niemand Geringeres als der große Altertumsforscher Theodor Mommsen einen neuen Weg. Der spätere Literatur-Nobelpreisträger brachte einen Ort namens Kalkriese, in der Nähe von Osnabrück und Bramsche gelegen, ins Spiel. Dieser lag zwar, von Detmold und dem „neuen" Teutoburger Wald aus gesehen, ziemlich weit entfernt, hatte aber gegenüber anderen in der Diskussion stehenden Plätzen den Vorteil, dass hier deutliche Spuren römischer Präsenz ausmachbar waren. Vor allem war es eine Serie römischer Münzen, die beim Kalkrieser Berg entdeckt worden waren, die Mommsen hellhörig werden ließ. Er brachte sie mit der Varusschlacht in Zusammenhang, stieß mit dieser Ansicht jedoch nicht bei allen Kollegen auf Zustimmung. Die Münzen, so wurde argumentiert, hätten auch bei dem Germanicus-Feldzug von 15 n. Chr. in die Gegend gekommen sein können. Dagegen verwies Mommsen darauf, dass die Gold- und Silbermünzen nicht über die Zeit des 14 n. Chr. gestorbenen Kaisers Augustus hinausgingen. Sie mussten, so seine Erklärung, aus dem Gepäck von römischen Soldaten stammen, die zu den Legionen gehörten, die von Arminius so vernichtend geschlagen worden waren.

Der Auftritt des Majors

Lange Zeit galt Kalkriese als eine Option unter vielen anderen. Doch dann trat Tony Clunn auf den Plan. Der Major der britischen Rheinarmee, 1946 in Kent geboren, wurde im Sommer 1987 zu einer Einheit in der Nähe von Osnabrück versetzt. Seine große Passion war die Archäologie. Auch deswegen war er mit seinem neuen Arbeitsplatz mehr als zufrieden. Denn hier hatte er die Möglichkeit, dem Rätsel der Schlacht im Teutoburger Wald nachzugehen. Clunn war ein Hobbyforscher, doch kannte er alle wichtigen Veröffentlichungen und auch Mommsens These von der Lokalisierung bei Kalkriese.

Der Major wusste, dass es die Profis nicht gern sahen, wenn ihnen Amateure in die Quere kamen. So wählte er den regulären Dienstweg und wandte sich noch im selben Sommer 1987 an den zuständigen Stadt- und Kreisarchäologen mit der Bitte um die Erlaubnis, in und um Kalkriese auf die Suche nach Spuren der Varusschlacht gehen zu dürfen. Sein wichtigster Helfer war ein Metalldetektor, mit dem er die Oberflächen von Wiesen und Äckern absuchte. Dabei konzentrierte er sich auf Stellen, bei denen zuvor bereits Bauern bei der Feldarbeit oder beim Pflügen römische Münzen entdeckt hatten.

Der Archäologe staunte nicht schlecht, als ihm der Hobbyforscher schon nach kurzer Zeit einige römische Silbermünzen auf den Schreibtisch legte. Und es kam noch besser:

Der Fahnder mit dem Metallsuchgerät stieß in einem Acker auf zunächst undefinierbare Metallfunde, die sich später als römische Schleuderbeile herausstellten. Jetzt war ein unwiderlegbarer Beweis dafür erbracht, dass Kalkriese Schauplatz einer Schlacht mit römischer Beteiligung gewesen war. Diese Schlacht, so durfte weiter gefolgert werden, konnte die Schlacht im Teutoburger Wald sein – jenes Waldes, der in diesem Fall in der Antike weiter nördlich gelegen haben musste als sein moderner Nachfolger. Später gab Clunn zu Protokoll dass er einfach nur Glück gehabt habe, seinen Detektor an der richtigen Stelle anzusetzen. Nur ein paar Meter weiter links oder rechts, und der Boden von Kalkriese hätte seine kriegerische Vergangenheit womöglich für immer für sich behalten.

Der Verdacht erhärtet sich

Zwar streifte Clunn, inzwischen fast zu einer Berühmtheit geworden, auch in den folgenden Jahren mit seinem Detektor durch die Kalkrieser Landschaft, immer auf der Suche nach weiteren Hinweisen. Doch seit dem Fund der Schleudersteine hatte sich die Lage geändert. Jetzt mussten professionelle Archäologen heran. Der Startschuss für groß angelegte systematische Ausgrabungen erfolgte 1989. Ganz sicher waren sich die Wissenschaftler nicht, wonach sie eigentlich gruben. Den Namen „Varus" sprachen sie nur hinter vorgehaltener Hand aus. Doch die Grabungen waren von Anfang an sehr ergiebig. Jahr für Jahr konnten die Wissenschaftler neue, Aufsehen erregende Funde vermelden – Münzen, Nägel von Soldatenschuhen, Pioniergeräte. Immer mehr formte sich das Bild eines antiken Schlachtortes heraus. So zeugte ein Wall entlang eines Höhenzuges, durch Münzfunde in die fragliche Zeit zu datieren, von eilig durchgeführten Schanzarbeiten. Und dann 1990 das Prunkstück: Ein unförmiges Objekt, das bei den Grabungen geborgen wurde, entpuppte sich nach der

Restaurierung als prächtige Gesichtsmaske eines römischen Reiterhelms. Der einstige Besitzer musste das wertvolle Stück 1891 Jahre zuvor verloren haben. Die Funde erstreckten sich über einen Radius von 30 Quadratkilometern, was mit den antiken Berichten übereinstimmt, wonach die Schlacht mehrere Tage lang an verschiedenen Orten im Umkreis stattfand.

In Kalkriese befindet sich heute ein großes Museum, das den Besuchern viele der Fundstücke präsentiert. In einem archäologischen Park kann man sich über die Topografie der Varusschlacht informieren. Nicht alle Forscher sind jedoch davon überzeugt, dass Kalkriese der richtige Ort ist. Doch gibt es keinen anderen Schauplatz, der eine ähnliche Häufung von Indizien und Beweisen vorzeigen könnte wie der kleine Ort in der Nähe von Osnabrück, der durch die von Clunn eingeleiteten Grabungen nicht nur in Fachkreisen berühmt geworden ist. Als 2009 in großem Stil des 2000 Jahre zurückliegenden Ereignisses gedacht wurde, zeigte man sich in Kalkriese großzügig. Die Ausstellungen zur Varusschlacht fanden nicht nur dort, sondern auch in Detmold, wo das Hermanns-Denkmal sicher am falschen Platz steht, und in Haltern am See statt, wo Militärlager aus der Zeit des Augustus entdeckt worden waren.

Hoch dekorierter Pionier

Tony Clunn, der mit seinem Metalldetektor den Schlachtort gefunden hatte, starb im August 2014 nach schwerer Krankheit. Er starb hochdekoriert: Die britische Queen zeichnete ihn 1996 mit dem Orden „Member of the Order of the British Empire" aus – allerdings nicht wegen seiner archäologischen Pionierleistung, sondern für seine Verdienste um die britisch-deutsche Freundschaft. Und die Bundesrepublik Deutschland ehrte ihn mit dem Bundesverdienstkreuz. Daran hatte er nicht im Traum gedacht, als er sich 1987 aufgemacht hatte, römische Münzen zu finden.

Metalldetektor

Metalldetektoren sind Instrumente der Prospektion, die auch in der professionellen Archäologie zum Einsatz kommen. Von den ersten Geräten, die zu Beginn des 20. Jahrhunderts entstanden, erhoffte man sich Erfolge bei der Suche nach Metallen im Bergbau. Später kamen weitere Einsatzgebiete dazu wie das Auffinden von Minen und Munition sowie von Rohren in Boden und Gebäuden.

Metalldetektoren bestehen aus einer Magnetspule und einer damit verbundenen Steuerelektronik. Die nötige Energie wird aus Batterien oder aus Akkumulatoren gewonnen. Der Detektor reagiert mit akustischen Signalen auf metallische Gegenstände, die sich unter der Erdoberfläche befinden. In Deutschland ist die Nutzung von Metalldetektoren zum Zweck der Schatzsuche jedoch reglementiert: Wer dabei ohne behördliche Genehmigung Detektoren einsetzt, muss mit einer Strafe rechnen.

Das Foto oben zeigt einen Prospektionstechniker bei der Arbeit mit einem Metalldetektor auf dem Grabungsgelände der Varusschlacht im Osnabrücker Land.

Schlachtfeldarchäologie

Die altehrwürdige Archäologie beschäftigt sich mit Themen, die schon lange Geschichte sind. Der Einsatz modernster Techniken bringt immer wieder überraschende Ergebnisse und ist aus dieser Wissenschaft nicht mehr wegzudenken.

Objektivere Ergebnisse

Die Schlachtfeldarchäologie leistet wichtige Beiträge zur Erforschung nicht nur der militärischen, sondern auch der kulturellen Aspekte des Phänomens Krieg. Außerdem ermöglicht sie eine objektivere Interpretation von Schlachten als die oft von Patriotismus, Heroismus und Pathos geprägten Schlachtenberichte in alten Chroniken und in der Geschichtsschreibung.

Wie der Fall Kalkriese zeigt, ist diese Wissenschaft in der Lage, Schlachtfelder genauer zu bestimmen, über deren Lokalisierung zuvor keine Klarheit bestand. Mit ihrer Hilfe können aber auch Schlachten nachgewiesen werden, die bisher noch gar nicht bekannt waren.

So stießen die Archäologen am Harzhorn in Niedersachsen auf die Spuren einer Schlacht zwischen Römern und Germanen (siehe Abb. und Kasten rechts). Nicht immer haben die Wissenschaftler so viel Glück wie hier, insbesondere dann, wenn die Ereignisse so weit zurückliegen. An vielen Orten sind die Spuren von Schlachten, die in der Vergangenheit geschlagen wurden, verschwunden, weil der Zahn der Zeit an ihnen genagt hat. Am Harzhorn aber verhinderten die örtlichen geologischen Gegebenheiten – nämlich das Kalkgestein unter der Erdoberfläche – dass die materiellen Zeugen der Schlacht der Verwitterung anheim fielen.

Schlacht am Harzhorn

Hier untersucht ein Restaurator das Fragment eines Schuppenpanzers aus der Schlacht am Harzhorn an einem Binokular. Die akribische Kartierung und Auswertung von Funden wie Rüstungsteilen, Katapultbolzen oder Pfeil- und Speerspitzen ermöglichte eine genaue Rekonstruktion des Gefechts. Münzen und andere Anhaltspunkte wie C-14- Proben führten zu einer Datierung in die Jahre zwischen 225 und 245 n. Chr. Ein erstaunliches Ergebnis: Bis dahin hatte man es nicht für möglich gehalten, dass römische Armeen in einer Zeit, in der sich das Imperium an allen Fronten in der Defensive befand, noch so weit in feindlichem Gebiet operierten.

Soldatengrab

In der Schlacht beim brandenburgischen Scharfenberg starben 1636 etwa 7000 Soldaten, 125 von ihnen wurden in diesem 2007 entdeckten Massengrab bestattet. Mit Spaten, Staubsauger und Pinsel legten Archäologen die Gebeine der ordentlich abgelegten Toten und nur wenige andere Funde frei – offenbar hatte man die Toten wie üblich bestattet, aber auch geplündert.

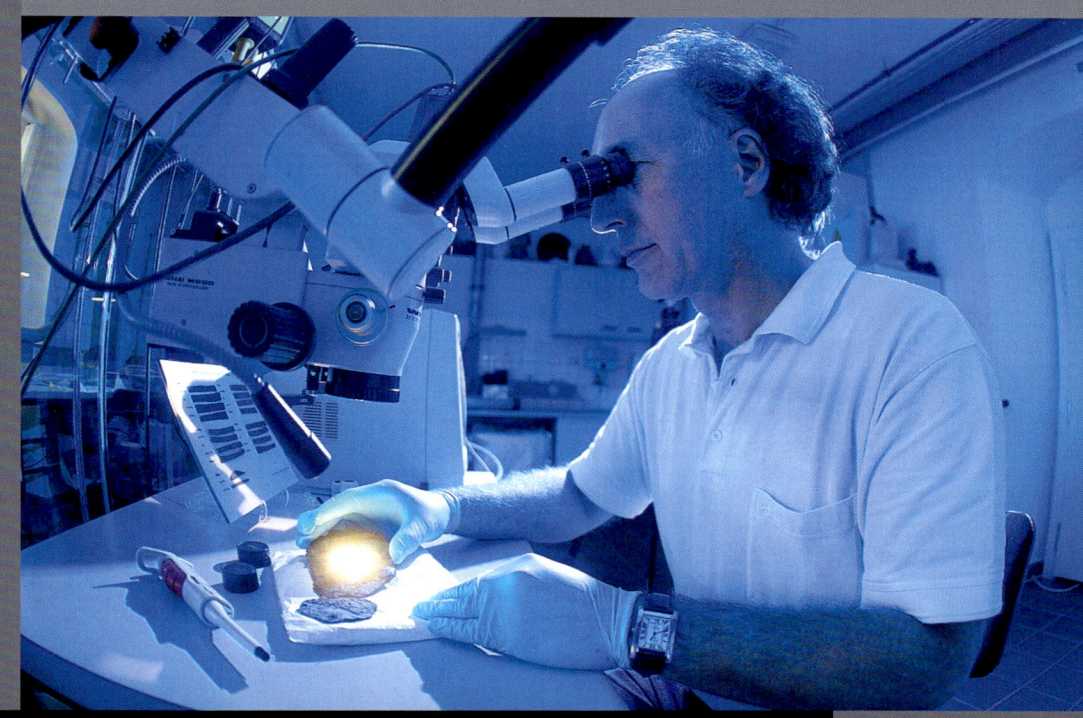

Die Schlacht bei Lützen

Viele Aspekte, die in der modernen Schlachtfeldarchäologie bedeutsam sind, lassen sich gut an den Forschungen begutachten, die Experten zur „Schlacht bei Lützen" (16. November 1632), einer der heftigsten Schlachten des Dreißigjährigen Krieges, anstellen.

Über 500 Kilometer beträgt der Radius des Geländes, das mit Metallsonden abgetastet wurde. Jedes Objekt – insgesamt mehr als 10 000 – wurde mit GPS eingemessen. Die Verteilung der Funde (Kugeln, Uniformteile, Münzen usw.) lässt Rückschlüsse auf die Schwerpunkte des Geschehens und damit auf den Verlauf der Schlacht zu.

Für Aufsehen sorgte 2011 die Entdeckung eines Massengrabes mit 47 Skeletten. Altersbestimmungen brachten zutage, dass die Jüngsten unter den Gefallenen gerade einmal 14 bis 16 Jahre alt waren. Sie kämpften zusammen mit Männern, die mit einem Alter zwischen 35 und 45 Jahren nach damaligen Kategorien als alte Kämpen, wenn nicht gar als Greise gelten mussten. Manche von ihnen waren, als sie in die Schlacht zogen, keineswegs in einem guten körperlichen Zustand. Röntgenbilder der Skelette des Grabes offenbaren Defekte wie alte, nicht richtig verheilte Knochenbrüche, schlechte Zähne und Mangel an Vitamin D.

Die Toten aus dem Wald

Lange Zeit lag ein Geheimnis über dem Schicksal der ermordeten russischen Zarenfamilie. Dann lüfteten Wissenschaftler das Rätsel.

Die russische Herrscherfamilie bestand aus sieben Personen: dem Zaren Nikolaus II. und seiner Frau Alexandra Fjodorowna sowie den Kindern Olga, Tatjana, Maria, Anastasia und Aleksej Nikolajewitsch. Nikolaus aus der Familie der Romanows war der letzte Zar in der Geschichte Russlands. Seine Herrschaft endete mit der Revolution von 1917. Aus dem russischen Zarenreich wurde das kommunistische Sowjetrussland.

Sturz des Zaren

Diese Entwicklung hatte sich lange abgezeichnet. Der Zar und seine Administration waren nicht mehr in der Lage gewesen, die vielfältigen Probleme des Landes in den Griff zu bekommen. Forderungen nach einer liberaleren Verfassung waren mit Demonstrationen für eine Verbesserung der sozialen und wirtschaftlichen Verhältnisse einhergegangen. Zaghafte Reformen hatten die Gemüter nicht beruhigen können. Als 1914 der Erste

Weltkrieg ausbrach, feierte Russland anfangs eine Reihe von militärischen Erfolgen. Doch bald wendete sich das Blatt, die Armee stand mit dem Rücken zur Wand. Das Fass zum Überlaufen brachte eine schwere Wirtschaftskrise. Die Februarrevolution von 1917 bedeutete den Sturz des Monarchen aus der Dynastie der Romanows, die das Land fast 300 Jahre lang regiert und die einst einen Peter den Großen in ihren Reihen gehabt hatte. Doch inzwischen hatte das Regime abgewirtschaftet und nur noch bei den Königstreuen Kredit. Als Nikolaus II. im März 1917 den Befehl gab, auf Streikende zu schießen, schlossen sich die Soldaten den Revolutionären an. Am 15. März unterzeichnete der Zar eine Urkunde, in der er seine Abdankung erklärte und damit seinen Platz für eine provisorische Regierung räumte.

Den entthronten Zaren und seine Familie brachte man zunächst im Alexanderpalast von Zarskoje Selo in der Nähe von St. Petersburg unter. Vor der Revolution hatte das Domizil zu den bevorzugten Residenzen des Zaren gehört. Mitte August erfolgte die Überführung nach Tobolsk in Sibirien. Grund war die Befürchtung, radikale Bolschewisten würden den Alexanderpalast stürmen. In Tobolsk führte die Familie ein, gemessen an den Umständen, komfortables Leben. Man spazierte durch den Garten des großzügigen Hauses, das die provisorische Regierung zur Verfügung gestellt hatte, schrieb Briefe und hoffte auf bessere Zeiten.

Dunkle Wolken

Die Hoffnung war vergebens. Mit der Oktoberrevolution wurde die provisorische Regierung abgelöst und die Bolschewisten kamen an die Macht. Damit verschlechterte sich die Lage der Romanow-Familie dramatisch. Die neuen Machthaber um Lenin und die anderen führenden Köpfe der Bolschewisten machten unmissverständlich klar, dass in der neuen Sowjetunion kein Platz mehr war für den Zaren, der das alte System ver-

körperte. Außerdem befürchtete man, der ehemalige Herrscher könne zur Symbolfigur einer Konterrevolution royalistischer Kräfte werden. Tatsächlich kam es im Dezember 1917 zu bürgerkriegsähnlichen Verhältnissen, als sich zarentreue „weiße" Armeen gegen die „roten" Bolschewisten in Marsch setzten.

Auch wenn sich Lenin und seine Mitstreiter letztlich gegen die Widersacher durchsetzen konnten, waren diese Ereignisse gleichbedeutend mit dem Todesurteil für den Zaren und seine Familie. Von Tobolsk wurden sie Ende Mai 1918 nach Jekaterinburg am Ural verlegt. Hier befand sich eine Hochburg der Bolschewisten, hier waren keine Proteste gegen die Behandlung der Romanows zu erwarten. Nikolaus, seine Frau und seine Kinder wurden in ein von der berüchtigten Geheimpolizei Tscheka beschlagnahmtes Haus gebracht. In einem kahlen Raum des Gebäudes lebten sie in völliger Isolation – keine Briefe, keine Telegramme, keine Zeitung. Das Grundstück wurde durch einen Palisadenzaun vor Neugierigen und ungebetenen Besuchern geschützt. Nur zu den Mahlzeiten durften die Arretierten ihr Gefängnis im Keller verlassen.

Tod im Keller

Als Dauerzustand waren diese Verhältnisse nicht geplant. Es fehlte nur noch das Signal aus Moskau, um den beschlossenen Tod der Zarenfamilie in die Tat umzusetzen. Der Befehl kam in der Nacht vom 16. zum 17. Juli 1918. Lenin höchstpersönlich hatte die Liquidierung angeordnet. Unter dem Vorwand, sie vor Unruhen in der Stadt zu schützen, wurden der Zar und seine Familie in den Keller geführt. Nikolaus ging voran, seinen kranken Sohn, den 13-jährigen Exthronfolger Aleksej im Arm. Ihnen folgten die Exzarin Alexandra, die aus Deutschland stammte und die vor ihrer Heirat den Namen Alix von Hessen-Darmstadt getragen hatte. Dahinter kamen die vier Töchter, der Leibarzt und drei

Die historische Aufnahme zeigt die Zarenfamilie nach der Abdankung in Zarskoje Selo. Unter Hausarrest stehend vertrieb man sich die Zeit unter anderem mit der Gartenarbeit.

Bedienstete: der Diener, das Kammermädchen, der Koch. Hinter ihnen wurde die Tür geschlossen.

Die elf Personen im Keller mussten nicht lange warten. Um 1.30 Uhr erschien der Tscheka-Offizier Jurowski mit dem Erschießungskommando, das aus elf Soldaten bestand. Er verlas eine kurze Erklärung, wonach man über alle das Todesurteil verhängt habe. Für eine Antwort der Delinquenten blieb keine Zeit. Die Soldaten begannen sofort zu schießen. Nikolaus wurde als Erster getroffen und war auf der Stelle tot. Sein Sohn war schwer verwundet und wurde durch einen weiteren Schuss getötet. Bei seiner Frau und den Mädchen prallten einige der Kugeln an den Juwelen und den Schmuckstücken ab, die sie in ihre Korsetts eingenäht hatten. Ihr Leben rettete dieser Umstand nicht, denn nun stachen die Soldaten mit Bajonetten zu. Innerhalb weniger Minuten war die gesamte Zarenfamilie ausgelöscht. Auch die drei Bediensteten hatten das Massaker nicht überlebt.

Eiliges Begräbnis

Danach war Eile angebracht, denn es kam die Nachricht, zarentreue Truppen seien auf dem Weg nach Jekaterinburg. Aus dem Todeskeller wurden die Leichen noch in derselben Nacht mit einem Lastwagen in ein nahe gelegenes Waldstück transportiert. Dort wurden sie in eine Grube geworfen und verscharrt. Zuvor hatte man bei der Zarin und ihren Töchtern noch die Juwelen

entdeckt. Am nächsten Tag erschienen die Tscheka-Leute abermals. Sie wollten nach einem besseren Versteck suchen und zugleich alle Spuren beseitigen. Man fand einen Platz tiefer im Wald. Zwei Tote wurden mit Benzin übergossen und angezündet. Bei den anderen Opfern wurden die Gesichter mit Säure entstellt. Dann fuhr ein Lastwagen ein paar Mal über das Grab, um es auf dem Waldboden unkenntlich zu machen. Baumstämme, die man darüber legte, sollten dafür sorgen, dass die Leichen der Romanows nie mehr zum Vorschein kommen würden. Offiziell wurde von den Bolschewisten nur der Tod des Zaren bestätigt. Von der Ermordung der übrigen Familienmitglieder war in der Erklärung nicht die Rede.

Ein paar Wochen nach dem Geschehen wurden Untersuchungen über den Verbleib der Zarenfamilie eingeleitet. Kurz zuvor hatten Anhänger des gestürzten Zaren Jekaterinburg eingenommen. Die Leitung der Ermittlungen wurde einem Beamten namens Sokolow übertragen. Zwar entdeckte seine Kommission einige Spuren, wie etwa den Keller, in dem die Ermordung stattgefunden hatte, und Reste von Knochen und Kleidungsstücken in dem Waldstück, in dem die Leichen verscharrt worden waren. Die Hinweise lieferten jedoch kein schlüssiges Bild. Und so schwirrten weiterhin alle möglichen

Die Ermordung der Zarenfamilie. Im Russischen Haus in Berlin wurde die schreckliche Szene 2003 im Rahmen einer Ausstellung mithilfe von Wachsfiguren nachgestellt.

Gerüchte über den Verbleib der Zarin und ihrer fünf Kinder durch die internationalen Gazetten.

Spurensuche

Es sollte bis 1978 dauern, ehe in die Sache wieder Bewegung kam. Einem russischen Geologen namens Alexander Awodin gelang es, nach alten Fotos von Sokolow in den Birkenwäldern um Jekaterinburg das Grab der Zarenfamilie ausfindig zu machen. Dabei fielen ihm drei menschliche, durch Säure entstellte Schädel in die Hände – darunter ganz offenkundig auch der Schädel des Zaren Nikolaus II. Weitere Untersuchungen aber waren politisch nicht erwünscht. Die Sowjetführung hielt es für besser, die leidige Zarengeschichte weiter unter Verschluss zu halten und die Diskussionen nicht von Neuem anzuheizen. Also versteckte der frustrierte Geologe die Schädel ein Jahr lang unter seinem Bett. Weil es kein angenehmes Gefühl war, jede Nacht über dem Skelett des letzten Zaren zu schlafen, brachte er die Knochen schließlich wieder dorthin zurück, wo er sie gefunden hatte.

Erst nach dem Ende des Sowjetreichs 1991 kam die Akte mit dem Titel „Ermordung der Zarenfamilie" wieder auf die Agenda. Das war möglich geworden, weil zum politischen Programm des neuen Russland auch die kritische Aufarbeitung des Endes der Zarenherrschaft gehörte. Vor allem galt es, sich über das Schicksal der Zarin und ihrer Kinder Klarheit zu verschaffen. Nun wurde das von Awodin gefundene Grab einer offiziellen Inspektion unterzogen. Man entdeckte dabei die sterblichen Überreste von neun Menschen. Fünf waren weiblich, vier männlich. Dem Gerichtsanthropologen gelang eine genaue Identifizierung: Bei den Toten handelte es sich um den Zaren, seine Frau, die Töchter Olga, Tatjana und Anastasia sowie den Leibarzt und die drei Bediensteten.

Aber wo waren Aleksej, der Thronfolger, und Maria, die 1899 geborene Tochter? Ihre Leichen blieben zunächst unauffindbar. Am 17. Juli 1998, auf den Tag fast genau 80 Jahre nach dem Tod der Zarenfamilie, wurden die aufgefundenen Leichen in der Peter-und-Pauls-Kathedrale in St. Petersburg in einem feierlichen Akt beigesetzt. Außerdem wurden die Angehörigen der Familie von der Russisch-Orthodoxen Kirche heiliggesprochen.

Endgültige Klarheit

2007 wurde dann gemeldet, dass auch die Leichen von Aleksej und Maria identifiziert worden seien. Sie waren in einem Grab am Tatort Jekaterinburg entdeckt worden.

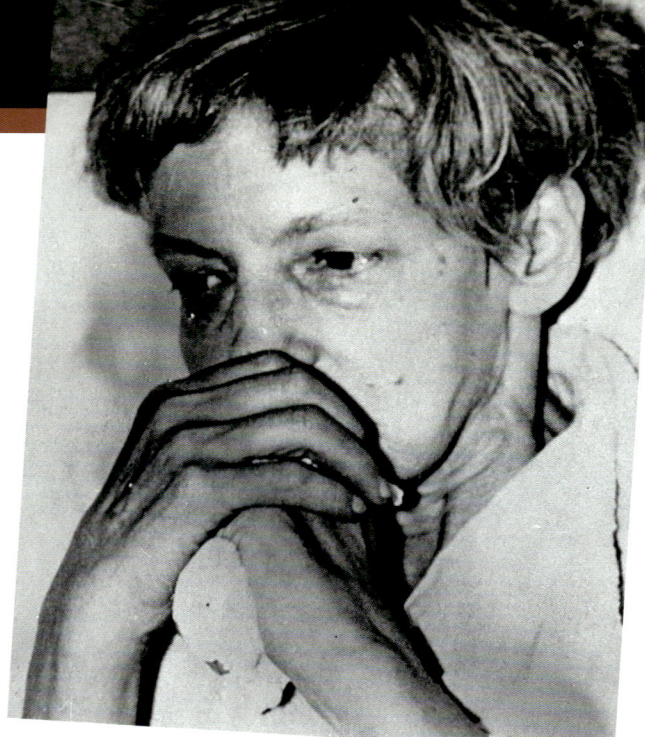

Bis zu ihrem Tod 1984 in Charlottesville (USA) hielt Anna Anderson die Behauptung aufrecht, Anastasia Romanowa zu sein.

Gerichtsmediziner vom Forensischen Institut in Innsbruck hatten die Leichenteile untersucht. Beteiligt waren auch Forschungslabors in den USA, die sechs Zähne, ein Zahnfragment und 48 Knochensplitter einer DNA-Analyse unterzogen. Es konnte festgestellt werden, dass die genannten Teile zu einem 12 bis 14 Jahre alten Jungen und einer etwa 18 Jahre jungen Frau gehörten. Aleksej war zum Zeitpunkt seines Todes knapp 13 Jahre alt gewesen, Maria war 19 Jahre alt. Damit schloss sich eine Lücke, die vielen Kritikern, auch aus Kreisen der Kirche, Anlass zum Zweifel daran gegeben hatte, dass die Funde von Jekaterinburg tatsächlich die Lösung im Rätsel um die verschollene Zarenfamilie bedeuteten.

Echt oder falsch?

Den Wind aus den Segeln nahmen die Ergebnisse der Wissenschaftler auch jenen Frauen, die sich in der Vergangenheit als Anastasia ausgegeben hatten. Die echte Anastasia war am 18. Juni 1901 als jüngste Tochter des Zarenpaares zur Welt gekommen.

Der spektakulärste Fall eines Anastasia-Doubles war eine junge Frau, die am 17. Februar 1920 nach einem Selbstmordversuch aus dem Berliner Landwehrkanal gerettet worden war. Sie wurde zunächst in eine Nervenklinik gebracht. Ihren konfusen Aussagen war zu entnehmen, dass sie zu verstehen geben wollte, die Zarentochter Anastasia zu sein. Ein Anhänger des Zaren habe ihr geholfen, über Rumänien nach Deutschland zu fliehen. Da der Fall von einiger politischer Brisanz war, schaltete sich die Staatsanwaltschaft ein. Zeugen wurden befragt, Schriftproben verglichen, Gesicht und Anatomie der jungen Frau vermessen. Die polizeilichen Ermittlungen führten zu dem Ergebnis, dass die vermeintliche Anastasia in Wirklichkeit eine polnische Wanderarbeiterin namens Franziska Schanzkowska war. Doch die Boulevardmedien strickten auch in den folgenden Jahren und Jahrzehnten unbeirrt weiter an dem Mythos Anastasia. Bis zu ihrem Tod 1984 war die Frau, die sich nun Anna Anderson nannte, eine gefragte Persönlichkeit. Viele Menschen hielten sie tatsächlich für die Tochter des letzten Zaren. Endgültige Klarheit brachte 1994 eine DNA-Analyse: Anna Anderson war nicht Anastasia. Die wirkliche Tochter des Zaren war schon seit 76 Jahren tot.

Filmstar Anastasia

Das Schicksal der Tochter des Zaren und das Auftauchen der angeblichen Anastasia animierte viele Regisseure und Drehbuchautoren zur Verfilmung des publikumswirksamen Stoffes. Alle Filme hatten ein Happy End: Anastasia war wirklich am Leben. Am erfolgreichsten war der 1956 von Anatole Lidvak inszenierte US-Spielfilm *Anastasia* mit Ingrid Bergman in der Hauptrolle. Guten Zuspruch erhielt auch der im selben Jahr herausgekommene deutsche Spielfilm *Anastasia, die letzte Zarentochter*, in der Lilli Palmer die Titelheldin verkörperte. Als Zeichentrickfigur präsentierte sie der amerikanische Film *Anastasia* aus dem Jahr 1997. Auch die neuen Medien haben das Thema entdeckt. Computerfreaks können sich an PC-Spielen zum Thema Anastasia erfreuen und die Zarentochter auf einer abenteuerlichen Reise begleiten.

Moorleichen

Für den Normalmenschen sind sie ein Grund zum Gruseln, für Wissenschaftler eine Herausforderung. Moorleichen verraten viel über menschliche Schicksale und Tragödien.

E ine Lederjacke? Wie kommt eine Lederjacke ins Moor? Diese Frage schoss dem Moormeister durch den Kopf, als er den seltsamen Gegenstand erblickte. Es war der 6. September 2000. Schauplatz des Geschehens: das karge Hochmoor bei Uchte im Landkreis Nienburg in Niedersachsen. Kurz zuvor war der Aufseher von einem seiner Arbeiter alarmiert worden. Dieser hatte mit einer schweren Maschine Torf gestochen. Doch etwas stimmte nicht mit dem Torf, denn er war mit der Maschine auf einen Widerstand gestoßen. Bald kam etwas zum Vorschein, das nach Knochen aussah. Die Überreste eines Tieres?, dachte der Arbeiter. Um sicherzugehen, verständigte er seinen Vorgesetzten.

Haut statt Lederjacke

Und nun standen der Aufseher und ebenfalls herbeigerufene Polizisten vor dem rätselhaften Fund. Eine Lederjacke? Vielleicht gehörte sie zu einem Flieger aus dem Zweiten Weltkrieg. In der Gegend, so wusste der Moormeister, waren damals viele Maschinen abgestürzt. Doch der Polizist neben ihm wusste es besser. Keine Lederjacke, sondern Haut, lautete seine knappe Analyse. Genauere Untersuchungen bestätigten sie: Bei der Substanz, die wie eine Lederjacke aussah, handelte es sich um menschliche Haut. Und diese Haut gehörte zu einer Moorleiche.

Die Ermittlungsbehörden glaubten zunächst an einen Zusammenhang mit einem

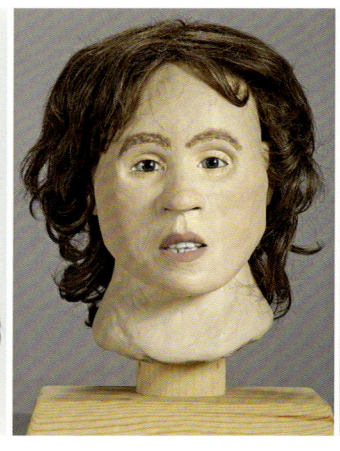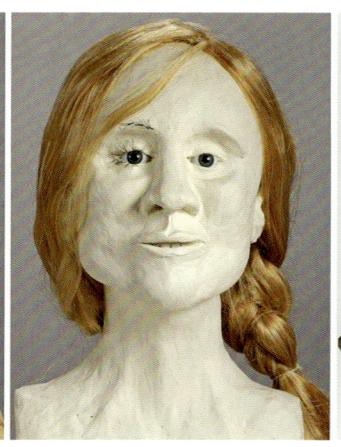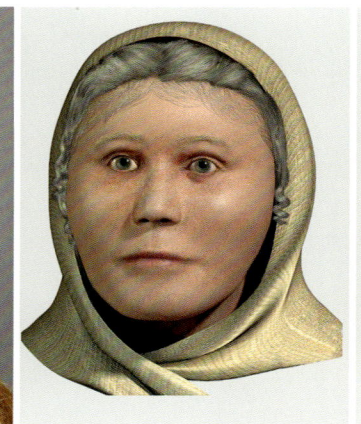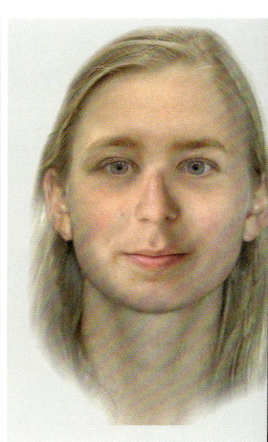

Eine zeichnerische, zwei plastische und zwei 3-D-Rekonstruktionen geben der Moorleiche „Moora" aus dem Uchter Moor ein Gesicht.

mysteriösen Fall, der einige Jahrzehnte zurücklag. Damals, 1969, war ein aus der Gegend stammendes Mädchen spurlos verschwunden. Die Behörden hielten es für möglich, dass die junge Frau Opfer eines Gewaltverbrechens geworden war. War sie die Leiche im Moor? Die weitere Untersuchung lag in den Händen des Instituts für Rechtsmedizin der Universitätsklinik Hamburg-Eppendorf. Die über 100 einzelnen Knochenteile wurden gründlich analysiert. Das Ergebnis: Es handelte sich bei der Moorleiche um die Überreste einer jungen Frau, die zum Zeitpunkt ihres Todes 16 bis 19 Jahre alt gewesen war. Es konnte sich also um die Vermisste handeln – so glaubte man, bis eine DNA-Analyse Klarheit schuf: Der genetische Fingerabdruck der Mutter des verschwundenen Mädchens entsprach nicht dem Erbgut der jungen Frau aus dem Moor.

Hilfreiche Hand

Vier Jahre lang tappte man im Dunkeln. Dann führte eine neuerliche Entdeckung im Moor auf die richtige Fährte. Ganz in der Nähe der ersten Fundstelle kam eine menschliche Hand zum Vorschein, die wie die Hand einer Mumie aussah. Wissenschaftler des Niedersächsischen Amtes für Denkmalpflege fanden heraus, dass die Hand zwischen 2000 und 3000 Jahre alt war. Und

sie hatten noch eine Überraschung parat: Die Hand gehörte zweifelsfrei zu dem Skelett der jungen Frau. Die Forscher witterten eine archäologische Sensation. Und tatsächlich: Nach und nach entlockten sie „Moora", wie die Frau aus dem Moor getauft wurde, mit modernster Technik und modernsten Methoden wie Computertomografie, Endoskopie und Elektronenmikroskopie ihr Geheimnis. Paläoökologen, Rechtsmediziner, Anthropologen und Archäologen arbeiteten Hand in Hand und konnten der Öffentlichkeit Ergebnisse von erstaunlicher Präzision vorstellen.

Uralte junge Frau

Die Radiokarbonuntersuchung ergab, dass die Frau zwischen 764 und 515 v. Chr. gelebt hatte. Damit gehörte sie zu den ältesten Moorleichen, die jemals in Europa gefunden wurden. Sie war Linkshänderin, litt unter Mangelernährung und hatte zwei Schädelfrakturen, hervorgerufen durch Gewaltanwendung. Die Mediziner konstatierten ferner einen gutartigen Hirntumor, hervorgerufen entweder durch eine Hirnhauterkrankung oder eine Entzündung der Kieferhöhlen. Ihre Anatomie, insbesondere eine Verformung der Wirbelsäule, legte den Schluss nahe, dass sie zu Lebzeiten schwere körperliche Arbeit geleistet hatte. Auch ihr mutmaßliches Aussehen konnten die Wissenschaftler rekonstruierten. Dazu wurde das Puzzle der Schädelteile im Computer mithilfe von winzigen Gewebeteilen zu einem kompletten Bild zusammengefügt. Heraus kam das Gesicht einer Frau mit eng stehenden Augen, vorstehenden Wangenknochen, mittelgroßer Nase und kräftigem Kinn. Ihre Frisur indes blieb ein Objekt der Spekulation, weil sich von den Haaren nichts erhalten hatte. Manche Forscher konnten dennoch nicht der Versuchung widerstehen, sie als hübsche Frau mit langen blonden Haaren zu porträtieren.

Wie „Moora" in das Moor gekommen war und welche Umstände zu ihrem Tod führten, ist bis heute eine offene Frage. War es ein Unglücksfall? Ein Verbrechen? Eine rituelle Opferhandlung? Oder gar ein Selbstmord? Ein Begräbnis im Moor scheidet jedenfalls aus, weil in der Zeit und in dem Raum, in dem sie lebte, Feuerbestattungen üblich waren. Es darf weiter gerätselt werden.

Segen für die Wissenschaft

So makaber es sich zunächst anhört: Moorleichen sind ein Glücksfall für Archäologie und Geschichtswissenschaft. Denn das Moor bietet einzigartige Bedingungen für die Konservierung von Organismen. Sie sind geschützt vor Sauerstoff und die in Torf oder Humus vorhandenen Huminsäuren sorgen gleichermaßen für die Erhaltung der Weichteile.

Die Erforschung von Moorleichen zu wissenschaftlichen Zwecken begann in der zweiten Hälfte des 18. Jahrhunderts. Zuvor wagten sich die Menschen nicht an sie heran, häufig aus Aberglauben oder weil man mit ihnen gruselige Geschichten verband. Als Pionierin der Forschung gilt eine irische Gräfin mit dem rein zufällig nach „Moor" klingendem Namen Lady Moira, die 1781 die Textilien eines im Moor gefundenen Menschen untersuchte und dazu auch eine erste wissenschaftliche Publikation vorlegte. 1784 wurde im Bareler Moor in der Nähe von Oldenburg (Niedersachsen) die erste

Moorleiche gefunden, von der noch Reste des Körpers erhalten waren. Doch erst im 20. Jahrhundert kamen wissenschaftliche Untersuchungen richtig in Bewegung, auch und vor allem, weil sich die Methoden der Analyse rapide verbesserten und die Arbeit in Teamwork von Forschern der unterschiedlichsten Disziplinen und meist auch in internationaler Kooperation angegangen wurde.

Irische Grausamkeiten

Eine der jüngsten Sternstunden der Moorleichen-Archäologie schlug im Jahr 2011. Torfstecher entdeckten in einem Moor zwischen Abbeyleix und Portlaoise den Körper eines irischen Königs. Er lebte und regierte etwa 500 v. Chr., in einer Zeit, in der die Kelten das Regiment auf der Grünen Insel führten. Der Neufund fügte sich in eine Reihe von spektakulären Entdeckungen in irischen Mooren ein. 2003 sorgte der sogenannte Clonycavan Man für Furore, benannt nach einem Fundort im irischen Townland. Bis auf die Beine und die Unterarme war der Tote unversehrt – für die Wissenschaftler eine außergewöhnliche Situation. Irgendwann zwischen 392 und 201 v. Chr. wurde der Mann, dessen Alter auf knapp über 20 Jahre taxiert wurde, Opfer eines grausamen Rituals. Die gebrochene Nase und der gewaltsam zertrümmerte Schädel

Die Überreste des Clonycavan Man. Die offenbar mit einer Art Haargel stabilisierte Irokesenfrisur ist deutlich erkennbar.

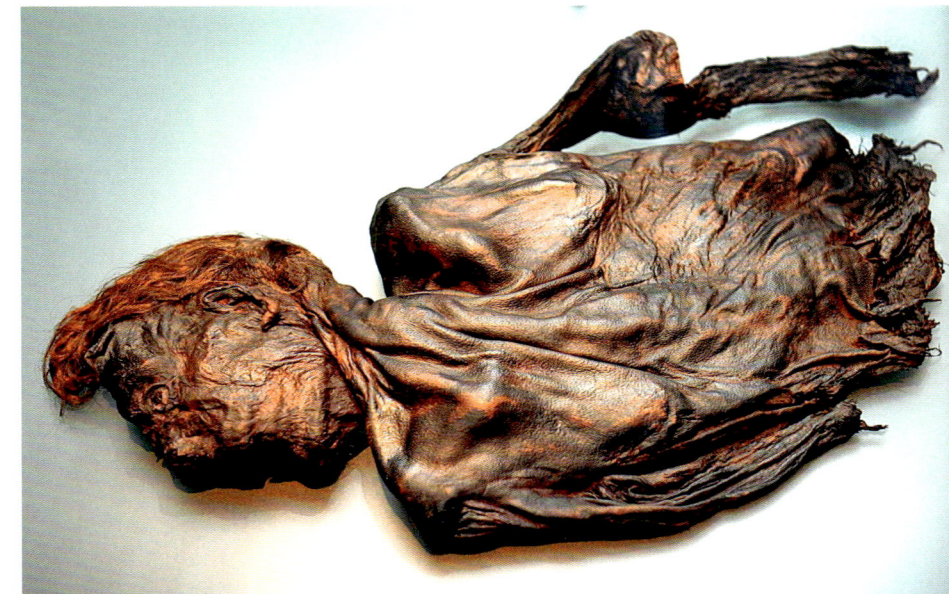

sprachen eine deutliche Sprache. Eine tiefe Schnittwunde im Bauch ließ den Schluss zu, dass man ihm vor oder nach seinem Tod die Gedärme herausgerissen hatte. Er war einen Meter 57 groß und trug einen Bart. Das Auffälligste am Clonycavan Man war seine eigenwillige Frisur, die an einen Irokesenschnitt erinnerte. Mit einer Vorform des heutigen Haargels, bestehend aus einer Mischung aus Pflanzenöl und Pinienharz, hielt er seine extravagante Haartracht in Form. Die Zähne ließen dagegen den Schluss zu, dass Zahnpflege nicht zu seinen bevorzugten Beschäftigungen gehörte.

Sein Schicksal ähnelte in bemerkenswerter Weise dem des sogenannten Oldcroghan Man. Besonders interessant war der Umstand, dass beide tiefe Wunden unter beiden Brustwarzen aufwiesen. Ansonsten fiel der Größenvergleich deutlich zugunsten des Mannes aus, der ebenfalls 2003 in einem Moor in der Nähe des irischen Daingean aufgefunden worden war. Mit knapp zwei Metern war er für die Verhältnisse seiner Zeit ein Riese. Gelebt hatte er nach der Radiokarbonanalyse zwischen 362 und 175 v. Chr. – als er starb, war er, wie sein unglücklicher Kollege aus Clonycavan, Anfang 20. Als seine letzte Mahlzeit hatte er, wie Reste des Mageninhalts erkennen ließen, Getreide mit Buttermilch zu sich genommen. Vor seinem Tod muss er eine ganz passable Erscheinung gewesen sein. Die Fingernägel waren ordentlich gestutzt, sogar manikürt. Die Hände sahen nicht danach aus, als hätte ihr Besitzer schwere körperliche Arbeit leisten müssen.

Ritualisierter Tod

War das Getreide-Buttermilch-Gemisch etwa seine Henkersmahlzeit gewesen? Über die Art und Weise des Todes des Oldcroghan Man wird unter Wissenschaftlern heftig diskutiert. Die meisten Gelehrten favorisieren die Version, dass die beiden 2003 in einem Abstand von nur drei Monaten entdeckten Moorleichen auf ähnliche Weise den Tod ge-

funden haben. Stutzig machten die Forscher nicht nur die grausamen Verstümmelungen, die beiden Männern zugefügt worden waren. Auch die Schnitte unter den Brustwarzen mussten eine besondere Bedeutung haben. Und außerdem mussten die Männer, gepflegt und wenig abgearbeitet, wie sie waren, Adlige, ja sogar Fürsten oder Könige gewesen sein. Von der keltischen Bevölkerung Irlands war bekannt, dass sie ihre Herrscher nach dem Ableben einer speziellen Prozedur unterzogen. Dazu gehörte die Verstümmelung und das Herausreißen der Innereien – und wohl auch, wie man jetzt weiß, das Zerschneiden der Brustwarzen. Anschließend wurden die Leichen zur Markierung des Territoriums im Moor versenkt. Manches spricht dafür, dass der Oldcroghan Man und der Clonycavan Man die ersten vom Moor freigegebenen Beweise für dieses von magischen und religiösen Vorstellungen gelenkte Ritual darstellen.

Trübe Aussichten

Spannende neue Erkenntnisse erwartet man auch von der jüngsten, 2011 entdeckten Moorleiche. Noch laufen die Untersuchungen. So lange bleibt der noch unbekannte Mann im Kühlraum des Irischen Nationalmuseums in Dublin. Sicher werden über ihn bald spektakuläre Nachrichten die Runde machen. Und doch sind die Forscher, was die Zukunft angeht, besorgt. Mehr und mehr verschwinden Moore aus dem Landschaftsbild, auch in Irland und Norddeutschland. Der Grund: Die „natürlichen Archive", wie sie gern genannt werden, leiden unter der Senkung des Grundwasserspiegels und unter dem Abbau des Torfs. Der Raubbau an der Natur tut ein Übriges. Damit aber werden auch die natürlichen Voraussetzungen für die Konservierung von Organismen im trüben Sumpf und im Morast entfallen. Und Leichen aus der Vergangenheit, die bis heute der Entdeckung harren, können dann nicht mehr ans Tageslicht gebracht werden.

Die Pionierleistung eines britischen Experten erschloss der Wissenschaft die Welt der mykenischen Griechen.

Die Entzifferung von Linear B

Bei allem gebührenden Respekt: François Champollion hatte es einfacher. Nicht dass die Entzifferung der altägyptischen Hieroglyphen ein Kinderspiel gewesen wäre. Aber das französische Universalgenie, das 1822 stolz vermelden konnte, die Schrift der Pharaonen entschlüsselt zu haben, verfügte über eine perfekte Vorlage. Napoleon Bonaparte hatte bei seiner Expedition in das Land am Nil einen alten Stein entdeckt, auf dem sich eine Inschrift befand. Sie stammte aus der Zeit des Königs Ptolemaios V., der, als einer der Nachfolger Alexanders des Großen, von 205 bis 180 v. Chr. über Ägypten herrschte. Der „Stein von Rosette", wie er nach seinem Fundort genannt wurde, enthielt – und das war der große Glücksfall – ein und denselben Text in drei verschiedenen

Schriften, verteilt auf drei Rubriken. Für eine solche Konstellation gibt es in der Fachwissenschaft die Bezeichnung „Trilingue". Erst kam die Nachricht in Hieroglyphen, dann in Demotisch (einer kursiven Variante) und dann, als entscheidender Punkt, in Altgriechisch, das unter dem griechischstämmigen König Ptolemaios damals die offizielle Sprache in Ägypten war. Durch das Griechische, das natürlich bekannt und lesbar war, kam Champollion daraufhin dem inhaltlich gleichen Hieroglyphentext auf die Spur.

Kretische Geheimnisse

So viel Glück hatte Michael Ventris nicht. Und trotzdem gelang ihm das Kunststück, das Repertoire der entzifferten alten Schriften

um die Linear B-Schrift zu erweitern. Diese etwas sperrige Bezeichnung hatten Altertums- und Sprachforscher für eine Schrift geprägt, die zwischen dem 15. Jahrhundert und dem Ende des 13. Jahrhunderts v. Chr. in Gebrauch war. Sie wurde so genannt, weil sie aus Linien bestand, die vorzugsweise in Ton geritzt waren. Benutzt wurde die Schrift auf Kreta und auf dem griechischen Festland, dort vor allem auf der nördlichen Peloponnes. Im Palast von Knossos auf Kreta war Linear B ein Schriftsystem, das die vorangegangene Linear A-Schrift ablöste. Linear A bestand aus 80 Zeichen, fand sich in Knossos auf Tontafeln, Siegeln, Kultgeräten und Wandinschriften. Bis heute ist es nicht gelungen, Linear A zu entziffern.

Kriegerische Kultur

Linear B war zwar auch die Schrift der Minoer, vor allem aber die der Mykener. Die Burg von Mykene im Norden der Peloponnes wurde im 14. Jahrhundert v. Chr. zum Zentrum eines weit dimensionierten Herrschaftsgebiets mit Filialen in Pylos und Theben. Die mykenische Kultur war, wie sich an den Epen Homers ablesen lässt, kriegerisch ausgerichtet und von heroischen Idealen geleitet. Um 1200 v. Chr. begann ihr Stern zu sinken. Interne Auseinandersetzungen, Angriffe von außen und Naturkatastrophen führten zu einem allmählichen Niedergang. Dabei gingen auch die Paläste der Mykener in Flammen auf. Schrifttechnisch darf man dafür heute dankbar sein, wurden doch auf diese Weise die in den Archiven der Paläste gelagerten Tontafeln gebrannt und damit vor dem Verfall bewahrt. Für Linear B gibt es heute über 5700 einzelne Textzeugnisse.

Kundiger Außenseiter

Michael Ventris war ein Selfmademan. 1922 geboren, hatte der Brite Architektur studiert und danach für die Royal Air Force gearbeitet. Doch von Jugend an hatte er eine

Passion für alte Kulturen und alte Sprachen. Ein frühes Treffen mit Sir Arthur Evans, dem berühmten Ausgräber von Knossos, fachte die Leidenschaft noch mehr an. Sein Ehrgeiz richtete sich speziell auf die Linear B-Tafeln. Niemand konnte sie entziffern. So lag völlig im Dunkeln, welche Botschaften aus einer fernen Vergangenheit auf ihnen verewigt waren. Entscheidend war die Bekanntschaft mit John Chadwick, einem Mykene-Forscher und Fachmann auf dem Gebiet alter Sprachen. Gemeinsam machten sie sich an die Herkules-Aufgabe der Entzifferung der Linear B-Tafeln.

Eine Trilingue wie bei den Hieroglyphen gab es nicht. So standen Ventris und Chadwick vor der komplizierten Aufgabe, einen unbekannten Text aus sich selbst heraus zu verstehen. Dazu musste man wissen, welche Sprache hinter der Schrift stand. Ventris dachte anfangs an die Schrift der Etrusker, die in Italien lange vor den Römern eine Hochkultur begründet hatten. Doch stieß er bei seinen weiteren Forschungen auf eine andere, mit dem Griechischen verwandte Sprachstruktur. Die Mykener sprachen also bereits eine Vorform des späteren Griechisch, während die früheren Linear A-Schriftzeugnisse eine vorgriechische, nicht zum indo-

Diese Aufnahme von Michael Ventris stammt aus dem Jahr 1952, in dem ihm gemeinsam mit John Chadwick die Entzifferung von Linear B gelang.

europäischen Kreis gehörige Sprache widerspiegelten. Eine weitere wichtige Erkenntnis bei der Decodierung von Linear B: Die Schrift musste von links nach rechts gelesen werden – keine Selbstverständlichkeit, denn es gab in der Antike auch linksläufige Systeme oder gar solche, die in jeder Zeile die Schreibrichtung wechselten.

Erschließung im Experiment

Weil er keine Vergleichstexte hatte, versuchte Ventris Linear B experimentell auf die Schliche zu kommen. Im Prinzip ging er so vor wie Kryptologie-Abteilungen moderner Geheimdienste bei der Dechiffrierung verschlüsselter Botschaften. Bei der signifikanten Häufung bestimmter Zeichenkombinationen in den Texten nahm er an, sie könnten sich auf Namen beziehen, etwa von Herrschern oder von Orten wie Knossos (transkribiert ko-no-so) oder Pylos (pu-ro). So erstellte er in mühseliger Kleinarbeit eine Struktur der Schrift. Besondere Aufmerksamkeit galt den Flexionsendungen, die Ventris in eine schachbrettartige Tabelle, grid oder übersetzt „Silbenrost" genannt, einordnete. Er identifizierte 91 Lautzeichen und über 150 sogenannte Ideogramme, also Zeichen, die die Sache, die sie darstellen, selbst bedeuten, ohne sie lautlich wiederzugeben. Ihre bahnbrechenden Ergebnisse veröffentlichten Ventris und Chadwick 1953 in einer Studie mit dem Titel „Evidence for Greek Dialect in Mycenaean Archives". Damit war zum ersten Mal belegt, dass die Mykener in ihrer Schrift die griechische Sprache verwendet haben.

Nicht alle dieser Lautzeichen konnte Ventris in ihrem Lautwert deuten, manche blieben daher unentziffert. An diesem Manko entzündete sich in Kreisen der Fachwissenschaft heftige, bis heute nicht ganz verstummte Kritik. Würde das System stimmen, so argumentierten die Kritiker, müssten, wie bei einem Kreuzworträtsel, alle Zeichen einen Platz und eine Funktion haben. Die Ergebnisse, zu denen Ventris gekommen war, stellten demnach nicht mehr als ein theoretisches Konstrukt dar, nicht jedoch die Entzifferung der Schrift der alten Mykener.

Früher Tod

Erstaunlicherweise aber ließen sich die Texte auf den Tontafeln nach der Vorgabe von Ventris gut lesen und verstehen. Wer Romane oder große Literatur erwartet hatte, wurde allerdings enttäuscht. Die Mykener und vor ihnen die Minoer benutzten diese Schrift vor allem für Zwecke der Palastverwaltung und der Wirtschaftsführung. Damit lagen nun unschätzbar wertvolle Quellen zu Bürokratie und Organisation vor, die das Wissen über die frühe griechische Geschichte erheblich erweiterten.

Michael Ventris selbst konnte die Aufregung um die Ergebnisse seiner Arbeit nur noch für kurze Zeit verfolgen. Am 6. September 1956 kam er, gerade einmal 34 Jahre alt, bei einem Verkehrsunfall ums Leben.

Diskus von Phaistos

1908 wurde im Palast von Phaistos (Kreta) eine runde Scheibe aus gebranntem Ton aufgefunden. Die Archäologen datierten sie auf das 16. Jahrhundert v. Chr. Auf beiden Seiten sind, spiralförmig angeordnet, Zeichen eingedrückt. Sie erinnern in ihrer Form an ägyptische Hieroglyphen, waren aber nicht zu entziffern. Inzwischen gibt es Hunderte von Vorschlägen der Entzifferung. Keiner konnte aber vollständig überzeugen. Der Diskus von Phaistos wartet weiter darauf, sein Geheimnis endlich preisgeben zu dürfen.

So hatte sich der berühmte Mathematiker den Deal mit seinem Kollegen nicht vorgestellt. Erst lange nach seinem Tod kam die Wahrheit ans Licht.

Fremde Lorbeeren

Johann Bernoulli traute seinen Augen nicht. Was er da las, kam ihm sehr bekannt vor. Und doch: Der Autor des Buches war eindeutig der Marquis de l'Hospital. Es trug den Titel *Analyse des unendlich Kleinen zur Untersuchung gekrümmter Linien*. Zunehmend verwundert las Bernoulli weiter. Der Verfasser entwickelte wesentliche Grundlagen der mathematischen Differenzialrechnung, mit der sich zu dieser Zeit viele gelehrte Geister befassten. L'Hospital formulierte dabei einen Satz, dem in späteren Darstellungen der Analysis, wie man diesen Zweig der Mathematik übergreifend nannte, der Rang einer Regel zugeschrieben wurde – bis heute ist die „Regel von l'Hospital" Mathematikern ein fester Begriff. Sie gibt eine verlässliche Anleitung, wenn man den Grenzwert einer Funktion berechnen will.

Bernoulli war alles andere als begeistert, als er das Buch im Jahr 1696 erstmals in Händen hielt. Denn das war nicht die Regel l'Hospitals, sondern seine eigene! Er selbst war es gewesen, der sie dem Kollegen gegenüber dargelegt hatte. Und nun gab l'Hospital sie als seine eigene Entdeckung aus. Immerhin bedachte er seinen Impulsgeber mit einer kurzen Danksagung im Vorwort, für, wie er es formulierte, „viele brillante Ideen".

Mathematik im Blut
Johann Bernoulli gehörte zur ersten Riege der Mathematiker seiner Zeit. Er kam aus einer Familie, der die Mathematik gewissermaßen im Blut lag. Viele seiner Verwandten leisteten in dieser Disziplin Bedeutendes. Johann aber stellte sie alle in den Schatten. 1667 in

Mitglieder einer Mathematikerdynastie: Jakob und Johann Bernoulli (rechts) bei der Diskussion eines geometrischen Problems.

Basel geboren, wurde er 1695 in Groningen, später in Basel Professor für Mathematik. Der französische Marquis dagegen, geboren 1661 in Paris, war Spross einer alten Adelsfamilie. Schon früh entdeckte er seine Neigung zur Lösung mathematischer Probleme. Nach einigen beruflichen Umwegen kehrte er in seine Heimatstadt zurück und schloss sich einem akademischen Zirkel von Mathematikern an. Hier begegnete er 1691 Bernoulli. Obwohl l'Hospital selbst mathematische Vorlesungen an der Universität hielt, nahm er bei dem Kollegen, den er wegen seiner genialen Fähigkeiten bewunderte, gegen eine fürstliche Entlohnung privaten Unterricht. Schließlich hatte dieser schon große Erfolge aufzuweisen. Zusammen mit seinem Bruder hatte er die von dem großen Universalgelehrten Leibniz begründete Infinitesimalrechnung durch Anwendung auf praktische Probleme zu neuen Dimensionen geführt. Der Erfolg entsprechender Bemühungen l'Hospitals hatte sich hingegen in engen Grenzen gehalten. Um so dankbarer war er nun für die Gelegenheit, aus erster Hand bedient zu werden. Der Unterricht fand zunächst in der französischen Hauptstadt, dann auf l'Hospitals Landsitz statt. Später, nach der Rückkehr Bernoullis in die Schweiz, ersetzte eine rege Korrespondenz die persönlichen Gespräche.

Umstrittene Regel

Bernoullis Unmut war also mehr als verständlich, als er 1696 seine Lehren unter dem Namen des Schülers publiziert fand. Die Danksagung im Vorwort war auch nicht geeignet, seinen Zorn zu besänftigen – im Gegenteil: Sie heizte den Ärger noch mehr an. Doch mehr als sich ärgern konnte er nicht tun. Im 17. Jahrhundert gab es noch keine gesetzlichen Regelungen zum Urheberschutz. Außerdem existierte offenbar eine stillschweigende vertragliche Vereinbarung zwischen Bernoulli und dem Plagiator, aus der l'Hospital das Recht ableiten konnte, die im Rahmen des Unterrichts gewonnenen Erkenntnisse verwerten zu dürfen – allerdings wohl kaum in der Form, wie er es mit der Veröffentlichung als Buch getan hatte. Jedenfalls meldete sich Bernoulli erst laut zu Wort, als l'Hospital 1704 starb. Die „Regel von l'Hospital", so verkündete er überall, ist in Wirklichkeit die „Regel von Bernoulli". Doch konnte er für diese Behauptung keine Beweise vorlegen. Unter seinen Kollegen fand er daher keinen Glauben, auch wenn man seinen Rang als Mathematiker anerkannte. Das Mitglied zahlreicher internationaler Akademien erhielt von der Fachwelt sogar, mit Blick auf den großen griechischen Gelehrten des 3. Jahrhunderts v. Chr., den schmückenden Ehrennamen „Archimedes seiner Zeit".

Der Marquis de l'Hospital war Kollege, Vertragspartner und Gegenspieler des Mathematikgenies Johann Bernoulli.

Späte Rehabilitierung

Und so starb er 1748 in dem traurigen Bewusstsein, mit Blick auf seine Lösungen auf dem Gebiet der Differenzialrechnung ein verkanntes Genie zu sein. Noch heute würde die Regel nach l'Hospital benannt sein, wäre nicht viel später, im Jahr 1922, ein höchst aufschlussreiches Dokument aufgetaucht. Es stammte aus der Feder von Nikolaus Bernoulli. Johanns Neffe war – wie hätte es anders sein können – ebenfalls Mathematiker. Die Schrift war eine Kopie von mathematischen Ausführungen des großen Meisters und sie waren weitgehend identisch mit dem, was l'Hospital publiziert hatte. Nur hatte der Schüler ein paar wenige Fehler des Urhebers beseitigt, was deutlich bewies, dass er ansonsten von Bernoulli abgeschrieben hatte.

Eine späte Rehabilitierung für Johann Bernoulli, die allerdings nichts mehr daran ändern konnte, dass seine Entdeckung in offiziellen Lehrbüchern nach wie vor unter der Bezeichnung „Regel von l'Hospital" firmiert.

Stradivari

Ein Name wie Musik! Aber ist auch wirklich alles Stradivari, was Stradivari heißt?

Der Traum eines jeden Violinisten ist es, einmal auf einer Stradivari zu spielen. Die Instrumente des Italieners Antonio Stradivari gehören zum Feinsten und Edelsten, was die Welt der Musik zu bieten hat. Bis heute ist das Geheimnis ihres einzigartigen Klangs nicht geklärt. 1200 Instrumente sollen bis zu seinem Tod am 18. Dezember 1737 in seiner Werkstatt geschaffen worden sein. Von diesen gibt es heute noch etwa 650 Exemplare. Wer sich den Luxus leisten will, eine echte Stradivari zu erwerben, sollte dafür auf seinem Konto einen Betrag in Millionenhöhe vorrätig haben. Wenig Zweck hat es allerdings, an den Kauf einer Stradivari mit dem Beinamen „Messias" zu denken. Bei diesem Prunkstück handelt es sich um ein unveräußerliches Instrument. Ihren exklusiven Stammplatz hat die Geige seit Langem in einer versiegelten Vitrine des Ashmolean Museums in Oxford. Sie gilt als das absolute Spitzenprodukt aus dem Hause Stradivari und soll das einzige Instrument gewesen sein, das Stradivari niemals verkaufen wollte.

Echt oder unecht

Immer wieder aber kamen in der Vergangenheit Zweifel an ihrer Echtheit auf. Wurde sie tatsächlich 1716 gebaut und erst 1775 von Stradivaris Sohn verkauft, wie es offiziell hieß? Oder handelt es sich um eine Fälschung? Jedenfalls war es erst nach der Mitte des 19. Jahrhunderts möglich, das wertvolle Stück in Augenschein zu nehmen. Ihren Namen bekam die Geige, als sie sich im Besitz des bekannten Sammlers Luigi Tarisio (1790 bis 1854) befand. Gegenüber einem Violinisten pries er ihre Qualitäten, lehnte aber ab, sie dem Musiker zu zeigen, woraufhin dieser verzweifelt ausrief: „Die Violine ist wie der Messias. Er wird ständig erwartet, erscheint aber nie." 1890 wechselte sie für die stattliche Summe von 2000 Pfund den Besitzer. Damals soll auch zum letzten Mal ein Musiker auf ihr gespielt haben. Hinterher schwärmte er von ihr in den höchsten Tönen und pries ihre „Lieblichkeit und Erhabenheit". 1939 wurde sie von der britischen Familie Hill dem Ashmolean Museum gestiftet.

Expertise: Unecht

Im Juli 1997 untersuchte der New Yorker Musikwissenschaftler Stewart Pollens in Oxford die Messias-Stradivari für einen geplanten Bildband. Eigentlich wollte er nur Fotos machen. Stutzig wurde er, als er eine Markierung bemerkte, von der in den frühesten Beschreibungen der Geige keine Rede gewesen war. Auch registrierte der Stradivari-Fachmann einige Abweichungen von der üblichen Herstellungsweise der Instrumente des italienischen Meisters. Um endlich Klarheit zu schaffen, veranlasste Pollens eine dendrochronologische Analyse. Bei dieser in der Archäologie häufig angewandten Methode der Datierung von Gegenständen aus Holz werden die im untersuchten Holz erkennbaren Jahresringe einem chronologischen Raster zugeordnet. Das Ergebnis der Untersuchung an der Universität Hamburg war für die Verfechter der Echtheit ein harter Schlag. Der Baum, der das Holz für die „Messias" geliefert hatte, war offenbar nicht vor 1738 gefällt worden. Antonio Stradivari aber war bereits ein Jahr zuvor im gesegneten Alter von 93 Jahren gestorben.

Dendrochronologie

Die Dendrochronologie (vom griechischen Wort *dendron* für *Baum* abgeleitet) untersucht anhand von Jahresringen das Alter von Materialien, die aus Holz gefertigt sind.

Bäume aus derselben Gegend entwickeln ein identisches Muster an solchen Ringen. Indem man die Zeitspanne in die Vergangenheit ausdehnt, gewinnt man durch die Überlappungen von Ringsequenzen ein messbares Raster. Wenn für ein bestimmtes Gebiet einmal ein solches chronologisches Raster vorliegt, kann jede neue Holzprobe anhand der vorliegenden Daten zeitlich bestimmt werden. Da Holz in der Geschichte in vielen Zusammenhängen benutzt wurde, etwa beim Bau von Häusern, Brücken oder Schiffen, gibt es die vielfältigsten Einsatzmöglichkeiten der Dendrochronologie. Inzwischen können die Wissenschaftler dank der Jahresringrechnung Funde bis zu einem Alter von 14 000 Jahren bestimmen. Wichtige Instrumente bei der Methode der Dendrochronologie sind Mikroskop und Computer.

Expertise: Echt

Dieses Ergebnis ließ die Gegenseite nicht ruhen. Experten verglichen das Holz der „Messias" mit dem Material anderer Stradivaris und von Instrumenten aus anderen Werkstätten aus jener Zeit. Alle Geigen, auch die „Messias", waren aus Holz hergestellt worden, das aus den Ötztaler Alpen stammte. Es konnte sogar wahrscheinlich gemacht werden, dass die fragliche Geige und zwei andere Geigen, die ganz sicher Stradivaris waren, aus ein und demselben Holz gefertigt worden waren. Auch unterzogen die Forscher die „Messias" einer dendrochronologischen Untersuchung, wobei sie mit einer Software von hohem Auflösungsgrad arbeiteten. Das Resultat wich erheblich von dem der ersten Studie ab: Der jüngste feststellbare Baumring auf der „Messias" datiert auf das Jahr 1682. Da war Stradivari 39 Jahre alt gewesen und hätte genug Zeit gehabt, bis zum überlieferten Jahr 1716 aus dem fraglichen Holz ein Wunderwerk des Instrumentenbaus zu zaubern. Mit großer Wahrscheinlichkeit ist das Instrument also echt.

Aktenzeichen ungelöst

Der Untergang eines russischen Atom-U-Bootes machte nicht nur wegen der Tragödie selbst Schlagzeilen. Auch die russischen Reaktionen sorgten für Irritationen.

Auf Todesfahrt

Historiker verbinden mit dem Namen Kursk eine russische Stadt an der Grenze zur Ukraine, in deren Nähe im Sommer 1943 eine Panzerschlacht der deutschen Wehrmacht und der Roten Armee stattfand. Im Sommer 2000 ging der Name Kursk in ganz anderem Zusammenhang um die Welt: In der nördlich von Russland und Norwegen gelegenen Barentssee sank am 12. August 2000 das russische Atom-U-Boot K-141 *Kursk*. An Bord befanden sich 118 Besatzungsmitglieder, von denen niemand überlebte.

Schwierige Nachrichtenlage

Es war um 11.28 Uhr Moskauer Zeit, als eine norwegische Messstation in der Barentssee eine Erschütterung mit der Stärke von 1,5 auf der Richterskala registrierte. Kurz darauf erfolgte eine weitere, fast doppelt so starke Eruption. Gleichzeitig brach der Funkkontakt zu dem U-Boot *Kursk* ab, das in der Barentssee im Rahmen eines Manövers der russischen Nordflotte unterwegs war.

Es dauerte einige Zeit, bis die russische Flottenführung reagierte. Erst sechs Stunden nach dem Ende des Funkkontakts wurde Alarm ausgerufen. Was weiter passierte und was zu dem Unglück geführt hatte, blieb zunächst unklar. Die russische Führung hielt sich bedeckt, gab nur zögerlich Informationen heraus. Dann hieß es, das U-Boot sei mit einem fremden, nicht aus Russland stammenden, mutmaßlich amerikanischen U-Boot kollidiert. Es bestehe kein Grund zur Beunruhigung. Auch die Gefahr einer radioaktiven Strahlung sei nicht gegeben.

Vertreter von Politik, russischer Marine und der niederländischen Bergungsfirma präsentieren im August 2001 Pläne der im Oktober des gleichen Jahres geglückten Bergung der *Kursk*. Sie ist bisher das einzige von fünf gesunkenen sowjetischen Atom-U-Booten, dessen Bergung gelang.

Die Mannschaft habe den Kernreaktor an Bord ausgeschaltet. Luft und Strom seien ausreichend vorhanden. Das Boot sei mit modernster Technik ausgestattet. Russlands Präsident Wladimir Putin demonstrierte Gelassenheit und fuhr in den Urlaub ans Schwarze Meer.

Neue Lage

In Wirklichkeit war die Situation viel dramatischer. Nach den beiden Explosionen sank das U-Boot in 110 Meter Tiefe auf den Meeresboden. Zu diesem Zeitpunkt waren die meisten Besatzungsmitglieder schon nicht mehr am Leben. Ernst nach vier Tagen erklärte sich die russische Regierung bereit, internationalen Rettungsteams Zugang zum Unglücksgebiet zu ermöglichen. Inzwischen meldete sich auch Präsident Putin aus seinem Urlaubsdomizil und verkündete, die Lage sei kritisch, aber man habe alles unter Kontrolle.

Als norwegische Taucher das Wrack orteten, verschafften sie sich Zugang zum Boot und mussten erkennen, dass kein Besatzungsmitglied die Katastrophe überlebt hatte. Zudem konnten sie unzweifelhaft feststellen, dass es zwei Explosionen am Bug gewesen waren, die zu dem Untergang geführt hatten. Damit war die von den russischen Verantwortlichen zuerst ausgegebene Erklärung von der Kollision mit einem anderen U-Boot hinfällig geworden. Auch westliche Spekulationen über einen versehentlichen Treffer durch einen Kreuzer konnten nach

der Inspektion des Wracks zu den Akten gelegt werden. Die Ursache musste anderswo gesucht werden.

Botschaft vom Meeresgrund

Alle Besatzungsmitglieder waren tot. Doch möglicherweise hatten die schleppenden Rettungsarbeiten 23 Männer auf der *Kursk* das Leben gekostet. Denn die norwegischen Taucher entdeckten an Bord ein erschütterndes Dokument, das über die letzten Stunden und Minuten im Leben eines Teils der Besatzung von K 141-Kursk Aufschluss gab. Dabei handelte es sich um eine schriftliche Notiz des Kapitänleutnants Dmitrij Kolesnikow. Auf dem Zettel stand die Botschaft: „Alle Besatzungsmitglieder der sechsten, siebten und achten Abteilung sind in die neunte gegangen. Wir haben uns wegen der Havarie zu diesem Schritt entschlossen. Keiner von uns kann nach oben kommen. Ich schreibe dies blind."

Die letzte Mitteilung des Kapitänleutnants kurz vor seinem Tod auf dem Grund der Barentssee lieferte einige wertvolle Informationen über die Zustände an Bord, nachdem das Boot gesunken war. Die 23 Männer, die sich nach den Explosionen in die neunte Abteilung begeben hatten, hatten das Unglück zunächst überlebt. In der neunten Abteilung befand sich die Luke für den Notausstieg. Wahrscheinlich klemmte er, als die verzweifelten Eingeschlossenen den Versuch unternahmen, sie zu öffnen. Es war stockdunkel an Bord, das bedeutet: Entgegen den ursprünglichen Versicherungen der russischen Behörden war der Strom ausgefallen. Und auch die Notbeleuchtung funktionierte offenbar nicht mehr. In dieser fast aussichtslosen Lage hofften die 23 Überlebenden auf Hilfe von außen. Doch die kam nicht. Es waren schließlich die norwegischen Taucher, die die Luke öffneten und den Kapitänleutnant und die anderen Männer in der neunten Abteilung nur noch tot auffanden.

Mysteriöses U-Boot

2014 entdeckten zwei Taucher 1,5 Seemeilen vor der Küste Schwedens das Wrack eines russischen U-Bootes. Im Juli 2015 wurden erste Einzelheiten bekannt gegeben. Die Luken des Bootes waren geschlossen. Die Leichen der Besatzungsmitglieder befinden sich wahrscheinlich noch an Bord. Auf dem Bug glaubte man den Namen „Som" zu erkennen. Bestätigt sich bei den in der nächsten Zeit geplanten Untersuchungen diese Annahme, so handelt es sich bei dem Wrack um ein Boot dieses Namens, das 1916, im Ersten Weltkrieg, nach einer Kollision mit einem anderen Schiff gesunken ist. 1904 hatte die *Som* ihren Stapellauf. 1915 wurde sie Teil der russischen Ostseeflotte. Der verhängnisvolle Zusammenstoß mit dem schwedischen Schiff ereignete sich nach den Protokollen am 10. Mai 1916 um 4 Uhr morgens. An Bord befanden sich 18 Mann Besatzung. Weitere Nachforschungen sollen endgültige Klarheit über das Schicksal des Bootes verschaffen.

Der Zettel Kolesnikows enthielt, wie sich später herausstellte, noch weitere Informationen. Die russischen Behörden händigten das Papier an seine Witwe aus und verpflichteten sie zu absolutem Stillschweigen.

Große Trauer

Am 29. Oktober 2000 fand in Seweromorsk, dem Hauptquartier der russischen Nordflotte, eine offizielle Trauerfeier für die Opfer der Katastrophe auf dem Atom-U-Boot *K-141 Kursk* statt. Auf Schützenwagenpanzern waren die Särge von vier der tot geborgenen Besatzungsmitglieder aufgebahrt. Politiker, Marineoffiziere und Angehörige gaben ihnen das Geleit. Im Lauf der Bergungsarbeiten wurden immer mehr Tote geborgen. Auch für sie gab es staatliche Trauerzeremonien. Es dauerte bis ins Frühjahr 2002, bis alle Opfer aus ihrem Grab auf dem Meeresboden befreit worden waren. Unter den Toten, die auf einem Friedhof in St. Petersburg ihre letzte Ruhestätte fanden, befand sich auch Gennadi Ljatschin, der Kapitän der *Kursk*. Die Familien der Opfer erhielten von der russischen Regierung als Entschädigung einen Geldbetrag in Höhe von jeweils 720 000 Rubel.

Traurige Gewissheit

Unterdessen gingen die Bemühungen, Licht in das Dunkel um den Untergang des Atom-U-Bootes zu bringen, weiterhin nur schleppend voran. Die russischen Behörden leiteten Untersuchungen ohne internationale Beteiligung ein. In westlichen Regierungskreisen wurde gemunkelt, dass man dem Westen keinen Zugang zur russischen Atomtechnik verschaffen wollte. Am 8. Oktober 2001 war das Wrack des U-Bootes gehoben worden, nachdem man es am Meeresgrund in zwei Teile zersägt hatte. Danach wurde es in den Kriegshafen Rosljakowo geschleppt. Bis zuletzt hatten die Angehörigen die Hoffnung nicht aufgegeben, dass es noch Überlebende geben könne. Die Bergung brachte traurige Gewissheit: Alle 118 Mann an Bord waren ums Leben gekommen.

Amtlicher Bericht

Im Februar 2002 legte die staatliche Untersuchungskommission ihren abschließenden Bericht vor. Darin wurde eine Reihe von Fehlern, Versäumnissen und Pannen genannt, die zu dem Unglück geführt hätten. Letztlich habe ein defekter Torpedo zu den beiden Explosionen geführt. Genauer gesagt: Im Wasserstoffperoxid-Treibstofftank habe es ein Leck gegeben, das habe zu einer Überhitzung und in der Folge zur Explosion geführt. Das Material, aus dem das Geschoss bestand, sei veraltet gewesen. Die Mitglieder der Besatzung, denen die Wartung, Kontrolle und Bedienung des Torpedos oblag, seien für diese Tätigkeit nicht qualifiziert gewesen. Gerügt wurde in dem Bericht auch der Umstand, dass der Kommandant des Kreuzers *Peter der Große* während der Katastrophe ganz in der Nähe des Schauplatzes gewesen war und diese auch bemerkt hatte, ohne jedoch Anstalten zu machen, zu Hilfe zu eilen. Die *Kursk* war, wie alle U-Boote der russischen Flotte, mit einer Rettungsboje ausgestattet, die bei dem Unglück eigentlich die Position des Bootes hätte anzeigen sollen. Doch sie war defekt. Und die russischen Taucher, die vor den norwegischen Spezialisten an der Notausstiegsluke angedockt hatten, schafften es nicht, diese zu öffnen, weil sie dafür nicht ausgebildet waren.

Offene Fragen

Was die Untersuchungskommission präsentierte, hörte sich nicht nach einem Ruhmesblatt für die russische U-Boot-Flotte an. Doch das zunächst eingeleitete Strafverfahren gegen die Marineführung wurde im Juli 2002 eingestellt. Für die Katastrophe wurden der Kommandant der Nordflotte und der Kapitän der *Kursk* verantwortlich gemacht.

Angesichts der vielen Ungereimtheiten, die mit dem Unglück selbst verbunden waren, vor allem aber aufgrund der Art und Weise, wie die russische Regierung und die russischen Behörden mit dem Ereignis umgingen, ebbten auch nach dem Vorliegen des abschließenden Untersuchungsberichts die Spekulationen nicht ab. Hatte man etwas zu verbergen? Waren der Kommandant der Nordflotte und der Kapitän des U-Bootes am Ende nur Bauernopfer? Die Kommission rückte nicht mit allen Dokumenten und Unterlagen heraus. Diese sollen, so wurde verfügt, erst im August 2025 veröffentlicht werden. Dann wird die Katastrophe in der Barentssee genau 25 Jahre zurückliegen. Man darf gespannt sein. Gras wird bis dahin nicht über das Unglück gewachsen sein. So, wie bis jetzt die Angehörigen und Freunde der Opfer und Marinesoldaten jedes Mal am Jahrestag des Untergangs der Tragödie gedenken, werden sie es auch in Zukunft tun.

Serafimow-Friedhof in St. Petersburg, 12. August 2015: Am 15. Jahrestag der *Kursk*-Katastrophe legen russische Marineoffiziere am Denkmal für die Opfer Blumen nieder.

Verschollen in Australien

Ein Brief war das letzte Lebenszeichen. Danach verlor sich von dem ehrgeizigen deutsch-britischen Forscher jede Spur.

Ludwig Leichhardt war der geborene Entdecker. Respektvoll nannte man ihn den „Humboldt Australiens", in Anklang an den großen Naturwissenschaftler Alexander von Humboldt (1769–1859), der mit seinen geografischen Forschungen Maßstäbe gesetzt hatte. In Australien war Humboldt nie gewesen. Für Leichhardt aber, der sich Humboldt zum Vorbild nahm, wurde der fünfte Kontinent Lebensaufgabe, Leidenschaft, Erfüllung und schließlich tragisches Schicksal.

Australien war im 19. Jahrhundert manchmal erfülltes, in den meisten Fällen jedoch unerreichbares Traumziel vieler Europäer. 1770 hatte der britische Seefahrer James Cook als Erster den bis dahin weitgehend unbekannten Kontinent in Teilen erforscht und kartografisch erfasst. In der Folge nutzten die Engländer die Weiten des Landes aus, um ihre Sträflingskolonien zu errichten. Bald entstanden an den Küsten erste Städte. Das Innere Australiens aber blieb ein Buch mit sieben Siegeln.

Studium ohne Abschluss

Ludwig Leichhardt stammte aus dem Norden Deutschlands, aus einem kleinen Ort in der Mark Brandenburg. Hier wurde er am 23. Oktober 1813 geboren. Auf den Kurs des Entdeckers und Forschers brachte den jun-

In diesem Brief vom 18. April 1846 skizziert Ludwig Leichhardt den geplanten Verlauf seiner zweiten Expedition. Er plante, bis an den Swan River in Westaustralien zu gelangen, musste die Expedition aber nach wenigen Monaten abbrechen. Bei seiner dritten Expedition blieb er verschollen, weiter nördlich in der riesigen Kimberley-Region (Bild links).

gen Mann das Studium in Berlin. Geografie, Astronomie und Anthropologie waren seine Fächer, allesamt beste Vorbereitungen auf sein späteres berufliches Leben. Anschließend wechselte er nach Göttingen, um dort Naturwissenschaften zu studieren. Dort machte er die Bekanntschaft des Engländers William Nicholson, brach sein Studium ab und folgte dem Freund 1837 in dessen Heimat. Als die Preußen ihn zum Militärdienst riefen, nahm er die britische Staatsbürgerschaft an und galt in Deutschland künftig als Deserteur.

Am Ziel der Träume

Auch deswegen, vor allem aber weil er neugierig auf ferne Kontinente war, begab er sich, nach kleineren Reisen durch Italien und Frankreich, 1841 auf die große Tour nach Australien. Sein englischer Freund hatte ihm bei der Finanzierung geholfen. Wer damals nach Australien reiste, musste Geduld haben. Am 1. Oktober stach der Abenteurer und Wissenschaftler an Bord des Segelschiffes *Sir Edward Paget* im walisischen Cardiff in See. Im Februar 1842 kam der 28-jährige Deutsche mit britischem Pass am anderen Ende der Welt an – in Sydney, der Stadt an der Ostküste Australiens.

Damals ahnte niemand, dass der junge Mann aus Europa in Australien einmal zu einer Berühmtheit werden würde. Zunächst einmal musste er versuchen, in einer ihm völlig unbekannten Welt Fuß zu fassen. Jobs,

die ihn interessierten, wie die eines Direktors des Botanischen Gartens in Sydney, bekam er nicht. Doch davon ließ er sich nicht unterkriegen. Auf eigene Faust unternahm er erste Erkundungsreisen ins Landesinnere. Die Berichte, die er davon ablieferte, führten dazu, dass das Interesse an seinen Unternehmungen anstieg und potenzielle Sponsoren nicht mehr automatisch abwinkten, wenn Leichhardt sie um die finanzielle Unterstützung einer von ihm nun geplanten Expedition größeren Ausmaßes anging.

Erfolgreiche erste Expedition

Mit bescheidenen Mitteln, aber voller Enthusiasmus, startete er 1844 mit einer kleinen, unerfahrenen, dafür aber hoch motivierten Mannschaft zur ersten seiner insgesamt drei Expeditionen durch das Innere Australiens. Sie führte von Queensland in das nördliche Territorium bis nach Port Essington, wo die Engländer ein paar Jahre zuvor eine Militärstation angelegt hatten. Unterwegs hatte es einige Probleme gegeben, so einen Zusammenstoß mit den Aborigines, bei denen einer von Leichhardts Leuten ums Leben kam. Doch sah im Dezember 1845, nach dem Abschluss der ersten Expedition, die Landkarte Australiens was Flüsse, Berge, Gebirge und geologische Formationen anging, dank der Forschungen und Entdeckungen des wissbegierigen und wagemutigen Exdeutschen schon sehr viel genauer aus.

Zusammenstöße mit Aborigines – im Bild eine Familie beim Schlachten eines Kängurus – waren für Leichhardt ein Risiko. Es gibt aber keinen Hinweis, dass seine dritte Expedition daran scheiterte.

Noch mal gut gegangen!

Mehr Erfolg als die Suche nach dem verschwundenen Leichhardt hatten 1871 die Bemühungen um das Auffinden des in Afrika verschwundenen schottische Missionars und Forschers David Livingstone. Der Journalist und Wissenschaftler Henry Morton Stanley spürte den Vermissten im Urwald auf und sprach bei der Begegnung mit bestem britischem Understatement die klassischen Worte „Dr. Livingstone, I presume?" („Dr. Livingstone, nehme ich an?")

Widrige Umstände

Der Leiter der Expedition war, auch dank der Tagebücher, die er während der Reise angefertigt und danach veröffentlicht hatte, eine bekannte Persönlichkeit geworden. Man überhäufte ihn mit Auszeichnungen und Preisen. So hatte er nun keine Schwierigkeiten mehr, das Geld für eine zweite Unternehmung aufzubringen. Am 1. Oktober 1846 war es so weit. Der ehrgeizige Plan bestand darin, den gesamten australischen Kontinent von Ost nach West zu durchqueren. Startpunkt war erneut Sydney. Doch stand die Expedition unter keinem guten Stern. Wochenlange Regenfälle zehrten ebenso an den Nerven der Teilnehmer wie Krankheiten und quälende Moskitos. So wurde der weitere Vormarsch gestoppt, am 9. Oktober 1847 traf Leichhardt per Schiff wieder in Sydney ein.

Verhängnisvolle dritte Reise

Doch aufgeben wollte er nicht. Im Dezember 1847 machte er sich mit neuer Mannschaft und neuer Ausrüstung wieder auf den Weg, um die Westküste des Kontinents, in Höhe der 1829 gegründeten Stadt Perth, auf dem Landweg von Osten her zu erreichen. Als die Reise in der Hafenstadt Port Stephens begann, lag ein Marsch von 3000 Kilometern Länge vor ihnen. Leichhardt war mit sechs Männern, sieben Pferden, 20 Maultieren und 50 Rindern unterwegs. Anfang April des folgenden Jahres hatten sie 600 Kilometer zurückgelegt und lagerten westlich von Brisbane.

Das letzte Lebenszeichen datiert vom 3. April 1848. In einem Brief an einen Freund in Sydney schrieb Leichhardt an diesem Tag: „Wenn ich bedenke, wie glücklich ich bis hierhin gekommen bin, so bin ich von Hoffnung erfüllt." Die Hoffnung sollte trügen. Kurz darauf machte sich die Karawane wieder auf den Weg – und verschwand. Die Männer, die zu einer Pioniertat der Entdeckungsgeschichte aufgebrochen waren, waren wie vom Erdboden verschwunden, verschollen in den Weiten Australiens.

Viele Spuren, keine Ergebnisse

Zwar wurde nach den Vermissten intensiv gesucht und es gab auch eine Reihe von anfangs viel versprechenden Hinweisen. Doch eine heiße Spur war nicht dabei. Sollte das Ende Leichhardts und seiner Mannschaft für immer ungeklärt bleiben? 2006 gab es eine Überraschung: Wissenschaftler des Australischen Nationalmuseums untersuchten mit modernsten Techniken eine Messingplatte mit Leichhardts Namen, die sich auf einem Gewehr befand, das man bereits 1900 entdeckt hatte. Kein Zweifel: Das Gewehr gehörte dem Chef der Expedition. Der Fundort war in der Nähe des Sturt Creeks gewesen, südlich des Kimberly-Plateaus im nordwestlichen Australien. Die Gruppe hatte sich also weiter nördlich gehalten als bis dahin angenommen, vielleicht, um den dort verlaufenden Flüssen zu folgen. Dort muss sie ein Schicksal ereilt haben, von dem bis heute niemand etwas Genaues weiß.

Andere Forscher fanden später die Route, nach der Ludwig Leichhardt vergeblich gesucht hat. Die Australier aber sind ihm bis heute dankbar. Jedes Schulkind kennt seinen Namen, in Sydney hat man ihm ein Denkmal errichtet.

Mord vor Zeugen

Der Mörder war schnell gefasst. Aber hatte der Leibwächter auf eigene Rechnung gehandelt? Die Liste der Verdächtigen ist prominent und lang.

Herbst 336 v. Chr. Im voll besetzten Theater von Aigai in Makedonien fand eine großartige Zeremonie statt. Philipp II., der König, hatte zur Feier der Hochzeit seiner Tochter Kleopatra mit Alexander, dem Herrscher der benachbarten Molosser, geladen. Gebannt schaute die Menge auf eine Prozession, die sich gemächlichen Schrittes auf die Bühne bewegte. Es handelte sich um die zwölf olympischen Götter, dargestellt von unter ihren dicken Theatermasken schwitzenden Schauspielern. Und nun trat Philipp höchstpersönlich auf, reihte sich in die Gruppe ein, als wäre er der 13. Gott. In diesem Augenblick geschah das Unfassbare. Aus der Riege von Philipps Leibwächtern, die sich diskret um die Bühne herum postiert hatten, löste sich blitzschnell ein Mann namens Pausanias. Alle konnten den Dolch sehen, den er in der Hand trug. Ohne zu Zögern stürzte er auf den König zu und stach ihm die Waffe mitten in die Brust. Philipp sackte zusammen, der Attentäter stieß immer weiter zu, bis der König regungslos liegen blieb.

Tod eines Mörders

Pausanias hatte die Tat offenbar gut vorbereitet. Denn in der allgemeinen Konfusion eilte er aus dem Theater und rannte zu den benachbarten Ställen, um auf dem Rücken eines Pferdes das Weite zu suchen. Freunde von Alexander, dem 20-jährigen Sohn des ermordeten Königs und späteren Alexander dem Großen, hatten sich sofort an die Verfolgung gemacht. Dennoch wäre dem Mörder die Flucht geglückt, wäre er nicht beim Aufsteigen mit dem Fuß in einem Strauch hängen geblieben. Der Mörder Philipps stürzte, versuchte wieder aufzustehen. Aber seine Verfolger waren schneller und durchbohrten ihn mit ihren Speeren.

Porträtbüste Philipps II. von Makedonien (Vatikanische Museen, Rom). Dem griechischen Heiligtum Olympia stiftete Philipp 338 v. Chr. das „Philippeion" (Abb. oben).

Viele Fragen

Vielleicht hätte man Pausanias noch Gelegenheit geben sollen, eine Aussage zu machen. Denn kaum jemand wollte glauben, dass der Leibwächter die Tat von sich aus begangen hatte. Es gab zwar einige, die meinten, er hätte ein persönliches Motiv gehabt. Pausanias habe sich an Philipp rächen wollen, weil dieser eine Beleidigung, die ihm ein einflussreicher Freund des Königs namens Attalos zugefügt hatte, ungesühnt ließ. Aber hätte Pausanias in diesem Fall das Attentat in aller Öffentlichkeit verübt? Dafür hätte es für einen Leibwächter bessere, diskretere Gelegenheiten gegeben. Oder gehörte es gerade zum Mord dazu, dass er vor aller Augen stattfand? Wollte jemand mit dieser spektakulären Handlung ein Zeichen setzen? War Pausanias also Handlanger für eine Person, die das Attentat in Auftrag gegeben hatte?

Aufstieg ins Konzert der Großen

Feinde hatte Philipp genug. In den Jahren zuvor hatte er sich mit Diplomatie, mehr aber noch durch Kriege, zu einem der einflussreichsten Männer der antiken Welt emporgearbeitet. Das Königreich von Makedonien wurde unter seiner Regie zu einer der führenden Mächte.

In den 23 Jahren seiner Herrschaft verwandelte er das politisch, wirtschaftlich und kulturell rückständige Makedonien in einen modernen, mit einer schlagkräftigen Armee versehenen Staat, der schließlich zur ersten Macht in der griechischen Welt und mit dem späteren Feldzug Alexanders des Großen nach Asien zu einer Weltmacht wurde.

Günstige Umstände

Geboren wurde Philipp 382 v. Chr. als dritter Sohn des Königs Amyntas III. 359 v. Chr. wurde er als 23-jähriger Regent, 356 v. Chr. König. Makedonien sollte, so sein Plan von Anfang an, eine Großmacht werden. Dazu war es notwendig, die bis dahin dominierenden griechischen Stadtstaaten in die Schranken zu verweisen. Die Zeichen dafür standen nicht schlecht. Athen und Sparta, die beiden Führungsmächte, hatten sich in einen langen Krieg, den Peloponnesischen Krieg (431 bis 404 v. Chr.), verstrickt, der sie viel Kraft und Ressourcen gekostet hatte. Der Verlierer Athen hatte seine Großmachtstellung eingebüßt, der Sieger Sparta war dadurch in Misskredit geraten, dass er seinen Erfolg letztlich der finanziellen Unterstützung durch den persischen König zu verdanken hatte. Nüchtern analysierte Philipp die Lage und kam zu dem Ergebnis, dass ein starkes Makedonien unter einem starken König Philipp die Oberhand über ein geschwächtes, innerlich zerstrittenes Griechenland gewinnen müsse.

Sicherung der Herrschaft

Und Philipp verlor keine Zeit. Kaum König geworden, ordnete er auf mehreren Feldern gleichzeitig die Verhältnisse. Oberste Priorität hatte der Aufbau einer starken Armee. Den Kern bildeten die mit langen Lanzen, den Sarissen, bewaffneten Fußtruppen. Ihnen stellte Philipp die aus den Angehörigen des Adels rekrutierten Reitersoldaten zur Seite. Durch hartes Training gewöhnte der König das Heer daran, auch die schwersten Strapazen zu ertragen. Das nötige Geld zur Ausrüstung dieser Armee holte er sich durch einen Feldzug gegen die Thraker, der ihn in den Besitz einträglicher Gold- und Silberminen brachte. Auch die richtige Heirat konnte, so wusste Philipp, politisch von Vorteil sein. 357 v. Chr. heiratete er, nachdem er bereits zuvor mehrere Ehen eingegangen war und dazu, wie es bei den makedonischen Königen üblich war, diverse Nebenfrauen hatte, Olympias, die Tochter des Königs von Epirus. Im Jahr darauf, 356 v. Chr., kam der Sohn Alexander zur Welt, womit Philipp nun auch einen leiblichen Kandidaten für seine spätere Nachfolge vorweisen konnte.

Demosthenes gilt als einer der bedeutendsten griechischen Redner. Die Kreidelithografie (19. Jh.) illustriert eine Szene, in der er die versammelten Athener zum Kampf gegen Philipp aufruft. Diesen verloren die Griechen – und manch einer von ihnen mag Rachegelüste verspürt haben …

Unterwerfung Griechenlands

Jetzt nahm Philipp zielstrebig das Unternehmen „Unterwerfung Griechenlands" in Angriff. Zuerst brachte er die griechischen Küstenstädte in der nördlichen Ägäis unter seine Kontrolle. Unaufhaltsam setzte der König seinen Siegeszug fort. Immer stand Philipp persönlich an der Spitze seiner Truppen. In einer Schlacht hatte er inzwischen ein Auge verloren – bei der Belagerung einer Stadt hatte ihn ein Pfeil mitten ins Gesicht getroffen. In Thessalien besiegte Philipp die Phoker, rückte bis zu den Thermopylen, den „warmen Toren" an der Grenze zwischen Nord- und Mittelgriechenland vor, und besetzte die Insel Euboia.

Unterdessen nahm die Nervosität bei den Griechen zu. In Athen entbrannten heftige Diskussionen darüber, wie man Philipp aufhalten konnte. Der berühmte Redner Demosthenes malte die Zukunft der freien Griechenstädte in den düstersten Farben, würde man nicht endlich etwas gegen das Ausgreifen der Makedonen unternehmen. Andere traten für eine Verständigung mit Philipp ein. Eine Gruppe um den damals bereits über 90-jährigen Politiker Isokrates sah in Philipp sogar den Hoffnungsträger für einen Krieg gegen den persischen Erzfeind, mit dem die Griechen wegen der griechischen Städte an der kleinasiatischen Westküste im Dauerstreit lagen. Bedrohlich wurde es für Athen, als die Makedonen die Dardanellen und den

Philipp II. instrumentalisierte das Trauma der Angriffe Persiens auf Griechenland fast 150 Jahre zuvor, indem er den Griechen eine Abrechnung mit ihrem Erzfeind anbot. Die Abbildung aus dem 19. Jahrhundert thematisiert die Seeschlacht von Salamis (480 v. Chr.), in der die Griechen unter Themistokles die persische Flotte unter Xerxes besiegten.

Bosporus ins Visier nahmen. Dadurch gewannen sie die Kontrolle über das Schwarze Meer und gefährdeten die für Athen lebenswichtigen Getreideimporte aus dieser Region. 338 v. Chr. erklärten die Athener Philipp den Krieg. Ihnen schlossen sich neben Theben noch einige andere Stadtstaaten an. Es begann der von Demosthenes vorhergesagte Kampf um die Freiheit der Griechen.

Das Ende der griechischen Freiheit

Die entscheidende Schlacht fand am 2. August 338 v. Chr. in der Ebene von Chaironeia in Boiotien statt. Die Griechen hatten gegen die Armee Philipps keine Chance. Wesentlichen Anteil am Sieg der Makedonen hatte der junge Alexander, der die Reiterei anführte. Die einst von den Griechen belächelten makedonischen „Barbaren" waren nun, 21 Jahre nachdem Philipp die Regentschaft übernommen hatte, die neuen Herren in Griechenland.

Philipp war nicht nur ein genialer Feldherr, sondern auch ein geschickter Organisator. Er war sich bewusst, dass die Sicherung der Herrschaft noch schwieriger sein würde als es deren Erwerb gewesen war. Die Griechen, jahrhundertelang gewöhnt an ihre Freiheit, waren voller Vorbehalte gegen den Monarchen. So war es Philipps vorrangiges Ziel, die Zustimmung der Griechen zu den neuen Verhältnissen zu gewinnen. Er ging daher nach dem Sieg von Chaironeia mit äußerster Behutsamkeit vor. Zwar wurden in einzelnen Städten makedonische Truppen stationiert und Athen verlor endgültig seine Besitzungen in der nördlichen Ägäis. Doch ansonsten sollten die Griechen nicht das Gefühl haben, Untertanen der Makedonen zu sein. Philipp wollte sie vielmehr zu seinen Partnern machen. Im Frühjahr 337 v. Chr. rief er die Vertreter der griechischen Stadtstaaten in Korinth zusammen. Dort unterbreitete er ihnen seine Vorstellungen von der künftigen politischen Ordnung in Griechenland. Es sollte ab jetzt Frieden herrschen. Die einzelnen Städte sollten ihre Eigenständigkeit behalten. Das fand allgemeine Zustimmung. Daraufhin wurde der Korinthische Bund gegründet, dem alle griechischen Staaten außer Sparta beitraten. Philipp übernahm in diesem Bund die Führung und beanspruchte auch den Oberbefehl bei gemeinsamen militärischen Unternehmungen.

Geschickte Diplomatie

Psychologisch außerordentlich geschickt war eine weitere Zusicherung, die der König den in Korinth versammelten Griechen machte. Er erklärte sich bereit, die von vielen Griechen erträumte Abrechnung mit den Persern in die Tat umzusetzen. Das Unrecht, das der Großkönig Xerxes einst, in jenen schlimmen Jahren 480/479 v. Chr., den Griechen bei seiner Invasion Griechenlands zugefügt hatte, als er die ehrwürdigen Heiligtümer zerstörte, müsse gesühnt werden. Unter König Philipp würden Makedonen und Griechen gemeinsam gegen den Erzfeind im Osten ziehen. Und um den Worten Taten folgen zu lassen, begann Philipp sofort mit entsprechenden Vorbereitungen und Rüstungen. 10 000 Soldaten wurden in Richtung Osten in Marsch gesetzt. Das war im Sommer des Jahres 336 v. Chr., kurz vor seinem gewaltsamen Tod auf der Theaterbühne von Aigai.

Der Kreis der Verdächtigen

So war es eine ansehnliche Reihe von Verdächtigen, die einen Grund oder einen Anlass hatten, Philipp zu ermorden. Trotz des Ausgleichs mit den Griechen gab es in Athen und in anderen Städten viele einflussreiche Kreise, die sich mit den neuen Herrschaftsverhältnissen nicht abfinden wollten. Auch wollten Gerüchte nicht verstummen, Pausanias habe im Auftrag der Königin Olympias und von Philipps Sohn Alexander gehandelt. Olympias hatte Philipp im Jahr zuvor verlassen, als dieser eine weitere Ehe mit Kleopatra, der Tochter eines Makedonen namens Attalos eingegangen war. Damals war es zu einem Zerwürfnis zwischen Philipp und Alexander gekommen, da Alexander angesichts des aus dieser Verbindung zu erwartenden weiteren Nachwuchses um seinen privilegierten Platz in der Thronfolge fürchtete. Die auf das Abstellgleis geratene Olympias machte sich nicht zuletzt dadurch verdächtig, dass sie dem Attentäter Pausanias ein Grabmal errichtete. Philipps Witwe Kleopatra fiel ebenfalls ihrer Rache zum Opfer und wurde von ihr zum Selbstmord gezwungen. Alexander selbst brachte eine andere Variante ins Spiel. Der König der Perser habe seinen Vater ermorden lassen, wegen des Feldzuges, den er geplant habe. Zwei Jahre später zog Alexander nach Asien, unterwarf das Reich der Perser und dehnte die Herrschaft der Makedonen bis nach Indien aus. Viele Vermutungen also, keine Gewissheit. Der Mord an Philipp II. zählt weiterhin zu den ungeklärten Kriminalfällen der Geschichte.

Parteiische Zeugen – schwierige Detektivarbeit

Ausgrabungen in Makedonien brachten in den letzten Jahren das mutmaßliche Grab Philipps II. in Vergina und das Theater von Aigai zum Vorschein. Zur Aufdeckung der Hintergründe des Mordes konnten diese Funde allerdings nichts beitragen. Hier ist man auf die schriftlichen Berichte aus der Antike angewiesen. Die stammen jedoch aus den Federn von Autoren, die aus einem beträchtlichen zeitlichen Abstand schrieben. Dabei handelt es sich um die griechischen Historiker Diodor (1. Jh. v. Chr.), Plutarch (Anfang 2. Jh. n. Chr.) und Arrian (Ende 2. Jh. n. Chr.) sowie den römischen Historiker Iustinus, der sogar erst im 3. Jahrhundert n. Chr. schrieb. Für heutige Historiker ist es schwierig zu prüfen, woher ihre antiken Kollegen ihre Informationen bezogen. Etwas leichter fällt die Einschätzung, ob sie einen bestimmten subjektiven Standpunkt einnahmen: Alle halten es für möglich, dass Olympias (das Profilbildnis oben stammt aus dem 18. Jh.) hinter der Tat stand, doch liegt dies auch daran, dass sie für Philipps Frau nur wenig Sympathien hegten. Plutarch nimmt Alexander den Großen gegen Vorwürfe in Schutz, Drahtzieher gewesen zu sein. Doch gilt es bei dieser Einschätzung zu bedenken, dass Alexander für den Autor ein strahlender Held war, dessen Andenken er sicher nicht beschmutzen wollte.

Traditionelles Quellenstudium

Trotz aller technischen Fortschritte spielen die klassischen Formen der Recherche für den Historiker nach wie vor eine zentrale Rolle. Das A und O sind die „Quellen", also alle Gegenstände und Materialien, die Informationen über die Vergangenheit vermitteln.

Quellen und Akten

Zu den wichtigsten Quellen zählen die Schriften früherer Historiker. Als erster Geschichtsschreiber, der über die reinen Abläufe hinaus auch versucht hat, die Vorgänge zu analysieren und zu werten, gilt der Grieche Herodot. Er lieferte im 5. Jh. v. Chr. eine Darstellung der Kriege zwischen den Griechen und den Persern. Dazu kommen Biografen, die in Antike, Mittelalter und Neuzeit Lebensbeschreibungen wichtiger Akteure der Geschichte verfasst haben. Dabei geht für moderne Historiker nichts ohne Quellenkritik. Geschichtswerke dieser Art sind nicht „die" Geschichte, sondern Darstellungen von Geschichte. Daher ist es wichtig zu klären, wer der Autor war, wann er gelebt, mit welcher Absicht er den Text geschrieben hat und wer die Adressaten gewesen sind.

Von Bedeutung sind aber auch Texte, die nicht in der Absicht geschrieben wurden, späteren Generationen Informationen zu liefern – die Primärquellen. Ein Beispiel ist der 1668 erschienene Roman „Der abenteuerliche Simplicissimus" von Grimmelshausen mit eindringlichen Beschreibungen der Realität des Dreißigjährigen Krieges. Auch Briefe von Zeitgenossen wurden nicht für die Nachwelt geschrieben und gehören daher in die Kategorie Primärquelle. Vor allem für die Neuere Geschichte ist das Studium von Akten unerlässlich, also in großen

Epigrafik

Für die Altertumsforscher haben Inschriften eine große Bedeutung. Sie werden von der Disziplin der Epigrafik erforscht. Die Antike war, wie man zu Recht gesagt hat, eine Inschriftenkultur. Meist auf Stein oder auch auf Bronze wurden wichtige Mitteilungen festgehalten, von den Ehreninschriften für verdiente Persönlichkeiten über Weihinschriften für die Götter bis hin zu den Grabinschriften. Im Bild Inschriften am Parthenon in Athens Akropolis.

Neuere Hilfswissenschaften

Je mehr sich die Geschichte der Gegenwart nähert, desto mehr Quellen- und Quellengattungen gibt es. So wird der Kanon der Hilfswissenschaften im Bereich der Neuzeit durch Bild- und Tonquellen erweitert. 2012 tauchte in den USA die bisher einzig bekannte Aufnahme mit der Stimme des deutschen Reichskanzlers Otto von Bismarck auf. Sie stammte aus dem Jahr 1889 und verblüffte die Hörer mit einer so gar nicht zu der kräftigen Statur des „Eisernen Kanzlers" passenden hohen Fistelstimme. Unerschöpflich ist das Material, das seit dem Aufkommen des Films auch für historische Zwecke vorliegt. Private Filmaufnahmen machen mit der familiären Alltagswelt der Bürger vertraut. Das Bild unten zeigt Filmspulen mit deutschen Wochenschauen aus den Jahren 1939–45.

Archiven gesammelten Schriften und Urkunden, z. B. Verträge und Memoranden. In kleineren Stadtarchiven dagegen lagern Dokumente, die sich auf die Geschichte der jeweiligen Stadt und ihrer Bürger beziehen.

Hilfswissenschaften

Darüber hinaus profitiert die Geschichtswissenschaft von speziellen Hilfswissenschaften. Sie konzentrieren sich auf bestimmte Quellengattungen und liefern den Historikern wesentliche Erkenntnisse. Das Studium der Münzen etwa ist das Metier der Numismatiker. Die ersten Münzen wurden im 6. Jh. v. Chr. in Lydien (heutige Westtürkei) geprägt. Sie liefern wertvolle Informationen über Handelskontakte und wirtschaftliche Abläufe. Mittelalter-Historiker wissen Paläografie, Sphragistik und Heraldik besonders zu schätzen. Die Paläografie befasst sich mit der Entzifferung alter Schriften, mit der Bestimmung ihres Alters und ihrer Herkunft. Die Sphragistik ist die Lehre von den Siegeln, die im Mittelalter als Mittel der Beglaubigung bei schriftlich fixierten Rechtsvorgängen dienten. Sphragisten beschäftigen sich mit Form, Funktion und Technik der Gestaltung von Siegeln. Die Heraldiker wiederum nehmen Wappen, die als Aushängeschilder und Visitenkarten viel über das Selbstverständnis ihrer Träger verraten, unter die Lupe.

Rätselhafter Massenmord

Herodes, der König von Judäa, war ein tyrannischer Herrscher. Doch hat die Bibel recht? Gab es den Kindermord von Bethlehem wirklich?

Eigentlich scheint der Fall klar zu sein. Immerhin ist der Mord an den Kindern von Bethlehem im „Buch der Bücher" beschrieben. Außerdem war Herodes wirklich ein blutrünstiger Tyrann. Und der König von Judäa hatte auch ein handfestes Motiv. Also hat er den Kindermord von Bethlehem angeordnet. Tatsächlich? Zweifel sind erlaubt. Das zeigt sich, wenn man den Fall von vorn aufrollt.

Die Aussagen des Matthäus

Am Anfang steht das Neue Testament, genauer: das Evangelium des Matthäus. Auf die Nachricht von der Geburt Jesu in Bethlehem, so heißt es dort, kommen Weise aus dem Morgenland nach Jerusalem. Sie erkundigen sich nach dem „neugeborenen König der Juden" und sagen, sie seien einem Stern gefolgt. Nun wollen sie das Kind anbeten. König Herodes bekommt Wind von der Sache, ruft seine Ratgeber zusammen und fragt sie, wo die fragliche Geburt stattgefunden habe. Die Gelehrten wälzen ihre Bücher und finden

Viele Künstler haben den „Kindermord von Bethlehem" thematisiert – hier ein Gemälde von Sebastien Bourdon (1616–1671).

schnell die Antwort: In Bethlehem, denn es gibt eine alte Prophezeiung, wonach aus dieser Stadt einst der „Herr über das Volk Israel" kommen werde.

Herodes macht sich nun ernsthafte Sorgen um seine Zukunft. Ein neuer König kann nur bedeuten: ein König, der ihn ersetzen soll. Heimlich lässt er die fremden Weisen zu sich kommen, fragt sie nach dem Stern und gibt ihnen den Rat, nach Bethlehem zu gehen. Und er bittet sie, ihn doch zu informieren, wenn sie das Kind gefunden haben. Er würde dann gern persönlich folgen und ebenfalls das Kind anbeten. Die Weisen nehmen den Rat an und begeben sich nach Bethlehem, wundersam geleitet von dem Stern, der sie schon aus dem Morgenland herbeigelockt hatte.

Zwei Träume

So entdecken sie das Haus mit dem neugeborenen Kind, sie fallen nieder, beten es an, überreichen ihm und seinen Eltern wertvolle Gaben: Gold, Weihrauch und Myrrhe. Für den nächsten Morgen planen sie die Rückkehr nach Jerusalem, um, wie verabredet, König Herodes Bericht zu erstatten. Im Traum aber erhalten sie von Gott die Anweisung, einen Bogen um die Residenz des Königs in Jerusalem zu machen und stattdessen den Weg in ihre Heimat anzutreten.

Kaum sind sie fort, ist es Joseph, der Vater des Kindes, der einen Traum hat. Ein Engel des Herrn fordert ihn auf, mit Frau und Kind nach Ägypten zu fliehen: „Herodes plant, das Kind zu suchen und es umzubringen!" Sofort macht sich der Zimmermann mit seiner Familie auf den Weg in das Land der Pharaonen. In Jerusalem wartet währenddessen Herodes immer noch auf die Weisen und ihren

Bericht über den Aufenthaltsort des Kindes, das er für einen Thronrivalen hält. Als der erwartete Besuch ausbleibt, wittert er Betrug. Er verflucht die Weisen aus dem Morgenland und gibt den Befehl, alle Kinder in Bethlehem zu töten. Sterben sollen alle Jungen von zwei Jahren und darunter. Auf diese Weise, so der Plan des grausamen Herrschers, würde er ganz sicher auch den lästigen Rivalen beseitigen. Doch als das Massaker beginnt, sind Jesus, Joseph und Maria schon längst im sicheren Asyl in Ägypten. Kurz darauf stirbt der König, und die Familie kehrt in die Heimat zurück.

Die Morde des Königs

Will man der Wahrheit auf die Spur kommen, so ist festzuhalten, dass man Herodes eine solche Untat wie den Kindermord von Bethlehem absolut zutrauen kann. Mord als letzter Ausweg – das war für diesen skrupellosen Machtpolitiker kein Problem. Er schreckte nicht einmal davor zurück, Mitglieder seiner Familie zu töten. Überall witterte er Verrat und Intrigen. Mindestens drei seiner vierzehn Söhne, die aus insgesamt zehn Ehen hervorgegangen waren, ließ er gewaltsam beseitigen. Sterben mussten auf seinen Befehl auch die Lieblingsfrau Mariamne und deren Mutter Alexandra. Danach allerdings packte ihn die Reue, er trauerte und weinte um Mariamne, tat so, als wäre sie noch am Leben. Doch hinderten ihn solche emotionalen Anfälle nicht im Geringsten daran, mit dem Morden fortzufahren.

Diese besonders grausige Darstellung des „Kindermords von Bethlehem" ziert das Hauptportal des Münsters in Konstanz.

Freund der Römer

Wie bei vielen Tyrannen, so diente auch bei Herodes die Grausamkeit letztlich dazu, mit allen Mitteln seine Macht zu verteidigen. Tatsächlich hatte er in Judäa viele Feinde. Hier gab es eine Menge Leute, die sich nichts sehnlicher wünschten, als Herodes loszuwerden, den man nicht zu Unrecht für einen Handlanger der römischen Besatzer hielt. Herodes war ein König von Roms Gnaden. Einige Zeit zuvor, im Jahr 63 v. Chr., hatten die Römer Syrien besetzt und damit war auch Palästina unter ihre Kontrolle gekommen. Jetzt standen die Politiker und Priester von Judäa bei den Römern Schlange und bewarben sich darum, für die neuen Herren das Land verwalten zu dürfen. Besonders eifrig war in dieser Hinsicht Antipatros, der Vater des Herodes. Er war kein Jude, sondern gehörte zum Volk der Idumäer, die südlich von Palästina lebten. Ihm vertraute 47 v. Chr. kein Geringerer als der berühmte Julius Cäsar die Herrschaft über Judäa an. Dann wurde Cäsar ermordet, in Rom brach ein Bürgerkrieg aus. Auch in Judäa herrschte Chaos, denn Antipatros wurde von einem seiner innenpolitischen Gegner getötet.

Zielstrebig an die Macht

Jetzt schlug die Stunde des Herodes. Wie er es von seinem Vater gelernt hatte, machte er sich an Marcus Antonius, den neuen starken Mann in Rom, heran. Ohne Umschweife bot er ihm eine so hohe Geldsumme an, dass der Römer schnell bereit war, Herodes an die Stelle seines ermordeten Vaters zu setzen. Doch schon bald musste Herodes erneut um die Herrschaft kämpfen. Diesmal kam die Gefahr aus dem Osten in Gestalt der Parther. Mühelos eroberte die Armeen des Großkönigs, die über Persien herrschten, Palästina, vertrieben Herodes und machten einen Mann ihres Vertrauens zum neuen Regenten in Judäa. Doch Herodes war weit davon entfernt zu kapitulieren. Auf abenteuerliche Weise schlug er sich nach Rom durch. Hier erklärte er den Senatoren, dass er sich ihre Hilfe etwas kosten lassen würde. Das hörten die Politiker in der Stadt am Tiber gern und so erklärten sie ihn ganz offiziell zum König der Juden und schickten ihn mit römischen Truppen nach Palästina zurück.

Nach langen und schweren Auseinandersetzungen war es Herodes dann im Jahr 37 v. Chr. gelungen, seine inneren und äußeren Widersacher auszuschalten. Und er war sich ganz sicher: Diesmal würde ihm niemand mehr das Königtum streitig machen. Aber wieder einmal zog ihm die große Politik einen Strich durch die Rechnung. In Rom tobte ein neuer Bürgerkrieg, bei dem Marcus Antonius, der Fürsprecher des Herodes, gegenüber seinem Widersacher Octavian, dem späteren Kaiser Augustus, den Kürzeren zog.

Bei Herodes löste die neue Situation keine Spur von Resignation aus. Nun musste er sich eben an den neuen Machthaber Augustus halten. Auf der Mittelmeerinsel Rhodos traf er den Kaiser in Geberlaune: Er vergaß großmütig, dass Herodes ein Freund seines Gegners Mark Anton gewesen war, bestätigte ihm alle Rechte auf Judäa und vermachte ihm sogar noch ein paar Gebiete mehr.

Das Reich des Herodes hatte nun fast die Größe erreicht wie einst das Imperium des herausragenden Königs David, der Lichtgestalt in der frühen Geschichte der Juden.

Der Stern von Bethlehem

Die Heiligen Drei Könige folgten einem alles überstrahlenden Stern. Die Nachricht aus dem Matthäusevangelium hat Astronomen keine Ruhe gelassen. Bis heute werden verschiedene Theorien diskutiert. Die Supernova-Theorie geht von einem Stern aus, der explodierte und zerstört wurde. Andere halten eine Planetenkonjunktion für wahrscheinlich, bei der sich Jupiter und Saturn sehr nahe kamen. Die meisten Anhänger hat die Kometen-Theorie. Kometen sind an ihrem charakteristischen Schweif erkennbar und bewegen sich auf berechenbaren Bahnen. Chinesische Astronomen registrierten einen auch im Nahen Osten deutlich sichtbaren Kometen für das Jahr 5 v. Chr.

ghermmus boßh

Ein mögliches Motiv

Kein Wunder also, dass Herodes eifersüchtig über seine Herrschaft wachte, wenn man es ihm so schwer gemacht hatte, sie zu gewinnen und zu bewahren. Er war aus seiner Sicht völlig im Recht, wenn er Konkurrenten durch Mord beseitigte. Und so kann er also auch ein Motiv zum Kindermord von Bethlehem gehabt haben. Woher sollte er wissen, dass Jesus Christus, der neugeborene „König der Juden", überhaupt nicht die Absicht haben würde, eine irdische Monarchie zu errichten und damit Herodes von seinem Thron zu vertreiben? „Mein Reich ist nicht von dieser Welt", sollte Jesus später sagen.

Grausige Entdeckung

Hat es den Kindermord von Bethlehem also tatsächlich gegeben? In der christlichen Tradition steht dies außer Frage. Man will sogar die genaue Zahl der Opfer kennen, wobei die Angaben allerdings deutlich variieren. Die Spanne reicht von 14 000 bis 144 000 toten Kleinkindern (wobei zu bedenken ist, dass die Gesamtzahl der Bevölkerung Judäas in der Zeit des Herodes kaum über 100 000 betrug). 1988 machten Archäologen in der alten Hafenstadt Ashkelon im Süden Israels einen grausigen Fund, der zunächst als eine Bestätigung der Angaben des Matthäus gewertet wurde. In den Fundamenten alter

Jesus, dessen Geburt Hieronymus Bosch (um 1450 bis 1516) hier zeigt, war an einer weltlichen Herrschaft nicht interessiert.

Wohnhäuser kamen in der Nähe des Hafens Hunderte von Skelette zum Vorschein. Erste forensische Untersuchungen ergaben, dass es sich um die sterblichen Überreste meist männlicher Kleinkinder handelte, die nicht älter als zwei Jahre gewesen waren. Man zögerte auch nicht, die Leichen in die Zeit des Herodes zu datieren. Die Folge war ein gewaltiges mediales Echo. Genauere Analysen von Gerichtsmedizinern führten jedoch zu einem anderen Ergebnis: Die Skelette stammten nicht aus dem 1. Jahrhundert v. Chr., sondern aus dem 3. Jahrhundert n. Chr., sie wiesen keine Spuren von Gewalt auf und es waren auch sehr viel mehr Knochen von Mädchen darunter, als zuvor angenommen. Wahrscheinlich handelte es sich bei der Fundstelle um ein Massengrab für Kleinkinder, die kurz nach der Geburt gestorben waren.

Einwände

Pro und Kontra halten sich in der Diskussion bis heute die Waage. Diejenigen, die den Kindermord von Bethlehem nicht für historisch halten, führen gern die Chronologie als Argument an. Herodes ist nachweislich im Jahr 4 v. Chr. gestorben. Jesus wurde zwar nicht im Jahr null geboren, weil es dieses Jahr nicht gibt. Aber auch nicht im Jahr 1. Als im 6. Jahrhundert ein Mönch namens Dionysius Exiguus im Auftrag des Papstes die christliche Zeitrechnung erfand, beging er bei der Festlegung der Geburt Christi einen entsprechenden Fehler. Nach der bekannten Weihnachtsgeschichte bei dem Evangelisten Lukas kam Jesus zur Welt, als Kaiser Augustus eine Volkszählung durchführen ließ und ein Quirinius (in der Lutherbibel Cyrenius genannt) römischer Statthalter in Syrien war. Quirinius bekleidete diesen Posten, wie Inschriften zeigen, in den Jahren 6/7 n. Chr. Doch muss man nicht annehmen, dass Jesus erst zu diesem Zeitpunkt geboren wurde. Lukas suchte wahrscheinlich nach einem Anlass dafür, dass sich Joseph mit seiner Familie von Nazareth nach Bethlehem

aufmachte und stellte daher einen – objektiv nicht gegebenen – Zusammenhang mit der Volkszählung her. Das wirkliche Geburtsjahr Jesu war, wie es aussieht, tatsächlich das letzte Regierungsjahr des Herodes. Schwerer fällt ins Gewicht, dass außer bei Matthäus nirgendwo in den Quellen die Rede von einem solchen Kindermord ist – nicht bei den anderen Evangelisten Markus, Lukas und Johannes und auch nicht in außerbiblischen Texten. Dass sich sonst kein Mensch für ein derart schwerwiegendes Ereignis interessiert haben soll, mag man kaum glauben.

Kindermord in Rom

Außerdem besteht der Verdacht, dass Matthäus, der nach 70 n. Chr. schrieb, ein altbekanntes Motiv herangezogen hat, um Herodes in ein schlechtes Licht zu stellen. Gern ließ man Tyrannen auch als Kindermörder wüten, um ihre Grausamkeit und Gewissenlosigkeit zu geißeln. So wurde von dem römischen Kaiser Nero, der von 54 bis 68 n. Chr. regierte, berichtet, er habe aus Angst vor Verschwörungen zahlreiche Menschen verhaftet, ihre Kinder erst aus der Stadt getrieben, dann umgebracht, entweder durch Gift oder indem man sie verhungern ließ. Das Motiv des Mordes an wehrlosen Kindern gehörte in der Antike zum Arsenal an Beschuldigungen, die man gegen Tyrannen und Despoten vorzubringen pflegte. Aller Wahrscheinlichkeit nach war Nero, der ansonsten ein beachtliches Sündenregister aufweist, in dieser Hinsicht unschuldig.

Vor diesem Hintergrund kann die Versuchung nahegelegen haben, auch den Wüterich Herodes mit einer solchen Tat zu belasten. Gegner, die ihm so etwas vorwerfen konnten, gab es wahrlich genug – Juden, denen sein Herrschaftsstil nicht gefiel, oder Christen, die beweisen wollten, dass Gott stärker ist selbst als der übelste Gewaltherrscher.

Alexanders Grab

Alexander der Große starb in der persischen Königsstadt Babylon. Sein Grab befindet sich im ägyptischen Alexandria – aber wo genau?

I m Jahr 30 v. Chr. hielt sich der spätere Kaiser Augustus, der zu dieser Zeit noch Octavian hieß, in der ägyptischen Metropole Alexandria auf. Diese Stadt war gut 300 Jahre zuvor von Alexander dem Großen gegründet worden. Octavian hatte Kleopatra VII., die letzte Königin von Ägypten, besiegt und das Land am Nil zu einem Teil des römischen Imperiums gemacht. Nun nutzte er die Gelegenheit zu einem Rundgang durch die Stadt, die unter der Dynastie der Ptolemäer zu einem urbanen Schmuckstück geworden war. Ptolemaios I., ein makedonischer General, war es gewesen, der nach dem Tod Alexanders in den Kämpfen um sein Erbe, das wirtschaftlich und kulturell attraktive Ägypten, als Herrschaftsgebiet gesichert hatte. Mit dem Tod der Kleopatra war die ptolemäische Dynastie erloschen.

Defekte Nase

Unbedingt wollte Octavian auf seinem Rundgang durch Alexandria das Grab Alexanders des Großen besuchen. Man führte ihn in den Grabtempel und zeigte ihm den mumifizierten Leichnam des berühmten Königs. Der Römer näherte sich ehrfurchtsvoll, streckte vorsichtig die Hand aus, um den Kopf des Leichnams zu berühren – und da geschah das Missgeschick: Er brach ihm ein Stück von

Nachdem Alexander 332 v. Chr. in Ägypten die dort herrschenden Perser geschlagen hatte, ließ er im einstigen Reich der Pharaonen eine neue Hauptstadt bauen, die seinen Namen trug: Alexandria. Das Gemälde aus dem 15. Jh. illustriert diese Ereignisse.

der Nase ab. Offenbar hatte Octavian den Toten berühren wollen, um nach einer in der Antike verbreiteten Vorstellung etwas von dessen Aura und Kraft auf sich übergehen zu lassen.

Seit diesem Tag fehlt an der Leiche Alexanders also ein Teil der Nase. Würde man genau wissen, wo sich diese sterblichen Überreste befinden, wäre diese Besonderheit möglicherweise eine Hilfe bei der Identifizierung. Doch bis heute ist es trotz intensiver Forschungen nicht gelungen, das Grab Alexanders des Großen zu lokalisieren. Zwar berichten die antiken Schriftsteller übereinstimmend, dass der noch heute als Feldherr, Eroberer und Entdecker gerühmte König der Makedonen seine letzte Ruhestätte in Alexandria gefunden habe. Aber die antike Metropole ist heute eine Millionenstadt. Durch die kontinuierliche Besiedlung ist sie fast komplett überbaut, sodass archäologische Nachforschungen schwierig sind.

Früher Tod

Alexander der Große starb am 10. Juli 323 v. Chr. im Alter von 32 Jahren. Er starb nicht in Alexandria, sondern in Babylon, im Land zwischen Euphrat und Tigris. In den Jahren zuvor hatte er im Kampf gegen die Perser große Teile Asiens erobert. Bei seinem Tod erstreckte sich seine Herrschaft, abgesehen von Makedonien und Griechenland, von Ägypten bis nach Indien. Die ungeheuren Anstrengungen, die dieser Feldzug bereitet hatte, forderten ihren Tribut. Nach kurzer, schwerer Krankheit starb er in jener Stadt, die er dazu ausersehen hatte, das neue Zentrum des riesigen Reiches zu werden.

Alexander starb jung und überraschend, aber nicht, ohne Vorsorge getroffen zu haben, was nach dem Tod mit seinem Leichnam geschehen sollte. Er wollte in Ägypten beigesetzt werden, und zwar in der Oase Siwah. Hier befand sich eine alte Orakelstätte des Gottes Zeus-Amun. 331 v. Chr., zu Beginn seines

Feldzuges, hatte Alexander einen Abstecher in diese Oase unternommen. Dabei hatten ihm die Priester des Tempels eröffnet, er sei der Sohn des Gottes – Grund genug für Alexanders Wunsch, hier begraben zu werden.

Prunkvolle Überführung

Es dauerte zwei Jahre, bis die Überführung des toten Königs nach Ägypten begann. So lange hatte man an dem prunkvollen Leichenwagen gearbeitet, auf dem Alexander transportiert werden sollte. Der König lag in einem goldenen Sarkophag. Über den Wagen war, dem Himmelsgewölbe gleich, ein mit Juwelen besetzter Baldachin gespannt. Gemälde, die im Zug mitgeführt wurden, zeigten Szenen aus den Schlachten, die Alexander geschlagen hatte. Gezogen wurde der gefederte Wagen von 64 Maultieren. Glocken sorgten dafür, dass in den Städten, die auf der Route passiert wurden, die Menschen aufmerksam wurden und herbeiströmten.

Eskortiert von Soldaten und Würdenträgern erreichte die Prozession nach mehreren Wochen schließlich das Ziel Ägypten. In der Oase Siwah kam der Sarg jedoch nie an. Alexanders Wunsch wurde nicht erfüllt. Die Regie übernahm Ptolemaios, ein alter Weggefährte und Mitstreiter Alexanders. Er hatte seine eigenen Pläne. Inzwischen war unter den Generälen Alexanders ein heftiger Streit um die Nachfolge ausgebrochen. Erst wollte jeder der neue Alexander sein, dann, als sich dies nicht realisieren ließ, versuchte man, bei der Teilung des Reiches möglichst gut abzuschneiden. Ptolemaios hatte von Anfang an ein Auge auf Ägypten geworfen. Das Land hatte eine ideale strategische Lage und war dank seines Reichtums an Getreide auch wirtschaftlich bedeutsam.

Streit um die Leiche

Der tote Alexander, so spekulierte Ptolemaios, könne ihm dabei helfen, in Ägypten eine persönliche Machtbasis aufzubauen. Die Anwesenheit des Leichnams in dem Land, das Ptolemaios für sich beanspruchte, sollte wie eine Zustimmung des berühmten Königs zu seiner Herrschaft wirken. Ptolemaios wusste auch, dass er rasch handeln musste. Denn auch seine Rivalen waren auf die Idee gekommen, dass es von Vorteil sein könne, den toten Alexander in ihrer Obhut zu haben. Namentlich war es Perdikkas, einer der engsten Vertrauten Alexanders und nach dem Tod des Königs von der Heeresversammlung zum politischen Nachlassverwalter bestellt, der kein Hehl aus seinem Plan machte, den Sarkophag in die makedonische Heimat zu überführen.

Ptolemaios sorgte dafür, dass die Konkurrenz dazu keine Chance bekam. Alexander gelangte nicht nach Makedonien, sondern nach Ägypten. Manche Quellen berichten sogar von einer regelrechten Entführung des toten Alexander durch Ptolemaios. Dieser konnte sich bei seinem entschlossenen Handeln darauf berufen, dass er letztlich nur tat, was Alexander selbst gewollt hatte. Doch in der weit entlegenen Oase Siwah konnte ihm Alexander wenig nützen. Der Tote gehörte nach den Vorstellungen des Ptolemaios mitten ins Leben. So kam der Leichnam zunächst nach Memphis. Die alte Pharaonenstadt an der Spitze des Nildeltas bot einen würdigen Rahmen für das Grab Alexanders des Großen.

Grab in der Hauptstadt

Einige Jahre später erfolgte der Umzug nach Alexandria. Inzwischen hatte sich Ptolemaios im Kampf der Generäle endgültig Ägypten als Machtbereich gesichert. Alexandria war die offizielle Hauptstadt seines Reiches. Daher lag es nahe, Alexander, der zu einer Art von Legitimation für die Herrschaft des Ptolemaios geworden war, nach Alexandria zu holen, das er einst selbst gegründet hatte. Der neue König ließ einen großen Grabtempel bauen, in dessen Untergeschoss Alexander zur vorerst letzten Ruhe gebettet wurde. Knapp 100 Jahre später suchte einer der Nachfolger des ersten

Ptolemäers – Ptolemaios IV. mit dem Beinamen Philopator – in Alexandria nach einem neuen Platz für das Alexandergrab und fand ihn an einer Stelle, die in den antiken Quellen als „Sema" bezeichnet wird. Dort ließ der König auch seine Vorfahren bestatten. 90 v. Chr. ersetzte ein späterer Ptolemäerkönig – Ptolemaios X. – den goldenen Sarkophag durch einen Sarg aus Alabaster. Diese zweite Grabstätte in Alexandria ist es gewesen, die 30 v. Chr. Octavian besuchte, als ihm das Unglück mit Alexanders Nase passierte.

Das Grab Alexanders des Großen entwickelte sich in der Folgezeit zu einer Pilgerstätte. Weitere römische Kaiser und andere Prominente erwiesen dem legendären Feldherrn dort ihre Reverenz. Einer der letzten nachweislichen Besucher war 215 n. Chr. der römische Kaiser Caracalla. Danach verliert sich die Spur. Erdbeben, Kriege, spätere Überbauung, vielleicht auch Plünderungen sorgten dafür, dass Alexanders Grab aus dem Stadtbild Alexandrias verschwand.

Alexander der Große im Film

Es ist nicht überraschend, dass sich auch Hollywood dem abenteuerlichen Leben Alexanders widmete. Die größten Publikums-erfolge verzeichneten zwei US-Spielfilme von 1956 und 2004. In der Tradition der damals außerordentlich populären Monumentalfilme inszenierte 1956 Robert Rossen in aller filmischen Freiheit die Geschichte Alexanders mit dem kampferprobten Richard Burton in der Hauptrolle. 2004 bot Regisseur Oliver Stone den Kinobesuchern fast drei Stunden lang Alexanders Leben und Tod. Der Protagonist wurde von Colin Farrell verkörpert, seine Mutter Olympias spielte die nur ein Jahr ältere Angelina Jolie. Der Film zeichnet sich durch eine große historische Faktentreue aus. Robin Lane Fox, einer der führenden Alexander-Forscher der Gegenwart, war eigens als Berater engagiert worden.

Schwierige Suche

Doch aus den Köpfen verschwand das Grab nicht. Immer wieder entwickelten Hobbyforscher und professionelle Archäologen den Ehrgeiz, Alexanders Ruhestätte unter der Oberfläche des modernen Alexandria ausfindig zu machen. So gab es im Lauf des 19. Jahrhunderts bereits ein breites Angebot an möglichen Lokalisierungen.

Einen vagen Anhaltspunkt lieferte eine Angabe bei dem antiken Geografen Strabon, einem Zeitgenossen des Augustus, der in der zweiten Hälfte des 1. Jahrhunderts v. Chr. lebte. Das Grab lag demnach in einer Nekropole im Palastbezirk der ptolemäischen Könige. Der Palast befand sich in der Nähe des Hafens. Durch Erdbeben und andere tektonische Vorgänge ist der größte Teil des Palastes, in dem einst die Könige von Ptolemaios I. bis Kleopatra lebten, im Meer versunken. Unterwasserarchäologen gelang es in den letzten Jahren, diese Anlage zu dokumentieren. Die Entdeckung eines Königsgrabes konnten sie allerdings nicht vermelden.

Überdies ist es nicht sicher, dass die Information Strabons zutreffend ist. Archäologen konzentrierten sich bei ihren Recherchen daher auch auf andere Regionen Alexandrias. Dadurch stieg die Zahl der vermeintlichen Lokalisierungen rapide an. Knapp 140 Alexandergräber wurden auf diese Weise gefunden. Meistens folgte das Dementi auf dem Fuße, wenn sich das angebliche Grab als römischer Tempel oder christliche Nekropole entpuppte.

Verheißungsvolle Fährte

In jüngster Zeit nahmen Wissenschaftler einen Ort erneut ins Visier, der schon einmal im Fokus des Interesses gestanden hatte. Auf dem alten Lateinischen Friedhof in Alexandria waren bereits zu Beginn des 20. Jahrhunderts Alabasterblöcke zum Vorschein gekommen. Die Funde stammen, wie eindeutig festgestellt werden konnte, aus der Zeit der ersten Ptolemäer. Die Forscher untersuchten, ob es sich dabei um Reste einer königlichen

Grabkammer handeln könne, worauf die Verwendung von Alabaster schließen lässt. Noch gibt es keine definitiven Ergebnisse. Jedoch liegt die Fundstelle weit außerhalb der antiken Stadtmauern von Alexandria. Hätten die Ptolemäer, die so viel Wert auf öffentliche Aufmerksamkeit legten, einen verborgenen Platz gewählt? Andererseits ähnelt der Baustil der Architektur einer Gruft, die 1977 im nordgriechischen Vergina entdeckt wurde und die von den Archäologen als die monumentale Grabstätte von Philipp II., dem Vater Alexanders des Großen, identifiziert wurde. Per Computertomografie konnte sogar eines der Skelette, die in dem Grab gefunden wurden, eindeutig Philipp zugewiesen werden. Eine in den Quellen überlieferte Knieverletzung durch einen Speer wurde an einem der Knochen nachgewiesen.

Ruhestätte in der Heimat?

2012 sorgten griechische Archäologen erneut für Schlagzeilen. Grund war die Entdeckung eines monumentalen Hügelgrabes auf dem Gebiet der antiken Stadt Amphipolis. Die Hafenstadt gehörte in der Zeit Philipps und

Alexanders zum Machtbereich der makedonischen Könige. Vorsichtig datierten die Wissenschaftler das Grab in die Zeit zwischen 325 und 300 v. Chr. Sofort setzten in der Öffentlichkeit Spekulationen ein, es müsse sich um ein Königsgrab handeln. Und die Datierung spricht – für Alexander den Großen. Alexander der Große? Die Ausgräberin avancierte zum Medienstar, war aber bemüht, die Erwartungen zu dämpfen. Natürlich handelte es sich um das Grab einer bedeutenden Persönlichkeit. Dafür sprachenm unbedingt die Größe und die prunkvolle Ausstattung. Die kreisförmige Umfassungsmauer wies eine Länge von 497 Metern auf, die Höhe betrug 4,5 Meter. Auch die Ausstattung war vom Feinsten: weißer Marmor von der Insel Thasos, Sphingen als Wächter vor dem Eingang.

Eine kleine, aber bedeutende Schwierigkeit bleibt, wenn man in der Anlage von Amphipolis das lang gesuchte Grab Alexanders des Großen sehen möchte: Es gibt nicht den geringsten Hinweis darauf, dass der Leichnam zu irgendeinem Zeitpunkt in die makedonische Heimat zurückgeführt worden ist. Wer als der Entdecker des Alexandergrabes in die Geschichte eingehen möchte, sollte weiterhin in Alexandria sein Glück versuchen.

Einen der größten Siege Alexanders illustriert dieses römische Mosaik aus dem 1. Jh. n. Chr.: 333 v. Chr. besiegten Alexanders Streitkräfte in der Schlacht bei Issos die des Perserkönigs Dareios III. – der Weg ins Innere Asiens stand damit offen.

Flammendes Inferno

Die Katastrophe der *Hindenburg* bedeutete das Ende eine großen Ära. Über die Ursache des Unglücks herrscht bis heute Unklarheit.

Der 6. Mai 1937 ist als ein schwarzer Tag in die Geschichte der Luftfahrt eingegangen. Bei dem Versuch der Landung auf dem Marineflughafen von Lakehurst, New Jersey, ging das deutsche Luftschiff *Hindenburg* in Flammen auf. Bei dem Inferno kamen 36 Menschen ums Leben – 13 der 36 Passagiere, 22 Mann der 60-köpfigen Besatzung und ein Mitglied des Bodenpersonals.

Das Luftschiff *LZ 129*, so die offizielle Bezeichnung, war das Flaggschiff der deutschen Zeppelinflotte. Am 6. Mai 1936 hatte es seinen ersten Flug über den Atlantik mit dem Ziel Vereinigte Staaten von Amerika unternommen. Um 21.30 Uhr war die *Hindenburg* in Frankfurt am Main gestartet, etwas mehr als 61 Stunden später landete sie sicher auf dem Flughafen von Lakehurst, dort, wo es fast genau ein Jahr später zur Katastrophe kommen sollte. Schon im April desselben Jahres hatte mit einer Reise von der Zeppelin-Schmiede Friedrichshafen am Bodensee nach Rio de Janeiro die erste Atlantiküberquerung auf dem Programm gestanden.

Technisches Meisterwerk und fliegendes Luxushotel

Die *Hindenburg* war auf dem neuesten Stand der Technik und zudem ein Luftschiff der Superlative. Zusammen mit dem Schwesterschiff *LZ 130* (der *Hindenburg 2*) war sie der weltweit größte Zeppelin und überhaupt das größte je gebaute Flugobjekt. Imposante 245 Meter betrugen die Maße vom Bug der Zigarre bis zu ihrem Heck. Sie hatte einen Durchmesser von 41 Metern und einen Gasinhalt von 200 000 Kubikmetern. Ihren Passagieren bot die *Hindenburg* jeden nur denkbaren Komfort, sodass man sie gern als „fliegendes Luxushotel" bezeichnete. 15 Stewards lasen den Gästen jeden Wunsch von den Augen ab. Delikate Speisen und erlesene Getränke sorgten für das kulinarische Wohl. Die beiden Nächte während des Fluges nach New York verbrachte die zahlungskräftige Kundschaft in Kabinen mit fließend warmem Wasser. Sogar Rauchen an Bord war erlaubt. Dafür mussten sich die Tabakfreunde in einen speziell gesicherten Raum begeben.

Wasserstoff statt Helium

Etwas Sorge bereitete den Ingenieuren nur der Umstand, dass die *Hindenburg* für den Auftrieb nicht, wie eigentlich vorgesehen, mit Helium gefüllt werden konnte. Die USA, die das Monopol darauf besaßen, waren nicht bereit, den Deutschen den begehrten Stoff zu liefern. Zu groß war das Misstrauen gegenüber dem nationalsozialistischen

Deutschland. Außerdem diente die *Hindenburg* Hitler und den anderen Nazigrößen als Aushängeschild und Instrument der Propaganda. Bei der Eröffnung der Olympischen Spiele in Berlin am 1. August 1936 musste der Zeppelin auf Geheiß Hitlers, über dem Stadion kreisend, eine Verbeugung vorführen, die dadurch erreicht wurde, dass die Besatzung in der Luft zwischen Bug und Gang hin- und herrannte. Solche Aktionen sollten nach dem Willen der US-Regierung nicht auch noch mit amerikanischem Helium gefördert werden. Statt mit Helium wurde der Zeppelin nun mit leicht entzündbarem Wasserstoff gefüllt.

Am 3. Mai 1937 startete die *Hindenburg* in Frankfurt am Main zu ihrer letzten Reise. Der Flug über den Atlantik war schon fast zur Routine geworden. 30 Flüge standen bereits auf dem Konto. Vier Dieselmotoren sorgten für eine maximale Geschwindigkeit von 125 Stundenkilometern. Heftiger Gegenwind und Gewitter führten dazu, dass Kapitän Max Pruss das Tempo drosseln ließ. Als sich das Luftschiff der amerikanischen Küste näherte, lag der Zeppelin etwa zwölf Stunden hinter dem Zeitplan zurück. Man hatte nicht viel Zeit. Bereits für Mitternacht war der Rückflug nach Europa angesetzt, mit Passagieren an Bord, die der Krönung des englischen Königs George VI. in London beiwohnen wollten.

Landungen und Starts von Luftschiffen waren wegen der oft prominenten Passagiere auch gesellschaftliche Ereignisse, für die sich die Presse interessierte. So auch der Fotograf Arthur Cofod, dessen Pressezugangskarte hier abgebildet ist. Cofod schoss ganz andere Bilder als erwartet, sie wurden im Magazin *Life* veröffentlicht.

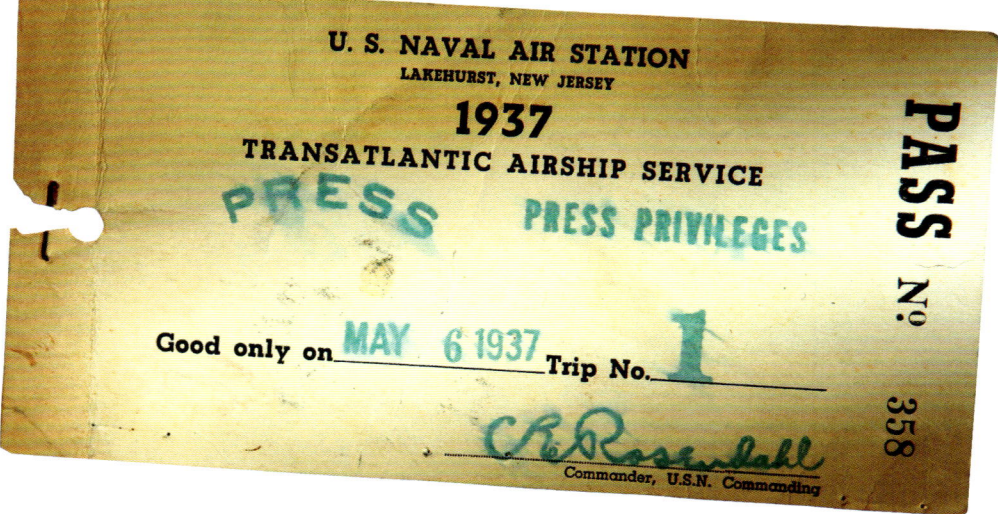

Schlechtes Wetter

Doch die Landung in Lakehurst verzögerte sich weiter. Wegen anhaltend starker Winde und heftiger Gewitter erhielt die *Hindenburg* keine Landeerlaubnis. Nach einer Ehrenrunde über Manhattan schien sich das Wetter zu bessern. Es war exakt 18 Uhr 25, als das gigantische Luftschiff zur Landung ansetzte. Auf dem Flugplatz hatte sich eine große Menschenmenge versammelt – Angehörige, Freunde, Schaulustige, Reporter von Funk und Presse. Für die Besatzung dagegen waren Flug und Landung schon längst Routine. Man wusste genau, was zu tun war: Gas ablassen, Ballast abwerfen, die Halteleinen für die Bodenmannschaften herabwerfen. Zunächst schien auch diesmal alles nach Plan zu laufen.

Originalton

Der amerikanische Rundfunkjournalist Herbert Morrison berichtete live von der Ankunft der *Hindenburg*. Seine Reportage hat den Moment der Katastrophe festgehalten: „Es ist in Flammen aufgegangen … und es fällt, es stürzt ab … Furchtbar, oh Gott, lauf weg da, bitte … Das ist eine der schlimmsten Katastrophen der Welt … Da sind Rauch und Flammen jetzt und das Gerüst stürzt zu Boden, nicht ganz bis zum Ankermast … Die Menschen und all die Passagiere, schreien um mich herum."

Die Katastrophe

Wenige Sekunden später herrschten Panik und blankes Entsetzen. Eine Explosion, ein greller Blitz und das stolze Luftschiff verwandelte sich in 60 Meter Höhe urplötzlich in einen riesigen Feuerball. Es dauerte nur etwas mehr als eine halbe Minute, und die *Hindenburg* war völlig ausgebrannt. An Bord spielten sich schreckliche Dramen ab. Viele versuchten sich mit einem Sprung zu retten, andere verbrannten bei lebendigem Leib. Der Kapitän sprang zuletzt, überlebte mit schweren Verletzungen. Doch für 36 Passagiere und Besatzungsmitglieder kam jede Hilfe zu spät. Die Menschen, die zum Empfang erschienen waren, blieben fassungslos zurück. Sie waren zu unmittelbaren Zeugen einer der größten Katastrophen in der Geschichte der Luftfahrt geworden.

Suche nach den Ursachen

Bis heute ist es nicht gelungen, die Ursache für die Katastrophe zweifelsfrei festzustellen. Eine sofort eingesetzte Untersuchungskommission, bestehend aus deutschen und amerikanischen Experten, kam zu keinem Ergebnis. In Deutschland machten Verschwörungstheorien die Runde, man sprach von Sabotage und einem Attentat. Doch für diese Theorie gibt es keine konkreten Anhaltspunkte. Viele Befürworter hat die Auffassung, dass ein Wendemanöver, das wegen des schlechten Wetters durchgeführt wurde, das Unglück verursacht habe. Dabei sei ein Spanndraht gelöst worden, der ein Leck in die Außenhaut des Luftschiffs gerissen habe. Dabei sei Wasserstoff ausgetreten. Und weil der Zeppelin in der gewittrigen Luft elektrisch aufgeladen war, entstand eine hochexplosive Situation, als die Landeseile den Boden berührten. Ein Funke entzündete das brisante Gemisch aus Wasserstoff und führte zu dem Inferno.

Nicht wenige Experten halten ein anderes Szenario für wahrscheinlicher. Darin spielt das Gewitter eine wichtige Rolle. Entscheidend war jedoch, so sagen die Befürworter dieser Variante, die Beschichtung der Außenhaut des Zeppelins. Die charakteristische silberne Farbe des Luftschiffs wurde durch die Beimischung von Aluminium erzeugt. Aufgrund der statischen Energie, die durch das Gewitter erzeugt wurde, kam es zu der Katastrophe, die, davon sind die Vertreter dieser Theorie überzeugt, auch eingetreten wäre, wenn die *Hindenburg* nicht mit Wasserstoff gefüllt gewesen wäre.

Vorläufiges Ende eines Traumes

Das Inferno von Lakehurst erregt bis heute die Gemüter. Immer wieder gibt es neue Dokumentationen, gestützt auf Filme, Fotos und Augenzeugenberichte. Dass das Geheimnis jemals lückenlos gelüftet werden kann, darf bezweifelt werden.

Für die Zeppeline bedeutete die Katastrophe jedenfalls das vorläufige Aus. Der Passagierreiseverkehr mit Luftschiffen wurde damals eingestellt. Nach Lakehurst hatte niemand mehr Vertrauen in die fliegenden Zigarren.

Das Geheimnis von Stonehenge

Die monumentalen Steinkreise haben immer wieder die Fantasie angeregt. Von einer endgültigen Deutung ist man allerdings nach wie vor weit entfernt.

Vieles wäre einfacher, wenn die unbekannten Erbauer von Stonehenge in irgendeiner Weise Auskunft darüber gegeben hätten, was sie mit dieser eigentümlichen Anlage eigentlich bezweckten. So aber haben sich seit den ersten systematischen Ausgrabungen zu Beginn des 19. Jahrhunderts Generationen von Wissenschaftlern und Hobbyforschern den Kopf darüber zerbrochen, welche Bedeutung die Megalithen in der Nähe der englischen Stadt Amesbury haben könnten. Gerade weil man so wenig Genaues weiß, sind die berühmten Steine bis heute Tummelplatz für Esoteriker, Spiritualis-

ten und New-Age-Jünger aus aller Welt, für die Stonehenge eine geradezu magische Bedeutung hat. Gern versetzt man sich dabei in die von Nebel verhüllte Welt der alten Kelten mit ihren Druiden und Kriegern, deren geheimnisvolle Rituale so recht zu der geheimnisvollen Welt von Stonehenge zu passen scheinen.

Die Zeichnung des britischen Spezialisten Peter Dunn zeigt, wie die Sturzsteine mithilfe von Holzbalkenplattformen auf die Monolithen gehoben worden sein könnten.

Nicht die Kelten, nicht Merlin

Und doch sind es mit Sicherheit keine Kelten gewesen, die Stonehenge gebaut haben, um hier ihre magischen Künste zu präsentieren. Die Angehörigen dieses Volkes, dessen Siedlungsgebiete sich über weite Teile des mittleren Europa und sogar bis nach Kleinasien hin erstreckten, beeinflussten zwar auch die Kultur des frühen Britannien. Dies geschah jedoch nicht vor dem 6. Jahrhundert v. Chr. Zu diesem Zeitpunkt lag die Errichtung der Stätte schon lange zurück. Und als die Kelten in Britannien das Sagen hatten, gab es Stonehenge schon gar nicht mehr. Gut 1000 Jahre vor den Kelten war die Anlage aufgegeben worden. Es war auch nicht der Zauberer Merlin, der für sich die Ehre beanspruchen darf, für die Anlage von Stonehenge die Verantwortung zu tragen. Das glauben zwar auf der Insel immer noch viele Menschen, doch darf man die berühmte Figur aus dem Zyklus der Erzählungen von König Artus ebenfalls eliminieren, denn Merlin war definitiv keine historische Persönlichkeit, sondern gehört in das Reich der Fabeln.

Drei Phasen

Nüchterner gehen die Archäologen die Herausforderung Stonehenge an. Die Geschichte der wissenschaftlichen Erforschung begann um 1800 mit dem britischen Gelehrten William Cunnington. Seitdem steht der Ort im Fokus der Forscher. Die archäologischen

Ausgrabungen, die in jüngster Zeit auch mit modernster Technologie durchgeführt wurden, haben ergeben, dass die Baugeschichte in drei Phasen einzuteilen ist.

Die Anfänge führen in die prähistorische Zeit. Die ersten Menschen, die hier ihre steinernen Spuren hinterließen, gingen um 3100 v. Chr. ans Werk. Sie waren noch nicht besonders einfallsreich: Eine freie Fläche wurde von einem etwa zwei Meter hohen Ringwall und einem Graben umgeben. Flankiert wurde der Wall von insgesamt 56 Gruben, die von den ersten Forschern, die sie untersuchten, als Begräbnisstätten interpretiert wurden. Die zweite Bauphase setzte um 2900 v. Chr. ein. Zu dieser Zeit wurden innerhalb des Walls Konstruktionen aus Holz errichtet, wie sich aus der Entdeckung von Pfostenlöchern ergab.

Ihr heutiges Aussehen erhielt die Anlage zwischen 2500 und 1500 v. Chr., wobei die Archäologen in dieser Phase wiederum einzelne Ausbaustadien feststellen konnten. In dieser Zeit erhielt Stonehenge durch die Aufstellung der Monolithen sein charakteristisches Aussehen. Bis zu vier Tonnen schwere Blausteine wurden auf mühevolle Weise aus dem Gebiet des heutigen Wales, aus einer Entfernung von rund 380 Kilometern, herbeigeschleppt. Zu diesem Schluss kamen die Forscher bei der vergleichenden Untersuchung der verwendeten Materialien. Vermutungen gehen dahin, dass die schweren Steine auf Rollschlitten bewegt wurden. Höchstwahrscheinlich verlud man sie unterwegs auf stabile

Flöße und nutzte Flüsse als Verkehrswege. Am Bestimmungsort angekommen, wurden die Steine in einem doppelten Halbkreis aufgestellt. In der Mitte wurde ein einzelner Monolith platziert, der ein Gewicht von sechs Tonnen aufwies.

Schweißtreibende Arbeit

Etwa um 2400 v. Chr. war Stonehenge erneut eine Baustelle. Nun begann die produktivste und spektakulärste Arbeit, die sich über mehrere Jahrzehnte hinweg erstreckte. Das Ergebnis war verblüffend und lässt heute sowohl in der Fachwelt als auch in der interessierten Öffentlichkeit den Respekt vor der Leistung der mit dieser Aufgabe betrauten Menschen schier ins Unermessliche steigen. Errichtet wurde nun eine Konstruktion aus Sarsensteinen, einer Gesteinsart härter als Granit. Aus einer Distanz von 35 Kilometern wurden 74 über 25 Tonnen schwere Sand-

steinblöcke nach Stonehenge transportiert. Um diese Herkulesaufgabe technisch zu bewältigen, kamen wahrscheinlich wieder Schlitten und auch Rollen zum Einsatz. Berechnungen haben ergeben, dass dabei Hunderte kräftiger Männer benötigt wurden, die die Geräte mit Seilen aus Rinderhaar und Lederriemen in Bewegung setzten. Bearbeitet wurden die rohen Steine dann in Werkstätten vor Ort. Das Aufstellen der Megalithe wurde mithilfe einfacher technischer Installationen – Zugseilen und Hebeln – bewerkstelligt.

Das Ergebnis ihrer Arbeit wird die Beteiligten zufriedengestellt haben. Die 74 Sarsensteine bildeten einen äußeren Ring mit einem Durchmesser von 30 Metern. Sie umschlossen eine zentrale Anlage, die aus hufeisenförmig angeordneten Blausteinen bestand. Um diese herum gruppierten die Stonehenge-Architekten ein äußeres Hufeisen aus fünf sogenannten Trilithen (Dreisteinen) – sieben

Meter hohen und 40 Tonnen schweren Steinriesen, die aus jeweils zwei Tragsteinen und einem Deckstein bestanden. In der Mitte wurde wieder ein großer, an einen Altar erinnernder Stein aufgestellt. Die Stätte von Stonehenge befand sich, wie die Archäologen ermittelten, nicht isoliert mitten in der Landschaft, sondern war durch eine drei Kilometer lange Straße mit der Außenwelt verbunden.

Viele Deutungen

Welche Funktion hatte diese imposante Anlage? Diese Frage erregt bis heute die Gemüter. Klar ist, dass dahinter eine perfekte Organisation und eine ausgefeilte Logistik standen. Ohne Grund dürfte man sich kaum die Mühe gemacht haben, die Steine von weit herzuschaffen und diese dann nach einem bestimmten Plan an dem vorgesehenen Ort aufzustellen. War Stonehenge ein Friedhof? Vor allem in den frühen Phasen deuten die Spuren von Gräbern auf eine solche Zweckbestimmung hin. Oder eine Kultstätte, an der die frühen Bewohner von Stonehenge ihre religiösen Zeremonien durchführten? Oder ein Tempel für Götter, die allerdings nicht bekannt sind?

Frühe Sternwarte?

Der größten Popularität erfreut sich die Deutung als eine frühe Sternwarte und, damit zusammenhängend, als ein gigantischer Kalender. Tatsächlich sind die Anordnung der Steine und ihre Positionen zueinander so auffällig, dass man kaum an einen Zufall denken kann. Die Achsen der Steinkreise und die Straße weisen exakt auf den Punkt, an dem die Sonne nach der Mittsommernacht (am 22. Juni) aufgeht. Am Tag der Sommersonnenwende fällt das Licht der Sonne exakt in den Mittelpunkt des Steins im Zentrum der Kreise. Gleiches gilt, in entgegengesetzter Richtung, für den Sonnenuntergang bei der Wintersonnenwende. Es kann also kein Zwei-

fel daran bestehen, dass die unbekannten Konstrukteure von Stonehenge die Anlage am Lauf der Sonne und, wie weiter gefolgert werden kann, an den Jahreszeiten ausgerichtet haben. Die Steinkreise von Stonehenge sind ein wertvolles Dokument für den Stand astronomischer Berechnungen vor über 4000 Jahren. Um zu diesen Erkenntnissen zu gelangen, brauchten sie allerdings, wie gelegentlich publikumswirksam vermutet, keinen Besuch aus dem All. Die Bewohner von Stonehenge lebten zwar auf einer Insel, jedoch nicht hinter dem Mond. Sie trieben, wie Funde beweisen, ausgedehnten Handel und dürften dabei mit Kulturen in Kontakt getreten sein, die ihnen ihr astronomisches Know-how vermittelten. In dieser Hinsicht vergleichbare Anlagen wurden beispielsweise in Marokko und Armenien entdeckt.

Neueste Forschungen

Jüngste Forschungen haben indes ergeben, dass die Wissenschaftler Stonehenge noch längst nicht alle Geheimnisse entlockt haben. Ein internationales Team nahm mit moderner Hightech wie Magnetometrie und Bodenradarantennen die Umgebung der Steinkreise unter die Lupe. Das Ergebnis war eine archäologische Sensation. Digital und virtuell wurden zahlreiche weitere Spuren von Eingriffen in die Landschaft festgestellt. Demnach war Stonehenge das Zentrum eines großen, von Gräbern, Kultanlagen und weiteren Steinkreisen umgebenen Komplexes, der von den Forschern als eine gigantische Bestattungs- und Tempelanlage interpretiert wird. Drei Kilometer vom „ersten" Stonehenge entfernt befand sich ein weiteres Stonehenge mit 90 zum Teil noch aufrecht stehenden, 4,5 Meter hohen Steinen, über die in den vergangenen Jahrhunderten buchstäblich Gras gewachsen war und die nun mit der modernen Technik aufgespürt wurden. Bemerkenswert ist der Umstand, dass diese neu entdeckte Anlage bereits um 2600 v. Chr. entstanden ist, also einige Zeit vor dem bis dahin bekannten Stonehenge. Neuerdings wird in den Kreisen der Fachwissenschaft diskutiert, ob die Steine des frühen Stonehenge, die zu einem recht frühen Zeitpunkt abgetragen wurden, auch dazu dienten, das neue Stonehenge aufzubauen.

Zum Vorschein kamen bei den jüngsten Untersuchungen auch Spuren menschlicher Besiedlung, die als Hinweis auf jene unbekannten Menschen gedeutet werden können, die für den Bau der Steinkreise verantwortlich gemacht werden können. Gräber mit sieben Skeletten führten zu der Annahme, dass es sich dabei um die sterblichen Überreste von Arbeitern handeln könnte, die damals beim Aufbau der Steinkreise beteiligt waren. Erstaunliches förderte die Untersuchung der Zähne zutage. Zähne speichern, wie die Wissenschaftler seit einiger Zeit schon wissen, den „chemischen Fingerabdruck" der Gegend, in der ihre Besitzer aufgewachsen sind. Die Stonehenge-Toten hatten mit 13 oder 14 Jahren ihre Heimat verlassen, die sich wahrscheinlich im heutigen Wales befand – ein sehr frühes Beispiel für Arbeitsmigration.

Die Entdeckung von zwei Wasserquellen gestattet möglicherweise eine Antwort auf die Frage, aus welchen Gründen die Erbauer von Stonehenge ausgerechnet dieses Areal für ihre Steinkreise ausgewählt haben. Wasser spielt als Leben spendendes Element in vielen alten Kulturen und Religionen eine herausragende Rolle. Diese Quellen könnten es gewesen sein, die Stonehenge den Rang eines heiligen Ortes gaben. Also handelte es sich, wie bereits früher vermutet, doch eher um einen sakralen Platz und nicht um ein prähistorisches Observatorium? Oder gehören Kultstätte für die Toten und Sternwarte zusammen?

Viele neue Fragen warten auf neue Antworten. Die Arbeiten des „Stonehenge Hidden Landscape Project" sind noch nicht abgeschlossen. Doch versprechen die Wissenschaftler schon jetzt, dass die lange Geschichte von Stonehenge neu geschrieben werden muss.

Magnetometrie

Die Magnometrie ist eine der modernsten geophysikalischen Forschungsmethoden in der Archäologie. Ohne Hilfe eines Spatens können Wissenschaftler mit dieser Technik ganze Landschaften daraufhin untersuchen, was sich alles an von Menschen hinterlassenen Spuren unter der Erdoberfläche befindet. Die Gefahr, beim Graben wertvolle Fundzusammenhänge zu zerstören, ist bei der Magnetometrie praktisch ausgeschlossen. Bei dieser Technik wird das Erdmagnetfeld auf Anomalien hin abgetastet, die jeder menschliche Eingriff in Natur und Landschaft hinterlässt. Zum Einsatz kommt dabei mit dem Caesium-Magnetometer ein spezielles Messgerät. Die mit dessen Hilfe in einem Raster aufgenommenen Messdaten werden mit einer speziellen Software in Graustufen oder in farbigen 3D-Projektionen dargestellt. Diese Magnetogramme liefern, häufig ergänzt durch Luftbilder, ein klares Bild von den unter dem Boden verborgenen archäologischen Strukturen. Die Magnetometrie kann durch weitere Techniken noch detailliertere Ergebnisse erzielen. Dazu dient die sogenannte Widerstandsprojektion, die etwa die Fundamente verschütteter Bauteile identifizieren kann, indem sie mit dem (scheinbaren) elektrischen Widerstand der oberen Bodenschichten arbeitet. Bei der Radarprospektion werden kurze elektrische Impulse in den Untergrund gesendet. Auf diese Weise sind in den letzten Jahren etwa in den einst von den Römern beherrschten Gebieten zahlreiche Gutshöfe geortet worden, die den Archäologen bei Anwendung der konventionellen Grabungsmethoden vermutlich verborgen geblieben wären.

Ein Skelettfund sorgte für helle Aufregung. Musste die Frühgeschichte Amerikas neu geschrieben werden? Gentechnische Untersuchungen brachten die Lösung.

Wer entdeckte Amerika?

Keine Frage – das war Christoph Kolumbus im Jahr 1492. Der genuesische Seefahrer in spanischen Diensten erreichte mit seinem Flaggschiff, der *Santa Maria*, am 12. Oktober jenes Jahres um zwei Uhr früh amerikanischen Boden. Die Einheimischen nannten die Insel, auf der der Kapitän aus Übersee landete, Guanahaní. Kolumbus machte daraus „San Salvador", also „Heiliger Erlöser".

Doch war Kolumbus wirklich der erste Fremde in Amerika? Diese lange vertretene Auffassung musste revidiert werden, als sich die Geschichtswissenschaft intensiver mit der Geschichte der Wikinger befasste. Die rauen Gesellen aus dem hohen Norden un-

ternahmen von ihren Wohnsitzen in Schweden, Norwegen und Dänemark aus kühne Handels- und Beutezüge auf dem Meer. Einer dieser verwegenen Seefahrer, die keine Gefahren scheuten, war Leif Eriksson. Um das Jahr 1000 unternahm er eine Expedition, die einen festen Platz in den Annalen der Entdeckungsgeschichte erhielt. Er steuerte sein Schiff in unbekannte Gewässer westlich von Grönland. Dabei stieß er auf ein Land, dem er den Namen „Vinland" gab. Über die Bedeutung dieses Namens und damit über die Lokalisierung des betreffenden Landes streiten die Gelehrten bis heute. Gegenüber der früheren Deutung als „Weinland" favorisieren die meisten Historiker heute die Inter-

Hat dieses Gesicht, das Anthropologen aus den sterblichen Überresten des am Ufer des Columbia-River (links) aufgefundenen Kennewick-Mannes rekonstruierten, indianische, asiatische oder gar europäische Züge? Der Streit um die Herkunft des Toten wurde erbittert geführt.

Ufer des Flusses die Knochen. Nachdem sie sich von dem ersten Schrecken erholt hatten, benachrichtigten sie den zuständigen Untersuchungsrichter. Dieser beauftragte einen befreundeten Archäologen mit einer ersten Untersuchung des seltsamen Fundes. Anfangs hatte man noch geglaubt, es handle sich um die Überreste eines Verunglückten oder des Opfers eines Verbrechens. Doch dies sollte sich später als ein Irrtum herausstellen. Die Fundstelle wurde einer genauen Inspektion unterzogen. Den Studenten war nur der Schädel aufgefallen, aber nach und nach kamen weitere Knochenteile, insgesamt 350 an der Zahl, hinzu. Weitere Wissenschaftler wurden hinzugezogen, die sich um die Rekonstruktion der Anatomie kümmerten.

Guter Zustand

Die Zähne befanden sich in einem guten Zustand. Der 40 bis 55 Jahre alte, 1,70 bis 1,76 Meter große Mann war, wie festgestellt werden konnte, nicht auf natürliche Weise gestorben. Eine Art von Speer, der sich in einen Hüftknochen gebohrt hatte, hatte seinem Leben ein vermutlich abruptes Ende bereitet. Darauf deutete der Fund eines 79-Millimeter-Projektils hin. Die genaue Analyse des Geschosses mittels eines computertomografischen Scans förderte Erstaunliches zutage. Es handelte sich um ein silikatisches Steinprojektil vulkanischen Ursprungs. Es hatte eine blattförmige Gestalt und an den Kanten einen wellenartigen Schliff. Die Steinspitzen erinnerten die Wissenschaftler an die Waffen der sogenannten Altkordillerenkultur, eine der ältesten indianischen Zivilisationen im nordwestpazifischen Gebiet der Vereinigten Staaten von Amerika. Sie hatte ihren Höhepunkt vor mehr als 10000 Jahren – ein Befund, der die Forscher stutzig machte.

pretation als „Weideland". Einigkeit besteht hingegen darin, dass es sich um einen Platz auf dem nordamerikanischen Kontinent, wahrscheinlich in Neufundland, gehandelt haben muss.

Der Tote am Fluss

1996 geriet die bis dahin vorherrschende Meinung, es seien die Wikinger gewesen, die Amerika entdeckt hätten, gehörig ins Wanken. In der Nähe der Stadt Kennewick im US-Bundesstaat Washington wurde das Skelett eines Mannes entdeckt. Wie so oft, führte dabei der Zufall Regie. Zwei Studenten hatten sich ein Bootsrennen ansehen wollen, das auf dem Columbia River ausgetragen werden sollte. Dabei sahen sie am

In Reykjavik steht dieses Denkmal für den Wikinger Leif Eriksson, der von Grönland aus die Ostküste Nordamerikas erreichte.

Rätsel um die Herkunft

Bis hierhin war der Fund zwar interessant, aber noch nicht sonderlich aufregend. Das änderte sich schlagartig, als man sich daran machte, das Alter der Knochen zu bestimmen. Seit 8500 Jahren, so ergab die Radiokarbon- (C-14)-Untersuchung, lag der Mann an der Stelle, an der man ihn gefunden

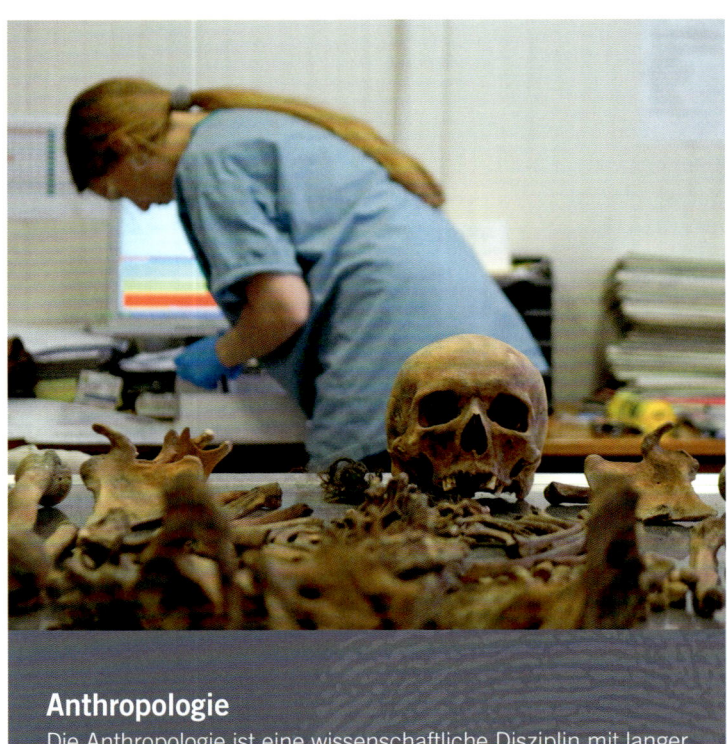

Anthropologie

Die Anthropologie ist eine wissenschaftliche Disziplin mit langer Tradition, aber auch mit sehr modernen Methoden und Ansätzen. Sie beschäftigt sich mit der Entstehung, der Entwicklung und der typologischen Differenzierung des Menschen. Der Name dieser Wissenschaft ist vom griechischen Wort *anthropos* = *Mensch* abgeleitet. Innerhalb der Anthropologie gibt es viele Ströme und Richtungen. Am wichtigsten für die Rekonstruktion früher Gesellschaften und die Identifizierung einzelner Individuen im Kontext ihrer jeweiligen Zeit ist die naturwissenschaftlich orientierte Anthropologie, die im Sinne der Darwin'schen Evolutionslehre den Menschen als biologisches Wesen untersucht. Die forensische Anthropologie beschäftigt sich mit der Untersuchung von Skeletten und ist in dieser Eigenschaft eine wichtige Disziplin bei der Untersuchung von Leichenfunden und Gräbern.

hatte und wo er dem unbekannten Mörder in die Quere gekommen war (wenn es sich nicht um einen Jäger handelte, der ihn aus Versehen getötet hatte). Und was die Wissenschaftler noch mehr verblüffte: Die Form des Schädels schien nicht der Morphologie der Ureinwohner Amerikas zu entsprechen, die schon einige Jahrhunderte zuvor eingewandert waren und die in der Terminologie der Europäer später „Indianer" genannt wurden. In der Forschung werden diese frühesten Bewohner Nordamerikas als Angehörige der „Clovis-Kultur" bezeichnet, nach einem prähistorischen Fundort im Bundesstaat New Mexiko, wo 1937 eine für diese Kultur typische Pfeilspitze ausgegraben wurde. Nach der gängigen Theorie waren diese Menschen über die erste eisfreie Landbrücke zwischen Sibirien und Alaska eingewandert.

Der „Kennewick-Mann", wie man ihn bald nur noch nannte, brachte nun einen ganz neuen Aspekt in die Frühgeschichte Amerikas. Wenn er anthropologisch und ethnisch nicht den Menschen der „Clovis-Kultur" angehörte, dann mussten er oder seine Vorfahren auf einem anderen Weg als die Urindianer nach Amerika gelangt sein. Forscher der Universität Kopenhagen gelangten zu der Überzeugung, dass der mysteriöse Mann den japanischen Ainu und polynesischen Menschen glich. Merkmale, die in diese Richtung wiesen, waren das schmale Gesicht, auseinander stehende Augen, ein vorspringender Kiefer und eine schmale Nase. Das war, so verkündeten die Gelehrten, nicht der Schädel eines Indianers, sondern eines Asiaten. Wenn das stimmte, so mussten einige Kapitel der amerikanischen Frühgeschichte neu geschrieben werden. Einen Japaner oder einen Polynesier hatten die Historiker und Anthropologen bisher nicht auf der Liste der eingewanderten Völker gehabt – jedenfalls nicht zu diesem frühen Zeitpunkt.

Also gab es eine zweite Phase in der Besiedlung Amerikas, von der man bisher nichts wusste? War der „Kennewick-Mann" stummer Zeuge einer Migration aus dem östlichen Asien, die 7500 Jahre vor der Expedition Leif Erikssons und 7000 Jahre vor den Fahrten des Kolumbus stattgefunden hatte?

Protest der Indianer

Diese Frage beschäftigte nicht nur Anthropologen, Archäologen und Historiker, sondern sie entwickelte sich zu einer Affäre mit politischen Ausmaßen. Ihre besondere Brisanz erhielt sie dadurch, dass die Vertreter von fünf Indianerstämmen aus der Fundregion den „Kennewick-Mann" als einen ihrer Ahnen beanspruchten. Unmittelbarer Stein des Anstoßes war der Umstand, dass das Skelett des Mannes in einem Museum in Seattle gelagert wurde. Die Indianer aber beharrten darauf, ihn nach der Sitte ihrer Stämme als einen der Ihren zu bestatten, weil er nach ihrer Auffassung kein Japaner oder Polynesier, sondern ein Indianer war. Grundlage des Protests war ein Gesetz aus dem Jahr 1990 mit dem umständlichen Titel „Native American Graves Protection and Repatriation Act". Dieses Gesetz schützt die Grabstätten der indigenen Völker Amerikas, nicht nur die der Indianer, sondern auch der Hawaiianer und der frühesten Bevölkerung Alaskas. Damit sollte dem schwunghaften Handel mit Gegenständen, die aus diesen Gräbern stammten, ein Riegel vorgeschoben werden. Die Indianer sahen es nicht nur als Respektlosigkeit, sondern auch als Missachtung ihrer Rechte und ihrer Traditionen an, dass die Gaben für ihre Toten und sogar deren Knochen in den Vitrinen von Museen, den Schatzkammern privater Sammler oder auf den Seziertischen von Wissenschaftlern landeten.

Der „Kennewick-Mann" wurde nun zum Objekt eines erbitterten Streits, der sogar mit rechtlichen Mitteln ausgetragen wurde. Nachdem zunächst die für das Fundgebiet zuständigen Behörden Bereitschaft gezeigt hatten, dem Wunsch der Indianer zu entsprechen, erhoben die Wissenschaftler Einspruch. Der Mann war kein Indianer, deshalb gehörte er den Anthropologen und nicht den Indianern. Man erhoffte sich von weiteren Untersuchungen wichtige Aufschlüsse über die frühe Geschichte Amerikas. Manche glaubten sogar, bei der Leiche könne es sich um einen frühen Einwanderer aus Europa handeln. Um dies zu klären, brauchte man Zeit. In einem Grab, so die Argumentation, hatte der „Kennewick-Mann" für die Wissenschaft keinen Wert. 2004 kam die Angelegenheit vor ein US-Bundesgericht, das die Klage der Indianer abwies. Der Schädel, so beschieden die Richter aufgrund der vorliegenden Gutachten, sei „nichtindianisch".

Für die klagenden Indianer war dieses Urteil ein schwerer Schlag. Die Wissenschaftler hingegen waren froh. Der „Kennewick-Mann" gehörte ihnen und sie sahen nun die Chance, den Knochen weitere Geheimnisse zu entlocken und zu einer definitiven Klärung der ethnischen Identität des Mannes zu gelangen. Tatsächlich setzten bald nach dem Gerichtsentscheid weitere Analysen ein. Doch konkrete Ergebnisse ließen lange auf sich warten. Der Schädel blieb der einzige tatsächliche oder vermeintliche Hinweis auf die Herkunft des prähistorischen Mannes.

Neue Methoden, neue Erkenntnisse

Mittlerweile aber hatte die paläogenetische Forschung große Fortschritte gemacht. Als man den „Kennewick-Mann" 1996 gefunden hatte, war die Wissenschaft noch nicht so weit gewesen, um anhand des Knochenmaterials Rückschlüsse auf die genetische Zuordnung vorzunehmen. 2014 kam es dann zu einer überraschenden Wende. Unter der Federführung eines dänischen Forscherteams hefteten sich Fachleute an die Fährte, die von dem Erbgut des Toten aus dem Columbia River ausging. Aus 200 Milligramm eines Handknochens destillierten sie 1,4 Prozent seiner DNA. Eigentlich verschwindend wenig, doch ausreichend, um zu sensationellen Ergebnissen zu gelangen. Die bisherige Auffassung von der Herkunft aus dem pazifischen

Raum, so verkündeten die Wissenschaftler nun, sei nicht mehr haltbar. Die DNA des „Kennewick-Mannes" wurde mit dem Erbgut von Mitgliedern des Stammes der Colville-Indianer verglichen, die in dem Gebiet des Fundortes lebten und die zu jenen Stämmen gehörten, deren Klage zuvor von dem Gericht abgewiesen worden war. Gleichzeitig besorgten sich die Paläologen Proben des Erbguts der Ainu und der Polynesier, die bis dahin als sichere Kandidaten für die Abstammung des im Fluss gefundenen Mannes galten. Zur Sicherheit wurde auch die DNA von Europäern in die Analyse mit einbezogen. Für einige Wissenschaftler war bis dahin die Theorie

nicht ganz vom Tisch, dass der „Kennewick-Mann" vielleicht doch aus Europa stammte und somit ein sehr früher Vorfahre der Wikinger und von Christoph Kolumbus war.

Das Resultat der DNA-Analysen stellte die bisherigen Untersuchungen auf den Kopf. Der Mann war kein Verwandter der Ainu und kein Verwandter der Polynesier, er war auch kein Europäer. Seine Heimat war Nordamerika. Sein Genmaterial ähnelte in frappierender Weise dem der Colville-Indianer. Somit ist der „Kennewick-Mann" ein Uhrahn der heutigen Indianer. Nach diesen Ergebnissen konnte man sich von der Vorstellung verab-

Die indianische Kultur der Colville – und damit auch die des Kennewick-Mannes – lebt nicht zuletzt im Colville Tribal Museum an der Grand-Coulee-Talsperre im US-Bundesstaat Washington weiter.

schieden, dass es in der frühen Geschichte Amerikas bislang unbekannte weitere Einwanderungswellen gegeben hat. Der „Kennewick-Mann" war indianischen Ursprungs, auch wenn dies auf den ersten Blick nicht so ausgesehen hatte. Er gehörte zu jenen indigenen Völkern, die wahrscheinlich über die Sibirien-Route nach Amerika eingewandert waren. Eine weitere Konsequenz: Die Wikinger behalten das Privileg, als die europäischen Entdecker Amerikas gelten zu dürfen.

Hoffen auf eine zweite Bestattung

Die Indianer dürfen sich darauf freuen, den „Kennewick-Mann" demnächst nach ihren Traditionen und Ritualen bestatten zu können. Doch es gibt noch ein kleines Problem. Nur die Colville waren bereit, für die Tests DNA-Material zur Verfügung zu stellen, nicht aber die anderen vier, die den Toten ebenfalls für sich beanspruchten. So weiß man nach wie vor nicht, mit welchem dieser Stämme der Mann am engsten verwandt ist. Zu großen Schwierigkeiten wird diese ungeklärte Situation aber vermutlich nicht führen. Ohnehin ist anzunehmen, dass es im Lauf der Jahrtausende und Jahrhunderte durch Heiratsbeziehungen zu Vermischungen zwischen den einzelnen Stämmen gekommen ist. Bei den Colville herrschten jedenfalls Freude und Erleichterung, als ihnen die Wissenschaftler das Ergebnis der Untersuchungen persönlich und exklusiv mitteilten. Sie hoffen, dass es ihnen bald möglich sein wird, den „Kennewick-Mann", der inzwischen zu den am intensivsten studierten Leichen der Weltgeschichte gehört, in ihrer Erde zu begraben. Es gibt dafür auch noch einen weiteren Grund zum Optimismus. Bereits 2010 hatte die amerikanische Regierung mit einer Gesetzesinitiative grünes Licht für ein vereinfachtes Verfahren bei dem Umgang mit den Toten und den Gräbern der Indianer gegeben. Demnach müssen alle menschlichen Überreste an die Stämme zurückgegeben werden.

Der größte Indianerfriedhof der USA

2004 stießen Bauarbeiter bei einem Brückenprojekt bei Port Angeles im US-Bundesstaat Washington auf die größte, bisher bekannte Begräbnisstätte für Indianer. Nicht weniger als 300 Gräber kamen zum Vorschein, dazu 785 Knochenreste und zahlreiche Beigaben. Der Friedhof war zwischen 1780 und 1835 in Gebrauch, bestattet wurden hier die Mitglieder des Lower Elwha Klallam-Stammes. Medizinische und forensische Untersuchungen ergaben, dass viele der Toten Opfer einer Pockenepidemie waren, die vermutlich durch europäische Siedler eingeschleppt worden war. Nach der Entdeckung setzten sich die Nachfahren der Verstorbenen dafür ein, die Arbeiten an der Brücke einzustellen, um den Friedhof nicht zu zerstören. Der Bundesstaat Washington versprach daraufhin drei Millionen Dollar für die Anlage eines neuen Friedhofs. Recherchen ergaben, dass die Existenz der indianischen Ruhestätte den Architekten und Ingenieuren vor Beginn der Bauarbeiten bekannt gewesen war. Man habe aber nicht mit einer solchen Menge von Gräbern gerechnet.

Dabei spielt die genetische Identifizierung keine Rolle mehr. Es genügt, wenn sich der Fundplatz auf indianischem Territorium befindet. Sollte sich eines Tages noch herausstellen, dass der „Kennewick-Mann" doch kein Indianer ist, muss er doch im Besitz der Indianer bleiben, denn die Gegend um Kennewick ist indianisches Land.

Einsteins Verwandte

Im August 1944 wurde in einer Villa in der Toskana die Familie von Robert Einstein ermordet. Die Tragödie um den Neffen des Nobelpreisträgers Albert Einstein wurde fast sieben Jahrzehnte später noch einmal aufgerollt.

Im Zweiten Deutschen Fernsehen läuft seit vielen Jahren mit großem Erfolg die Sendung „Aktenzeichen XY ungelöst". Dabei bittet die Kriminalpolizei die Zuschauer um Hilfe bei der Lösung ungeklärter Kriminalfälle. Am 23. Februar 2011 überraschte der Moderator das wie immer zahlreich vor den TV-Geräten versammelte Publikum mit einem ungewöhnlichen Anliegen. Man wolle versuchen, Licht in das Dunkel einer Angelegenheit zu bringen, die nicht, wie bei den XY-Fällen sonst üblich, ein paar Monate, allenfalls ein paar Jahre zurücklag. Und dann wurde zur Überraschung der Zuschauer ein Foto des berühmten Physikers und Nobelpreisträgers Albert Einstein gezeigt.

Gute Freunde

Der Fall, um den es ging, hatte sich fast 67 Jahre zuvor, am 3. August 1944, abgespielt, und dies nicht in Deutschland, Österreich

Bild links: Blick auf den Arno und den weltberühmten Ponte Vecchio im italienischen Florenz am 14. August 1944. Zu diesem Zeitpunkt hatten die deutschen Besatzer die Stadt verlassen, nicht ohne zuvor schwere Schäden an der Infrastruktur der Stadt anzurichten. Für die Familie von Robert Einstein kamen die alliierten Befreier zu spät – elf Tage zuvor hatten deutsche Soldaten Einsteins Ehefrau und seine Töchter niedergemetzelt.

oder der Schweiz, wo normalerweise die in der Sendung behandelten Verbrechen angesiedelt sind, sondern in Italien. Genauer: in der Toskana, in einer schmucken Villa namens Il Focardo in der Nähe von Florenz. Hier lebte der Ingenieur Robert Einstein mit seiner Frau Caesarina und den beiden Töchtern Cici und Luce. Nicht zufällig trug er denselben Namen wie der weltbekannte Physiker, der sich mit der Entwicklung der Relativitätstheorie unsterblich gemacht hat. Robert war Alberts Cousin, in ihrer Jugend hatten sie gemeinsam vieles unternommen und waren gute Freunde gewesen.

Im Sommer 1944, in der Endphase des Zweiten Weltkriegs, befanden sich die deutschen Truppen auch in Italien auf dem Rückzug. Von Süden her näherten sich rasch die britischen Verbände. Die Familie Einstein sehnte ihre Ankunft herbei. Denn sie lebte in ständiger Furcht vor den Deutschen. Robert Einstein stand auf dem Index der nationalsozialistischen Machthaber, weil er Jude war und weil er einen prominenten Namen trug. Immer musste er befürchten, stellvertretend für seinen 1933 in die USA emigrierten berühmten Verwandten von Hitlers Schergen in die Mangel genommen zu werden.

Kaltblütiger Mord

Sicherheitshalber hatte Robert Einstein das Landhaus der Familie verlassen und ganz in der Nähe, nur wenige Hundert Meter vom Haus entfernt, Zuflucht bei befreundeten

italienischen Partisanen gesucht. Seiner Frau und seinen Töchtern, so hoffte er, würde schon nichts passieren. Doch diese Hoffnung erwies sich als ein tödlicher Irrtum. Am Morgen des 3. August drangen 10 bis 20 deutsche Soldaten in das Haus ein. Offenbar suchten sie Robert Einstein. Als sie ihn nicht fanden, erschossen sie mit mehreren Salven aus ihren Maschinenpistolen im Kaminzimmer die Ehefrau und die beiden Töchter, 18 und 27 Jahre alt. Sie hatten sich geweigert, Auskunft darüber zu geben, wo sich Robert Einstein aufhielt. Die Frau und die Töchter waren nicht allein im Haus gewesen. Im Obergeschoss hielten sich zwei Nichten der Einsteins auf. Sie kamen mit dem Leben davon. Ein junger Soldat wurde, während man sich an die Exekution der drei Frauen machte, zur Bewachung der Nichten abgestellt. Mit der Tat soll er, wie die Nichten später bezeugten, nicht einverstanden gewesen sein. Er soll sogar in Tränen ausgebrochen sein, als die Schreie der Opfer nach oben vordrangen. Bevor die Täter das Haus verließen, steckten sie das Haus in Brand, in erster Linie, um keine Spuren zu hinterlassen, aber wohl auch, um das tödliche Werk bis zur letzten Konsequenz durchzuführen.

Erster Hinweis

Robert Einstein bot sich, als er, durch die weithin sichtbaren Flammen alarmiert, zur Villa zurückkehrte, der grausige Anblick seiner ermordeten Familie und des zerstörten Hauses. Von den Nichten erfuhr er, was geschehen war. Die weiteren Untersuchungen wurden von den alliierten Militärs durchgeführt – die britische Armee hatte kurz nach der Tat die Gegend von Florenz erreicht. Wer waren die Mörder gewesen? Offenbar Soldaten. Aber von welcher Einheit? Handelten sie auf eigene Faust oder im Auftrag? Und wo befanden sie sich jetzt? Ein Papierfetzen, tauchte auf, auf dem stand, die Einsteins hätten sterben müssen, weil sie Juden waren und weil sie Spionage betrieben hätten. Dabei war Robert Einsteins Frau die Tochter eines protestantischen Pfarrers. Dieses Bekennerschreiben, das Nachbarn in der Nähe des Tatorts gefunden hatten, war in seiner Kürze und Unbestimmtheit nicht geeignet, nähere Auskünfte über den Täterkreis zu geben.

Robert Einstein konnte den schweren Schicksalsschlag, der ihn getroffen hatte, nicht verwinden. Das Leben erschien ihm ohne Frau und Kinder nicht mehr lebenswert. Am 13. Juli 1945, wenige Wochen nach der deutschen Kapitulation, nahm er sich, an seinem 32. Hochzeitstag, das Leben. Im Tod wurde er wieder mit seiner Familie vereint. Sie alle liegen auf dem Friedhof von Badiuzza.

Lange Leitung

Darauf zu hoffen, einen Fall nach fast 70 Jahren via TV klären zu können, ist gar nicht so illusorisch wie es auf den ersten Blick aussieht. Im November 1982 wurde die 18-jährige Lolita Brieger Opfer eines Mordes. Jedoch gab es von ihrer Leiche keine Spur – volle 29 Jahre lang. Erst als der Fall in „Aktenzeichen XY" gezeigt wurde, kam der Stein durch Zuschauerhinweise ins Rollen. Die Überreste der Frau wurden auf einer Mülldeponie gefunden. Auch der Täter konnte ermittelt werden. Manche Fälle, bei denen man glaubte, in eine Sackgasse geraten zu sein, wurden nach teilweise über 40 Jahren wieder aufgerollt, weil sich bis dahin unbekannte, neue Anhaltspunkte ergeben hatten oder weil moderne forensische Methoden zur Anwendung kamen, über die man früher noch nicht verfügte.

Neue Ermittlungen

Mord verjährt nicht. Der Fall Einstein wurde von den Behörden nicht zu den Akten gelegt. Doch die Polizei kam mit ihren Untersuchungen nicht recht voran. So vergingen Jahre, Jahrzehnte. Erst 2007 kam wieder Bewegung in die Sache. Die Zentrale Stelle zur Aufklärung von NS-Verbrechen im baden-württembergischen Ludwigsburg war auf neue Dokumente gestoßen, die mit dem Einstein-Mord in Zusammenhang standen. In die Ermittlungen eingeschaltet wurden Staatsanwaltschaft, Kriminalpolizei und ein italienischer Kriminalhistoriker von der Universität Köln.

Eine allerdings nur dünne Spur führte zu dem Namen des Kommandanten einer Einheit der deutschen Wehrmacht. Es gab vage Hinweise, dass die Soldaten, die den Mord verübt hatten, aus dieser Truppe stammten. Doch diese Spur verlief im Sand.

Das Interesse am Fall Einstein, den viele schon vergessen hatten, war jedoch wieder geweckt. Die Auswertung weiterer Dokumente und die Befragung von – allerdings bereits hochbetagten – Zeugen ließen den Verdacht aufkommen, es habe sich bei dem Killerkommando um eine SS-Einheit, also um Mitglieder von Hitlers gefürchteter „Schutzstaffel", gehandelt. In diese Richtung deuteten die dunklen Uniformen, die Zeugen erkannt haben wollten. Allerdings ergaben historische Recherchen, dass zum fraglichen Zeitpunkt keine SS-Einheiten in der Gegend um Florenz im Einsatz gewesen waren.

Nun konzentrierten sich die Ermittlungen auf die deutschen Wehrmachtsverbände, die Anfang August auf der Flucht vor den Alliierten in Richtung Norden unterwegs waren. Dieser Abzug verlief allerdings eher chaotisch als geordnet. Anfang August 1944 hielten sich viele deutsche Kampfverbände im Raum Florenz auf. Außerdem waren viele Unterlagen von damals in den Wirren des Kriegsendes verloren gegangen.

Suche nach dem Zeugen

Eine konkrete Spur aber gab es, und auf diese setzten die Beamten ihre ganze Hoffnung – auf den jungen Soldaten, der sich damals nicht am Mord beteiligt hatte und von dem die Nichten erzählt hatten, ihn habe das Verbrechen erschüttert. Er war kein Täter, sondern ein wichtiger Zeuge. Aber wie sollte man ihn finden? Und lebte er überhaupt noch? Die Nichten schilderten ihn als einen noch sehr jungen Mann von 18, vielleicht 20 Jahren, mit blonden Haaren und blauen Augen. Keine sehr genaue Beschreibung – und stellte man sich damals, auch und vor allem in Italien, Deutsche nicht sowieso immer blond und blauäugig vor? Wenn der junge Soldat 1944, zum Zeitpunkt der Tat, 18 Jahre alt gewesen war, musste er bei einem sich daraus ergebenden Geburtsdatum 1926 nunmehr weit über 80 Jahre alt sein.

Nicht zuletzt um diesen Zeugen zu finden, wandten sich Staatsanwaltschaft und Kriminalpolizei via TV an die Öffentlichkeit. Natürlich konnten sie keine Beschreibung des aktuellen Aussehens liefern. Aber möglicherweise gab es Menschen, Kinder oder Enkel etwa, denen er irgendwann einmal von der Tat erzählt hatte. Das wären tragfähige Hinweise, um mit Aussicht auf Erfolg noch einmal die Militärarchive zu durchforsten und auf den Namen der Einheit zu stoßen, zu der die Soldaten gehörten, die den Mord in der Toskana auf dem Gewissen hatten.

Rührender Brief

In der Livesendung wurde außerdem ein Brief verlesen. Er stammte von den beiden Nichten, die inzwischen 84 Jahre alt waren. Darin schrieben sie, dass sie ihn gern wiedersehen würden und dass sie sich freuen würden, wenn es zu einer versöhnlichen Aussprache kommen könnte. Der Appell war gut gemeint, brachte aber nichts ein. Fünf Millionen Menschen verfolgten die Sendung. 30 Hinweise gingen bei der Polizei ein. Eine heiße Spur befand sich darunter nicht. Auch mit den Mitteln modernster Fahndungstechnik über das Medium Fernsehen war es offenbar nicht möglich, die bald 70 Jahre zurückliegende Tat aufzuklären.

Einstellung des Verfahrens

Im Februar 2014 teilte die zuständige Staatsanwaltschaft in Frankenthal mit, dass der Fall Einstein zu den Akten gelegt worden sei – und zwar in der Abteilung „XY ungelöst". Das bedeutete, dass keine weiteren Nachforschungen angestellt würden. Im Abschlussbericht wurde immerhin hervorgehoben,

dass die Tat „wahrscheinlich auf das Konto von Angehörigen einer speziellen Fallschirm-Sturmgeschütz-Brigade" gehe. Jedoch hieß es in dem Kommuniqué auch: „Die wenigen noch als lebend ermittelten Soldaten dieser Sondereinheit scheiden nach dem Ergebnis der Überprüfung als potenzielle Straftäter aus."

Wie es aussieht, wird der Mord an der Familie Robert Einsteins nie gesühnt werden.

So wie diese Fallschirmjäger waren 1944 viele Wehrmachtsoldaten in und bei Florenz im Einsatz. Die deutschen Besatzer verübten zahlreiche Kriegsverbrechen, darunter den Mord an Robert Einsteins Frau und ihren Töchtern.

Einheimisch oder zugewandert?

Der Streit schwelt seit der Antike: Woher stammen die Etrusker? Geht es nach italienischen DNA-Forschern, kann man sich weitere Diskussionen sparen.

Die Etrusker sind ein Garant für Erfolg. Wenn ein Museum mit einer Ausstellung lockt, mit Titeln wie „Rätselhafte Etrusker" oder „Faszinierende Etrusker", kann es davon ausgehen, dass das Publikum in Massen strömt und die Medien entsprechend euphorisiert berichten. Nüchtern gesehen waren die Etrusker ein antikes Volk, das seine Glanzzeit zwischen dem 8. und 5. Jahrhundert v. Chr. erlebte und das zu dieser Zeit in Italien beheimatet war – genauer: in der nach ihnen benannten Toskana, zwischen den Flüssen Arno im Norden und Tiber im Süden. Aber bis heute umgibt die Etrusker wie kaum ein anderes Volk der Antike – die Ägypter vielleicht ausgenommen – die Aura des Geheimnisvollen und Rätselhaften. Das liegt unter anderem daran, dass sie zwar über eine Schrift verfügten, diese jedoch nicht so vollständig entziffert werden konnte, dass sie über ihre Geschichte und ihre Kultur hinreichend Auskunft geben kann. Kein Zweifel aber kann daran bestehen, dass die Etrusker zu den frühesten und bedeutendsten Hochkulturen der mediterranen Welt gehörten. Und dies Jahrhunderte bevor die Römer sich zur führenden Macht in Italien und später in der gesamten Mittelmeerwelt entwickelten.

Die Kunst der Etrusker war stark griechisch geprägt. Das Foto zeigt eine Mädchenstatuette.

Innovatives Volk

In einer Zeit, in der die meisten Völker Italiens noch in einem archaischen Dämmerzustand lebten, vollbrachten die Etrusker Erstaunliches. Sie lebten nicht in Dörfern oder auf kleinen Gehöften, sondern in Städten. Sie verehrten ihre Götter nicht in Flüssen oder Hainen, sondern in Tempeln. Sie wussten, wie man erfolgreich Handel trieb, und sie verstanden sich auf die Kunst der Metallverarbeitung. Politisch gab es keinen einheitlichen Staat der Etrusker. Die Herrschaftsgebiete waren in einzelne Stadtstaaten aufgeteilt. Regiert wurden die Stadtstaaten von Königen, denen ein in der Regel mächtiger Adel zur Seite stand. Von dem Einfluss und dem Reichtum der etruskischen Oberschichten zeugen bis heute die imposanten Grabmonumente in den Nekropolen von Cerveteri, Chiusi und Tarquinia.

Im Verlauf des 7. und 6. Jahrhunderts v. Chr. dehnten sich die Etrusker nach Norden und Süden aus. Im Norden verdrängten sie die Kelten. Im Süden erstreckte sich ihr Einfluss bis nach Kampanien. Sogar Pompeji, das später durch den Ausbruch des Vesuv zerstört wurde, stand eine Zeitlang unter der Herrschaft dieses agilen Volkes.

Gründung von Rom

Geschichte schrieben sie auch dadurch, dass sie die spätere Weltstadt Rom gründeten. Das soll nach römischer Rechnung am 21. April 753 v. Chr. gewesen sein, mit dem Brüderpaar Romulus und Remus als Hauptakteuren. Trennt man die Fiktion von den Fakten, ergibt sich ein klareres Bild. Bevor die Etrusker kamen, war Rom ein kleines Dorf am Tiber mit strebsamen Hirten und Bauern. Unter der Regie der Etrusker entwickelte sich Rom zu einer blühenden, fortschrittlichen Stadt mit Plätzen, Märkten, Läden, Tempeln und großzügigen Wohnanlagen. Die Etrusker prägten nachhaltig das politische, wirtschaftliche, religiöse und kulturelle Leben und stellten dabei unter Beweis, dass

sie auch technologisch auf der Höhe waren. Ein Meisterstück war die Trockenlegung der Überschwemmungsgebiete des Tiber und die Anlage der Cloaca Maxima, eines großen Abwasserkanals. Viele spätere Einrichtungen der Römer, wie etwa der Triumphzug oder die Orakel der Auguren, gingen auf die fremden Herrscher aus der Toskana zurück.

Die etruskische Herrschaft über Rom endete, wie die antiken Quellen berichten, 509 v. Chr. mit dem Sturz des letzten Königs Tarquinius Superbus. Doch ging es dabei nicht so spektakulär zu, wie es in der Überlieferung beschrieben wird. Die etruskischen Könige verabschiedeten sich aus Rom nicht revolutionär, sondern durch die allmähliche

Blick in den Eingangstunnel zu einer etruskischen Grabanlage in der „Totenstadt" von Cerveteri. Die Etrusker pflegten einen ausgeprägten Totenkult, die „Unterkünfte" für die Toten wurden großzügig ausgestattet.

Entmachtung der Herrscher, wodurch die Monarchie in eine von Aristokraten regierte Republik umgewandelt wurde. Doch verschwanden die Etrusker damit nicht völlig von der römischen Bildfläche. Im Gegenteil: Zusammen mit den Eliten der Latiner und zugewanderten Familien und Sippen aus dem Umland bildeten sie nun jene dynamische Oberschicht, die in den folgenden Jahrzehnten und Jahrhunderten an dem Erfolgsmodell „Römisches Weltreich" arbeiteten.

Wohlstand und Luxus

Die Etrusker verfügten nicht nur über viel politisches Potenzial, sondern auch über immense Reichtümer. Diese verdankten sie zum einen den natürlichen Ressourcen der antiken Toskana und zum anderen ihren weitgespannten Handelsaktivitäten. In Italien profitierten sie von den holzreichen Wäldern und von den Salinen am Tyrrhenischen Meer. In der Landwirtschaft sorgte die Einführung des Pfluges für rationale Arbeitsweisen und hohe Erträge. Besonders lukrativ waren die Metallvorkommen auf der Insel Elba. Von dort wurde das Eisenerz über See nach Populonia transportiert, verhüttet und für den Eigenbedarf etwa an Waffen und für den Export verwendet. Grabfunde dokumentieren eindrucksvoll den Radius ihrer Handelsbeziehungen. Bernstein kam aus Nordeuropa, aus dem östlichen Mittelmeerraum landeten allerlei Luxusgegenstände aus Gold, Silber und Elfenbein in den Häusern der Reichen und Vornehmen.

Allmählicher Niedergang

Das westliche Mittelmeer versuchten die Händlereliten aus den großen Städten zu einem etruskischen Meer zu machen. In diesem Bestreben aber hatten sie sich der Konkurrenz von Karthagern und Griechen zu stellen. Der harte Wettbewerb führte zu einer Reihe von Seeschlachten, die für die etruskischen Flotten manchmal, jedoch nicht immer den gewünschten Erfolg brachten. Um 540 v. Chr. kämpften sie vor der Küste Korsikas in der Schlacht von Alalia (heute Aleria) zusammen mit den verbündeten Karthagern gegen die griechischen Phokäer, deren Städte im heutigen Südfrankreich zu wichtigen Zentren des Seehandels geworden waren. Die 120 Schiffe der etruskisch-punischen Koalition waren erfolgreich. Das Ergebnis war eine Aufteilung der Handelszonen: Korsika ging an die Etrusker, Sardinien an die Karthager, Südfrankreich an die Griechen.

Lange hielt das Glück nicht an. 474 v. Chr. kam es bei Kyme in Kampanien zu einem Seegefecht zwischen Etruskern und dem mächtigen Syrakus, das die Griechen aus Sizilien zu ihren Gunsten entscheiden konnten. Bald danach gab es eine weitere Niederlage gegen Syrakus in den Gewässern zwischen Populonia und Elba, den Brennpunkten etruskischer Metallgewinnung. Die Folge war eine Schwächung nicht nur der wirtschaftlichen, sondern auch der politischen und militärischen Stellung der etruskischen Städte.

Ging der Einfluss zur See kontinuierlich zurück, so büßten die Etrusker bald auch auf dem Festland ihre dominierende Stellung ein. Dies lag vor allem an dem Aufstieg der Römer, bei denen zwei Jahrhunderte zuvor etruskische Fürsten Aufbauhilfe geleistet und ihnen überhaupt erst den Weg nach oben geebnet hatten. Eine Zäsur war das Jahr 396 v. Chr., als die Römer nach langwierigen Kämpfen die Etruskerstadt Veji eroberten und zerstörten. Nach und nach gerieten auch die übrigen, einst so stolzen Städte der Etrusker unter die Vorherrschaft der neuen Macht vom Tiber. So ging die Geschichte der Etrusker zu Ende, indem sie nun Teil der römischen Geschichte wurde.

Italien oder Anatolien?

Wie aber ist es zu erklären, dass die Etrusker den anderen Völkern in Italien in Sachen Kultur und Zivilisation so haushoch überlegen gewesen waren? Stammten sie

womöglich gar nicht aus Italien? Schon in der Antike wurde die Frage der Herkunft der Etrusker kontrovers diskutiert. Manche hielten sie für Einwanderer aus Kleinasien, so der berühmte griechische Historiker Herodot, der im 5. Jahrhundert v. Chr. behauptete, ihre eigentliche Heimat sei die Landschaft Lydien im Westen der heutigen Türkei gewesen. Von dort seien sie nach Italien ausgewandert.

Diese Theorie überzeugte viele. So konnte man sich erklären, warum sich die Etrusker in allen Bereichen so deutlich von den antiken Völkern Italiens unterschieden. Sie verfügten eben über das innovative Knowhow der Völker des Orients. Andere antike Experten wie der in der Zeit des Kaisers Augustus lebende Gelehrte Dionysios von Halikarnassos vertraten die Auffassung, die Etrusker seien Autochthone gewesen, hätten also schon immer in Italien gelebt. Die Sprache der Etrusker, so argumentierte er, sei überhaupt nicht mit dem Lydischen verwandt. Wiederum andere antike Autoren meinten, die Etrusker seien zwar eingewandert, aber nicht aus Anatolien, sondern aus der Ägäis. Eine moderne Bestätigung dieser Theorie schien der Fund einer Inschrift mit etruskischen Buchstaben auf der griechischen Insel Lemnos zu liefern.

Optimistische Genetiker

2007 wollten es Genetiker genau wissen. Wissenschaftler von der Universität Turin nahmen sich das Erbgut von Italienern aus Städten vor, die, wie Murlo und Volterra, einst zu den Hochburgen der Etrusker gehörten. Dieses verglichen sie mit der DNA von Menschen aus der Türkei und dem Mittleren Osten. Ergebnis: Die Proben zeigten eine enge Verwandtschaft. Damit war für sie bewiesen: Herodot hatte recht.

Skeptische Historiker

Historiker haben jedoch ihre Zweifel. Sie halten die Annahme, die Etrusker seien von Anfang an eine geschlossene Einheit gewesen, für falsch. Vielmehr war ihre außergewöhnliche Kultur das Ergebnis der Verbindung verschiedener ethnischer Gemeinschaften, die zum Teil aus dem östlichen Mittelmeerraum, zum Teil aus Italien selbst stammten. Aufgrund der partiellen Zugehörigkeit zu den fortschrittlichen Kulturkreisen der Welt des Vorderen Orients und Anatoliens waren die Etrusker allen anderen Völkern und Stämmen in Italien im Hinblick auf die zivilisatorischen Standards weit überlegen.

Spektakuläre Kriminalfälle

Der Lufthansa-Raub von New York

Der Tresor enthielt mehr Geld, als es die Räuber erwartet hatten. So kamen sie in den Besitz der größten Summe an Bargeld, die in den USA jemals geraubt wurde.

Montag, 11. Dezember 1978, John F. Kennedy International Airport New York, 15.12 Uhr Ortszeit: Sechs bewaffnete Männer verlassen vor dem Frachtterminal der Deutschen Lufthansa zwei Vans. Sie eilen durch die Räume, bringen einen Angestellten in ihre Gewalt und zwingen ihn, sie durch die gesicherten, für die Öffentlichkeit gesperrten Bereiche des Cargo-Büros zu lotsen. Auf ihrem Weg begegnen sie weiteren Mitarbeitern. Diese werden ebenfalls überwältigt, die mit Skimasken getarnten Gangster legen ihnen Handschellen an. Andere müssen sich regungslos auf den Boden legen.

Schließlich erreichen die ungebetenen Besucher ihr Ziel – den Tresorraum. Den Schlüssel hat einer der Angestellten, die die Bewaffneten in ihrer Gewalt haben. Dem zitternden Mann ist klar, dass die Eindringlinge nicht lange fackeln werden, wenn er ihre Anweisungen nicht befolgt. Man kenne auch seine Familie, teilen sie drohend mit. Spurt er nicht, geht es der Familie schlecht, sagen sie. Die Gefangenen haben längst registriert, dass der Coup gut vorbereitet ist. Die Verbrecher kennen die Namen aller wichtigen Mitarbeiter. Und sie wissen, dass der Tresor mit einer Alarmanlage versehen ist. Diese ist direkt mit Polizeidienststellen in New York

Fast 25 Jahre nach dem dreisten Lufthansa-Raub stieß das FBI bei der intensiven Durchsuchung des Hauses eines verstorbenen Mafiabosses auf neue Spuren – darunter menschliche Überreste.

und in New Jersey verbunden. Deshalb muss alles schnell gehen. In wenigen Minuten ist der Tresor geleert. Beladen mit Banknoten und Juwelen ergreifen die Täter die Flucht. Zurück bleiben konsternierte Mitarbeiter und Angestellte und eine offene Tresortür. Nach nur etwas mehr als einer Stunde ist der Spuk vorbei.

Raub der Superlative

Was sich am 11. Dezember 1978 im Flughafen von New York abspielte, ist als der „Lufthansa-Raub" in die Geschichte der Kriminalistik eingegangen. In Amerika wurde die Aktion unter dem Namen „Lufthansa Heist" bekannt. Es handelte sich um eines der spektakulärsten Verbrechen, die jemals in den Vereinigten Staaten verübt wurden. Weniger die Art der Durchführung als vielmehr deren Ergebnis sorgte in der Öffentlichkeit für Erstaunen und Verblüffung. Denn in den 40 Geldpaketen, die den Gangstern in die Hände gefallen waren, befand sich die größte Summe an Bargeld, die jemals in den USA geraubt wurde: fünf Millionen US-Dollar, dazu die Juwelen, deren Wert auf knapp eine Million Dollar taxiert wurde.

Teure Fracht

Natürlich fragten sich die Menschen, als sie von dem dreisten Überfall hörten und lasen, warum in einem Tresor der Lufthansa im New Yorker Flughafen so viel Bargeld deponiert war. Die Erklärung war recht einfach: Einmal im Monat brachte die Lufthansa eine meist beträchtliche Anzahl von US-Dollar

aus Deutschland nach Amerika. Dabei handelte es sich um Geld, das amerikanische Touristen und US-Soldaten dort ausgegeben hatten. Beigegeben wurden den Transporten, wie es auch am 11. Dezember 1978 der Fall gewesen war, regelmäßig Schmuck, Juwelen und Schecks. Der Vorteil aus der Sicht der Räuber war, dass die Seriennummern der Scheine nicht zurückverfolgt werden konnten. So konnte das Geld auch nicht auf die Spur der Täter führen.

Im Visier der Fahnder

Gleich nach der Tat setzte die Fahndung nach den Tätern ein. Sie sollte sich als außerordentlich zäh und langwierig erweisen, auch wenn den Ermittlern schnell klar wurde, das die Verbrecher im Milieu der Mafia zu suchen waren. Als Drahtzieher wurde der damals 47-jährige James Burke ausgemacht, ausgestattet mit der zweifelhaften Empfehlung, zum innersten Zirkel des einflussreichen Lucchese-Clans zu gehören. Aus Sicht der Unterwelt hatte er eine perfekte Verbrecherkarriere absolviert, die ihn in die höchsten Kreise der italienisch-amerikanischen Cosa Nostra katapultiert hatte. Und der Coup im Frachtbüro der Lufthansa trug ganz seine Handschrift.

Der Lufthansa-Raub war, wie er meinte, eine seiner besten Ideen. Der Tipp war, das ermittelten die Behörden bald, von einem Flughafenangestellten gekommen, der hohe Spielschulden hatte und deswegen auf weitere Einnahmequellen angewiesen war. Dank seiner Auskunftsfreude wussten Burke und seine Leute, zu welchem Zeitpunkt das Geld

Good Fellas – Drei Jahrzehnte in der Mafia

1990 nahm Starregisseur Martin Scorsese den Lufthansa-Raub zum Anlass, einen Spielfilm im Milieu der Mafia zu drehen. Der 146 Minuten lange Streifen *Good Fellas* (Slang für „Gute Kerle") beleuchtet in eindrucksvoller Weise das Innenleben der New Yorker Mafia. Im Mittelpunkt der Geschichte stehen sogenannte Mobster. So werden die Gangster genannt, die für die großen Familien das operative Geschäft des Verbrechens durchführen. In den Hauptrollen sah das Publikum die mafiafilmerprobten Schauspieler Robert de Niro (Foto) und Joe Pesci, dazu Ray Liotta in der Rolle des Henry Hill, der mit elf Jahren beschloss, Gangster zu werden. Diese Karriere steht im Zentrum von Scorseses Film, der, wie Kritiker lobend hervorhoben, das Milieu der Mafia realistischer getroffen habe als der Klassiker *Der Pate*.

Der Name des Protagonisten Henry Hill war keine Erfindung – so hieß in Wirklichkeit einer der am Lufthansa-Coup beteiligten Mafiosi. Und tatsächlich bediente sich Scorsese in seinem Film des realen Vorbildes von 1978. Vielen Zuschauern kam die Szene bekannt vor, als Henry auf der Leinwand den Plan entwirft, aus dem Frachtbüro der Lufthansa auf dem New Yorker Flughafen einen Millionenbetrag zu entwenden. Wie in der Wirklichkeit gelingt der Coup, die Mobster sind mit einem Mal gemachte Männer. Doch viele der Komplizen vertragen das viele Geld nicht, sie protzen mit schnellen Autos und teurem Schmuck. Um zu vermeiden, dass der Raubüberfall auffliegt, lässt Henry Hill alias Ray Liotta sie fast alle umbringen.

im Tresor lagern würde. Allerdings ahnten sie nicht, dass an diesem Tag eine außerordentliche hohe Summe über den Atlantik befördert worden war und nun darauf wartete, den Gangstern den größten Coup ihres Leben zu bescheren.

Burke geriet ins Visier von Polizei und FBI, doch fehlte es den Behörden an Beweisen dafür, dass der Lufthansa-Raub sein Werk gewesen war. Natürlich hatte man auch in seinem Umfeld ermittelt. Wenn man seine Komplizen kannte, würde man, so die Hoffnung, auch gegen ihn Beweise finden. Jedoch kam es zunächst nur zu einer einzigen Festnahme. Louis Werner, dem Tippgeber mit Spielschulden, konnte seine Beteiligung an der Tat nachgewiesen werden. Merkwürdigerweise ereigneten sich daraufhin eine Reihe von Morden unter den Mafiosi, bei denen sich keiner vorstellen konnte, dass es sich dabei um puren Zufall handelte. Vielmehr bestand der dringende Verdacht, dass Burke lästige Mitwisser aus dem Weg räumte.

Verdächtige Mordserie

Zwischen Dezember 1978 und Juni 1979 entdeckten die Polizisten die Leichen von zehn Mafiosi, die nach Überzeugung der Behörden in den Fall verwickelt waren und die Burke hätten belasten können. Am 18. Dezember 1978 wurde der mutmaßliche Fahrer des Fluchtautos tot aufgefunden. Am 6. Januar 1979 traf es einen Buchmacher, bei dem der Tippgeber verschuldet gewesen war. Am 17. Januar fand man einen Burke-Mafioso in einem Kühlwagen, am 10. Februar starb die Geliebte eines seiner Komplizen, an deren Loyalität der Boss zweifelte. Und so reihte sich Mord an Mord und Leichenfund an Leichenfund. Am Ende der fatalen Serie stand am 13. Juni 1979 Paolo LiCastri – seine nackte verkohlte Leiche lag in einem Müllhaufen. Der sizilianische Immigrant gehörte zu der mit den Lucchese rivalisierenden Gambino-Familie. Die beiden Clans hatten den New Yorker Flughafen unter sich aufgeteilt. Aufgrund dieser Abmachungen forderten die Gambinos in Gestalt von Paolo LiCastri ihren Anteil an dem Lufthansa-Raub – mit, wie sich zeigte, tödlichem Ende.

In den Fängen des FBI

Nicht alle von Burkes Komplizen warteten darauf, bis sie an die Reihe kamen. Einer von ihnen, wegen Drogenhandels festgenommen, stellte sich dem FBI als Informant zur Verfügung. Seine Aussagen führten zu Burkes Verhaftung. Doch der clevere Mafioso hatte inzwischen dafür gesorgt, dass alle Spuren, die seine Beteiligung an dem Lufthansa-Raub hätten beweisen können, beseitigt worden waren. Dennoch wanderte er ins Gefängnis. Ein Gericht verurteilte ihn 1982 zu einer Haftstrafe von 20 Jahren wegen der Manipulation eines Basketballspiels. Zu diesem Zeitpunkt hatte er bereits einige Monate lang in Untersuchungshaft verbracht.

Parallel dazu forschte die Bundespolizei nach weiteren Spuren im Lufthansa-Fall. Tatsächlich konnte Burke im Zuge der Ermittlungen die Beteiligung an einem der Morde an den Mafiosi nachgewiesen werden. Es handelte sich um den Mordfall Richard Eaton, jenes Gangsters, dessen Leiche im Januar 1979 in einem Kühlwagen entdeckt worden war. Bei ihm fanden die Fahnder eine Liste von Namen, unter anderem den von James Burke. Es wirkt wie eine Ironie der Geschichte, dass Eaton gar nicht am Lufthansa-Raub beteiligt gewesen war. Vielmehr stand hinter seiner Ermordung ein Streit um Einnahmen aus einem Rauschgiftgeschäft. Die Ermittlungen gestalteten sich zäh und schwierig. Doch am 19. Februar 1985 wurde das Urteil gefällt: James Burke erhielt wegen des Mordes an Richard Eaton lebenslängliche Haft. „Lebenslänglich" bedeutete in seinem Fall noch elf Jahre. Er starb am 13. April 1996 an Lungenkrebs.

Eine neue Spur

Damit war, so glaubten damals viele Beobachter und Experten, die jahrelange Suche nach der Wahrheit im Fall des Lufthansa-Raubs abgeschlossen. Burke hatte das Wissen um die Einzelheiten und auch um die noch auf freiem Fuß befindlichen Mittäter mit ins Grab genommen. Doch die Polizei war sicher: Das Netz der Beteiligten musste bei der ausgefeilten Logistik der Tat noch viel größer sein als die Zahl der tatsächlich oder mutmaßlich identifizierten Täter. Und so wurde hinter den Kulissen weiter gefahndet. In der Öffentlichkeit wuchs indes allmählich Gras über die Sache. Andere spektakuläre Raubfälle beherrschten die Schlagzeilen der internationalen Presse. Nur ab und zu war in den Zeitungen zu lesen, dass das eine oder andere der 1978 geraubten Schmuckstücke wieder aufgetaucht war.

Doch die Ruhe dauerte nicht ewig. Im Januar 2014 war der Lufthansa-Raub plötzlich wieder in aller Munde. Die US-Behörden meldeten die Verhaftung eines Mannes, von dem man fest überzeugt war, dass er einer der führenden Köpfe bei dem Überfall auf die

Lufthansa-Cargo gewesen war. Zeitungsleser in aller Welt sahen ein Pressefoto, auf dem ein alter Mann mit schütterem Haar zu erkennen war, in Handschellen, eskortiert von zwei FBI-Beamten. Sein Name: Vincent Asaro, 78 Jahre alt. Außer ihm wurden vier weitere, schon etwas bejahrte Männer festgenommen. Nach der Verhaftung wurden sie einem Haftrichter in Brooklyn vorgeführt. Nicht weniger als 50 Straftaten wurden dem Quintett zur Last gelegt, darunter Mord, Raub, Erpressung und Entführung. Im Fall Asaros kam nun noch die brisante Frage hinzu, welche Rolle er bei dem Lufthansa-Raub gespielt hatte. Denn offenbar war man bei den letzten Ermittlungen auf entsprechende Hinweise gestoßen.

Leichen im Keller

Auf die Spur waren die Ermittler Asaro gekommen, als sie sich nach dem Tod Burkes in dessen Villa umgesehen hatten. Dabei hatten sie festgestellt, dass der verstorbene Mafiaboss im wahrsten Sinne des Wortes Leichen im Keller hatte. Die Fahnder stießen im Keller auf Reste menschlicher Knochen. Burkes Ehefrau hatte noch einige Jahre im selben Haus gewohnt. Die Villa wurde nach dem gruseligen Fund noch einmal auf den Kopf gestellt. Dabei stieß man auf den Namen Vincent Asaro.

Der Festgenommene gehörte zum berüchtigten Clan der Bonnano – neben den Lucchese, Gambino und Colombo eine der großen Mafiafamilien italienischer Herkunft in New York. In der Hierarchie der Familie nahm Asaro nach den Erkenntnissen der Polizei eine Spitzenposition ein. Er war, wie es in der Anklageschrift formuliert wurde, „Führungsmitglied, Kapitän und Soldat". In dieser Eigenschaft soll er beim Lufthansa-Raub zusammen mit Burke die Fäden gezogen haben.

Der Prozess

Im Oktober 2015 begann im New Yorker Stadtteil Brooklyn der Prozess gegen Vincent Asaro. Gleich zu Beginn des Verfahrens beteuerte der Angeklagte seine Unschuld. Mit den Ereignissen am 11. Dezember 1978 habe er nichts zu tun. Tatsächlich reichten die Beweise der Strafverfolgungsbehörden für eine Verurteilung nicht aus. Nach kurzer Prozessdauer wurde Asaro noch 2015 von allen Anklagepunkten freigesprochen.

Vincent Asaro kurz nach seiner Verhaftung im Januar 2014. Im folgenden Prozess war Asaros Cousin – ein verurteilter Verbrecher – der wichtigste Zeuge der Staatsanwaltschaft. Dessen Glaubwürdigkeit bezweifelten die Geschworenen und plädierten auf nicht schuldig. Der Lufthansa-Raub bleibt also rätselhaft, zumal die Beute nach wie vor verschwunden ist.

Tatort Atelier

Die Witwe von Max Ernst hielt ein Bild des Fälschers für das beste Gemälde ihres Mannes. Jahrelang narrte Wolfgang Beltracchi die Kunstwelt – bis ihm ein Farbtupfer zum Verhängnis wurde.

Hätte er nur kein Titanweiß verwendet! Dann würde er wahrscheinlich noch heute Bilder verkaufen, für die Sammler und Museen ganz tief in die Tasche greifen würden. So aber stolperte der Kunstmaler Wolfgang Beltracchi über ein kleines, jedoch nicht unwesentliches Detail: Das Farbpigment Titanweiß gab es noch nicht, als Heinrich Campendonk an seinem Werk *Rotes Bild mit Pferden* malte. Campendonk (1889 bis 1957) war ein berühmter Maler und gehörte zu der innovativen Künstlergruppe *Blauer Reiter* um Franz Marc und Wassily Kandinski. Wolfgang Beltracchi war ebenfalls ein begnadeter Kunstmaler. Im Unterschied zu Campendonk war er jedoch in der Kunstszene

völlig unbekannt. Denn er malte nicht unter seinem eigenen Namen. Er fälschte Kunstwerke, und dies so genial, dass ihm lange Zeit niemand auf die Schliche kam. Bis ihm der Lapsus mit dem Titanweiß unterlief.

Traumhafter Preis

Rotes Bild mit Pferden schuf Campendonk um 1920. So stand es in den Katalogen und Werkverzeichnissen. Das Bild selbst war nie auf dem Kunstmarkt aufgetaucht. Nicht einmal eine Abbildung gab es. Diesen Umstand machte sich der professionelle Fälscher Beltracchi zunutze und ersetzte den fehlenden Campendonk durch „seinen" Campendonk.

Von Heinrich Campendonks *Rotes Bild mit Pferden* hatte die Kunstszene bis 2006 nur gelesen – der Verkauf der Fälschung brachte Wolfgang Beltracchi und seine Komplizen zu Fall.

Ein Käufer war schnell gefunden – Beltracchis Fälschungen fanden in aller Regel schnell einen Abnehmer. Käufer war in diesem Fall das renommierte Kunsthaus Lempertz in Köln. Das war im Jahr 2006. Kurz darauf wurde das Bild bei einer Auktion für die Rekordsumme von knapp 2,9 Millionen Euro von einer Firma auf Malta ersteigert. Wie in solchen Fällen üblich – und erst recht bei einer solch hohen Kaufsumme –, gab der Käufer eine Expertise in Auftrag, um die Echtheit des Gemäldes bestätigen zu lassen. Die chemische Analyse ließ den Schwindel auffliegen. Unmöglich konnte sich Campendonk einer Farbe bedient haben, die zu diesem Zeitpunkt noch gar nicht auf dem Markt war. Diese Entdeckung bedeutete das Ende der florierenden Fälscherwerkstatt Beltracchi. Im August 2010 wurden der Künstler und seine Ehefrau in ihrer Villa in Freiburg verhaftet.

Vom Pflastermaler zum Millionär

Die Kunstwelt, von Sammlern über Museen bis hin zu den Galerien, war durch diesen Skandal in ihren Grundfesten erschüttert. Konnte man nun noch sicher sein, dass teuer erstandene Gemälde nicht auch aus der Produktion des, wie man zugeben musste, begnadeten Fälschers stammten? Im Zuge der polizeilichen Ermittlungen kam

heraus, dass Beltracchi sein lukratives Geschäft schon lange betrieben hatte. 1951 als Wolfgang Fischer geboren (später nahm er den Namen seiner Frau an), hatte er sich nach einem bald abgebrochenen Kunststudium und einer Phase des Reisens durch die halbe Welt der Malerei zugewandt. Er begann damit, Pflaster in den Straßen der Großstädte zu bemalen. Das war an sich nicht verwerflich. Doch entdeckte er bald sein Talent, die Werke großer Meister täuschend echt zu kopieren. Das war zu Beginn der 1970er-Jahre. Seine Spezialität waren, neben den alten Koryphäen des Fachs, die Künstler aus der Epoche des Jugendstils. Zu seinen Lieblingskünstlern gehörten Max Ernst und Max Pechstein. Ernst war bis zu seinem Tod 1976 einer der produktivsten deutschen Maler, Grafiker und Bildhauer. Pechstein (1861 bis 1955) gilt als eine der Galionsfiguren des deutschen Expressionismus. Und auch Heinrich Campendonk, der ihm später zum Verhängnis wurde, gehörte zu seinen Favoriten.

Raffinierte Methode

Fälscher leben normalerweise mit der ständigen Gefahr, dass irgendwann das Original auftaucht. Deshalb entwickelte Beltracchi eine raffinierte Methode. Er spezialisierte sich auf Gemälde, deren Existenz wie im Fall *Rotes Bild mit Pferden* zwar bekannt war, die jedoch als verschollen galten. Im Grunde füllte er mit seiner Arbeit eine Lücke: Er schuf abhanden gekommene Bilder neu und erfüllte so den Wunsch vieler Kunstliebhaber, die verschwundenen Meisterwerke mit eigenen Augen betrachten zu können. Später ging Beltracchi auch dazu über, Bilder herzustellen, die es nie gegeben hatte. Er schrieb sie einfach großen Künstlern zu und fälschte zu diesem Zweck die gängigen Werkverzeichnisse. Um das Vertrauen in ihre Echtheit noch weiter zu festigen, erfand er die „Sammlung Jäger", aus der, wie er behauptete, viele seiner Gemälde stammten. Diesen Jäger gab es wirklich, er war der Großvater von Beltracchis Frau Helene. Er soll die Bilder von Alfred Flechtheim erworben haben, der in den 1930er-Jahren einer der wichtigsten Kunstmäzene in Deutschland gewesen war. Damit schien alles in Ordnung zu sein. Wer leise Zweifel äußerte, bekam gefälschte Familienfotos zu sehen, aufgenommen mit einer alten Kamera. Sie zeigten die verkleidete Helene Beltracchi in der Rolle ihrer eigenen Großmutter, im Hintergrund deutlich sichtbar die fraglichen Bilder, die in Wirklichkeit frisch aus Beltracchis Fälscherwerkstatt kamen.

Vor Gericht

Der einstige Pflastermaler wurde durch den Verkauf der Gemälde, den er seltener direkt, häufiger über Mittelsleute organisierte, zum mehrfachen Millionär. Über 300 Bilder sollen, wie der Fälscher gegenüber den Ermittlern und später auch in TV-Talkshows zugab, auf diese Weise auf den Kunstmarkt gekommen sein. Zu den Abnehmern zählten Kunden in Frankreich, England, Japan und den Vereinigten Staaten. In dem Prozess, der im Oktober 2011 vor dem Kölner Landgericht stattfand, ging es nur um 14 Gemälde. Inzwischen hat der Bundesverband der Deutschen Kunstversteigerer gemeinsam mit dem Landeskriminalamt Berlin eine Liste mit 53 aktuell bekannten Fälschungen ins Internet gestellt. Während der neuntägigen Verhandlung nutzte der Angeklagte die Bühne des Gerichts, um sich mediengerecht in Szene zu setzen. Auch später gab er zu Protokoll, seine Bilder seien keine Fälschungen. Er habe seine Werke mit der Handschrift der kopierten Künstler gemalt, mit dem kleinen Schönheitsfehler, dass er deren Signaturen verwandte. Das sei perfekte Kunst: Bilder zu malen, die nie existiert hätten, doch von den Künstlern so gemalt worden wären, wenn sie sie denn wirklich gemalt hätten. Und selbst Kunstexperten waren sich nicht ganz sicher,

ob Beltracchi nicht doch besser war, als es Ernst, Pechstein oder Campendonk jemals gewesen waren.

Ein neues Künstlerleben

Das Landgericht Köln verurteilte Wolfgang Beltracchi zu einer Freiheitsstrafe von sechs Jahren. Seine Frau Helene wurde zu vier Jahren verurteilt – wie ihr Mann im offenen Vollzug. Zwei Millionen Euro Schadenersatz wurden fällig für das Unternehmen aus Malta, das 2006 den gefälschten Campendonk erworben hatte. Im Januar 2015 wurden die Beltracchis aus der Haft entlassen, der Rest der Strafen wurde zur Bewährung ausgesetzt. Seitdem ist Wolfgang Beltracchi wieder als Künstler tätig, stellt aus und verkauft – in der Überzeugung, dass er auch mit seinen eigenen Bildern Anerkennung in der Kunstwelt finden wird. Ganz haben sich die Wogen noch nicht geglättet, so lange davon ausgegangen werden muss, dass sich in Museen oder privaten Sammlungen noch viele Gemälde befinden, die als Werke großer Künstler der Vergangenheit gelten, in Wirklichkeit aber aus der Werkstatt Beltracchis stammen. Jedenfalls wollen alle in Zukunft genauer hinsehen, wenn ihnen Bilder angeboten werden.

Röntgenfluoreszenzanalyse

Mithilfe der Röntgenfluoreszenzanalyse (RFA) kann die elementare Zusammensetzung einer Materialprobe bestimmt werden, ohne die Probe zu zerstören. Die Nützlichkeit der Methode im Bereich der Kunst liegt auf der Hand: Man kann u. a. die eingesetzten Pigmente identifizieren und so z. B. Rückschlüsse auf die Zeit der Entstehung eines Bildes ziehen. Das technische Prinzip dieser Analysemethode ist folgendes: Atome der untersuchten Probe werden von hochenergetischen Röntgenstrahlen zur Eigenstrahlung angeregt. Von der Probe aus erreichen das Analysegerät also Strahlen, die sich dadurch auszeichnen, dass sie für jedes Element charakteristische Wellenlängen haben. Damit kann auch die Menge des jeweiligen Elements in der Probe bestimmt werden.

Fälschungen erkennen

Fälscher sind der Schrecken aller Museumsdirektoren und privaten Sammler. Das Nach-machen von Kunstwerken aus den verschiedensten Epochen der Geschichte, von der Antike bis in die Gegenwart, hat Konjunktur.

Hightech gegen den Betrug

Mit Hightech und Naturwissenschaft rücken Kriminalisten und Experten den Fälscherban-den zu Leibe. Zwar sind Lupe und Sachver-stand immer noch wichtige Utensilien, wenn es darum geht, über die Echtheit von Gemälden, Skulpturen, Tonfiguren oder anderen scheinbar wertvollen Gegenständen zu entscheiden. Doch sind es die modernen Methoden, die professi-onellen Fälschern das Leben immer schwerer machen. Erst recht gilt das für ältere Imitate, deren Produzenten, im Gegensatz zu den schwarzen Schafen der heutigen Zeit, noch nicht wussten, mit welch raffinierten Mitteln man ihnen auf die Schliche kommen kann.

Licht als Hilfsmittel

Eine wichtige Rolle bei der Identifizierung von Fälschungen spielt das Licht. Sein Einsatz hat den entscheidenden Vorteil, dass die Kunstgegenstände dabei nicht der Gefahr der Beschädigung ausgesetzt werden. Einfaches Licht ist in der Lage, durch eine Sezierung der Oberfläche eines Gemäldes ein gemaltes Ölbild von einer gedruckten Farbgrafik zu unterschei-den. Speziellere Informationen liefern Ultra-violettstrahlen oder Röntgenaufnahmen. Diese verschaffen den Fachleuten die Möglichkeit, in das Innere eines Kunstwerkes, etwa einer Skulptur, zu sehen und nach Materialien zu suchen, die auf eine Fälschung hindeuten.

Numismatiker enttarnen Fälschungen

Echte von falschen Münzen zu unterscheiden ist Aufgabe heutiger Numismatiker. Zunächst prüfen sie die stilistischen Charakteristika. So untersuchen sie, ob der Fälscher auch nur in winzigen Details von der Vorlage abweicht – etwa, wenn der abgebildete Kaiser mehr Falten im Gesicht hat als auf allen Originalen. Auch chemische Analysen kommen zum Einsatz. So kann man die Echtheit von Goldmünzen mit einem Säuretest feststellen. Legierungen aus Gold, Silber oder Kupfer reagieren bei geringem Goldgehalt sensibel auf Säuren. Der Test ist bestanden, wenn die Münze beim Beträufeln mit der Säure keine Reaktion zeigt.

Reproduktionen

Das Foto links zeigt nicht etwa einen Blick in eine Fälscherwerkstatt. In diesem Studio im vietnamesischen Ho-Chi-Minh-Stadt (ehemals Saigon) entstehen vielmehr Reproduktionen berühmter Gemälde. Nur bei Vorlagen jüngeren Entstehungsdatums können dabei nach hiesigem Verständnis Urheberrechte verletzt werden. Wer solche Reproduktionen jedoch als Originale anbietet, ist zum Fälscher avanciert.

Wenn beispielsweise ein angeblich antiker Porträtkopf unter Verwendung von Substanzen gearbeitet ist, die es erst seit dem 19. oder 20. Jahrhundert gibt, kann die Diagnose nur lauten: Fälschung!

Viele Fälscher haben sich inzwischen jedoch auf die verfeinerten Methoden der Untersuchung eingestellt. Um modern produzierter Keramik einen „antiken" Anstrich zu geben, versehen sie die Vase mit alten gemahlenen Elementen, damit man ihnen im Lumineszenztest nicht auf die Spur kommt. Andererseits bringt diese Methode auch immer wieder Licht in das Dunkel der Fälscher-Mafia. So konnte in einem besonders dreisten Fall bewiesen wer-

den, dass eine glasierte Pferdestatue aus China nicht, wie vom Händler behauptet, aus dem 14., sondern aus dem späten 20. Jahrhundert stammt.

Gefälschte Münzen

Ein beliebtes Fälschungsobjekt sind antike Münzen. Sammler sind bereit, für Originale aus der Zeit der alten Griechen und Römer Unsummen auf den Tisch zu legen. Doch sie müssen auf der Hut sein: Die Fälscher arbeiten professionell und verstehen es, eine gerade produzierte Münze so mit Patina zu versehen, dass sie wie eine Münze aus dem Rom des Kaisers Augustus aussieht.

Billy the Kid

Jeder Wildwest-Fan kennt Billy the Kid. Sein Name gehört in eine Reihe mit Berühmtheiten wie Buffalo Bill, Doc Holliday und Wyatt Earp.

In der Nacht zum 14. Juli 1881 fand das kurze, aber turbulente Leben des berühmten Westernhelden Billy the Kid ein abruptes Ende. Der offiziellen Version zufolge wurde er von Sheriff Pat Garrett ohne Vorwarnung mit zwei Schüssen niedergestreckt, als er nach einem Schäferstündchen mit einer Geliebten, mit einem Revolver im Hosenbund, das Schlafzimmer seines Freundes Pete Maxwell in Fort Sumner/New Mexico betrat. Billy the Kid hatte keine Chance: Der zweite Schuss traf ihn mitten ins Herz. Eine Minute später war er tot.

Zwischen Wahrheit und Legende

Aber hat sich das Finale im Leben des Billy the Kid, der gerade einmal 21 Jahre alt geworden ist, wirklich so abgespielt? Es ist nicht einfach, die Fakten zu rekonstruieren. So, wie das ganze kurze Leben des Mannes, von dem man nicht einmal den Geburtsort und das Geburtsdatum genau kennt, von einem Dickicht aus Wahrheit, Legende und Fiktion überwuchert ist, so sind sich die Historiker auch nicht einig, was die Umstände seines Todes angeht. Ebenso wenig besteht Klarheit, an wen man denken soll, wenn man von Billy the Kid spricht: an einen Outlaw, einen Verbrecher, einen Revolverhelden – oder an einen Mann, der zu Unrecht verfolgt wurde und in Wirklichkeit ganz anders war?

Auch wenn die Spurensuche aufgrund unterschiedlicher Aussagen und trüber Quellen schwierig ist, eine Aussage ist auf jeden Fall zu treffen: Das Leben im Wilden Westen war hart, hier war kein Platz für Romantiker. Und Billy the Kid wusste, was man tun musste, um sich in der rauen Welt der Westmänner und Siedler, der Abenteurer und Desperados zu behaupten. Eigentlich hieß er Henry McCarty. Nach dem frühen Tod der Mutter führte er, wie viele andere junge Männer in dieser Zeit, ein unstetes Leben. Mal war er allein unterwegs, mal schloss er sich anderen Westmännern und manchmal auch ganzen Gruppen an.

Dauergast auf Steckbriefen

Bald tauchte sein Bild zum ersten Mal auf den Steckbriefen auf. Immer wieder kam er mit dem Gesetz in Konflikt, wenn auch nicht so häufig, wie früher behauptet wurde. Von den 21 Morden, die man ihm anlasten wollte, gehen „nur" acht, vielleicht auch nur sechs eindeutig auf sein Konto. 1877 endete eine Saloon-Schlägerei mit dem Tod seines Rivalen. Daraufhin wurde Billy the Kid, der sich zur Tarnung nun William H. Bonney nannte, zum ersten Mal von einer Jury in Abwesenheit zum Tode verurteilt. Dadurch gehörte er jetzt zu den „Most Wanted People" in den Vereinigten Staaten. Er blieb jedoch auf freiem Fuß und wurde danach in Lincoln County in den sogenannten Rinderkrieg verwickelt. Seine Anhänger glorifizieren seine Rolle in diesem erbitterten Streit zwischen Ranchern um die Weiderechte, seine Gegner sehen ihn als skrupellosen Mörder. Tatsächlich tötete Billy the Kid in dieser Auseinandersetzung viele Menschen, machte sich dabei auch einflussreiche Viehbarone zu erbitterten Gegnern.

Schicksalhaft wurde für ihn die Begegnung mit Pat Garrett. Dieser wurde am 1. Januar 1880 zum Sheriff von Lincoln County gewählt. Gleich nach seiner Wahl begann er mit der Jagd auf Billy the Kid. Der junge Mann mit dem kindlichen Aussehen durfte sich mittlerweile über den zweifelhaften Ruhm freuen, auf den Fahndungslisten aller Ordnungshüter in der Umgebung ganz oben zu stehen. Für Pat Garrett wäre seine Verhaftung ein Einstand nach Maß gewesen. Außerdem lockte eine hohe Belohnung.

Eine Freundschaft, die keine war

Dass zwischen dem knapp zehn Jahre älteren Garrett und Billy the Kid, bevor sie auf verschiedenen Seiten des Gesetzes standen, eine freundschaftliche Beziehung bestanden habe, kann nach neueren historischen Unter-

Sheriff Patrick Floyd Garrett erschoss Billy the Kid. 1908 wurde er selbst Opfer eines Gewaltverbrechens.

suchungen in das Reich der Fabel verwiesen werden. Diese Konstellation passt eher in die Dramaturgie von Wildwest-Filmen als in die Realität. So hat auch Regisseur Sam Peckinpah in seinem Klassiker *Pat Garrett jagt Billy the Kid* von 1973 eine solche Freundschaft konstruiert und damit, weil der Film ein großer Erfolg wurde, erheblichen Anteil an dieser sich bis heute hartnäckig haltenden Auffassung. Zwar kannten sich die beiden Kontrahenten von früher, waren aber nie Freunde gewesen. Garrett zögerte nicht, zwei Männer zu töten, die er irrtümlich für Billy the Kid hielt. Er war es auch, der nach dessen Tod an der Version mitstrickte, Billy the Kid habe bei der Szene in Maxwells Schlafzimmer einen Revolver bei sich gehabt, weswegen er berechtigt gewesen sei, sofort und ohne Vorwarnung zu schießen. Die einzige Waffe, die das Opfer mit sich führte, war ein Messer. Damit wollte er, wie Zeugen später bekundeten, im Haus seines Freundes Maxwell ein Stück Fleisch abschneiden, weil ihn der Aufenthalt bei seiner Geliebten hungrig gemacht hatte.

Echte und falsche Kids

Mit den tödlichen Schüssen in der Nacht vom 13. auf den 14. Juli 1881 war das Verwirrspiel um Billy the Kid noch längst nicht beendet. Im Gegenteil: Jetzt ging der Rummel erst richtig los. Offiziell wurde er auf dem Friedhof von Fort Sumner bestattet, gemeinsam mit zwei Männern, mit denen er unterwegs gewesen war und die ebenfalls von Pat Garrett erschossen worden waren. Heute pilgern

Schaulustige und Westernfans in Scharen auf den kleinen Friedhof des Städtchens in New Mexico. Zwei Mal wurde der Grabstein bereits gestohlen, offenbar von Souvenirjägern. Deswegen ist die letzte Ruhestätte des legendären Billy the Kid heute eingezäunt.

Aber handelt es sich um die richtige Grabstätte? Bis heute halten sich Zweifel. Die Konfusion begann gleich nach den tragischen Ereignissen vom 14. Juli 1881. Gerüchte kamen auf, Billy the Kid sei nicht tot. Er sei entkommen, einige behaupteten sogar, dies sei mithilfe von Pat Garrett geschehen. Statt dessen habe man einen Fremden in das Grab gelegt. Dann tauchten Männer auf, die steif und fest behaupteten, sie seien Billy the Kid. Am erfolgreichsten in der Rolle des Kid-Doubles gerierte sich ein gewisser Ollie P. Roberts, besser bekannt als „Brushy Bill". Bis zu seinem Tod im Jahr 1950 blieb er bei dieser Version. Als Geburtsdatum hatte er immer den 17. September 1859 genannt – das wahrscheinlichste Geburtsdatum des echten Billy the Kid. 1938 starb ein Mann mit dem Allerweltsnamen John Miller, der, wie seine Familie zu Protokoll gab, in Wirklichkeit Billy the Kid gewesen war.

Wer liegt in dem Grab?

Seit einiger Zeit liegen Pläne dafür in den Schubladen, wie man in der Grabfrage endlich Klarheit schaffen kann. Gedacht ist daran, an den sterblichen Überresten des Skeletts im Kid-Grab eine DNA-Untersuchung vorzunehmen. Die Proben sollen dann mit der DNA von Kids Mutter sowie von „Brushy Bill" und John Miller verglichen werden. Eigentlich kann man sich die Mühe sparen. Im Grab von Billy the Kid liegt wahrscheinlich nicht Billy the Kid. 1904 trat der nahe gelegene Rio Pecos über die Ufer, überschwemmte den Friedhof und führte die meisten Leichen mit sich. Als man in den 1930er-Jahren den heutigen Grabstein aufstellte, wusste niemand mehr so genau, wo sich das Originalgrab befand.

Mythos Linkshänder

Billy the Kid war Linkshänder, dachte man lange Zeit. Ein berühmtes Foto von 1880 zeigt ihn mit der Winchester in der rechten Hand und dem Colt an der linken Seite im Gürtel. Dann entdeckte ein Experte, dass die Winchester ihre Ladekammer auf der falschen Seite hatte. Also war das Foto seitenverkehrt. Und Billy the Kid wurde posthum zu einem Rechtshänder.

Der Mordfall Nitribitt

Bundesrepublik Deutschland 1957: Die Adenauer-Ära. Das Wirtschafts-
wunder. Und mittendrin die Edelprostituierte Rosemarie Nitribitt. Ihre
Ermordung bereitet manchem Prominenten schlaflose Nächte.

Der Polizeibericht klang gewohnt nüchtern. Am 1. November 1957, so hieß es lapidar, war die Prostituierte Rosemarie N. in ihrer Frankfurter Zweizimmerwohnung erdrosselt aufgefunden worden. Zuvor hatte man der jungen Frau den Schädel eingeschlagen. Doch es handelte sich bei diesem Mord um ein Verbrechen, das in den folgenden Tagen und Wochen weite Kreise zog. Bis heute ist nicht bekannt, wer die Prostituierte Rosemarie Nitribitt tötete.

Rote Ledersitze

Das Opfer war keine gewöhnliche Prostituierte. Zu ihren Kunden zählten bekannte Persönlichkeiten aus Politik und Gesellschaft, die es in den Zeiten des deutschen Wirtschaftswunders zu Wohlstand und Ansehen gebracht hatten. Für sie war die Nachricht von dem Mord ein schwerer Schock – vor allem, weil sie befürchten mussten, nun als Freier öffentlich genannt zu werden. Jedenfalls war Rosemarie Nitribitt von ihren prominenten Kunden gut bezahlt worden. Als sie

In dem durch den Pfeil bezeichneten Apartment in einem Neubau am Eschenheimer Tor in Frankfurt am Main wurde die 24-jährige Prostituierte Rosemarie Nitribitt (oben) am 1. November 1957 tot aufgefunden.

Nadja Tiller als Rosemarie Nitribitt in der Verfilmung von 1958

Filme zum Thema Rosemarie Nitribitt

Das Mädchen Rosemarie (1958)
Die Wahrheit über Rosemarie (1959)
Rosemarie Nitribitt – Tod einer Edelhure (1995)
Das Mädchen Rosemarie (1996)
Das Mädchen Rosemarie (2014)

starb, verfügte sie über ein Vermögen von 90 000 D-Mark. Und sie fuhr einen Luxuswagen: einen Mercedes Cabriolet SL 190 mit roten Ledersitzen und Weißwandreifen.

Der Wohlstand war ihr nicht in die Wiege gelegt worden. In einfachen Verhältnissen war sie in Düsseldorf aufgewachsen. Nach einigen Gelegenheitsarbeiten wie Kellnerin und Mannequin siedelte sie über die Zwischenstation Koblenz nach Frankfurt über. In der Mainmetropole landete sie zunächst im gewöhnlichen Rotlichtmilieu, entdeckte aber schnell, dass sie ihre Reize noch sehr viel einträglicher verkaufen konnte. Dank zahlungskräftiger Kunden aus der gehobenen Gesellschaft war sie bald in der Lage, sich den 18 000 D-Mark teuren Mercedes anzuschaffen, mit dem sie durch die Straßen Frankfurts fuhr, um weitere Kundschaft anzulocken. Der Mercedes sollte signalisieren: Sie war nicht für jeden zu haben, sondern nur für betuchte Leute. Die Anbahnung der Kontakte erfolgte entweder direkt vom Auto aus oder über ein Frankfurter Nobelhotel, in dem gut bezahlte Portiers ihre Telefonnummer an Männer weitergaben, die ihren hohen Ansprüchen genügten. Die besten Kunden kannten selbstverständlich auch die direkte Verbindung in das Apartement am Eschenheimer Tor: Frankfurt 26-83-0. Rosemarie Nitribitt lernte Französisch und Englisch, legte sich einen weißen Hund zu und gab sich ganz als die mondäne Dame von Welt – ein

Rezept, das die vornehme Herrenwelt in Begeisterung versetzte. In den letzten Monaten vor ihrem Tod stand sie auf dem Höhepunkt ihrer Laufbahn als Edelprostituierte.

Pannen bei den Ermittlungen

Am Tatort war von der großen Welt nichts mehr zu spüren. Als die Polizisten am 1. November gegen 17.30 Uhr in die Wohnung kamen, nachdem eine Nachbarin Alarm geschlagen hatte, weil sich vor der Tür Tüten mit Frühstücksbrötchen gestapelt hatten, schlug ihnen starker Verwesungsgeruch entgegen. Rosemarie Nitribitt musste schon ein paar Tage tot sein. Wahrscheinlich war sie drei Tage zuvor, am Abend des 29. Oktober, ermordet worden. Genaueres konnten die Gerichtsmediziner nicht sagen. In der Wohnung war es unerträglich heiß – seit dem Mord war die Heizung ununterbrochen gelaufen. Als die Polizisten die Wohnung betraten, hatten sie sofort das Fenster aufgerissen. Allerdings ohne zuvor die Zimmertemperatur zu messen. Daher war es nicht mehr möglich, die genaue Todeszeit festzustellen. Dies war nicht die einzige Panne in der ersten Phase der Ermittlungen. Vor dem Eintreffen der Spurensicherung waren bereits jede Menge Leute durch die Wohnung gelaufen, auch solche, die dort nichts zu suchen hatten. Zigarettenkippen, die man in der Wohnung fand, wurden ohne weitere Untersuchung einfach aus dem Fenster geworfen.

Im Schlafzimmer jaulte der dort eingesperrte Hund des Opfers. Die Ermordete selbst fanden die Ermittler vor der Couch. Ihr unnatürlich aufgedunsenes Gesicht, das in seinem einstigen aparten Zustand so viele Männer angezogen hatte, war durch verkrustetes Blut verunziert – eine Folge des Schlages auf den Schädel, den ihr der Täter versetzt hatte. Der Hals war übersät mit Würgemalen. Unter ihrem Kopf befand sich ein rosafarbenes Handtuch. Hatte es der Mörder der Sterbenden noch etwas bequemer machen wollen?

Die Suche nach dem Mörder

Wer aber war dieser Mörder? In den nächsten Tagen und Wochen war der Mord an Rosemarie Nitribitt in den Medien und in der Öffentlichkeit das alles beherrschende Thema. Viele Journalisten spekulierten auf die ganz große Sensation. Waren prominente Politiker oder Wirtschaftskapitäne in die Sache verstrickt? Am Tatort war das Notizbuch der Ermordeten gefunden worden, mit vielen Hundert Namen, darunter sehr bekannte. Ein Tonband, das zum Zeitpunkt der Tat, wie man damals meinte, eingeschaltet war, erwies sich wegen der schlechten Aufnahmequalität bei der Suche nach dem Täter als unbrauchbar. Später stellte sich heraus, dass das Opfer auf dem Band Musik aufgenommen hatte.

In der Wohnung befanden sich immerhin 1250 D-Mark. Raubmord konnte als Motiv also ausgeschlossen werden. War es vielleicht zu einem tödlichen Streit zwischen Rosemarie Nitribitt und einem ihrer be-

rühmten Freier gekommen? Die Polizei kam nicht so recht voran. Wieder gab es Pannen, Dokumente verschwanden, offenbar wichtige Zeugen wurden nicht befragt. Schon kamen Mutmaßungen auf, dass hochgestellte Persönlichkeiten, die möglicherweise in den Fall verwickelt waren, dafür gesorgt hatten, dass die Ermittlungen so schleppend liefen. Illustre Namen machten die Runde wie Harald von Bohlen und Halbach, reicher Erbe aus der Krupp-Dynastie, Harald Quandt, vermögender Spross der bekannten Industriellen-Familie, und Playboy Gunter Sachs.

Festnahme und Freispruch

Kriminalpolizei und Staatsanwaltschaft verwahrten sich gegen die Vorwürfe und verwiesen auf die schwierige Beweis- und Indizienlage. Alle verdächtigen Personen hätten bei ihren Verhören glaubwürdige Alibis nachweisen können. Am 6. Februar 1958 erfolgte schließlich eine Festnahme. Es handelte sich jedoch nicht um eine der bekannten Persönlichkeiten, sondern um einen Handelsvertreter namens Pohlmann, der zum Freundeskreis der Ermordeten gehört und sie vor ihrem Tod besucht hatte. Doch die Spur lief ins Leere, der Verhaftete war wenig später wieder auf freiem Fuß. Nach weiteren zwei Jahren und nach intensiven staatsanwaltlichen Ermittlungen kam es doch noch zum Prozess gegen Pohlmann. Die Anklage lautete: Raubmord an Rosemarie Nitribitt. Das Ergebnis: Freispruch. Der Fall verschwand in den Aktenschränken der Behörden.

Im August 2013, 56 Jahre nach dem Mord, gab die Staatsanwaltschaft Frankfurt überraschend 22 Aktenordner zum Fall Nitribitt frei, die bis dahin unter Verschluss gehalten worden waren. Umwälzende neue Erkenntnisse hatten die neuen Unterlagen nicht zu bieten, außer ein paar in Briefen und Schriften dokumentierten Intimitäten zwischen Rosemarie Nitribitt und ihren Freiern. War einer von ihnen der Mörder? Die Polizei tappt auch nach Jahrzehnten noch im Dunkeln.

Verschwunden im Ferienparadies

Die Familie wollte nur Urlaub machen. Dann verschwand plötzlich die kleine Tochter und tauchte nicht mehr auf. Bis heute haben die Eltern die Hoffnung nicht aufgegeben, sie lebend wiederzusehen.

Praia de Luz, Algarve, Portugal im Mai 2007: Wie Tausende andere verbringt Familie McCann aus Rothley in der englischen Grafschaft Leicestershire hier ein paar Tage Urlaub. In dem beliebten Touristenort haben Gerald und Kate McCann, beide Ärzte, für sich, ihre kleine, knapp vierjährige Tochter Madeleine und die Zwillinge Sean und Amelie ein Apartment gemietet.

Schock am Abend

Am späteren Abend des 3. Mai sitzt das Ehepaar beim Abendessen in einer Tapas-Bar innerhalb der Wohnanlage, ganz in der Nähe der Wohnung. Sie sind nicht allein, sondern haben sich mit befreundeten Ehepaaren getroffen. Die Kinder schlafen bereits. In einem Rhythmus von etwa einer halben Stunde schaut eine der Mütter oder einer der Väter

Luftbild der Ferienanlage im portugiesischen Praia da Luz, aus der Madeleine McCann am 3. Mai 2007 spurlos verschwand.

Erste Ermittlungen

Was ist geschehen? Ein Unfall? Eine Entführung? Oder – nicht auszudenken – ein Mord? Die Eltern sind von Anfang an von einer Entführung überzeugt. Sprecher der Polizei verkünden, sie ermittelten in alle Richtungen.

Die Polizei handelt professionell und ohne Zeit zu verlieren. Nur eine halbe Stunde nach dem Anruf aus der Ferienanlage *Ocean Club* ist der erste Einsatzwagen vor Ort. Gleichzeitig werden Flughäfen und Grenzposten verständigt. Zunächst gilt es, die Spuren in der Ferienwohnung 5A zu sichern. Viel Verwertbares gibt es nicht. Das Fenster hatte offen gestanden, als die Mutter das Zimmer betat. Die dünne Decke war zurückgeschlagen gewesen, daneben lagen Madeleines Plüschkatze und ihre rosa Kuscheldecke.

Mysteriöse Beobachtung

In den folgenden Tagen vollzieht sich auf dem Gelände der Ferienanlage eine groß dimensionierte Suchaktion. Jede Wohnung, jede Ecke wird gründlichst durchleuchtet, jeder Stein umgedreht, aber ohne Erfolg. Von einer ersten heißen Spur ist erst nach drei Wochen die Rede. Eine der Freundinnen der McCanns, mit denen sie am 3. Mai zu Abend gegessen hatte, hatte sich an eine merkwürdige Begebenheit erinnert, die vor dem Hintergrund von Madeleines mysteriösem Verschwinden eine besondere Bedeutung bekam. Sie habe, gab sie

Kate und Gerald McCann im Mai 2012 mit einem Phantombild, das ihre Tochter als etwa Neunjährige zeigt.

bei ihnen vorbei, um sich zu überzeugen, dass alles in Ordnung ist. Eines der Paare verfügt über ein Babyphon, das direkt mit dem Schlafzimmer verbunden ist.

Gegen 22 Uhr ist es Kate McCann, die Kinderdienst hat. Sie geht die 50 Meter vom Lokal zum Apartment. Die Zwillinge, zwei Jahre alt, schlafen friedlich. Doch Madeleines Bett ist leer. Erschreckt durchsucht die Mutter die Wohnung. Doch von ihrer Tochter gibt es keine Spur. Sie ist verschwunden. Kate eilt zum Lokal zurück und verständigt ihren Mann. Sofort wenden sie sich an die Managerin der Anlage. Kurze Zeit später alarmiert diese die Polizei. Daran, so wundert sie sich später, hatten die Eltern und ihre Freunde gar nicht gedacht. Sie hätten nur von den Medien gesprochen, sagt sie aus.

MISSING - MADELEINE McCANN - MISSING

HAVE YOU SEEN ME?

bereits am Abend des 3. Mai zu Protokoll, eine halbe Stunde bevor Kate das Verschwinden ihrer Tochter bemerkte, auf dem Gelände des Feriencamps einen Mann gesehen, zusammen mit einem Kind, das in Decken gehüllt und lediglich mit einem Schlafanzug bekleidet gewesen war. Er habe sich in Richtung Strand bewegt. Nach ihrer Beschreibung war der Mann etwa 35 Jahre alt und 1,7 Meter groß. Erst jetzt hatte die Polizei entschieden, mit dieser Information an die Öffentlichkeit zu treten.

Aber diese Spur verlief im Sande. Niemand sonst hatte den Mann gesehen. Hatte sich die Zeugin geirrt? Hatte er wirklich ein Kind bei sich gehabt? Und wenn ja – konnte es sich nicht, ganz harmlos, um einen Vater mit seiner Tochter gehandelt haben?

Prominente Helfer

Der „Fall Madeleine" wurde in den folgenden Wochen, Monaten und Jahren zu einer der größten Suchaktionen, die es jemals in der Geschichte der Kriminalistik gegeben hat. Britische und internationale Polizeibehörden wurden eingeschaltet, Zeugen befragt, Spu-

ren gesucht, Dokumente angelegt, Computer mit allen möglichen Daten gefüttert. Fernsehen und Presse berichteten regelmäßig, thematisierten und kommentierten sofort jeden noch so geringen vermeintlichen Fortschritt bei den Ermittlungen, um kurze Zeit darauf die Öffentlichkeit darüber zu informieren, dass man schon wieder einer falschen Spur gefolgt war. Prominente Briten wie die Fußballstars Wayne Rooney und David Beckham oder die „Harry Potter"-Erfinderin Joanne K. Rowling setzten hohe Belohnungen aus für Hinweise, die zur Lösung des Falles beitrugen und starteten Kampagnen per Video. Polizei und Staatsanwaltschaft gingen nach wie vor von einer Entführung aus. Merkwürdig aber war, dass keine Lösegeld-Forderung einging und auch kein irgendwie geartetes Bekennerschreiben vorlag.

In vorderster Front bei der Suche nach Madeleine standen ihre Eltern. Gerald und Kate McCann beteiligten sich engagiert an den Bemühungen, Licht in das Dunkel zu bringen. Zu engagiert, wie manche meinten. Kriminalpsychologen wiesen darauf hin, dass sie sich für Eltern, deren Tochter verschwunden und möglicherweise einem Gewaltverbrechen zum Opfer gefallen war, ungewöhnlich offensiv verhielten. Normalerweise, erklärten sie, suchen Eltern in einer solchen Situation nicht die Öffentlichkeit, wie es die McCanns taten, die sich in ständigem Kontakt mit britischen und internationalen Medien befanden und Reporter über alle ihre Schritte, die sie in dem Fall unternahmen, sofort in Kenntnis setzten. Nicht wenigen Beobachtern und Experten war das etwas zu viel an Publicity.

Schlimmer Verdacht

Erst wunderte man sich über den Einsatz der Eltern und dann, im August 2007, gerieten sie plötzlich selbst in Verdacht. Untersuchun-

Mit einem Spürhund ist dieser Beamte von Scotland Yard am Ort der Entführung von Madeleine McCann auf der Suche nach möglicherweise bisher übersehenen Hinweisen zum Verschwinden des Mädchens.

gen in der Ferienwohnung hatten ergeben, dass jemand versucht hatte, Blutspuren zu beseitigen. In einem Leihwagen, den die McCanns ein paar Wochen nach Madeleines Verschwinden gemietet hatten, fanden sich ebenfalls Spuren von Blut. Gerald und Kate wurden mehrfach von der portugiesischen Polizei verhört. Der Chefermittler sprach offen von einem „tragischen Unfall", den die Eltern dann als Entführung tarnen wollten. Die McCanns wiesen die Anschuldigung empört zurück und verlangten später Schadenersatz.

Kritik wurde laut: Hatte die Polizei sich zu sehr auf die Möglichkeit einer Entführung konzentriert und damit andere Spuren vernachlässigt? Der Verdacht, Madeleines Eltern könnten etwas mit dem Verschwinden ihrer Tochter zu tun haben, erhärtete sich bei den Verhören nicht. Anfang September durften sie nach England zurückkehren, nicht ohne schwere Vorwürfe gegen die portugiesischen Behörden zu erheben. Als ob sie nicht genug zu leiden hätten, hätte man sie nun auch noch mit dem Verdacht konfrontiert, ihre Tochter getötet und beseitigt zu haben. Tatsächlich war die Beweislage mehr als schwach, vor allem, nachdem Analysen ergeben hatten, dass das Blut im Leihwagen nicht mit Madeleines Blut identisch war.

Ausweitung des Blickfeldes

Je länger die Suche nach Madeleine ergebnislos blieb, desto mehr klammerten sich Eltern und Polizei an jeden Strohhalm. Schon lange war der Blick nicht mehr nur auf Portugal gerichtet. Wenn Madeleine wirklich Opfer einer Entführung geworden war, war sie mutmaßlich schon längst außer Landes geschleust worden, vielleicht sogar von einer professionellen Bande, die mit der Entführung und dem Verkauf von Kindern Geld machte.

Die Erweiterung des geografischen Radius hatte zur Folge, dass Nachrichten über den angeblichen Verbleib des Kindes aus den unterschiedlichsten Ecken der Welt kamen.

So wollten Zeugen das Mädchen in Marokko gesehen haben, auf dem Rücken einer Frau. Eine Überprüfung dieser Angabe führte zu keinem konkreten Ergebnis. Die McCanns beteiligten sich weiter aktiv an der Suche, reisten, forschten und gaben die Hoffnung nicht auf, ihre Tochter gesund und wohlbehalten wieder in die Arme zu schließen. Unterstützt wurden sie dabei von insgesamt sieben Privatdetektiven, die in ihrem Auftrag im Einsatz waren. Sie bekamen eine Audienz beim Papst und tourten weiter durch halb Europa.

Scotland Yard bleibt am Ball

Die portugiesische Polizei legte den „Fall Madeleine" 2008 zu den Akten und stellte die Untersuchungen ein. Nicht alle bedauerten diesen Schritt: Häufig waren sich Portugiesen und Briten bei den Ermittlungen in die Quere gekommen und hatten sich gegenseitig behindert. Interpol und die britischen Behörden setzten die Ermittlungen fort, unter der Federführung von Scotland Yard, das eine Kommission mit 37 Fahndern aufstellte. Die Polizei ging weiterhin von der Option aus, dass Madeleine noch am Leben war. In diesem Fall musste sich ihr Aussehen sukzessive geändert haben. Im Mai 2007 war sie knapp vier Jahre alt gewesen. So erstellten die Polizeizeichner und Computerspezialisten im Lauf der folgenden Jahre immer neue Phantombilder, die bei der Suche zum Einsatz kamen.

2011 horchte die Öffentlichkeit auf. Es gab, so hieß es, Neuigkeiten im Fall Madeleine, die, wenn sie noch lebte, nun acht Jahre alt war. Der britische Regierungschef Cameron höchstpersönlich gab die Initiative zu einer neuen Fahndungsoffensive. Die Neuigkeiten bestanden jedoch lediglich darin, dass man nun noch einmal sämtliche Akten des Falles sorgfältigst durchgehen wollte, auch die Unterlagen der portugiesischen Behörden, die inzwischen in Aktenschränken verstaubten.

Zehntausende von Dokumenten wurden gesichtet, geprüft, analysiert – abermals ohne ein konkretes Ergebnis.

Im Oktober 2013 wurde die allererste Spur wieder aufgenommen – die Aussage der Freundin der McCanns, die am Tatabend einen Mann mit einem kleinen Mädchen im Arm gesehen haben wollte. In einer Fernsehsendung wurde ein bereits 2008 angefertigtes Phantombild gezeigt – ohne nennenswerte Resonanz.

Falschmeldung

Am 15. Juli 2015 wurden in der südaustralischen Stadt Wynarka die sterblichen Überreste eines Kindes entdeckt. Die Gerichtsmediziner stellten fest, dass es sich um die Leiche eines Mädchens von zwei bis vier Jahren handelte, mit blonden Haaren, das im Jahr 2007 getötet worden war. Diese Beschreibung passte genau zu Madeleine. Hatte man sie nach Australien verschleppt und dort getötet? Von den australischen Behörden kam nach eingehenden Untersuchungen ein Dementi: Mit Sicherheit konnte ausgeschlossen werden, dass es sich bei der Leiche des kleinen Mädchens in Australien um Madeleine handelte.

Unbeirrt weiterhoffen

Auch heute, fast zehn Jahre nach dem Verschwinden von „Maddie", machen sich bei den britischen Behörden und erst recht bei den Eltern keine Ermüdungserscheinungen bemerkbar. Man will sich nicht damit zufriedengeben, den Fall in die Abteilung „ungelöst" einzuordnen. Auch die portugiesische Polizei hat wieder Ermittlungen aufgenommen und alte Zeugen neu verhört. Die Briten haben den personellen und finanziellen Fahndungsaufwand jedoch inzwischen deutlich reduziert. Die Eltern tun alles, damit ihre Tochter in der Öffentlichkeit nicht in Vergessenheit gerät. Sie nutzen inzwischen die sozialen Netzwerke und haben eine Seite bei Facebook eingerichtet. Im Juni 2015 unternahm Kate McCann eine 800 Kilometer lange Fahrradtour von Edinburgh nach London, mit dem Ziel, Spenden für eine Vermisstenorganisation zu sammeln und um der Welt zu zeigen: Die Hoffnung stirbt zuletzt.

Die Hoffnung gründet sich auch auf neue Technologien. So haben Spezialisten von Scotland Yard sich die Vorhänge im Zimmer, aus dem Madeleine verschwunden war, noch einmal vorgenommen. Man hofft, an ihnen DNA-Partikel des möglichen Entführers zu identifizieren, mittels einer Technik, die 2007 noch nicht verfügbar war. Die Briten besitzen eine der weltweit größten DNA-Dateien, die jährlich um etwa 400 000 neue Profile erweitert wird. Außerdem kamen 30 Haarproben, die man in der Ferienwohnung gefunden hatte, zur Untersuchung ins Labor.

Phantombild

Früher gingen Zeichner ans Werk, heute ist Hightech gefragt, wenn es darum geht, sich ein Bild von unbekannten Tätern oder Opfern zu machen. Bei der gängigsten Methode zur Erstellung eines Phantombilds wird am Computer anhand der Aussagen von Zeugen in einer „Personen-Identifizierungs-Kartei" ein sogenanntes „Pik"-Bild erstellt, indem aus einer riesigen Auswahl aller Gesichtspartien (Stirn, Augen, Nasen, Mund, Kinn) durch Kombinationen ein möglichst wirklichkeitsnahes Profil entwickelt wird. Theoretisch stehen den Experten über 320 Milliarden Möglichkeiten der Kombination zur Verfügung.

Aber selbst wenn den Ermittlern überhaupt kein Anhaltspunkt zum Aussehen eines Täters vorliegt, kann man heute eine Art Phantombild erstellen. In den USA wurde 2015 das „Snapshot DNA phenotyping" vorgestellt – eine Methode, bei der aus DNA, die z. B. Angaben zu Haut-, Augen- und Haarfarbe sowie zu ethnischen Wurzeln enthält, ein Phantombild erzeugt wird. So bekommt man zwar kein prägnantes Porträt, man hofft aber, mit solchen Bildern dem Gedächtnis von Zeugen auf die Sprünge zu helfen.

Bonnie und Clyde

Das berühmte Gaunerpaar raubte und mordete, erfreute sich aber trotzdem einer ungewöhnlichen Popularität. Schon zu Lebzeiten wurden Bonnie und Clyde zu einem Mythos – allerdings nicht bei der Polizei, die sie immer wieder austricksten.

Bonnie war 19 Jahre alt, als sie Clyde kennenlernte. Geboren wurde sie am 1. Oktober 1910 in der texanischen Stadt Rowena. Mit vollem Namen hieß sie Bonnie Parker, was die Menschen später vergaßen, weil ihr Vorname in Verbindung mit dem ihres Partners zu einem Markenzeichen wurde. Clyde hieß vollständig Clyde Barrow. Er war am 24. März 1909 in der Stadt Telico auf die Welt gekommen, also ebenfalls in Texas. Beide stammten aus der unteren Mittelschicht: Bonnies Vater war Maurer, Clydes Vater der Pächter einer Farm. Bonnie war bereits einmal verheiratet gewesen. Als knapp 16-Jährige hatte sie mit einem Jugendfreund den Bund der Ehe geschlossen – die Beziehung aber wenig später wieder gelöst.

Im Januar 1930 begegneten sie sich zum ersten Mal im texanischen Oak Cliff bei Dallas. Clyde hatte kurz zuvor mit seinem Bruder einen Einbruch begangen. Zwar gelang ihm zunächst die Flucht, schließlich landete er aber doch im Gefängnis. Seine neue Partnerin schmuggelte eine Pistole ins Gefängnis. Clyde bahnte sich mit der Waffe in der Hand einen Weg in die Freiheit, wurde aber kurze Zeit darauf wieder geschnappt. Die nun folgende Zeit wurde für ihn zum Martyrium: Immer wieder wurde er von einem Mithäftling schwer misshandelt. Schließlich setzte Clyde Barrow sich zur Wehr und erschlug seinen Peiniger, ein zu lebenslanger Haft verurteilter Mithäftling übernahm die Verantwortung für die Tat.

Weltweite Aufmerksamkeit

Derweil wartete Bonnie geduldig auf Clydes Entlassung. 1932 war es so weit und nun begann die große Zeit des erst viel bewunderten, später geschmähten Gaunerpärchens. In den nächsten Monaten und Jahren beherrschten Bonnie und Clyde die Schlagzeilen der amerikanischen Presse. Auch europäische Zeitungen widmeten sich ausführlich dem ungewöhnlichen Duo, gierig verschlangen die Leser jeden neuen Eintrag im Sündenregister der beiden Ganoven und lenkten sich so ein wenig von der krisengeprägten Weltlage ab. Außerdem strahlte das turbulente Leben der beiden Outlaws auf viele Menschen, die unter der Enge ihrer bürgerlichen Existenz litten, eine eigenartige Faszination aus. Bonnie und Clyde wurden noch zu Lebzeiten zu einem Mythos, der immer mehr die Grausamkeit ihrer Taten ausblendete.

Kriminelle Aktivitäten

Die Spezialität von Bonnie und Clyde waren Überfälle – auf Banken, Geschäfte, Tankstellen. Aber sie waren nicht mit Samthandschuhen unterwegs. Das Paar scheute nicht davor zurück, zu töten. Im Gegenteil: Mord und Totschlag waren fester Bestandteil ihres kriminellen Alltags. Insgesamt 14 Morde gingen auf ihr Konto.

1932 wurde Bonnie bei einem Überfall auf ein Eisenwarengeschäft festgenommen und kam ins Gefängnis. Während ihrer Haft war Clyde mit zwei Komplizen unterwegs. Bei einem Einbruch in ein Juweliergeschäft wurde der Inhaber erschossen. Wenig später war Bonnie wieder frei. Und wie zuvor reisten sie durch das Land, immer auf der Suche nach Gelegenheiten, ihre Kasse zu füllen.

Im März 1933 bekam das Paar Zuwachs in Form von drei Bekannten – zwei Männern und einer Frau –, mit denen sie nun das gefürchtete Quintett der „Barrow-Bande" bildeten. Nachdem sie nicht nur in Texas, sondern auch in Oklahoma zahlreiche Überfälle begangen hatten, kam es am 29. Juli 1933 in Iowa zu einem heftigen Schusswechsel mit der Polizei. Einer ihrer Komplizen starb im Kugelhagel, die Frau wurde ebenfalls getötet. Dem Rest der Bande gelang die Flucht. Im November wurde auch das dritte Mitglied der Gang gefasst. Bonnie und Clyde waren wieder auf sich allein gestellt.

Für die *Dallas Morning News war* der Tod des Kriminellenpaares am 23. Mai 1934 eine Titelstory: „Polizei tötet Clyde Barrow und Bonnie Parker – Flüchtige Dallas-Desperados in Louisiana erschossen".

Spektakuläre Flucht

Wegen der vielen Verbrechen, die sie begangen hatten, standen sie inzwischen in allen Fahndungslisten ganz oben. Es gab keine Stadt und keinen Ort, der nicht übersät war mit ihren Steckbriefen. Obwohl es für sie immer gefährlicher wurde, gingen sie weiter unbeeindruckt ihren kriminellen Geschäften nach. Keine Bank, kein Laden war vor ihnen sicher. Wurden sie von der Polizei überrascht, schloss sich regelmäßig eine

abenteuerliche Flucht mit filmreifen Verfolgungsszenen an. Am 22. November 1933 gerieten sie bei Dallas in eine Straßensperre. Sechs Polizisten nahmen das Duo unter Beschuss, dem im Kugelhagel auf spektakuläre Weise die Flucht gelangt. Mitten auf dem Highway hielten sie dann ein Auto an, warfen den Fahrer hinaus und rasten davon.

Im Januar 1934 erweiterten Bonnie und Clyde das Repertoire ihrer ungesetzlichen Aktivitäten durch einen Überfall auf die Gefängnisfarm von Eastham. Zu den Häftlingen zählte Raymond Hamilton, ein alter Freund von Clyde, der wegen seiner Verbrechen zu aussichtslosen 200 Jahren Gefängnis verurteilt worden war. Ihn und vier weiteren Männern verhalfen Bonnie und Clyde zur Freiheit, eine Aktion, die zwei Männer unter den Salven von Maschinengewehren das Leben kostete. Und die Blutspur, die das Paar hinter sich herzog, wurde immer größer. Am 1. April 1934 erschossen sie während einer Verkehrskontrolle auf dem Highway zwei Polizisten.

Logistik des Verbrechens

75 Jahre nach dem Tod des Duos, im Jahr 2009, veröffentlichte das FBI bis dahin zurückgehaltene amtliche Dokumente sowie Briefe und Notizen zum Fall „Bonnie und Clyde" – ein knapp 1000 Seiten starkes Konvolut. Es beweist, dass das populäre Paar zuweilen unglaubliches Glück gehabt hatte, wenn ihnen die Fahnder ganz dicht auf den Fersen gewesen waren und ihnen dennoch wieder einmal haarscharf die Flucht gelang. Das Unternehmen „Bonnie und Clyde" war, wie die Behörden nach und nach herausfanden, auch nur deswegen möglich, weil dahinter eine ausgefeilte Logistik stand. Das Duo verfügte über ein großes persönliches Netzwerk im Unterweltmilieu, hatte daher Zugang zu vielen Unterschlupfen und überdies in Clydes weit verzweigter Barrow-Familie zuverlässige Helfer. Zugute kam den Beiden außerdem, dass die Polizei in der damaligen Weltwirtschaftskrise schlecht bezahlt und

nicht gerade optimal ausgestattet war. So hatten bei den wilden Verfolgungsjagden ihre klapprigen Wagen keine Chance gegen Clydes schnellen Ford V8, Baujahr 1932.

Blutiges Ende

Das Ende kam in den frühen Morgenstunden des 23. Mai 1934. Angesichts der Erfolge und der vergeblichen Bemühungen der Polizei, sie zu fassen, hatte sich bei dem Duo eine gewisse Sorglosigkeit und sogar Übermut breitgemacht. In der Szene waren sie deswegen nicht gerade beliebt. So kam aus jenem Milieu auch der entscheidende Tipp für die Polizei. Sie wusste daher, dass die beiden Gesuchten auf dem Weg von Louisiana nach Texas waren. Bei dem kleinen Ort Bienville Parish schnappte die Falle zu. Ein Wagen versperrte den Weg, scheinbar mit einer Reifenpanne. Im Gebüsch legten sich sechs schwerbewaffnete Polizisten auf die Lauer. Da näherte sich der Ford des Duos, mit Clyde am Steuer. Das Kommando begann sofort zu schießen. 167 Schüsse wurden, wie man später feststellte, abgefeuert. Bonnie und Clyde hatten keine Chance und starben an Ort und Stelle.

Amerika erwachte langsam aus dem Rausch, in den es sich in den Jahren zuvor hineingesteigert hatte. Nun, nach dem Tod des Paares, erlosch der Glanz von zwei Menschen, die, wie es sich bei nüchterner Betrachtung zeigte, zwar keine normalen Verbrecher, aber eben doch Verbrecher gewesen waren.

Bonnie and Clyde

Zu einem großen Erfolg bei Kritik, Publikum und an den Kinokassen wurde die US-Produktion *Bonnie and Clyde* von 1967. Unter der Regie von Arthur Penn spielte Warren Beatty die Rolle des Clyde, Faye Dunaway war Bonnie. Berühmt wurde auch die Filmmusik von Komponist Charles Strouse, für die es 1969 einen Grammy gab.

Falsche Tagebücher

Für einen handfesten Skandal sorgte 1983 die Veröffentlichung der Tagebücher des „Führers", die sich rasch als Werk eines Fälschers herausstellten.

S eit Jahrzehnten waren die Leser des deutschen Nachrichtenmagazins *Stern* daran gewöhnt, dass die neue Ausgabe jeweils am Donnerstag erscheint. Doch diesmal sollte alles anders sein. Am Freitag, dem 22. April 1983 verbreitete die Verlagsleitung vorab die Mitteilung, dass die 18. Ausgabe des Jahrgangs 1983 bereits am nächsten Montag, dem 25. April, auf den Markt kommen würde. Der Grund war eine echte Sensation: Man sei im Besitz von 62 Bänden der Tagebücher Adolf Hitlers. Erste Auszüge sollten in der am Montag erscheinenden Ausgabe des *Stern* zu lesen sein. Außerdem wurde für den selben Tag eine Pressekonferenz von Verlag und Redaktion angekündigt.

Reißender Absatz

Die Nachricht schlug wie eine Bombe ein. Hitlers Tagebücher? Nicht einmal die absoluten Experten unter den Hitlerforschern hatten davon gewusst. Der „Führer" schrieb nicht, sondern diktierte. Am Anfang seiner Karriere hatte er das Pamphlet *Mein Kampf* verfasst, unter der Herrschaft der Nationalsozialisten offizielle Pflichtlektüre der Deutschen, die allerdings kaum jemand wirklich

las. Und schon gar nicht passte es zu dem Bild, das die Historiker von dem Diktator gezeichnet hatten, dass er, neben Ausführungen zur Politik, dem Papier auch seine privatesten Gedanken und Empfindungen anvertraut haben sollte.

Am Montag, dem Auslieferungstag des *Stern*, stürmten die Menschen die Zeitungskioske, um nichts von der Sensation zu verpassen. „Hitlers Tagebücher entdeckt", hatte der *Stern* getitelt. Und sie lasen Merkwürdiges und Erstaunliches: „Wir müssen unbedingt einen Platz im Osten finden, wo sich die Juden selbst ernähren können." Hitler sorgte sich um die Juden? Oder die Ausführungen über den berüchtigten Propagandaminister Joseph Goebbels und die moralische Disziplin der Nazi-Führer: „Der kleine Goebbels macht schon wieder Geschichten mit Frauen. Werde in den nächsten Tagen einen geheimen Erlass herausgeben, dass ich von meinen engsten Mitarbeitern und Parteiführern im Reich keinerlei Affären mehr wünsche." Von einem solchen Erlass ist in keiner anderen Quelle die Rede. Befremdlich auch die hypochondrischen Anwandlungen Hitlers: „Was verschweigen mir meine Ärzte? Kann ich diesen Leuten überhaupt noch trauen? Bin total zerstochen von den vielen Spritzen. Bin ich vielleicht unheilbar krank?"

Anderes schien tatsächlich von Bedeutung zu sein. Dass 1941 Hitlers Stellvertreter Rudolf Heß 1941, mitten im Krieg, auf eigene Faust einen Flug nach England unternommen hatte, der mit einer Bruchlandung endete, hatte in der historischen Forschung zu vielen Kontroversen geführt. Nun schien aus Hitlers Aufzeichnungen hervorzugehen, dass die Nazi-Führung von dieser Aktion unterrichtet gewesen war.

Kritik unerwünscht

Die Pressekonferenz am selben Tag in Hamburg wurde zu einem der größten Medienereignisse in der Geschichte der Bundesrepublik Deutschland. Die gesamte Führungsriege des *Stern* sonnte sich im Blitzlichtgewitter der Fotografen. Die Kladden mit den Ausführungen Hitlers wurden stolz in die Kameras gehalten. Im Mittelpunkt des Interesses stand *Stern*-Reporter Gerd Heidemann, der die Tagebücher aufgespürt hatte. Der Chefredakteur des Magazins verwahrte sich mit deutlichen Worten gegen jede Kritik, die in den

Mit seinen *Hitler-Tagebüchern* schaffte Konrad Kujau auch die Aufnahme in Museen. Das Deutsche Historische Museum in Berlin etwa zeigte 2010 eine der Kladden (Foto) im Rahmen der Ausstellung *Hitler und die Deutschen*.

Tagen zuvor aufgekommen war. Skepsis, was die Echtheit angeht, sei völlig unangebracht. Der *Stern* habe vor der Veröffentlichung mit aller Sorgfalt die Echtheit der Dokumente geprüft. Schrift, Papier, Tinte – alles passe zu der Zeit Hitlers. Und die Unterschrift, die der Verfasser der Texte unter jeden einzelnen Abschnitt gesetzt hatte, glich genau der Signatur des „Führers", wie man sie von originalen Schriftstücken her kannte.

Natürlich waren die Medien brennend daran interessiert, auf welche Weise der *Stern*

Konrad Kujau war Militariahändler, Maler – und Fälscher. Hier präsentiert er zwei Ausgaben des *Stern*, der auf seine *Hitler-Tagebücher* hereingefallen war. Nach seiner Haft verkaufte er ganz offiziell „Kujau-Fälschungen" – und wurde selbst Opfer von Fälschern, die gefälschte Kujau-Fälschungen via Internet verkauften.

in den Besitz der Tagebücher gelangt sei. Bei einem Flugzeugabsturz in den letzten Kriegstagen seien die Dokumente 1945 verschollen. Später seien sie an der Absturzstelle, auf dem Gebiet der DDR, genauer: bei Börnersdorf in Sachsen, wieder aufgetaucht. Ein General der Nationalen Volksarmee der DDR habe die brisanten Papiere nach Stuttgart zu seinem Bruder schmuggeln lassen. Über verschiedene Kanäle seien sie dann in die Hände des *Stern* gelangt.

Über neun Millionen D-Mark ließ sich das Magazin den Erwerb der Bände kosten. Die Geschichte des Dritten Reiches musste, davon waren die Macher des Blattes überzeugt, aufgrund der Informationen aus erster Hand nun neu geschrieben werden.

Am 6. Mai 1983 erschien die zweite Ausgabe des *Stern* mit den *Hitler-Tagebüchern*. Doch in den Tagen zuvor hatte sich einiges getan. Inzwischen war die Auffassung von der Echtheit der Texte erheblich ins Wanken geraten. Nicht nur, dass namhafte Historiker aus inhaltlichen Erwägungen heraus massive Zweifel vorbrachten. Vor allem nahm die Gewissheit, mit der die Verantwortlichen des *Stern* beharrlich behaupteten, selbstverständlich habe Hitler die Texte geschrieben, in dem Maß ab, wie Fachleute sich daran

machten, die vermeintlichen Tagebücher in ihrer materiellen Substanz unter die Lupe zu nehmen. Proben der Bücher gingen wenige Tage nach der Veröffentlichung im *Stern* fast gleichzeitig an das Bundesarchiv in Koblenz, die Bundesanstalt für Materialprüfung in Berlin und das Bundeskriminalamt in Wiesbaden. Nach einer sorgfältigen Prüfung kamen alle drei Institutionen zu dem Ergebnis: Die angeblichen Tagebücher sind eine Fälschung. Dieser Befund wurde am selben 6. Mai 1983 in einer Pressekonferenz bekanntgegeben.

Plumpe Fälschung

Es war sogar eine ziemlich plumpe Fälschung. Inhaltlich wurde eine Reihe weiterer historischer Fehler festgestellt. Zudem fehlte den Tagebüchern die eigene, persönliche, reflektierende Note, die man in einem Text dieser Art eigentlich zwingend erwarten musste. Das waren Indizien. Dann kamen die handfesten Beweise: Einband, Heftfäden und Tinte stammten, wie die chemischen Analysen ergaben, eindeutig nicht aus den 1930er- und 1940er-Jahren. Bei der Untersuchung des Papiers mit ultraviolettem Licht kam es zu einer Luminiszenz genannten physikalischen Strahlung, die vom Fälscher verwendete optische Aufheller zum Vorschein brachte, die erst nach 1950 entwickelt wurden. Die kunstvoll an den Einbänden angebrachten roten Kordeln, die als Siegel dienten, gab es nicht vor 1956. Sie waren mit einem Reaktivstoff eingefärbt worden. Man hatte es also mit dem klassischen Produkt der Arbeit eines Fälschers zu tun.

Aber wenn die *Hitler-Tagebücher* nicht von Adolf Hitler stammten – wer hatte sie dann geschrieben?

Görings Yacht

Nach und nach kamen alle Einzelheiten über die Skandalgeschichte der gefälschten *Hitler-Tagebücher* ans Licht. Die Hauptrollen in der kriminellen Posse spielten der *Stern*-Reporter Heidemann, der sich bei der spektakulären Pressekonferenz am 25. April von den versammelten Medienvertretern hatte feiern lassen, und ein schwäbischer Spezialist für Fälschungen namens Konrad Kujau.

Heidemann war schon seit einiger Zeit für das Magazin tätig, das sich später mit der Geschichte der Tagebücher so unsterblich blamieren sollte. Er galt als guter Journalist und Rechercheur. Etwas irritiert waren manche Kollegen, weil Heidemann ein über das rein Professionelle hinausgehendes Interesse an der Geschichte des Nationalsozialismus an den Tag legte. Von 1976 bis 1981 war er mit Edda Göring, einer Tochter der NS-Größe Hermann Göring, befreundet gewesen. Görings erste Ehefrau hieß Carin. 1973 hatte Heidemann die ehemalige Yacht Görings gekauft und sie auf den Namen *Carin II* getauft. Eigentlich hatte der Reporter vor, das Boot mit Gewinn weiter zu veräußern. Doch hatte er bei der Suche nach Interessenten zunächst kein Glück. So benutzte er die Yacht selbst, die sich in der Folge zu einem beliebten gesellschaftlichen Treffpunkt von Journalisten, aber auch von Sympathisanten der rechten Szene und Nazi-Romantikern entwickelte.

Grafologie

Die Kunst der Handschriftdeutung wird häufig im Bereich der Psychologie eingesetzt, um Rückschlüsse auf die Persönlichkeitsstruktur des Schreibers zu erlangen. In der Kriminalistik spielt sie beispielsweise beim Nachweis von Handschriftenfälschungen eine Rolle. Dabei werden wichtige Charakteristika der Schriftproben verglichen. Unter anderen gehören Größe, Schärfe, Magerkeit bzw. Stärke, Buchstabenverbindung und Zeilenführung dazu.

Im Fall der *Hitler-Tagebücher* bestätigten drei unabhängige Grafologen dem *Stern* die Echtheit von Hitlers Unterschrift. Wie sich herausstellen sollte, war ihr Urteil falsch. Alle drei Gutachter hatten den gleichen Kardinalfehler begangen: Sie hatten Fälschungen mit Fälschungen verglichen.

Um die Authentizität einer Handschrift festzustellen, benötigt man eine mit Sicherheit echte Vergleichshandschrift. Und deren Echtheit hatten die Grafologen nicht im erforderlichen Maß geprüft. Zwar hatte der *Stern* ihnen solche Vergleichshandschriften vorgelegt – doch waren auch sie von Konrad Kujau gefälscht.

Anhand einer echten Vergleichshandschrift hätten die Grafologen die Tagebücher leicht als Fälschung entlarven können. Die Fälschung war viel weicher, runder geschrieben als Hitlers Handschrift, Hitler verband die Buchstaben deutlich stärker als Konrad Kujau, auch die Unterlängen der Buchstaben sind deutlich verschieden.

Geschäfte mit Hitler

Der zweite Hauptakteur, Konrad Kujau, stammte ursprünglich aus Sachsen, lebte aber schon lange im Westen. 1958 hatte er ein Studium an der Kunstakademie Stuttgart aufgenommen. 1961 machte er sich als Künstler selbstständig. Als besondere Fähigkeit entdeckte er an sich die Begabung, mit der Fälschung von Kunst und Dokumenten Geld zu machen. Und er kam in Berührung mit zwielichtigen Gestalten aus der Nazi-Szene. In diesem Milieu herrschte immer ein großer Bedarf an Devotionalien aus dem Dritten Reich. So versorgte der Fälscher seine Kunden mit allerlei Kitsch, den er ihnen als Originale aus der Zeit des Dritten Reiches verkaufte.

Besonders begehrt waren in diesen Kreisen Bilder des „Führers" Adolf Hitler. Auch in dieser Hinsicht bediente Kujau die Klienten zu deren größter Zufriedenheit. 1974 fand er in Gestalt eines schwäbischen Unternehmers einen besonders dankbaren Abnehmer seiner gefälschten Nazi-Produkte. Demselben Unternehmer bot er ein Jahr später etwas ganz Exklusives an – ein originales *Hitler-Tagebuch*, vom „Führer" selbst geschrieben. Die Begeisterung des Kunden kannte keine Grenzen. Tatsächlich sah Kujaus Produkt täuschend echt aus. Hitlers Handschrift vermochte er fast perfekt zu imitieren. Und wie man die Bücher auf alt trimmen konnte, hatte er auch bald heraus. Etwas Siegellack, Asche und in Tee getränktes Papier und fertig war das Tagebuch aus dem Jahr 1940.

Die Sensation des Jahrhunderts

Als Dienstleister für Nazi-Sympathisanten machte Kujau in den folgenden Jahren gute Geschäfte. Im Januar 1980 kam es zu einem ersten indirekten Kontakt zwischen dem Fälscher und dem *Stern*-Reporter Heidemann. Geknüpft hatte die Verbindung der euphorisierte Unternehmer aus Schwaben, den der Journalist wegen des geplanten Verkaufs seiner Yacht angesprochen hatte. Noch immer wartete er vergeblich auf einen Käufer. Die teuren Reparaturen hatten ihm hohe Schulden eingebracht. Bei dieser Gelegenheit verriet ihm der Unternehmer, dass

er eine Quelle für den Bezug von Hitlers Tagebüchern kenne. Wie alle anderen, so hatte auch Heidemann noch nie von der Existenz solcher Tagebücher gehört. Doch seine journalistische Neugierde war geweckt. Völlig überzeugt war er, als ihm der Mittelsmann das Exemplar, das er von Kujau erhalten hatte, präsentierte. Hitlers Tagebücher! Das würde die Sensation des Jahrhunderts werden. Und für ihn wäre es dann ein Leichtes, seine Schulden abzubezahlen.

Der Stein kommt ins Rollen

Nun begann die letztlich so verhängnisvolle Geschäftsbeziehung zwischen dem professionellen Fälscher aus Stuttgart und dem Starreporter aus Hamburg. Kujau nannte sich, um seine Anonymität zu wahren, zu diesem Zeitpunkt vorsichtshalber „Konrad Fischer". Noch viel mehr von Hitlers Aufzeichnungen seien in seinem Besitz, ließ er den Journalisten wissen. Laut Heidemann spielte Kujau auch später noch, als sie sich längst gut kannten, die Komödie des bloßen Vermittlers mit großer Perfektion. Überreichte er ihm neue Bücher aus, was Heidemann nicht wusste, seiner eigenen Werkstatt, forderte er ihn scheinheilig auf, ihm den Text vorzulesen, da er Hitlers Schrift nicht entziffern könne.

Heidemann war restlos begeistert. Nun musste er nur noch Verlagsleitung und Redaktion überzeugen. Denn es war ihm völlig klar: Die Tagebücher gehörten in den *Stern*. Allerdings war Vorsicht angesagt. Denn keiner, schon gar nicht die Konkurrenz, sollte vorab Wind von der sensationellen Entdeckung bekommen. Diskret fühlte Heidemann im April 1980 beim Ressortleiter „Zeitgeschichte" des *Stern* vor. Dieser war sofort Feuer und Flamme und beauftragte den Reporter, die Sache weiter zu verfolgen. Obwohl von keinerlei Zweifeln geplagt, prüfte Heidemann „Fischers" Geschichte von dem abgestürzten Flugzeug nach. Er fand heraus: Der Crash hatte tatsächlich stattgefunden. Das

Historisch-philologische Analyse

Historiker erbrachten den Nachweis, dass Kujau bei seinen Recherchen mehr als oberflächlich gearbeitet hatte. In dem Gutachten des Koblenzer Bundesarchivs (eine der drei an der Analyse beteiligten Bundesbehörden) ist von einem „Mangel an Authentizität" die Rede. So wurde „eine Reihe von gravierenden Fehlern" ebenso festgestellt wie „die Übernahme später gebräuchlicher Begriffe", „Fehleinschätzungen, die nur durch unveröffentlichte Quellen nachweisbar sind" und „eine Übernahme von Unrichtigkeiten aus unpublizierten Vorlagen."

genügte ihm, um „Fischer" uneingeschränkt Glauben zu schenken. Doch Kujau verlangte Geld. Viel Geld. Heidemann und der Ressortleiter fürchteten Widerstand in der eigenen Redaktion. So wandten sie sich direkt an die Verlagsleitung. Diese genehmigte zunächst einmal zwei Millionen D-Mark, mit der Auflage, die Chefredaktion des Magazins nicht in den Deal einzuweihen. Ende Januar 1981 wurden Kujau und Heidemann handelseinig. Kujau versprach, weitere Bände der Tagebücher zu besorgen. Am 15. April 1983 erfolgte die letzte Lieferung.

Warnende Hinweise

Inzwischen waren von vielen Seiten Warnungen gekommen, die erhebliche Zweifel an der Echtheit äußerten. Zeitzeugen wiesen auf gravierende inhaltliche Fehler hin. Das Bundeskriminalamt bekam ein Exemplar vorab und kam zu dem Schluss, dass die verwendete Schreibmaschine erst 1956 auf den Markt gekommen sei. Für Befremden sorgten auch die Monogramme auf den Umschlägen der Tagebücher. Statt, wie zu erwarten, „AH" stand dort ganz deutlich „FH". Zwei Gutachten fielen positiv aus, doch beruhten sie auf Schriftproben, die Kujau gefälscht hatte. Der Verlag und die inzwischen eingeweihte Chefredaktion entschlossen sich trotz allem, die Tagebücher zu veröffentlichen. Die Auflage des *Stern*, so das Kalkül, würde astronomische Höhen erreichen. So kam es zu der legendären Pressekonferenz vom 25. April 1983, mit dem strahlenden Helden Heidemann im Mittelpunkt.

Auf dem Boden der Tatsachen

Nur ein paar Tage später flog der Schwindel auf. Die verantwortlichen Redakteure des *Stern* traten zurück, Heidemann wurde fristlos gekündigt. Konrad Kujau wurde 1985 vom Landgericht Hamburg wegen Betrugs und Urkundenfälschung zu viereinhalb Jahren

Schtonk

1992 kam der deutsche Spielfilm *Schtonk* in die Kinos. Der seltsame Titel war eine Anleihe aus Charlie Chaplins Meisterwerk *Der große Diktator* von 1940, in dem er das Gehabe des „Führers" Adolf Hitler karikiert hatte. Regisseur Helmut Dietl lieferte in dem Film eine satirische Abrechnung mit dem Skandal um die *Hitler-Tagebücher*. Uwe Ochsenknecht mimte den Fälscher Kujau, der in dem Streifen den Namen Professor Dr. Fritz Knobel trug. Götz George verkörperte als Reporter Hermann Willié (Foto) den umtriebigen Gerd Heidemann. Dietl hielt sich sehr genau an die realen Abläufe, erlaubte sich aber manche grotesken Zuspitzungen. Zum Klassiker unter Kinofans avancierte die Szene, in der man darüber rätselt, was die Initialen „FH" auf dem Titelblatt der Tagebücher bedeuten mögen. Nach langer Diskussion entscheidet man sich für die Lösung „Falscher Hase".

Gefängnis verurteilt. Nach drei Jahren wurde der schwer Erkrankte vorzeitig entlassen. Auch Heidemann musste hinter Gitter – für vier Jahre und acht Monate. Das Gericht sah es als erwiesen an, dass er von den insgesamt neun Millionen D-Mark, die der Verlag schließlich für Kujau bereitgestellt hatte, über vier Millionen auf das eigene Konto abgezweigt hatte.

Gerechte Strafe oder Justizskandal?
Das Urteil für einen Mord am
Starnberger See spaltete die Nation.

Der Fall
Vera Brühne

1962 fand vor dem Landge-
richt München II der Prozess
gegen Vera Brühne statt. Das
Foto zeigt die Angeklagte im
Gespräch mit ihrem Verteidi-
ger Dr. Franz Moser.

Zugegeben, der letzte Beweis fehlte.
Doch für Staatsanwaltschaft und
Kripo war der Fall klar: Vera Brühne
war eine Doppelmörderin. Sie hatte gemein-
sam mit einem Bekannten namens Johann
Ferbach am 14. April 1960 in einer Villa in
Pöcking am Starnberger See den Arzt Otto
Praun und dessen Haushälterin Elfriede
Kloo ermordet. Das Landgericht München II
schloss sich dieser Auffassung an und verur-
teilte die beiden Angeklagten am 4. Juni 1962
zu lebenslangen Zuchthausstrafen.

Dieses Urteil in einem Prozess, der weit
über Deutschland hinaus ein reges, medial
ständig neu geschürtes Interesse gefunden
hatte, stieß in der Öffentlichkeit auf ein ge-
teiltes Echo. Die einen jubelten, die anderen
trauerten. Viele neutrale Prozessbeobachter
machten keinen Hehl aus ihrer Skepsis.

Die Anklage, so argumentierten sie, habe
auf sehr schwachen Füßen gestanden. Die
Verteidigung monierte, die Gegenseite habe
keine echten Beweise auf den Tisch gelegt
und fragwürdigen Zeugenaussagen Glauben
geschenkt. Staatsanwaltschaft und Gericht
aber hielten die Indizien für ausreichend, um
Vera Brühne und ihren mutmaßlichen Helfer
für einen Mord, begangen aus Habgier, für
immer hinter Gitter zu bringen.

Gute Partie

Seit einigen Jahren lebte die zweimal ge-
schiedene Vera Brühne in München. In einem
vornehmen Stadtteil besaß sie eine Eigen-
tumswohnung. Nicht gerade bürgerlichen
Moralvorstellungen entsprechend, stellte sie
sich reichen, distinguierten Herren meist rei-
feren Alters als Begleiterin zur Verfügung. Im
Juli 1957 lernte sie in einem Münchener Lokal
das spätere Mordopfer Otto Praun kennen. Er
war 16 Jahre älter als die 1910 geborene Vera
Brühne, geschieden, erfolgreicher Frauenarzt,

30. April 1962, Lokaltermin am Starnberger See: Die Puppe im Vordergrund zeigt,
wie der Ermordete im Flur seiner Villa aufgefunden wurde. Im Hintergrund (links,
mit Akte) der Mitangeklagte Johann Ferbach.

sehr vermögend. Mit seiner Haushälterin lebte er in einer mondänen Villa am Starnberger See vor den Toren Münchens.

Für die attraktive Vera Brühne war er sofort Feuer und Flamme. Es folgten Geschenke, etwa ein gebrauchter VW-Käfer, und gemeinsame Reisen. Der Arzt machte ihr das Angebot, für ihn an bestimmten Wochentagen als Fahrerin tätig zu sein. Im Frühjahr 1959 kam es zu jenem Vorgang, der in dem Prozess eine entscheidende Rolle spielen sollte. Otto Praun setzte die Geliebte als Erbin seiner Finca in Lloret de Mar an der spanischen Costa Brava ein.

Alibi

Einen Tag vor dem Mord, am 13. April, kam Vera Brühne von einer Reise ins Rheinland zurück nach München. Im Rheinland war sie mit Johann Ferbach zusammen gewesen, den sie schon länger kannte. Noch am selben Tag hatte sie ihm, der krank oder zumindest krankgeschrieben war, in seiner Wohnung in Köln, einen Besuch abgestattet. Um acht Uhr kam sie am nächsten Morgen, dem Tag des Mordes, mit dem Zug in München an; gegen 17.45 Uhr fuhr sie mit einem neuen Auto, das ihr der großzügige Otto Praun geschenkt hatte und wegen dessen Übernahme sie die Reise in die bayerische Landeshauptstadt angetreten hatte, zurück nach Bonn, wo ihre kranke Mutter lebte.

Grausiger Anblick

Fünf Tage später, am 19. April, dem ersten Arbeitstag nach dem Osterfest, alarmierten Freunde Prauns die Polizei. Weil sie von ihm nichts mehr gehört hatten, hatten sie sich Sorgen gemacht, waren zur Villa gefahren und hatten, nachdem sie durch eine unverschlossene Terrassentür ins Haus gekommen

waren, die Leichen des Arztes und seiner Haushälterin entdeckt. Praun lag in der Diele in einer Blutlache, in der rechten Hand eine Pistole, mit zerschossener Schläfe. Die Leiche der Haushälterin Elfriede Kloo befand sich im Keller. Sie starb, so stellte später die Gerichtsmedizin fest, an einem aus nächster Nähe abgefeuerten Genickschuss. Todeszeitpunkt war Donnerstag, 14. April, 19.45 Uhr. Zu dieser präzisen Bestimmung gelangte die Polizei durch Prauns Armbanduhr, die exakt zu diesem Zeitpunkt stehengeblieben war. Außerdem hatte eine Zeugin zu dieser Uhrzeit zwei Schüsse gehört.

Unter Verdacht

Aufgrund der Situation am Tatort glaubte die Polizei zunächst an einen doppelten Selbstmord. Praun habe erst seine Haushälterin und dann sich selbst erschossen. Am 29. Oktober 1960 wurde jedoch bei einer Autopsie in Prauns Schädel eine zweite Kugel gefunden, die einen Selbstmord ausschloss. Vera Brühne geriet ins Visier der Ermittler, als Freunde des Ermordeten aussagten, er habe seinen Besitz in Spanien verkaufen und seine Geliebte verlassen wollen. Um das versprochene Erbe zu retten, habe sie gemeinsam mit ihrem Helfer Ferbach Arzt und Haushälterin umgebracht. Ein Zeuge gab zu Protokoll, Ferbach habe ihm gegenüber den Doppelmord gestanden. Ungünstig wirkte sich zudem aus, dass sich die Angeklagten während des Prozesses in Widersprüche verstrickten.

So kam es zu dem Urteil „lebenslänglich", auch wenn am Tatort keine Spuren gefunden worden waren, die auf eine Täterschaft Brühnes und Ferbachs hindeuteten. Ein Antrag auf Revision wurde im Dezember 1962 abgelehnt. Im Mai 1979 wurde Vera Brühne aufgrund eines Gnadengesuchs entlassen. Sie starb am 17. April 2001 in München.

Flucht von Alcatraz

Das Gefängnis in der Bucht von San Francisco galt als das sicherste der Welt. Ausbruch? Unmöglich! Doch dann verschwanden drei Häftlinge – auf sehr mysteriöse Weise.

Man nannte sie ehrfürchtig „The Rock". 2,2 Kilometer vor der Küste San Franciscos gelegen, war die kleine, nur 500 Meter lange Insel Standort eines Gefängnisses, das einem Hochsicherheitstrakt glich und besser bewacht wurde als Fort Knox. Wer nach Alcatraz kam, so die landläufige Meinung, konnte jeden Gedanken an eine Flucht vergessen. Seitdem der „Felsen" in der Mitte des 19. Jahrhunderts als Gefängnis für Kriegsgefangene eingerichtet und 1934 zur uneinnehmbaren Festung ausgebaut worden war, hatten Generationen von Häftlingen hier ihre Strafen verbüßt, ohne jede Aussicht, die Haftzeit durch einen Ausbruch verkürzen zu können. Versuche hatte es immer wieder gegeben, auch Häftlingsrevolten, doch sie waren alle gescheitert und dienten damit als Beweis dafür, dass Alcatraz ausbruchsicher war. Aus dem Zellentrakt

mit seinen massiven Konstruktionen aus Stahlbeton gab es kein Entkommen. Und wer es doch schaffen sollte, aus dem Gebäude zu fliehen, hatte immer noch das Meer vor sich – außer im Hochsommer eiskalt, mit tückischen Strömungen. In ganz Amerika konnte kein Gefängnisdirektor ruhiger schlafen als der verantwortliche Leiter des Gefängnisses von Alcatraz.

Unmögliches wird wahr

Dieser Satz galt bis zum 11. Juni 1962. An diesem Tag gelang drei Häftlingen der Ausbruch. Oder präziser formuliert: Sie verschwanden aus Alcatraz, spurlos, ohne einen Anhaltspunkt, was mit ihnen passierte, nachdem es ihnen gelungen war, aus dem Hochsicherheitstrakt auszubrechen. Die Flucht der drei Gefangenen Frank Morris, John Anglin und

„The Rock" heute: Mehr als eine Million Besucher setzen jährlich zur Besichtigung des einstigen Gefängnisses für Schwerstverbrecher auf die Insel Alcatraz über.

Clarence Anglin war dafür verantwortlich, dass Alcatraz seinen legendären Nimbus als sicherste Haftanstalt der Welt verlor. Der 11. Juni 1962 wurde so zum Anfang vom Ende von Alcatraz als Gefängnis.

Ausbrecher-Quartett

Frank Morris war der Anführer der drei Ausbrecher. 1926 geboren, geriet er bald ins kriminelle Milieu, handelte mit Drogen, verübte Raubüberfälle und wurde schließlich zu 14 Jahren Haft verurteilt. Am 3. Januar 1960 kam er auf der Insel an, registriert als Häftling AZ1441. Von Anfang an war für Morris klar, dass er nicht 14 Jahre in Alcatraz verbringen wollte, und so dachte er jede Minute darüber nach, wie man es anstellen könnte, das Unmögliche möglich zu machen.

Drei Mithäftlinge weihte er in seine Pläne ein: die Brüder Anglin und Allen West. John Anglin, 1930 geboren, hatte wegen Diebstahl und Bankraub bereits Haftstrafen verbüßt und war nach missglückter Flucht aus einem Staatsgefängnis zusammen mit seinem ein Jahr jüngeren Bruder Clarence Anfang Januar 1960 nach Alcatraz gebracht worden. Allen West komplettierte das Quartett der Häftlinge, die wenig später Geschichte schreiben sollten. West, Jahrgang 1929 und bereits seit

1957 Insasse von Alcatraz, wurde allerdings zur tragischen Figur bei dem Unternehmen „Flucht von Alcatraz".

Schwachpunkt im System

Morris entwickelte einen Plan. Er hatte seine Zelle gründlich erforscht, sich zudem während der gemeinschaftlichen Mahlzeiten und bei den bewachten Aufenthalten im Gefängnishof jedes Detail gemerkt, das für den geplanten Ausbruch von Bedeutung sein konnte. Dabei kam er zu dem Ergebnis, dass es doch eine Lücke in dem scheinbar perfekten Sicherheitssystem von Alcatraz gab. Der Schwachpunkt, so analysierte Morris, waren die mit Gittern versperrten Zugänge zu den Lüftungsschächten, die es in jeder Zelle gab.

Diese Gitter, stellte Morris fest, waren nicht sehr stabil und konnten mit Werkzeug entfernt werden. Unter seiner Anleitung begannen die vier Häftlinge spätestens ab Ende 1961 mit der konkreten Ausführung des Fluchtplans. Die Arbeit an den Lüftungsgittern wurde mithilfe von Löffeln und anderen improvisierten Werkzeugen durchgeführt, die sie bei den Mahlzeiten abgezweigt hatten. Da das Gemäuer von Alcatraz durch Salz und Feuchtigkeit porös geworden war, kamen die Häftlinge mit ihrer Arbeit gut voran, obwohl sie immer auf der Hut vor den aufmerksamen Wärtern sein mussten. Wichtig war dabei die Koordination des Vorgehens. Mit Unterstützung von anderen Häftlingen, die gespannt waren, ob der verwegene Plan klappen würde, baute Morris ein Kommunikationssystem auf, das es dem Quartett ermöglichte, sich über den jeweiligen Stand der Vorbereitungen abzustimmen.

Ein Ausfall

Am 11. Juni 1962 waren sämtliche Vorbereitungen abgeschlossen. Was dann genau geschah, ist bis heute nicht in allen Einzelheiten rekonstruiert. Vieles von dem, was die Behörden später über den Ablauf der spektakulären Flucht ermittelten, beruht auf den Angaben von Allen West, der das Pech hatte, dass zum verabredeten Zeitpunkt das Lüftungsgitter in seiner Zelle klemmte und er den anderen nicht in die Lüftungsschächte folgen konnte. Als er es endlich geschafft hatte, waren seine Fluchtgenossen verschwunden. West quälte sich zwar durch den engen Schacht und gelangte auf das Dach des Zellentraktes. Doch dort gab es von Morris und den beiden Anglins keine Spur mehr.

Dummies im Bett

Frank Morris hatte an alles gedacht. So musste verhindert werden, dass die Wärter bei ihren Rundgängen, bei denen sie routinemäßig durch eine Klappe einen Blick in die Zellen warfen, die leeren Pritschen entdeckten. Daher hatten die Ausbrecher in den Wochen zuvor Dummies angefertigt – täuschend ähnliche Konterfeis, hergestellt aus Toilettenpapier und Pappmaché. Kissen schufen zusätzlich die Illusion, dass die Häftlinge friedlich in ihren Betten schliefen. In Wirklichkeit waren sie bereits dabei, den Weg in die Freiheit zu suchen. Sie kämpften sich erfolgreich durch die engen Luftschächte, bis sie das Dach erreichten. Von dort gelangten sie in den Hof, unbemerkt von den Wachsoldaten und den Scheinwerfern, die Alcatraz auch nachts in hellem Licht erstrahlen ließen.

Morris hatte auch für den weiteren Ablauf der Flucht Vorkehrungen getroffen. Aus im Gefängnis entwendeten Regenmänteln hatten die drei Häftlinge ein Floß gebastelt. Mit diesem Floß gingen sie vorsichtig zum Meer.

Viele offene Fragen

Hier verliert sich die Spur der drei Ausbrecher von Alcatraz. Ihre Flucht wurde erst Stunden später bemerkt. Zu spät. Trotz Großalarms und sofort eingeleiteter Fahndung blieben Morris und die Anglins verschwunden. Auch in den nächsten Wochen und Monaten ergaben sich keine Hinweise auf ihren Verbleib und auf ihr weiteres Schicksal. So kamen die Behörden zu jenem Schluss, der dann Eingang in den offiziellen Untersuchungsbericht fand: Frank Morris, John Anglin und Clarence Anglin waren nach ihrer Flucht von Alcatraz im Meer ertrunken. Dafür sprach nicht zuletzt der Fund von einigen wenigen ihrer Habseligkeiten auf einer kleinen Insel, die drei Kilometer von Alcatraz entfernt liegt – Überreste des Floßes und eine Plastiktüte mit Gegenständen aus dem Besitz der Anglin-Brüder. Sie hatten im eiskalten Wasser den Tod gefunden, ihre Leichen waren unter der Golden Gate Bridge hindurch in den Pazifik getrieben worden.

Ihre Leichen indes wurden niemals entdeckt. Dieser Umstand schürte Spekulationen, dass sie möglicherweise doch erfolgreich gewesen waren. Aus den amtlichen Fahndungslisten in den Vereinigten Staaten sind die Ausbrecher bis heute nicht ver-

Alcatraz im Film

Burt Lancaster schlüpfte 1962 in dem US-Spielfilm *Der Gefangene von Alcatraz* in die Rolle des Robert Stroud, der wegen Mordes erst zum Tode, dann zu lebenslanger Haft in dem Gefängnis auf der Insel Alcatraz verurteilt worden war. Als Häftling wurde er zu einem international anerkannten Vogelkundler. Regisseur Don Siegel verfilmte 1979 in *Flucht von Alcatraz* in enger Anlehnung an die tatsächlichen Abläufe den Ausbruch von 1962. Frank Morris wurde von Clint Eastwood dargestellt. Auch Sean Connery wurde auf Alcatraz gesichtet, jedoch nicht in der Rolle des Agenten James Bond. *The Rock* mit dem deutschen Untertitel *Fels der Entscheidung* ist ein 1996 gedrehter US-Thriller, in dem Connery gemeinsam mit Nicolas Cage einem größenwahnsinnigen General, der Alcatraz als Stützpunkt zerstörerischer Pläne gewählt hat, Paroli bieten muss.

schwunden. Sollten sie noch leben, wären sie heute alte Männer, weit in den Achtzigern. Spezialisten veränderten dementsprechend am Computer die alten Fotos, die von den Häftlingen bei ihrer Einlieferung in Alcatraz aufgenommen worden waren.

Neue Spuren?

2014 kam neue Bewegung in die nie völlig zu den Akten gelegten Bemühungen, endgültige Gewissheit darüber zu erlangen, was mit den geflohenen Gefangenen von Alcatraz passiert war. Neffen der Anglin-Brüder behaupteten, ihre Mutter habe von den beiden Ausbrechern noch in den 1970er-Jahren regelmäßig Weihnachtskarten erhalten. Etwas später tauchte ein vergilbtes Foto auf, aufgenommen ebenfalls in den 1970er-Jahren, das angeblich die beiden Brüder auf einer Farm in Brasilien zeigte. Eine forensische Untersuchung führte zu dem Ergebnis, dass das Bild vermutlich echt war. Und tatsächlich war die Ähnlichkeit der beiden Männer auf dem Foto, obwohl sie dort Sonnenbrillen trugen, mit

dem Aussehen der Ausbrecher verblüffend. Neue Spuren – heißt das neue Ergebnisse? Die Ermittler sind optimistisch, auch, was die Aufklärung des Schicksals von Frank Morris angeht. Seine Familie hat nach eigenem Bekunden in all den Jahrzehnten, die seit der spektakulären Flucht von Alcatraz vergangen sind, nichts von ihm gehört und nicht das geringste Lebenszeichen erhalten.

Die Flucht von 1962 bedeutete für den „Felsen" das Ende. Kurze Zeit später, im März 1963, wurde das Gefängnis aufgrund einer Weisung von US-Justizminister Robert Kennedy geschlossen. Offizieller Grund: hohe Betriebskosten und die Zersetzung der Gebäude durch Meerwasser, Salz und feuchte Luft. Tatsächlich aber spielte bei dieser Entscheidung auch der Umstand eine wichtige Rolle, dass Alcatraz durch Frank Morris und die beiden Anglins seinen Nimbus als sicherstes Gefängnis der Welt eingebüßt hatte.

Heute sind Insel und ehemalige Gefängnisgebäude eine Attraktion für Touristen und darüber hinaus eine beliebte Filmkulisse.

Touristen flanieren über den „Broadway" – durch den einst berüchtigten Zellenblock B auf Alcatraz.

Die Gentlemen-Räuber

Der Überfall auf den Postzug Glasgow–London brachte den Räubern eine Beute in Millionenhöhe. Ihren Coup hatten die Täter raffiniert eingefädelt. Doch Scotland Yard kam ihnen auf die Schliche.

Am frühen Morgen des 8. August 1963 befand sich der Postzug der britischen Royal Mail auf dem Weg von Glasgow nach London. Um 18.50 Uhr hatte der Zug den schottischen Bahnhof verlassen. An Bord war, neben der normalen Post, eine große Menge Geld – 2,6 Millionen englische Pfund, verteilt auf 128 Postsäcke. Es handelte sich um meist alte Pfundnoten, die aus dem Verkehr gezogen werden sollten und des-

wegen auf dem Weg zur dafür zuständigen königlichen Bank in London waren.

Zunächst verlief die Fahrt völlig normal. Doch dann, am frühen Morgen um 3.10 Uhr, als es noch stockdunkel war, stoppte der Zug plötzlich auf offener Strecke – vor einem roten Haltesignal bei der Station „Sears Crossing", nicht weit entfernt von der Ortschaft Cheddington in der Grafschaft Buckinghamshire.

36 Jahre lang verbrachte der Posträuber Ronald Biggs für die britischen Behörden unerreichbar im komfortablen Exil in Brasilien, ehe er sich im Jahr 2001 zur Rückkehr nach England entschloss. Das Foto zeigt ihn kurz davor in Rio de Janeiro.

Die Beamten in den Waggons stutzten, fuhren dann aber fort, Briefe und Pakete zu sortieren. Sie merkten nicht, dass vorn die Lok und die ersten beiden Wagen, in denen sich die Säcke mit dem Geld befanden, vom Rest des Zuges abgekoppelt wurden. Maskierte Männer hatten den Führerstand gestürmt, den Lokführer erst mit einer Eisenstange niedergeschlagen und ihn dann, nachdem einer der Männer vergeblich versucht hatte, die Lok in Bewegung zu setzen, gezwungen, den dezimierten Zug mit den beiden Waggons im Schlepptau wieder zu starten. Die Postbeamten und das Wachpersonal schöpften weiter keinen Verdacht. Hingegen wunderte man sich in den hinteren abgehängten Wagen, warum es nicht weiterging.

Tatort Eisenbahnbrücke

Nach nur 1200 Metern befahlen die Maskierten dem Lokführer, erneut zu halten, als der Zug eine Eisenbahnbrücke – die Bridego Bridge – erreichte. Dort warteten bereits andere Vermummte. Schnell und routiniert brachen sie das Schloss des Wagens mit den Postsäcken auf. Die einen hielten die erschreckten Beamten in Schach – nicht mit Schusswaffen, wie die Staatsdiener verwundert feststellten, sondern nur mit Knüppeln und Eisenstangen. Dieser Umstand sollte den Räubern später einige Sympathien einbringen.

Die Männer bildeten eine Kette, mit der ein Sack nach dem anderen aus dem Waggon geholt wurde. Sie warfen sie von der Brücke herunter auf einen Feldweg, wo weitere Maskierte sie in einem Lastwagen und zwei Landrovern verstauten. Dann war der Spuk vorbei: Die Räuber rasten davon, Zugpersonal und Beamte blieben konsterniert zurück. Die ganze Aktion hatte nicht einmal 15 Minuten gedauert.

Fahndung mit Verzögerung

Erst um 4.24 Uhr informierte der Zugbeamte Thomas Miller vom nächstgelegenen Bahnhof Chesterton aus den Zielbahnhof Euston Station in London über das, was geschehen war. Die Zeitverzögerung hatte sich daraus ergeben, dass die Räuber vor ihrer Flucht nicht vergessen hatten, die Waggons zuzusperren. Und dann musste Miller den Weg zum Bahnhof zu Fuß, immer an den Schienen entlang, zurücklegen. Von der Euston Station aus wurde endlich Scotland Yard von dem spektakulären Postraub in Kenntnis gesetzt.

Der Job seines Lebens

Die Leitung der Ermittlungen übernahm Chefinspektor Tommy Butler. Der 51-jährige Kriminalist ahnte, dass dies der größte Fall seines Lebens werden würde. Entsprechend umsichtig organisierte er die Fahndung. Sämtliche verfügbaren Polizeikräfte waren im Einsatz, riegelten Straßen ab, kontrollierten Bahnhöfe und Flughäfen, durchsuchten Wohnungen und Landsitze in der Umgebung des Tatorts. Butler selbst traf drei Stunden nach dem dreisten Raub am Ort des Geschehens ein, machte sich ein Bild und ließ Spuren sichern. Davon gab es allerdings nicht allzu viele. Die Täter waren, wie Butler widerstrebend zugeben musste, äußerst vorsichtig gewesen. Nicht einmal eine verräterische Zigarettenkippe wurde entdeckt.

Die Räuber befanden sich zu diesem Zeitpunkt an einem gar nicht weit entfernten Ort. Umsichtig, wie sie bei dem ganzen Coup gewesen waren, hatten sie bereits ein paar Wochen zuvor nach einem passenden Unterschlupf Ausschau gehalten. Schließlich hatten sie sich für die etwa 50 Kilometer vom Tatort entfernte Leatherslade Farm in der Nähe von Oakley entschieden. Dieser einsam gelegene Platz war das erste Ziel der Posträuber, als sie am frühen Morgen, noch bevor die Polizei alarmiert war, mit den geraubten Millionen den Tatort verließen.

Tarnung Gentleman

Lenker und Denker der 15-köpfigen Gruppe war Bruce Reynolds. Nach außen hin machte der 32-Jährige einen distinguierten Eindruck. Niemand hätte in ihm den Chef einer Bande von Posträubern vermutet. Offiziell betrieb er in London ein Geschäft für Antiquitäten. Sein Traum war es, ein Leben in Luxus zu führen, so, wie die Millionäre es taten. Als er aus Unterweltskreisen den Tipp mit dem Postzug erhielt, machte er sich an die Arbeit. Die Truppe, die er für den Coup zusammenstellte, bestand in der Mehrzahl aus guten alten Bekannten, die in der Vergangenheit schon das eine oder andere Verbrechen gemeinsam begangen hatten. Wie Reynolds tarnten sie sich mit der Maske des unbescholtenen, strebsamen Bürgers, gingen ehrbaren Berufen wie Kaufmann oder Makler

nach. Sie gaben sich als perfekte Gentlemen, wie sogar die Überfallenen im Zug später zu Protokoll gaben, als man sie nach dem Aussehen und dem Verhalten der Täter fragte. Abgesehen von ihrem Verhalten gegenüber dem Lokführer hatten sie keine Gewalt angewandt und sich bei der ganzen Aktion außerordentlich höflich verhalten.

Dabei ging es ihnen nicht nur um Tarnung. Es war zudem wichtig, die Öffentlichkeit auf ihre Seite zu bringen. Tatsächlich überwogen in den Tagen und Wochen nach dem Raub, wenn sich die Menschen im Alltag über das Ereignis unterhielten, Respekt, Anerkennung und fast schon Hochachtung, weil die Sache so perfekt eingefädelt worden war. Manche sagten auch, es sei niemand zu Schaden gekommen, weil das Geld ohnehin aus dem Verkehr gezogen werden sollte. Vorbereitung und Durchführung des Raubes verliefen, wie die Polizei bei ihren Ermittlungen feststellte, absolut professionell. Besonders raffiniert war der Trick, mit dem sie den Zug zum Stehen gebracht hatten. Einer der Räuber zog einen Handschuh über das grüne Licht des Signals und verband die Drähte der roten Lampe mit Batterien.

Wichtiger Tipp

Inzwischen hatte die Polizei weiträumig viele Landhäuser unter die Lupe genommen – ohne Ergebnis. Zwei Tage nach dem Überfall verließen die Gentlemen nach und nach ihr Versteck. Das Geld hatten sie unter sich aufgeteilt. Jeder bekam fast 150 000 Pfund. Die Polizei tappte weiter im Dunkeln. Dann ergab sich fünf Tage nach dem Raub die erste heiße Spur. Scotland Yard erhielt einen Hinweis auf die Farm in Leatherslade. So kam die Polizei dem Plan der Räuber zuvor, das Haus abzubrennen, um alle Spuren zu beseitigen. Sie fand den Lkw und die Landrover, leere Postsäcke, Banderolen, auch Geschirr – und vor allem eine Menge Fingerabdrücke, einige davon auf einem Monopoly-Spiel, mit denen die Täter sich die Zeit vertrieben hatten.

Die Funde in der Farm, dazu Hinweise aus der Bevölkerung, anonyme Tipps aus der Unterwelt und Tausende von Zeugenbefragungen führten die Polizei in den folgenden Monaten auf die Fährte fast aller Räuber. 1964 wurden die bis dahin gefassten zwölf Täter vor Gericht gestellt und zu hohen Gefängnisstrafen verurteilt. Nur der Schwager von Bruce Reynolds wurde mangels Beweisen freigesprochen.

Auf der Flucht

Reynolds entwischte den Fahndern zunächst. Zusammen mit seiner Familie setzte er sich mit gefälschten Papieren in die USA ab. Von Las Vegas ging die Flucht weiter nach Mexiko. Reynolds wusste, dass er mit seinem Konterfei weltweit zur Fahndung ausgeschrieben war. 1968 wagte er die Rückkehr nach England. Mit Frau und Sohn bezog er ein Haus in einem kleinen Ort im Südwesten. Nach wochenlangen Ermittlungen spürten ihn die Detektive von Scotland Yard dort auf. Im Januar 1969 zu 25 Jahren Haft verurteilt, wurde der Chefplaner des legendären Überfalls auf den Postzug Glasgow–London 1978 vorzeitig entlassen. 2013 starb er in seiner Heimatstadt London.

Der bekannteste Posträuber indes war Ronald Biggs. Bei dem Überfall selbst hatte er nur eine Nebenrolle gespielt. Umso besser verstand er es, sich und den Postraub zu vermarkten. Biggs war in dem Prozess von 1964 zu 30 Jahren Gefängnis verurteilt worden. Im Juli 1965 gelang ihm die Flucht aus dem Londoner Wandsworth-Gefängnis. Über die Stationen Belgien, Frankreich, Australien und Argentinien gelangte er nach Brasilien. Weil es kein Auslieferungsabkommen zwischen Großbritannien und Brasilien gab, durfte Biggs bleiben und füllte in den darauf folgenden Jahren mit großer Zuverlässigkeit die Titelzeilen der Boulevardpresse. Gesund-

heitlich angeschlagen kehrte er 2001 nach England zurück, wo er festgenommen wurde. 2009 wurde Ronald Biggs begnadigt; er starb im Dezember 2013 im Alter von 84 Jahren.

Filme

Kurz nach dem Postraub lief im deutschen TV der Dreiteiler *Die Gentlemen bitten zur Kasse*. Hauptdarsteller Horst Tappert, der im Film Michael Donegan hieß, besuchte 1980 mit dem echten Bruce Reynolds den Tatort in England. Der Musiker Phil Collins (auf dem Foto ganz links) spielte 1988 in der britischen Tragikomödie *Buster* die Rolle des Posträubers Buster Edwards.

Verschwundene Beute

Eine Frage konnten die Fahnder bis heute nicht klären: Wo ist das Geld geblieben? Von den 2,6 Millionen Pfund tauchten gerade einmal 336 000 wieder auf. Die Posträuber selbst sagten nach ihrer Verhaftung aus, sie hätten ihren Anteil verprasst, für die Flucht aufgewendet oder für Bestechungs- und Schweigegelder ausgegeben. 1995 überraschte Bruce Reynolds mit der Information, dass ihnen bei dem Raub auch Diamanten in einem Wert von mehreren Millionen Pfund in die Hände gefallen seien. Die Versicherung habe diesen Umstand geheimhalten wollen. Über den Verbleib der teuren Steine konnte Reynolds keine Aussage machen.

Verlorene Schätze

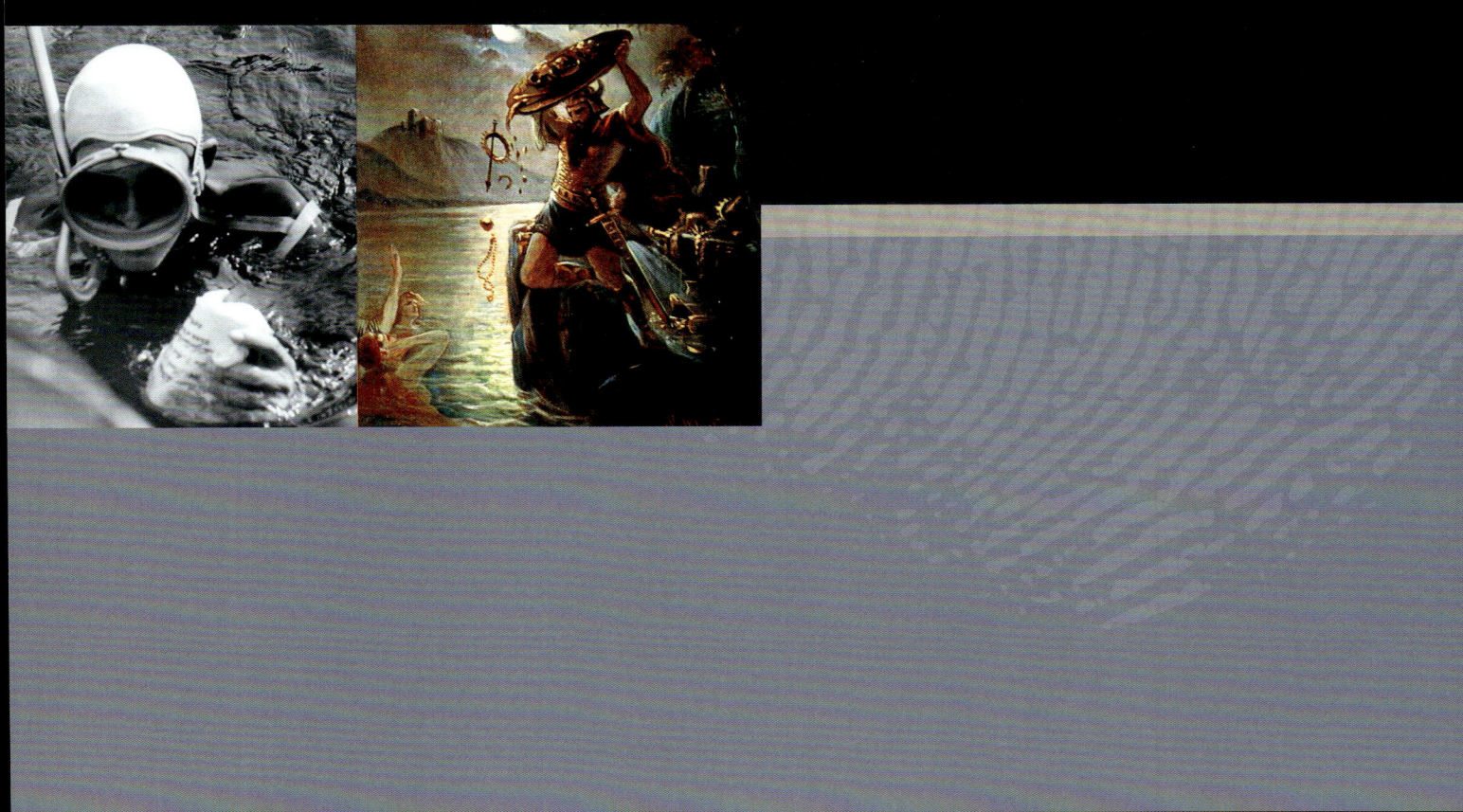

Die Code-Knacker

Lange Zeit stellten die Schriftzeugnisse der legendären Maya die Gelehrten vor scheinbar unüberwindbare Schwierigkeiten. Ein russischer und ein amerikanischer Forscher leisteten wichtige Pionierarbeit.

E in Wunderkind war David Stuart nicht. Vielleicht ist er auch kein Genie. Aber einer der größten Sprachforscher der Gegenwart ist er allemal. Mit seinem Namen ist der Durchbruch bei der Entzifferung der Schrift der Maya eng verbunden. Viele Wissenschaftler hatten sich daran versucht und waren gescheitert. Andere, wie der russische Ägyptologe Juri Knorosow, hatten die richtige Fährte aufgespürt – David Stuart setzte das Ausrufezeichen.

Jung geehrt

Die Leidenschaft für alte Kulturen und geheimnisvolle Schriftzeichen war Stuart praktisch in die Wiege gelegt worden. Seine Eltern waren bekannt als Spezialisten auf dem Gebiet der Maya-Forschung. Dort, wo die Maya einst gelebt hatten, verbrachte die Familie viel Zeit. Für Sohn David war früh klar: Auch er würde seine berufliche Laufbahn jenem alten Volk in Mittelamerika widmen, das Jahrhunderte zuvor Glanztaten in Kunst, Wissenschaften und Architektur vollbracht hatte. Und er zögerte nicht lange, den Plan in die Tat umzusetzen. Im Alter von zwölf Jahren schrieb er seine erste wissenschaftliche Abhandlung. Als 18-Jähriger und damit absolut jüngster Stipendiat wurde er 1985 für seine Verdienste bei der Entzifferung der Maya-Schrift mit dem „Genius Grant" der renommierten MacArthur Foundation ausgezeichnet.

Forschungsgeschichtlich war es bis dahin ein langer Weg gewesen. Man kannte zwar

Im Kreis von Kollegen analysiert David Stuart (mit Brille) bei einer Ausgrabung eine steinerne Skulptur. Links ist ein Detail aus dem Codex Tro-Cortesianus, einer der wenigen überlieferten Handschriften, zu sehen.

die Maya gut, nicht aber ihre Schrift, die zunächst für alle Forscher ein Buch mit sieben Siegeln gewesen war. Alles, was man über sie wusste, beruhte auf archäologischen Funden. Diese Kenntnisse waren jedoch schon imposant genug. Die Kunst und Kultur der Maya, deren erste Zeugnisse bis ins 7. Jahrhundert v. Chr. zurückgehen, stellte den Höhepunkt zivilisatorischer Entwicklung bei den Völkern des alten Amerika dar. Eines ihrer berühmtesten Bauwerke war die Stufenpyramide des Königs Kukulcán im mexikanischen Chichén Itzá. Man wusste von einem obersten Himmelsgott, davon, dass ihre Priester Meister in der Wahrsagekunst waren und dass die Maya über erstaunliche Kenntnisse in Astronomie, Astrologie und Chronologie verfügten.

Fleißige Schreiber

Und natürlich kannte man ihre Schriftzeugnisse: Als einziges unter den altamerikanischen Völkern hatten die Maya eine Schrift entwickelt. Sie schrieben auf Papier, das sie aus den Rindenfasern des Feigenbaumes gewannen. Die Schriftfläche wurde mit weißem Kalk bearbeitet. Als Schreibgeräte benutzten sie feine Pinsel, mit denen sie die Zeichen in roter oder schwarzer Farbe auftrugen. Die einzelnen Seiten formten sie durch Falten zu einem Codex. Ein solcher Maya-Codex erreichte ausgefaltet eine Länge von vier Metern.

Außerdem beschrieben sie so ziemlich alles, was irgendwie beschreibbar war: So fanden die Forscher Inschriften von unbekannten Schreibern auf Stelen, Altären, Türstürzen, Wandtafeln und sogar Treppenstufen. Wie Hieroglyphen sahen die Schriftzüge aus – doch was mochten sie bedeuten? Welche Informationen würden sie über das Volk der Maya liefern? Man dachte an die Entzifferung der Schrift der alten Ägypter durch den Franzosen Jean-François Champollion und daran, welch ein Schatz an Wissen über das Land der Pharaonen darin enthalten war. Würde sich auch für die Maya-Schrift ein Champollion finden?

Irrtum Nummer 1

Zwar wurden die Könige der Maya im 16. Jahrhundert von den Spaniern unterworfen. Den Untergang des Volkes, wie häufig behauptet wird, bedeutete dieses Ereignis allerdings nicht. Im Gegenteil: Heute sprechen noch etwa 7,5 Millionen Menschen, vornehmlich in Mexiko, die Sprache der Maya. Genauer gesagt: Sie verwenden eine der 30 Sprachen, die zu der großen Familie der Maya-Sprachen gehören. Für Sprachforscher sind diese „native speakers" wichtige Quellen.

Bischof mit Hang zur Zerstörung

Dabei wären um ein Haar alle Textzeugnisse aus der Zeit der Maya verschwunden. Als die Spanier mit ihren Conquistadoren und ihren von missionarischem Eifer beseelten Kirchenmännern im 16. Jahrhundert nach Mittel- und Südamerika kamen, meinten sie, den „heidnischen Eingeborenen" erst einmal eine Lektion erteilen zu müssen. Auf Befehl eines Bischofs namens Diego de Landa wurden 1561 alle religiösen Gegenstände, die den Eroberern in die Hände gefallen waren, zerstört oder verbrannt – Götterbilder, Altäre, Bilder, auch Schriftrollen mit den heiligen Texten der Maya, von denen die Spanier glaubten, sie enthielten Zaubersprüche und allerlei magische Praktiken. Vernichtet wurden Kulturgüter von unschätzbarem Wert. Fast nichts war vor der Zerstörungswut der Christen sicher. Zum Glück übersahen sie manches, so auch vier Manuskripte. Sie sind bis heute erhalten und bilden die wichtigste Quelle bei der Dekodierung der Maya-Schrift. Ein Codex wird heute in Dresden aufbewahrt und ist unter den Experten als *Codex Dresdensis* bekannt. Zwei weitere befinden sich in Paris und Madrid. Der vierte, dessen Echtheit von einigen Wissenschaftlern bezweifelt wird, hat seinen Platz in Mexiko, der Heimat der Maya.

Die lange Geschichte der Entzifferung der Maya-Texte begann kurz vor der Mitte des 19. Jahrhunderts. Den Anfang machten zwei Forschungsreisende: der Amerikaner John Lloyd Stephens und der Brite Frederick Catherwood. Auf ihren Expeditionen entdeckten sie Stelen mit den rätselhaften Schriftzeichen. Sie fertigten Zeichnungen an, publizierten sie und lösten damit einen wahren Run auf die Kultur der Maya und ihre Schrift aus. Doch die Gelehrten, die sich die Texte vornahmen, kamen zunächst zu keinem brauchbaren Ergebnis.

Falsche Annahmen, richtige Annahmen

Das lag vor allem daran, dass man von einer falschen, oder besser gesagt nur zur Hälfte zutreffenden Voraussetzung ausging. Man meinte, jedes Zeichen müsse einem Buchstaben entsprechen. Von dieser Annahme war bereits der spanische Bischof Landa ausgegangen, der, bevor er die Zeugnisse zerstören ließ, von den Texten einige Kopien angefer-

Während ihrer Forschungsreise in die Maya-Gebiete in den 1840er-Jahren fertigten Frederick Catherwood und John Lloyd Stephens zahlreiche Zeichnungen von der spektakulären untergegangenen Welt der Maya an. Diese zeigt einen Torbogen in der Ruinenstadt Labná.

tigt hatte. Wahrscheinlich tat er dies weniger aus wissenschaftlichem Interesse, vielmehr wollte er sein Gewissen beruhigen. Er sichtete die Texte und ordnete jedem Buchstaben des lateinischen Alphabets eine Hieroglyphe zu. Andere Forscher verfolgten einen alternativen Ansatz. Konnte es sich nicht um phonetische Zeichen handeln? Die Theorie, ein Laut werde durch ein bestimmtes Zeichen dargestellt, fand einen genialen Protagonisten in dem russischen Sprachwissenschaftler Juri Knosorow. Er gehörte zu den Soldaten der Roten Armee, die 1945, in der Endphase des Zweiten Weltkriegs, nach Berlin einmarschiert waren. In der dortigen Staatsbibliothek entdeckte er eine Kiste mit Büchern, die von den Deutschen zum Abtransport vorbereitet, dann aber vergessen worden war. Die Kiste im zerstörten Berlin enthielt die Kopie eines Berichts, den der spanische Bischof einst über die Maya angefertigt hatte, sowie eine Reproduktion von drei ihrer Codices.

Forensische Linguistik

Heute wäre die recht kleine Schar der forensischen Linguisten dafür prädestiniert, mit einer Aufgabe wie der Entzifferung des Maya-Codes betraut zu werden. Denn sie beschäftigen sich auf kriminalistischer und detektivischer Ebene sowohl mit der Analyse von Sprachlauten (Phonetik) als auch mit geschriebener Sprache. Die Entzifferung von Codes kommt im Alltag der Wissenschaftler allerdings nur äußerst selten vor, doch gibt es in vielerlei Zusammenhängen Arbeitsbereiche für forensische Linguisten. So stehen sie bezüglich der gesprochenen Sprache oft vor der Aufgabe, beispielsweise aufgezeichnete Erpresseranrufe zu analysieren und Hinweise zur Identifikation der Sprecher zu liefern. Bei schriftlich vorliegenden Sprachäußerungen wie Erpresserbriefen, Bekennerschreiben, Geständnissen, Testamenten oder Plagiaten geht es für sie oft darum, Hinweise auf den Autor zu finden und ihn im Idealfall zu identifizieren.

Grundlage der Arbeit forensischer Linguisten ist in beiden Arbeitsbereichen der Umstand, dass jeder Mensch eine spezifische Ausdrucksweise hat, die Rückschlüsse auf Faktoren wie Bildungsgrad, Geschlecht, Alter, geografische Herkunft und persönliches Umfeld des Sprechers bzw. Autors erlaubt. Einen beweisfesten „sprachlichen Fingerabdruck" können die Linguisten zwar nicht liefern, doch beschreiben sie eine Art „Typ", der den eigentlichen Ermittlern als Arbeitsansatz dient.

Auf der richtigen Spur

Beim Studium der Texte kam Knosorow zu einer entscheidenden, seine ursprünglichen Überlegungen noch erweiternde Erkenntnis, die den Bemühungen, den Code der Maya zu knacken, eine neue, und, wie sich zeigen sollte, richtige Richtung wies. 1952 überraschte er die Fachwelt des Westens mit einer Botschaft von der anderen Seite des Eisernen Vorhangs. Die Maya-Schrift, so belehrte er die Mitforscher, ist eine gemischte Schrift. Sie besteht zum einen aus Symbolen – in der Sprachwissenschaft kennt man sie unter der Bezeichnung „Ideogramme". Zum anderen enthält sie phonetische Zeichen. Den Schlüssel zu dieser bahnbrechenden Erkenntnis

fand Knosorow beim Studium der Schriften zweier alter Hochkulturen des Orients. Die Sumerer hatten im 3. Jahrtausend v. Chr. in Mesopotamien in der von ihnen entwickelten Keilschrift ein ganz ähnliches System verwendet. Gleiches gilt für die Textzeugnisse der Hethiter, die im 2. Jahrtausend v. Chr. in Anatolien politische und kulturelle Vormacht gewesen waren. In beiden Fällen wurden Zeichen für gesprochene Silben und für ganze Wörter miteinander kombiniert. Nach diesem Prinzip gingen einige Jahrhunderte später auch die Maya vor.

Es gab eigene Zeichen für einzelne Wörter wie „Himmel" oder „Berg". Und es fanden sich Zeichen für Silben, die zu semantischen Einheiten geformt wurden. Die Silben „pi",

Irrtum Nummer 2

Der für den 21. Dezember 2012 prognostizierte Weltuntergang fiel aus. Mit diesem Datum endete, nach 5128 Jahren, der Kalender der Maya. Doch bald darauf wurden die Maya ihrem Ruf als exzellente Interpreten astronomischer Phänomene wieder gerecht. Im Nordosten Guatemalas hatten Forscher in der alten Maya-Hochburg Xultún an einer Wand Zeichnungen eines Kalenders gefunden. Dessen Untersuchung führte zu dem Ergebnis: Am 21. Dezember 2012 sollte nicht etwa die Welt untergehen, sondern begann nach den Berechnungen der Maya ein neuer kalendarischer Zyklus.

„tzi" und „la" standen für „pitzil", was „Ballspiel" bedeutete. „Ba", „la" und „ma" ergaben „balam" – „Jaguar". Der letzte Vokal, so fanden die Experten heraus, fiel nämlich weg. Wichtig war auch die Entdeckung, dass die Zeichen von oben nach unten gelesen werden mussten.

Doch auch jetzt waren noch viele Zeichen und Zeichenkombinationen in ihrer Bedeutung unklar, außerdem Syntax, Morphologie und Grammatik. Hier gingen seit den 1980er- Jahren wesentliche Impulse von amerikanischen Forschern aus. Einer von ihnen war der junge David Stuart. 1987 veröffentlichte er, nach intensivem Studium der erhaltenen Texte und der Identifizierung von 800 Zeichen, das bahnbrechende Buch *The Phonetic Syllabels*, die erste systematische Zusammenfassung und Einordnung der Zeichensprache der Maya. Erst durch den jungen Wissenschaftler, der heute als Professor an der University of Texas in Austin tätig ist, wurden, bis auf einige wenige Ausnahmen, die Geheimnisse gelüftet, die der Maya-Code bis dahin noch enthielt. Dazu betrieb er intensive Forschungen vor Ort, so in Honduras, Mexiko und Guatemala. Zuletzt legte er wichtige Publikationen zum Kalender der Maya vor, die halfen, den hoch entwickelten Stand ihrer astronomischen Forschungen noch besser kennenzulernen.

Nachdem man nun fast alles verstehen konnte, was die Maya geschrieben hatten, erschloss sich nach und nach ihre geheimnisvolle Welt. Man lernte die Namen von Königen, Göttern und Priestern kennen. Und man erfuhr – was manche Maya-Fans in helle Aufregung versetzte –, dass die in der Vorstellung vieler Zeitgenossen angeblich so heile Welt der Maya auch ihre dunklen Seiten hatte. Die Texte enthüllten beispielsweise, dass bei ihnen Menschenopfer sehr verbreitet gewesen waren. Diese Praktiken kamen bei Opferhandlungen zur Anwendung. Die Maya führten viele Kriege und rühmten sich, dabei zahlreiche Menschen getötet oder gefangengenommen zu haben. Um das weit

verbreitete menschenfreundliche Image der Maya zu retten, schlug ein britischer Gelehrter sogar vor, Berichte über brutale Gewaltanwendungen als Erzählungen über Kämpfe unter den Göttern zu deuten. Doch die Texte sprachen eine allzu deutliche Sprache: Da war die Rede von Kriegen, die Menschen geführt hatten. Zugleich bestätigten die Botschaften der auskunftsfreudigen Maya aber auch, was die archäologischen Befunde schon erahnen ließen: Bei diesem Volk handelt es sich um eine der großen Kulturen der frühen Menschheitsgeschichte.

Maya am Rhein

Neuerdings befindet sich der Nabel der Maya-Welt in Bonn. 2014 begannen an der dortigen Universität, in Zusammenarbeit mit der Nordrhein-Westfälischen Akademie der Wissenschaften und Künste, die Arbeiten an einem ehrgeizigen Projekt. Unter der Funktionsbezeichnung „Textdatenbank und Wörterbuch des Klassischen Maya" wollen die Wissenschaftler in den kommenden Jahren (bis 2029) auf interdisziplinärer Basis – neben Sprachwissenschaftlern sind auch Informatiker dabei – einen weiteren Beitrag zur Erforschung von Schrift und Sprache der Maya leisten. Im Mittelpunkt des Projekts steht die Entwicklung eines sowohl digitalen als auch gedruckten Wörterbuchs. Dazu werden sämtliche bekannten Hieroglyphentexte der Maya noch einmal neu gesichtet und untersucht. Deren Zahl ist in jüngster Zeit durch zahlreiche Neufunde weiter angestiegen. Der bekannte Bestand an Schriftzeugnissen ist mittlerweile auf 12 000 angewachsen. Jedes Jahr, so die Maya-Fachleute vom Rhein, kommen etwa 100 hinzu, die alle Eingang in das Wörterbuch finden werden. Nicht zuletzt muss die Zahl von 800 Schriftzeichen korrigiert werden. Inzwischen kennen die Gelehrten gut 900 Hieroglyphen, die von den Maya verwendet wurden. Man darf gespannt sein, welche neuen Informationen die Forscher den Texten entlocken werden.

Der Florentiner Diamant

1918 wurde der letzte Habsburger Kaiser Karl zum Verzicht auf den Thron gezwungen. Er ging ins Exil in die Schweiz. Mit ihm verschwanden viele Schätze aus der Wiener Hofburg, darunter ein berühmter Edelstein.

Tatort war die altehrwürdige Donaumetropole Wien. Am 1. November 1918, zumindest das ist sicher, befand sich der Stein noch hier. Doch was später mit einem der wertvollsten Diamanten auf der Welt geschah, ist bis heute ein großes Rätsel. 200 Jahre lang hatte der „Florentiner", wie das unbezahlbare Schmuckstück genannt wird, seinen Platz in einer Vitrine in der Schatzkammer in der Wiener Hofburg – dort, wo seit Jahrhunderten die Habsburger Kaiser und Könige residiert hatten.

Teure Geschenke

Auch die berühmte Maria Theresia hatte hier, wenn sie sich nicht gerade in Schloss Schönbrunn aufhielt, gelebt, gewohnt und regiert.

Die Erzherzogin von Österreich und Königin von Böhmen und Ungarn, die 1717 in Wien geboren wurde und 1780 ebendort starb, hatte, so mütterlich und volkstümlich sie sich auch sonst gab, eine große Leidenschaft: wertvollen Schmuck. Diese Passion teilte sie mit ihrem Ehemann Franz I., der ab 1745 Kaiser des Heiligen Römischen Reiches war. Das Paar – das zeitgenössische Gemälde oben zeigt es im Kreis seiner Familie – überbot sich gegenseitig in dem Bestreben, einander sündhaft teure Geschenke zu machen.

Maria Theresia war es, die dem außergewöhnlichen Diamanten den Namen „Florentiner" gab. Denn aus Florenz sollte der gelb funkelnde, walnussgroße Stein von 137 Karat stammen. Angeblich war er im Besitz der reichen Medici gewesen, die im 16. Jahrhundert

Der letzte österreichische Kaiser Karl I. mit seiner Frau Zita und den Kinder im Jahr 1921. Im November dieses Jahres wurden der ehemalige Kaiser und seine Frau auf die portugiesische Insel Madeira verbannt; Karl starb dort wenige Monate später.

mit ihrem Geld und ihren Beziehungen halb Europa beherrschten. Doch die Herkunft des Steins ist ebenso unklar wie der heutige Verbleib. In Kunsthistorikerkreisen kursieren auch andere, teils abenteuerliche Theorien. Sicher ist nur, dass sich der „Florentiner" in der Zeit Maria Theresias in Wien befand und dass er danach eine der Attraktionen in der Schatzkammer der Hofburg war.

Ende eines Kaisers

Im November 1918 war es mit dem Glanz und der Pracht der Habsburger vorbei. Der Erste Weltkrieg hatte zum Ende der österreichisch-ungarischen Doppelmonarchie geführt. Wie in anderen Hauptstädten Europas wehte auch durch die Straßen Wiens der Wind der Revolution. Das alte Reich und die Monarchie hatten ausgedient. Das ahnte auch Karl I., der letzte aus der Riege der Habsburger und Nachfolger von Franz Joseph I., der das Land lange regiert hatte, ehe er 1916 gestorben war. Sein Großneffe Karl hatte die Nachfolge angetreten, mitten im Ersten Weltkrieg, in einer Zeit des politischen und gesellschaftlichen Umbruchs.

Im neuen Österreich war kein Platz mehr für einen Kaiser. Man drängte Karl zur Ab-

dankung, doch er weigerte sich zunächst. Erst am 11. November 1918 gab er dem Druck nach, verließ Österreich und ging ins Exil in die Schweiz, allerdings ohne formellen Verzicht auf die Krone.

Besuch in der Schatzkammer

Ein paar Tage zuvor hatte Karl die Anweisung gegeben, die in der Wiener Hofburg deponierten Schätze der Habsburger in Sicherheit zu bringen. Aber Eile war geboten. Denn Karl wusste, dass es Pläne gab, möglichst viel vom Besitz der Habsburger zu konfiszieren. So gab er am 1. November das Startsignal für die Operation. Die Durchführung lag in den Händen seines treuen Oberkämmerers Leopold Graf Berchtold. Stück für Stück wurden die Kostbarkeiten aus den Vitrinen entfernt und in Koffern verstaut: Kronen von Kaisern und Kaiserinnen, Insignien der Macht aus den vielen Jahrhunderten, in denen die Habsburger zu den mächtigsten Dynastien in Europa gehört hatten. Und natürlich Schmuck. Auch der „Florentiner" gehörte, zusammen mit vielen anderen funkelnden Steinen, zu dem Gepäck, das Berchtolds Helfer, nachdem die

Vitrinen leer geräumt waren, aus der Hofburg hinausschleppten.

Am 12. November 1918 wurde in Österreich die Republik ausgerufen. Die Koffer mit den Schätzen aus der Hofburg befanden sich zu dieser Zeit bereits in der Schweiz. Kurze Zeit später suchte auch Karl bei den Eidgenossen Zuflucht. Die Schätze seiner Vorfahren wechselten in den folgenden Monaten und Jahren wiederholt den Besitzer, wurden in alle Welt verstreut, kamen teilweise auch wieder nach Wien zurück, als Prunkstücke öffentlicher Museen.

Spekulationen und Gerüchte

Nur der „Florentiner" blieb spurlos verschwunden. Keiner hat ihn seit jenen Tagen, als er aus der Hofburg geholt wurde, zu Gesicht bekommen. Über seinen Verbleib gibt es viele Spekulationen und Gerüchte. Ex-Kaiserin Zita, Karls Gattin, ließ schon bald nach der Flucht verlauten, der Schmuck sei ihnen in der Schweiz gestohlen worden. Eine andere Version lieferte der Schweizer Juwelier Alphonse de Sondheimer, ein Vertrauter der kaiserlichen Familie. 1966 erschienen unter einer anonymen Herausgeberschaft seine Erinnerungen unter dem Titel *Vitrine XIII. Geschichte und Schicksal der österreichischen Kronjuwelen*. Vitrine XIII. war der Aufbewahrungsort des Diamanten in der Schatzkammer der Wiener Hofburg gewesen. Das Buch enthielt einige brisante Behauptungen. Karl persönlich habe ihn beauftragt, so der Juwelier, den Schmuck möglichst schnell zu Geld zu machen.

Pläne mit Ungarn

Tatsächlich hatte der ehemalige Kaiser schon vor seiner Flucht durchblicken lassen, dass er seine Zukunft durchaus nicht in einem Dasein als Pensionär in der idyllischen Schweizer Bergwelt sah. Die Macht in Österreich hatte er verloren. Doch wie stand es mit Ungarn? Der andere Teil der ehemaligen Doppelmonarchie konnte vielleicht noch einen König brauchen. Um dieses Ziel zu erreichen, war aber Geld, viel Geld nötig. Und wenn der Plan nicht aufgehen sollte, so war es immerhin beruhigend, als ehemaliger Monarch finanziell abgesichert zu sein. Den Erlös aus dem Verkauf der Juwelen habe Karl, nach den Aussagen Sondheimers, in das, wie man heute weiß, gescheiterte Projekt Ungarn investiert.

Auch der „Florentiner" habe dazu herhalten müssen, die weitere Karriere des ehemaligen Kaisers zu finanzieren. Nach den Angaben Sondheimers wurde das wertvolle Stück in mehrere Teile zerlegt, die einzeln verkauft worden seien. Doch immer wieder tauchten in den Nachrichten Meldungen auf, wonach der Diamant oder wenigstens Teile davon wieder auf dem Kunstmarkt gesichtet worden seien.

Überraschung in Genf

Eine ganz heiße Spur ergab sich im Jahr 1981. Das renommierte Auktionshaus Christie's veranstaltete in einem Genfer Hotel seine alljährliche Herbstauktion. Die Anwesenden staunten nicht schlecht, als ein gelber Diamant zum Aufruf kam, der eine frappierende Ähnlichkeit mit dem Stück aus der Wiener Hofburg aufwies. Zwar war er etwas kleiner, nicht mehr so groß wie eine Walnuss, sondern eher wie eine Haselnuss. Das war aber kein Argument gegen die Echtheit. Nach den Aussagen Sondheimers war der „Florentiner" ja zerteilt worden. Es war ein schönes Stück, das die Auktionäre anboten, an einer goldenen Kette, umrahmt von Brillanten. Ein anonymer Kunde bot am Telefon mit und erwarb den Stein für die Summe von 600 000 Franken.

Nicht alle Kunsthistoriker sind überzeugt, dass es sich bei dem Genfer Stein wirklich um den legendären „Florentiner" handelt. Außerdem fehlen weitere Teile. Das Thema ist, wie es scheint, noch nicht erledigt.

Falsche Fährte

1923 horchte die Fachwelt auf, als in Amerika ein gelber Diamant auf den Markt kam. Er lief unter der Bezeichnung „Schah von Persien". Experten meinten, es könne sich um den umgeschliffenen „Florentiner" handeln. Doch diese Annahme erwies sich als falsch, nachdem es gelungen war, den Weg des „Schahs" lückenlos zurückzuverfolgen.

Wer findet das Grab von Dschingis Khan?

Bis heute ist es ein Geheimnis, wo sich die letzte Ruhestätte des legendären Mongolenherrschers befindet. Ist das die Folge einer speziellen Vorsichtsmaßnahme? Mit Hightech versucht man, das Rätsel zu lösen.

Die bislang originellste Idee hatte Albert Yu-Min Lin, Archäologe und Anthropologe an der University of California in San Diego. Der Wissenschaftler ist bekannt für seine innovativen Forschungsmethoden. Satellitenbilder, Radar und Sensoren gehören zu seinem Werkzeug, wenn er sich mit seinem Team im Institut oder vor Ort auf die Spuren alter Kulturen macht und wenn er eines der großen Rätsel der Vergangenheit lösen möchte. Zu diesen Rätseln gehört die Frage: Wo ist das Grab des Mongolenherrschers Dschingis Khan?

Ausnahme von der Regel

Fakt ist: Bis heute weiß keiner genau, wo es sich befindet. Und das ist kein Wunder: Der gefürchtete Herrscher der Mongolen hatte bereits zu Lebzeiten dafür gesorgt, dass sein Grab nicht zu einer Wallfahrtsstätte wurde. Das ist eigentlich erstaunlich. Könige und Fürsten, manchmal auch demokratische Politiker, haben in der Geschichte immer repräsentative Grabstätten, oft in großen, opulent ausgestatteten Mausoleen erhalten. Bestes Beispiel sind die Pyramiden in Ägypten, die Gräber der Pharaonen aus der Zeit des Alten

Reiches. Aber für Verschwiegenheit und Diskretion gab es im Fall Dschingis Khan gute Gründe.

Eroberer und Organisator

Am 18. August 1227 kam Dschingis Khan während eines Feldzugs gegen das chinesische Volk der Tanguten ums Leben. Dass er nicht friedlich im Bett sterben würde, war angesichts seines kriegerischen Lebens auch nicht zu erwarten gewesen. „Dschingis Khan" (Weltherrscher) war eine Ehrenbezeichnung, die ihm seine mongolischen Mitstreiter verliehen und ihn so zum Herrscher aller mongolischen Stämme ernannt hatten. Ursprünglich hatte der Sohn eines Schmiedes Temüdschin geheißen. Seine erste Aufgabe sah Dschingis Khan darin, die Mongolen zu einen. Die Stämme lagen in Dauerstreit, ständig gab es Kriege um Beute und Land. Tatsächlich gelang es dem neuen Herrscher, die Mongolen zu einer verschworenen Gemeinschaft zu machen, mit ihm als unangefochtenen, von allen anerkannten Anführer.

Stets stand für ihn der Krieg im Vordergrund. Die Einheit diente ihm einzig und allein dazu, eine schlagkräftige Armee auf die Beine zu stellen und mit dieser die Welt zu erobern. Die ganze Welt wurde es zwar nicht, aber doch ein beträchtlicher Teil Asiens und dazu noch einzelne Gebiete in Europa, die nach vielen Kriegen unter seiner Herrschaft standen. Er machte die Mongolen zu Herren eines Reiches, das sich in seiner Glanzzeit vom Chinesischen Meer bis fast zur Ostsee erstreckte. Das Geheimnis des Erfolgs lag neben einer perfekten Kampftechnik der Mongolen in der Begabung des Dschingis Khan, einen straffen, ganz und gar auf das Militärische ausgerichteten Staat zu schaffen und die unterworfenen Völker in diesen Staat zu integrieren. Dabei herrschte Dschingis Khan nach außen wie nach innen mit harter Hand. Geliebt hat ihn keiner, gefürchtet haben sie ihn alle.

Tod in Varianten

Dann starb der große Dschingis Khan, vor dem alle Welt gezittert hatte. Zur Todesursache kursieren verschiedene Versionen. Klar ist, dass er während des Kampfes gegen die Tanguten ums Leben gekommen ist, denen er kurz zuvor bereits einmal siegreich entgegen getreten war. Wahrscheinlich erfolgte der Tod des etwa 60-Jährigen nach einem Sturz vom Pferd. Daneben gibt es eine andere Überlieferung. Ihr zufolge starb er an einer Verletzung, die er sich im Gefecht zugezogen hatte. Diese Version verdankt ihre Entstehung dem Wunsch, den Krieger Dschingis Khan stilecht sterben zu lassen, so, wie es zu seinem Leben zu passen schien. Noch viele andere Mythen ranken sich um den Tod des Mongolen: So soll ihn eine Tanguten-Prinzessin ermordet haben, nachdem er sie in sein Bett gezwungen hatte. Möglicherweise handelt es sich hier um eine Variante dessen, was über den Tod des Hunnenkönigs Attila verbreitet wurde. Dieser starb in einer ähnlichen Situation in seiner Hochzeitsnacht.

Tödliche Grabpflege

Die rauen Mongolen trauerten, dann ging es an das Begräbnis. So viel ist sicher. Mehr aber auch nicht. Als dessen Ort kommt theoretisch jeder Platz im großen Reich der Mongolen infrage, von der Hauptstadt Karakorum bis an die äußersten Grenzen des Reiches. Nicht nur heutige Archäologen rätseln. Gleiches gilt für die Mongolen zur Zeit Dschingis Khans. Den genauen Ort kannten sie selbst nicht. Diejenigen, die es wussten, wurden alle getötet. Bei diesen bedauernswerten Zeugen handelte es sich, wie es in den alten Berichten heißt, um 1000 (andere Quellen sprechen von 10 000) mongolische Reiter, die das Grab mit den Hufen der Pferde einzuebnen hatten. Diese Prozedur nahm viel Zeit in Anspruch. Anschließend sollen sie dann alle umgebracht worden sein, damit sie nicht verraten konnten, wo sich das Grab befindet. Einige Historiker sind der Meinung, diese Geschichte sei frei erfunden. Sie habe dazu gedient, den Mongolenfürsten selbst im Tod noch als grausamen Herrscher zu porträtieren. Doch wahrscheinlich hat es sich so abgespielt wie geschildert. Denn Dschingis Khan hatte allen Grund, vorsichtig zu sein. Unbedingt wollte man vermeiden, dass seine letzte Ruhestätte, reich ausgestattet wie sie war, zum Ziel von Grabräubern werden würde. So wurde das Grab des Dschingis Khan zum „Ikn Koring", wie die Mongolen sagten, zum „Großen Tabu".

Viele Theorien

Wonach man daher in dem Gebiet, das einst zum Reich der Mongolen gehörte, suchen muss, ist ein verschüttetes, mit üppigen Beigaben versehenes Grab, in dem sich die sterblichen Überreste des Dschingis Khan befinden. Es kann auf dem Territorium der heutigen Mongolei, aber auch Chinas liegen. Es kann in den Bergen, aber auch in der Ebene liegen – nicht eben präzise Vorgaben. Frühe Forscher tippten auf die weiten Steppenlandschaften im Nordosten der Mongolei.

In den Zeiten der Sowjetherrschaft waren Grabungen dort jedoch verboten. Die Funktionäre im Kreml befürchteten einen Volks-

aufstand, wenn das Grab des Volkshelden Dschingis Khan entdeckt würde. Das änderte sich erst 1990 mit dem Sturz des Sowjetregimes. Seitdem suchen nun einheimische und internationale Archäologenteams intensiv nach dem ominösen Grab. Die Zahl der Expeditionen, die allein dem Ziel dienen, es zu finden, geht inzwischen in die Hunderte.

War man früher mit dem Spaten unterwegs, um sein Glück an verschiedenen Stellen zu versuchen, so hält heute mehr und mehr die moderne Technik Einzug. Insbesondere konzentrieren sich die Forscher darauf, mithilfe von digitalen Luftbildern, Satelliten und Lasern Anomalien in der Erdoberfläche aufzuspüren, die auf einen von Menschen getätigten Eingriff zurückgeführt werden können. Manchmal helfen aber auch noch die konventionellen Methoden. Der US-Historiker John Woods konzentrierte sich auf eine Gegend an der russisch-mongolischen Grenze, wo sich nach der Tradition der Geburts- und Krönungsort des Dschingis Khan befand. Warum sollte er, so folgerte Woods, dort nicht auch begraben worden sein? Tatsächlich kam bei den Grabungen ein großes Grabmonument zum Vorschein, in elf Meter Tiefe, umgeben von einem Ring aus

Bei Ordos errichtete China auf chinesischem Staatsgebiet im Jahr 1954 das „Mausoleum Dschingis Khans", das von einer gewaltigen Skulpturenarmee umgeben ist. Die riesige Anlage ist aber erklärtermaßen nur ein Denkmal, nicht die Grabstätte.

massiven Mauern. Der Beweis, dass es sich um das Khan-Grab handelt, steht aber noch aus. Japanische Forscher, die mit modernster Satellitentechnik arbeiteten, suchten es dagegen im Umfeld der alten Hauptstadt Karakorum. Sie fanden erst einmal eine weit dimensionierte Anlage, die sie zum „Palast" des Dschingis Khan erklärten.

Weltweites Forschernetzwerk

Neue Wege geht nun Albert Yu-Min Lin. Er unternahm bereits viele Expeditionen in der Mongolei. Der Wissenschaftler weiß, dass die mongolische Regierung mit Rücksicht auf die religiösen Empfindungen eines großen Teils des mongolischen Volkes keine Erlaubnis dazu geben wird, das Grab im Fall des erfolgreichen Auffindens zu öffnen. Also konzentriert er sich bei der Arbeit vor Ort ausschließlich auf bodenschonende Methoden wie Bodenradar, Magnetometrie und Wärmebildmessung. Die Prospektionsfläche wird durch hochaufgelöste Satelliten- und Radarbilder ermittelt. Lins Team hat dabei, unter anderem durch die Auswertung von 85 000 Satellitenbildern, eine riesige Menge von Daten gesammelt. Erfasst wurde eine Region von gut 10 000 Quadratkilometern fast millimetergenau.

Mit dieser Methode, so hofft Lin, sollte es möglich sein, präziser zu arbeiten und nicht länger nach der Nadel im Heuhaufen suchen zu müssen. Allerdings ist die Flut an Bildern von seinem Team allein nicht mehr zu bewältigen. Deshalb hatte er die originelle Idee zu internetgestützter interaktiver Forschungsarbeit. 7000 Helfer hat er auf diese Weise bisher weltweit gesammelt. Sie sitzen bequem zu Hause am Computer und werten die Satellitenbilder aus. Wenn ihnen etwas auffällt, was nach mongolischen Altertümern aussieht, geben sie ihre Entdeckung unverzüglich nach San Diego durch.

Solange die Lin-Community noch auf der Suche ist, müssen sich alle Dschingis-Khan-Anhänger mit der Dschingis-Gedenkstätte in

Wärmebildkamera

In der Archäologie kommt in jüngster Zeit verstärkt Wärmebildtechnik zum Einsatz. Die dabei benutzte Kamera ähnelt einer gewöhnlichen Kamera, arbeitet aber mit Infrarotstrahlen. Die Technik ermöglicht das Aufspüren von Artefakten und Strukturen unter der Erdoberfläche durch die Analyse von Unterschieden in der Temperaturleitfähigkeit. Diese werden sichtbar, wenn sich die bauphysikalischen Kennwerte der verbauten Stoffe in hinreichender Weise unterscheiden.

Mithilfe dieser Technik wird auch in anderen Zusammenhängen der Untergrund untersucht. Die Abbildung oben stammt aus einem Einsatz zur Katastrophenbekämpfung: Um während des katastrophalen Elbehochwassers 2013 Informationen über die Festigkeit von Deichen zu erhalten, setzten Experten vom Hubschrauber aus eine Wärmebildkamera ein. Mit deren Hilfe wurden der Untergrund kartiert und Schwachstellen festgestellt.

Ordos im Inneren der Mongolei begnügen. Das tun sie denn auch ausgiebig: Jährlich pilgern Menschen in Scharen dorthin, um dem großen Mongolenherrscher ihre Reverenz zu erweisen. Das Grab in dem Mausoleum aber ist definitiv leer. Das richtige zu finden, könnte bald zu einem Wettlauf mit der Zeit werden. Denn überall im Land sind seit einiger Zeit illegale Goldsucher unterwegs. Die Schreckensvorstellung der Archäologen ist, dass sie bei der Suche nach dem Gold auf das Grab stoßen und es ausplündern oder zerstören.

Satellitenbilder und virtuelle Archäologie

Von oben sieht man besser. Das wissen auch Archäologen und nutzen bei ihrer Arbeit gern Fotografien, die aus großer Höhe gemacht werden. Stützte man sich dabei anfangs auf Flugzeuge, so wird heute die Bedeutung von Satellitenbildern immer größer.

Anomalien aufspüren

Ein Blick aus luftiger Höhe, z. B. aus Flugzeugen, Helikoptern oder Ballons, bietet eine andere Perspektive. Sie hilft, Unregelmäßigkeiten und Anomalien in der Vegetation aufzuspüren, die vom Boden aus nicht erkennbar sind und die meist zuverlässige Hinweise auf Siedlungs- oder Bebauungsspuren aus der Vergangenheit liefern. So konnte manches römische Kastell und manche mittelalterliche Burg identifiziert werden.

Doch inzwischen lassen die Vergangenheitsforscher ihre Instrumente noch ein paar Etagen höher arbeiten. Zunehmend werden Satellitenbilder herangezogen, deren Stärke darin besteht, großflächig historische Landschaf-

ten zu erfassen und zu analysieren. Zudem versorgen die hochaufgelösten Aufnahmen die Archäologen mit präzisen Informationen über potenzielle Ausgrabungsstätten.

In Mesopotamien etwa, wo sich seit dem Beginn des 3. Jahrtausends v. Chr. bedeutende Hochkulturen wie die Akkader, Babylonier und Assyrer entwickelten, konnten Experten mit ihren digitalen Analysen mehr als 14 000 Siedlungsplätze ausmachen. Die meisten von ihnen waren bis dahin unbekannt. Auch über die Motive, an diesen Orten zu siedeln, verschafften die Satellitenbilder Gewissheit: Wichtige Faktoren waren Wasserquellen und die Anbindung an Straßennetze. Die Bilder aus

Titanic

Eine Sternstunde virtueller Archäologie war die Wiederentdeckung des 1912 im Atlantik gesunkenen Luxusliners *Titanic*. Das Wrack – im Bild eine Unterwasseraufnahme des Bugs – wurde in 3800 Meter Tiefe geortet. Seitdem steht es im Fokus des allgemeinen Interesses. US-Forscher starteten 2010 ein ambitioniertes Unternehmen: Zwei ferngesteuerte U-Boote lieferten aus der Tiefe des Ozeans detaillierte Bilder. Zudem wurden auf dem Meeresgrund Instrumente zur Vermessung mittels Schallwellen installiert. Auf dieser Grundlage konnten die Wissenschaftler eine hochpräzise dreidimensionale Karte des berühmtesten Wracks der Welt erstellen.

Palmyra

Was die Kameras im All zu leisten vermögen, zeigt z. B. diese Aufnahme der Ruinen von Palmyra vom 4. Juni 2015. Durch einen Abgleich mit älteren Aufnahmen konnten in diesem Fall Schäden identifiziert werden, die die Truppen des „IS" nach der Eroberung der syrischen Oasenstadt Palmyra an den antiken Kulturschätzen angerichtet hatten. Als Vergleichsbilder werden u. a. alte Aufnahmen aus dem US-Spionageprogramm *Corona* herangezogen.

dem All sagen jedoch nichts über das Alter der Siedlungen aus. Stammen sie aus der Antike? Oder sind sie neuzeitlich? Um das zu klären, hilft den Archäologen nur der gute alte Spaten.

Virtuelle Simulation

Für die Analyse zahlreicher Informationen zu historischen Funden ist der Computer unentbehrlich. Ein Einsatzgebiet ist die virtuelle Simulation. So rekonstruieren Mathematiker der Universität Heidelberg verfallene Tempel der Khmer-Kultur in Kambodscha, ohne auch nur einen einzigen Stein zu berühren. Vielmehr haben sie alle Steine gescannt und sie im Computer dreidimensional wiedererstehen lassen.

Fehlinterpretation

Ein Fall aus dem Jahr 2009 mahnt allerdings auch zur Skepsis bezüglich der neuen Techniken. Damals verblüffte der englische Luftfahrttechniker Bernie Bamford die Öffentlichkeit mit der Meldung, er habe das sagenhafte Atlantis entdeckt. Satellitenbilder zeigten, so der Ingenieur, nordwestlich der Kanarischen Inseln, in 3000 Meter Tiefe ein rechteckiges Raster auf dem Meeresboden. Die Straßenzüge von Atlantis? Die banale Erklärung: Es handelte sich nicht um Spuren auf dem Meeresboden, sondern um die Bewegungen eines Schiffes, das dieses Areal in Quadraten abgefahren hatte, um mit Sonargeräten die Meerestiefe zu messen.

Das Bernsteinzimmer

Ein Zimmer kann man eigentlich nicht stehlen. Wenn aber seine
Ausstattung so unermesslich wertvoll ist, kann es Begehrlichkeiten
der besonderen Art wecken, wie das Beispiel Bernsteinzimmer beweist.

Die letzte sichere Spur führt nach Königsberg und in die Endphase des Zweiten Weltkriegs. Diese Stadt war damals die Hauptstadt der Provinz Ostpreußen. Im Keller des Schlosses lagerte, in Kisten verpackt, das Bernsteinzimmer. Seit 1945 ist es verschollen. Trotz fieberhafter Recherchen kann heute niemand mit Gewissheit sagen, was aus dem „achten Weltwunder" geworden ist.

Königlicher Auftrag

Zum Zeitpunkt seines Verschwindens hatte das Zimmer mit der legendär prachtvollen Ausstattung bereits eine lange Geschichte hinter sich. In Auftrag gegeben hatte es 1701 der preußische König Friedrich I. für sein Schloss in Charlottenburg. Den Entwurf lieferte der berühmte Architekt und Bildhauer Andreas Schlüter, die Ausführung übernahmen hochqualifizierte, renommierte Künstler.

Da Geld angesichts gut gefüllter königlicher Kassen keine Rolle spielte, schufen sie ein wahres Meisterwerk. Vergoldete Wände, prunkvolle Spiegel und vor allem die verschwenderische Ausstattung mit goldgelb schimmerndem Bernstein an den Wandvertäfelungen und den Möbeln verliehen dem Zimmer einen besonderen Zauber, dem sich niemand entziehen konnte. An Bernstein hatten die Künstler auch nicht sparen müssen. Das fossile Harz, das man damals noch in die Rubrik „Edelstein" einordnete, war eine auf preußischem Gebiet häufig vorkommende Ressource. Insofern hatte hier die Bernsteinschnitzerei bereits eine lange Tradition.

Tausche Zimmer gegen große Männer

Alle, die das Zimmer sahen, waren beeindruckt. So auch der russische Zar. 1713 besuchte Peter I., „der Große" genannt, den preußischen König Friedrich Wilhelm I., Sohn und Nachfolger Friedrichs I. Das Bernsteinzimmer war inzwischen von Schloss Charlottenburg ins Berliner Stadtschloss überführt worden. Der Zar sah das Zimmer und dass es gut in seine Residenz in Sankt Petersburg passen würde. Friedrich Wilhelm, den man den „Soldatenkönig" nannte, hatte mehr für das Militär als für die Kunst übrig und schloss einen Handel. Der Zar bekam das Bernsteinzimmer, der König im Gegenzug Nachschub für seine Garde der „Langen Kerls". 55 große Männer aus Russland gegen das Bernsteinzimmer – Zar Peter war ebenso wie sein preußischer Partner sicher, ein gutes Geschäft gemacht zu haben.

Reise nach Russland

Nun wurden alle Teile des Bernsteinzimmers sorgfältig in Kisten verpackt und – allerdings wohl erst 1716 – auf die Reise nach Russland geschickt, wo der Zar die wertvolle Fracht dankbar in Empfang nahm. Jedoch kam der vielbeschäftigte Monarch nicht dazu, sich um die sachgerechte Aufstellung in einem der Räume seines Palastes zu kümmern. So wurden die Stücke anfangs in einem Wirtschaftsgebäude beim Sommerpalast, dann in der Kunstkammer gelagert. Erst Zarin Elisabeth I., Peters Tochter, führte die kostbaren Gegenstände im Jahr 1741 wieder ihrer ursprünglichen Zweckbestimmung zu und stattete mit ihnen ihren repräsentativen Empfangssaal aus. Nur 14 Jahre später war ein neuerlicher Umzug angesagt. Experten hatten herausgefunden, dass die Luft im Petersburger Schloss schädlich für die Materialien des Bernsteinzimmers seien. Wieder einmal wurden Kisten gepackt, diesmal mit dem Bestimmungsort Zarskoje Selo. Hier, vor den Toren von Sankt Petersburg, hatte sich die Zarin einen neuen Sommerpalast bauen lassen. Nach und nach angereichert mit weiteren Schmuckstücken, Edelsteinen, vergoldeten Leuchtern und Mosaiken wurde das Bernsteinzimmer nun zu einer viel bewunderten Attraktion in der Residenz der Zaren.

Rückführung in den Westen

So blieben die Verhältnisse fast 200 Jahre lang. Dann kamen der Zweite Weltkrieg und 1941 der deutsche Überfall auf die Sowjetunion. Auf breiter Front marschierten Hitlers Truppen Richtung Osten. Im September 1941 beschlagnahmte die Wehrmacht den Sommerpalast in Zarskoje Selo. Unter der Regie von „Kunstschutz-Offizieren", wie man sie beschönigend nannte, ging das Bernsteinzimmer erneut auf Reisen, diesmal zurück in Richtung Westen. Neuer Aufenthaltsort war Königsberg in Ostpreußen. Im dortigen Schloss waren die Kunstsammlungen der Stadt untergebracht. Im dritten Stock, im Südflügel des Schlosses, wurde das Zimmer wieder ausgestellt.

Zwei Jahre lang hatte das kunstinteressierte Publikum Gelegenheit, die Beutekunst aus Russland zu bewundern. Da die Bombenangriffe auf Deutschland und auch auf Ostpreußen zunahmen, wurde das Bernsteinzimmer im Lauf des Jahres 1944 abgebaut. Die einzelnen Teile wurden in Kisten verpackt und im bombensicheren Keller des Schlosses aufbewahrt. 1945 wurde Königsberg von Soldaten der Roten Armee erobert.

Gerüchteküche

Was danach mit dem Bernsteinzimmer passierte, liegt völlig im Dunkeln. Alle Versuche, dem Geheimnis seines Verbleibs auf die Spur zu kommen, waren bisher vergeblich. Doch geschlagen geben sich die Fahnder nicht. Kunsthistoriker, Historiker, Archäologen, Denkmalpfleger, Wissenschaftsjournalisten, auch Amateurforscher und semiprofessionelle Schatzsucher lassen nicht locker, gehen nach wie vor jedem noch so kleinen Hinweis nach. Die Optionen sind klar. Entweder ist das Bernsteinzimmer während der Angriffe in den letzten Wochen und Tagen des Krieges zerstört worden. Oder es konnte gerettet werden. Aber von wem? Von russischen Soldaten, die sich, wie man weiß, nach der Einnahme von Königsberg auf die Suche nach Kunstschätzen machten, dabei auch das Schloss durchkämmten, aber nichts fanden, nicht ahnend, dass sich die Stücke in den Kisten im Keller befanden? Oder hatten die Nazis das Bernsteinzimmer noch rechtzeitig in Sicherheit bringen können, um es an einem geheimen Ort zu deponieren und dann gewinnbringend zu veräußern? Und sind die Stücke überhaupt noch zusammen oder wurde das Ensemble in Einzelteile zerlegt und in alle Welt verkauft?

Russische Experten begannen gleich nach dem Ende des Zweiten Weltkriegs mit der Suche in den Ruinen des zerstörten Königsberger Schlosses. Doch sie fanden nichts und hielten es für denkbar, dass die Einzelteile des Schatzes über einen geheimen Gang, der mit dem Dom verbunden war, nach draußen gelangt sind. Alfred Rohde, letzter Direktor des Königsberger Schlosses, der die Verlagerung in den Keller veranlasst hatte, wusste nach eigenen Angaben nichts über den Verbleib des Bernsteinzimmers. Genauer gesagt: Er lehnte es bis zu seinem frühen Tod im Dezember 1945 ab, zu diesem Thema Stellung zu beziehen.

Zurück an die Erben

Völlig zerstört worden ist das Inventar des Bernsteinzimmers, wie man inzwischen weiß, nicht. Denn vor einigen Jahren tauchten einzelne Stücke auf dem deutschen Kunstmarkt auf. Ein Florentiner Mosaik, das allerdings schon vor dem Umzug nach Königsberg gestohlen worden war, wurde in der Szene für die Summe von 2,5 Millionen Dollar angeboten. Der Handel kam jedoch nicht zustande, weil die Polizei von der Sache Wind bekam und das Objekt rechtzeitig konfiszierte. Einige Zeit später konnte die neue Besitzerin einer bis dahin verschollenen Kommode ausfindig gemacht werden. Zusammen mit dem Mosaik wurde sie im Jahr 2000 den Russen in ihrer Eigenschaft als rechtmäßige Erben Peters des Großen zurückgegeben.

Wo ist das Bernsteinzimmer?

Hier einige der gängigsten Theorien:

- In einem alten Schacht bei Aue in Sachsen
- In einem Stollensystem im Jonastal bei Ohrdruf in Thüringen
- Irgendwo in Amerika
- Im Altaussee in Österreich
- In Weimar
- In der Barbarossa-Höhle im Kyffhäuser-Gebirge
- Im Salzbergwerk Grasfeld bei Helmstedt
- Auf dem Meeresgrund der Ostsee, nach dem Untergang der *Wilhelm Gustloff* 1945
- In der oberfränkischen Stadt Coburg

Eine Spur des Bernsteinzimmers führt nach Wuppertal. Das Foto vom 9. Oktober 2013 zeigt den Schatzsucher Nicolas Brendau bei der mühseligen Suche in einem der örtlichen Bunker und Stollen.

Viele Versuche, wenig Ertrag

Damit sind die einzigen konkreten Spuren aus der Zeit nach dem Zweiten Weltkrieg auch schon genannt. Spekulationen und vorschnelle Erfolgsmeldungen gab es viele, aber nichts Handfestes. Ein Dokumentarfilmer versuchte, die letzten Tage des Bernsteinzimmers zu rekonstruieren und kam zu dem Ergebnis, dass während des Bombenhagels alles verbrannt sei. Der Filmemacher berief sich dabei auf Aussagen eines sowjetischen Augenzeugen, der behauptete, im Keller des Schlosses verkohlte Reste des Zimmers gesehen zu haben. Drei Jahre später zog er diese Aussage wieder zurück.

Ein starkes Interesse an der Wiederauffindung des Bernsteinzimmers hatten die verantwortlichen Kreise in der chronisch klammen Deutschen Demokratischen Republik (DDR). Die Staatssicherheit (Stasi) schien für eine solch heikle Mission die geeignete Institution zu sein. Die Jäger der Stasi durchkämmten fast jeden Winkel der Republik, ohne über genauere Anhaltspunkte zu verfügen. So untersuchte man über 150 vermeintliche Verstecke, ohne etwas zu finden.

Verdächtiger Gauleiter

Eine der jüngsten Spuren führt nach Wuppertal. In dieser Stadt im Bergischen Land befindet sich nach der Überzeugung von Karl-Heinz Kleine der Schlüssel zur Lösung des Rätsels. In einem Bunker auf einem Trümmergrundstück der Stadt vermutet der passionierte Hobbyforscher die Schätze aus dem Bernsteinzimmer. Seine Theorie: In den letzten Kriegsmonaten, als die Rote Armee anrückte, habe der aus Wuppertal stammende mächtige NS-Gauleiter von Ostpreußen, Erich Koch, die kostbaren Stücke aus Königsberg in seine Heimatstadt transportieren lassen und dort in einem Bunker versteckt.

Koch ist damit nicht zum ersten Mal in das Visier der Schatzsucher geraten. Zuvor schon war die Vermutung geäußert worden, dass der Gauleiter das Bernsteinzimmer im Sand der Kuhrischen Nehrung in Litauen versteckt habe. Koch selbst kann dazu nicht mehr befragt werden. Er ist 1986 gestorben.

Replik mit Prominenz

Immerhin gibt es seit 2003 im ursprünglichen Aufstellungsort im Katharinenpalast von Zarskoje Selo einen Ersatz, der über den, wie zu befürchten ist, definitiven Verlust des Originals hinwegtrösten soll. In Anwesenheit des russischen Präsidenten Putin und des deutschen Bundeskanzlers Schröder wurde eine Replik präsentiert. Sie ist das prachtvolle Resultat mühsamer Kleinarbeit, bei der eine halbe Million Bernsteinplättchen verwendet wurden.

Verschollenes Nazigold

Nach dem Zweiten Weltkrieg setzte die Jagd nach den Schätzen des NS-Regimes ein. Gesucht wurde in Seen, Bergwerken und anderen möglichen Verstecken. Dabei gelangen einige sensationelle Funde.

Gold fanden die Taucher nicht. Und doch wurde der Toplitzsee im österreichischen Salzkammergut zum Markenzeichen für die Suche nach verschwundenen Nazischätzen. Es war längst bekannt, dass die Nationalsozialisten vor allem in der Zeit des Zweiten Weltkriegs, aber auch bereits vor dem Krieg, Vermögenswerte wie Schmuck, Geld und große Mengen an Goldbarren beschlagnahmt oder schlicht geraubt hatten. Nach dem Krieg begannen auf nationaler und internationaler Ebene intensive Recherchen nach ihrem Verbleib. Die Suche verlief schleppend. Entweder waren sie gut versteckt worden oder es war den Tätern gelungen, sie wieder in ihren Besitz zu bringen.

Suche mit Hindernissen

Es gab viele Gerüchte, dass der Toplitzsee einen Nazischatz barg. Dazu existierten vage Hinweise darauf, dass gegen Ende des Krie-

ges Kisten mit brisantem Inhalt im See versenkt worden seien: gefälschten Pfundnoten. Die Blüten seien in Zwangsarbeit von KZ-Häftlingen angefertigt worden. Eigentlich sollten sie, so hatten es die Nationalsozialisten geplant, in Umlauf gebracht werden, um den Wert der britischen Währung zu senken und so die britische Wirtschaft zu schwächen. Ein deutscher Reporter brachte 1959 den Stein ins Rollen. Taucher inspizierten den See und bargen einige Kisten mit falschen 50-Pfund-Noten. Die weiteren Arbeiten gestalteten sich schwierig. 1963 ereignete sich ein tragisches Unglück, als ein Taucher während der Suche nach neuen Spuren ums Leben kam. Daraufhin untersagten die österreichischen Behörden alle Unternehmungen unter Wasser, was einzelne Abenteurer nicht daran hinderte, die Suche auf eigene Faust fortzusetzen.

Die Hoffnung, Gold zu finden, erfüllte sich jedoch nicht. Zwar gab es einheimische Bauern, die beobachtet haben wollten, wie in den letzten Kriegstagen von den Nazis jede Menge Kisten im See versenkt worden seien. Dabei habe es sich, so versicherten sie, nur um Gold handeln können. Doch wurde, wie es ein Wissenschaftler später formulierte, in ihren Erzählungen wohl aus Papier Gold. Untersuchungen amerikanischer Bergungsfirmen, die in den Jahren 2005 bis 2008 durchgeführt wurden, brachten ebenfalls kein positives Ergebnis.

Der Schatz in der Kaligrube

In anderen Fällen hatten die Schatzsucher mehr Glück. Im April 1945 entdeckten amerikanische Truppen in einer Kaligrube bei Merkers in Thüringen, in einem Labyrinth von Stollen und Hohlräumen in 500 Meter Tiefe, ein Schatzdepot der Nationalsozialisten (siehe Foto links) – ein Volltreffer: Ihnen fielen Geld und 220 Tonnen Gold aus den Beständen der Deutschen Reichsbank in die Hände – ein unvorstellbarer Reichtum. Schätzungen zufolge handelte es sich dabei um nicht weniger als 80 Prozent der Gold- und Devisenreserven des Dritten Reiches. Zudem fand man Kunstschätze sowie riesige Mengen von Wertsachen, die man KZ-Häftlingen abgenommen hatte – von Zahngold bis zu goldenen Zigarettendosen.

Erfolge und Misserfolge

Die Alliierten konnten kurz vor Ende des Krieges bei ihrem Vormarsch einen weiteren Erfolg verzeichnen. In Österreich kamen sechs Tonnen Nazigold zum Vorschein. Die Bestände waren, wie Ermittlungen ergaben, zunächst auf Schloss Fuschl im österreichischen Salzkammergut, das zum Besitz des NS-Außenministers Ribbentrop gehörte, deponiert worden. Gegen Kriegsende wurden sie in Bad Gastein und Hintersee versteckt, wo sie von den Amerikanern sichergestellt wurden. Gleichzeitig verdichteten sich Gerüchte, wonach es den Nazis gelungen sei, erhebliche Reserven an Gold außer Landes zu schaffen. Die Rede war von zwei U-Booten, die im Mai 1945 mit wertvoller Fracht an Bord in Richtung Argentinien ausgelaufen und dort auch zwei Monate später angekommen seien. Wie Brasilien war das südamerikanische Land ein beliebtes Fluchtziel ehemaliger Nazigrößen, die, wie vermutet wurde, große Mengen an Geld und Wertgegenständen mitnahmen.

Die Frage der Rückgabe

Um die Fahndungen nach dem Raubgold der Nazis und auch die Rückgabe an die einstigen Besitzer oder deren Erben besser zu koordinieren, gründeten die westlichen alliierten Siegermächte USA, Frankreich und Großbritannien 1946 die „Tripartite Gold Commission". Ihre Aufgabe bestand darin, von den Deutschen im Zweiten Weltkrieg geraubtes Geld und Gold an die Herkunftsländer zurückzugeben. Unmittelbarer Anlass für die Einrichtung der Kommission war der Sensationsfund in der Kaligrube von Merkers. Allerdings blieb bis heute unklar, was mit den gigantischen Schätzen nach deren Entdeckung durch die Amerikaner eigentlich passiert ist. So viel weiß man: Ein Konvoi aus 32 Lastkraftwagen, begleitet von einer militärischen Eskorte, brachte die Funde zur Reichsbank nach Frankfurt am Main. Unterwegs kamen allerdings drei Lkw abhanden – auf welche Weise, unter welchen Umständen und mit welcher Ladung ist bis heute unbekannt.

In den folgenden Monaten und Jahren machte sich die Kommission mit Sitz in Brüssel an die Herkulesaufgabe, Licht in die dunklen Transaktionen der Nazis zu bringen. Gleichzeitig wurden mit verschiedenen Staaten Abkommen geschlossen mit dem Ziel, das Problem der Rückgabe zu organisieren. Aus den identifizierten Raubgeldern gingen große Summen an Länder wie die Niederlande, Frankreich, Österreich, Belgien und Luxemburg.

Aufregung in Polen

Wer glaubt, dass sich die Debatten um das Nazigold mehrere Jahrzehnte nach dem Untergang des Dritten Reiches allmählich erledigt haben, täuscht sich. Das zeigt ein Beispiel aus der jüngsten Vergangenheit. 2015 waren die Medien voll von Nachrichten und Reportagen über einen mysteriösen „Goldzug" in Polen. Immer wieder hatte es Spekulationen gegeben, ein gepanzerter Zug der Deutschen sei gegen Ende des Krieges in der Gegend von Wałbrzych in Niederschlesien spurlos verschwunden. Nun schlug der Leiter der zuständigen Denkmalbehörde Alarm. Der Zug befinde sich, so teilte er dem staunenden Publikum mit, in einem Tunnel des angrenzenden Bergbaugebietes, in einer Tiefe von 70 Metern. Das hatten zwei Hobbyschatzsucher behauptet, die sich in das Gewirr der unterirdischen Stollen und Gänge vorgewagt hatten. Bekannt war, dass die Wehrmacht, als sich die militärische Lage für die Deutschen zusehends verschlechtert hatte, dazu übergegangen war, kriegsrelevante Anlagen und auch Bahnhöfe in den Untergrund zu verlegen. Auf diese Weise erhoffte man sich Schutz vor feindlichen Luftangriffen. Und nicht selten dienten diese Anlagen auch dazu, wertvolle Dokumente, Kunstgegenstände und Goldbestände zu bunkern.

Nachdem die Meldung bekannt geworden war, begann die Gerüchteküche heftig zu brodeln. Die Menschen in Polen steigerten sich in ein wahres Schatzfieber. Kann es sein, dass der Zug ein Goldzug war, den die Nazis eingesetzt hatten, um ihr Raubgut zu transportieren? Die Behörden mahnen zur Vorsicht. Womöglich wird man nur Handgranaten oder andere Waffen finden. Bevor man mit weiteren Nachforschungen in der Tiefe beginnt, müssen noch zahlreiche bürokratische Hindernisse aus dem Weg geräumt werden.

Goldfinger greift nach Nazigold

Das vermeintliche Gold aus dem Toplitzsee schaffte es sogar in einen James Bond-Film. In *Goldfinger* von 1964 versucht 007 alias Sean Connery den von Gert Fröbe gespielten Titelschurken mit einem Goldbarren zu ködern, der aus dem Toplitzsee stammen soll. Gert Fröbe wirkte auch in einem deutschen Spielfilm aus dem Jahr 1959 mit dem Titel *Der Schatz vom Toplitzsee* (Regie Franz Antel) mit.

Der Schatz der Tempelritter

Schatzsucher bekommen leuchtende Augen, wenn sie den Namen Templer hören. Doch auch professionelle Wissenschaftler versuchen, den sagenumwobenen Schatz des Ordens, der im Mittelalter verschwand, zu orten.

Philipp IV. mit dem Beinamen „der Schöne" ist an allem schuld. In der Kasse des Königs von Frankreich, der von 1285 bis 1314 regierte, herrschte nach vielen Kriegen und teurer Hofhaltung chronische Ebbe. So schaute sich der König nach neuen Einnahmequellen um. Zuerst fiel sein Blick auf die Juden, die durch Handel reich geworden waren. Danach versuchte er es mit dem Trick der Münzverschlechterung und wies die Prägestätten an, bei der Herstellung der Münzen weniger Edelmetall zu verwenden. Danach plagte er die Franzosen mit der Einführung neuer Steuern. Und schließlich kamen die Templer, oder, wie man sie auch nannte, Tempelritter an die Reihe.

Reicher Orden

Die Templer waren reich, sogar unermesslich reich. Im Jahr 1119 war der Orden von einem französischen Adligen namens Hugo von Payens in Jerusalem gegründet worden. Es war die Zeit der Kreuzzüge, als Scharen von Christen, darunter viele Ritter und Abenteurer aus Europa, sich aufmachten, die Muslime im Heiligen Land zu bekämpfen. Die Tempelritter – leicht zu erkennen an den weißen Mänteln mit dem rotem Tatzenkreuz – hatten sich die Aufgabe gestellt, die christlichen Pilger und die heiligen Stätten der Christen zu schützen. Den Namen erhiel-

ten sie nach dem Sitz des Ordens auf dem Tempelberg in Jerusalem. Offiziell nannten sie sich „Arme Ritter Christi vom Tempel Salomons".

Von Armut konnte indes keine Rede sein. Die Ritter scheffelten in der folgenden Zeit Geld und andere Vermögenswerte. Die frommen Männer bewiesen Geschäftssinn, engagierten sich im Handel mit dem Orient, betätigten sich als Kreditgeber und waren mit großem Erfolg im Bankgewerbe tätig. In ihrer Funktion als Speerspitze des Christentums im Vorderen Orient erfreuten sie sich auch mancher Privilegien, etwa was die Befreiung von Abgaben, Steuern und Zöllen betraf.

Templer in Bedrängnis

Doch dann war es mit den paradiesischen Zuständen vorbei. Gegen Ende des 13. Jahrhunderts brachen für die Tempelritter schwere Zeiten an. Erst gelang es den Muslimen in Gestalt der türkisch-kaukasischen Mamelucken, mit der Eroberung der Stadt Akkon 1291 die letzte Bastion der Christen im Heiligen Land zu stürmen. Viele Templer kehrten in die Heimat zurück. Und dann wurden sie von König Philipp IV. als willkommene Objekte der Behebung seiner finanziellen Schwierigkeiten entdeckt. Zusammen mit dem folgsamen Papst Klemens V. startete er im September 1307 eine Kampagne gegen die Templer, die in Frankreich besonders zahlreich waren. Von Ketzerei war die Rede, von Blasphemie und Unzucht. Führende Templer mussten sich vor inquisitorischen Gerichten verantworten und wurden strengsten Verhören unterzogen. Doch nicht um die Reinheit der Kirche ging es dem König, sondern einzig und allein um das Vermögen der Templer. Der Orden besaß, wie der König genau wusste, einen wahren Schatz, angehäuft in den fast 200 Jahren, in dem er das Wirtschaftsleben des Orients geprägt hatte. Neben umfangreichen Ländereien gehörten dazu kostbares Mobiliar und andere Luxusgegenstände, natürlich auch Unmengen von Goldmünzen. Sie vor allem waren es, auf die Philipp sein begehrliches Auge geworfen hatte.

Wichtiger Hinweis

Aber wo war der Schatz der Templer? Sicher hatten sie ihn gut versteckt, vielleicht in Palästina, vielleicht in Frankreich. Allein hier besaßen die Templer Hunderte von Burgen, die ideale Möglichkeiten boten, das Vermögen zu deponieren. Razzien der Agenten des Königs in Paris und anderen Städten Frankreichs brachten nur wenig ein und füllten gewissermaßen nur die königliche Portokasse. Doch dann ergab sich eine Spur, die auch für moderne Schatzsucher und Forscher ein wichtiger Punkt bei ihren Recherchen ist.

Jacques de Molay, der letzte Großmeister des Templerordens, starb 1314 nach fast siebenjähriger Haft auf dem Scheiterhaufen, offenbar ohne zuvor Hinweise auf den Templerschatz gegeben zu haben.

Einer der inhaftierten Templer gab bei seiner Vernehmung im Juni 1308 zu Protokoll, zwei Ordensbrüder, deren Namen er nannte, hätten noch vor der Verhaftungswelle im Auftrag des Großmeisters Hugues de Pairaud aus dem Temple, der Residenz der Ritter in Paris, wertvolle Schätze abtransportiert. Angeblich wurden sie in einem Seine-Hafen auf 18 Schiffe verladen und verschwanden dann mit unbekanntem Ziel.

Viele Fragen

Philipp IV. und sein päpstlicher Helfer hatten jedenfalls das Nachsehen. Der Traum von der Sanierung der Kassen auf Kosten der Templer war geplatzt. Doch die Suche nach dem legendären Schatz war damit noch lange nicht erledigt. Im Gegenteil: Noch heute steht der Name „Templerschatz" auf der Fahndungsliste ganz oben. In schöner Regelmäßigkeit erscheinen in den Medien angebliche Erfolgsmeldungen. An den unterschiedlichsten Orten der Welt wurde der Schatz lokalisiert, allerdings ohne jeden handfesten Beweis. Die Ausgangslage ist auch sehr schwierig. Es gibt so gut wie keine aussagekräftigen Quellen und Dokumente. Unklar ist zudem, in welcher Form sich der Schatz, wenn er denn überhaupt existiert, darstellt? In Kisten verpackt in einem Keller? In seiner ganzen

Pracht verborgen in einem Verlies? Versenkt auf dem Grund eines Sees? Außerdem fragen sich viele, ob die Suche nach dem einen großen Schatz überhaupt die richtige Methode ist. Vielleicht haben die Templer ihr Vermögen dezentral statt zentral verwaltet. Muss sich die Suche also nicht auf mehrere kleinere Schätze konzentrieren? Bei den Spekulationen um den Verbleib der Templerreichtümer spielt auch das Faktum eine Rolle, dass die Templer zwar von Philipp IV. in Frankreich verboten wurden, nicht aber in Italien, Portugal oder Schottland. Wäre da nicht zu vermuten, dass die Templer ihr Geld in einen dieser Staaten transferiert haben? Und sie besaßen vor allem in Frankreich umfangreiche Ländereien – konnten sie nicht irgendwo dort den Schatz vergraben haben? Immerhin gab es eine glaubwürdige Information, dass die Templer 1306, ein Jahr vor den Verfolgungen durch den französischen König, einen Schatz von 150000 Goldmünzen von der Insel Zypern nach Paris brachten. Also war das Versteck doch in der französischen Hauptstadt?

Hoffnungen und Enttäuschungen

Einen gewissen Anhaltspunkt bei der Suche boten die ehemaligen Burgen der Templer, die allerdings über ganz Europa verstreut

Einst besaßen die Templer über ganz Europa verstreut mehr als 9000 Immobilien – viele Plätze also, an denen man Schätze vermuten könnte. Abgesehen von einem Wehrkloster in Portugal und der mächtigen Burg von Ponferrada in Nordspanien (Foto) sind heute alle Burgen des alten Templerordens zerstört.

sind. Auch deswegen ist der geografische Radius potenzieller Ortskandidaten so groß. Wie man sich dabei auf eine falsche Fährte locken kann, illustriert ein Fall aus der jüngeren Geschichte. In der Nähe der schottischen Stadt Edinburgh befindet sich die prächtige Rosslyn Chapel, eine gotische Kirche aus dem 15. Jahrhundert. Hierhin hätten, so behaupteten 1992 einheimische Schatzjäger, im Jahr 1307 französische Templer die Reichtümer des Ordens gebracht. Grabungen konnten diese These allerdings nicht bestätigen.

Gleiches gilt für das Val de Croix, ein Flusstal im Südosten Frankreichs. 1923 blätterte der 14-jährige Stanislaw de Marbot in einem alten Gebetbuch und entdeckte dabei einen Zettel seines berühmten Vorfahren Capitaine Marcelin de Marbot, der unter Kaiser Napoleon gekämpft hatte. Auf diesem Zettel waren drei Sätze notiert, mit der Botschaft, dass sich der Schatz der Tempelritter unter dem früheren Schloss Val de Croix befinden solle. Erst Jahrzehnte später erinnerte sich der jüngere Marbot an die seltsame Mitteilung, stellte Nachforschungen an und erfuhr, dass es an der angegebenen Stelle tatsächlich die Ruine einer alten Templerburg gab. Hier entdeckte er ein altes Verlies mit einem verwirrenden Labyrinth aus Geheimgängen. Von einem Schatz war jedoch weit und breit nichts zu sehen. Die Rede war von geheimnisvollen Inschriften, die aber nichts zur Klärung beitrugen.

Die Jagd nach dem Heiligen Gral

Ein ähnlicher Mythos wie der Schatz der Templer ist der Heilige Gral. Quelle ist die mittelalterliche Dichtung. Der Gral ist demnach ein Kelch, der seinem Besitzer ewiges Glück und ewige Jugend verheißt. Bewacht wird er auf der Gralsburg von einem König und Rittern. Obwohl es sich um eine reine Legende handelt, fehlte es nicht an modernen Versuchen, die geheimnisvolle Gralsburg ausfindig zu machen. Da die Gralsgeschichte aus dem Umfeld der Artussage stammt, konzentriert sich die Suche auf Schlösser und Burgen in England und Wales. Außer in dem Spielfilm *Indiana Jones und der letzte Kreuzzug* von 1989 konnte bislang kein wirklicher Vollzug vermeldet werden.

Rätselhafte Kapelle

Den Status eines Geheimtipps hatte lange Zeit die Stadt Gisors, 68 Kilometer nordwestlich von Paris gelegen. 1963 überraschte der Historiker Gérard de Sède mit der These, die aus dem 13. Jahrhundert stammende Burg von Gisors in der Normandie sei der Platz des Templerschatzes. Er berief sich dabei auf die Aussage eines Gärtners und Wächters namens Roger Ljomoy. Dieser behauptete, er habe im Frühjahr 1944 einen alten Brunnen restauriert und dabei in 30 Meter Tiefe die Überreste einer Kapelle entdeckt – und darin, ordentlich aneinandergereiht, neben 19 steinernen Sarkophagen 30 Truhen wertvollen Inhalts. Weitere Nachforschungen ergaben jedoch, dass auch diese Spur im Sande verlief. Die ganze Ausbeute bestand aus ein paar Münzen. Die Behörden untersagten systematische Ausgrabungen, weil sie befürchteten, die Statik des Gebäudes könne darunter leiden.

Beliebte historische Romane

Schwer zu unterscheiden ist bei den Diskussionen um den Schatz der Tempelritter inzwischen die Grenze zwischen Fakt und Fiktion. Denn der Buchmarkt wird mit Publikationen überschwemmt, die sich dem Thema in der Form von historischen Romanen nähern, in denen immer neue Geschichten konstruiert werden. Historisch konnte noch keine von ihnen einer seriösen Nachprüfung standhalten. Doch sie erfreuen sich einer großen Popularität und werden auch gern geglaubt.

Die Templer selbst können keine verlässliche Auskunft geben. Nachdem ihr Orden im 14. Jahrhundert in Frankreich aufgelöst worden war, gestattete Napoleon I. die Wiederzulassung. Seit 1991 ist Jerusalem wieder der Sitz der Gemeinschaft. Wo der Schatz ihrer alten Glaubensbrüder ist, wissen die modernen Templer aber offenbar nicht. Und sie wollen davon auch nichts mehr hören.

Captain Kidds Schatz

William Kidd war der Schrecken der Sieben Meere. Die verschwundene Beute aus seinen Raubzügen liefert bis heute Stoff für Schlagzeilen. Kürzlich ließ eine Erfolgsmeldung aufhorchen.

Das 17. Jahrhundert war für Piraten eine lohnende Zeit. Spanische und portugiesische Schiffe waren ständig zwischen Mittel- und Südamerika sowie Europa unterwegs. Wenn sie in Richtung Heimat fuhren, hatten sie wertvolle Fracht an Bord: Gold, Silber und andere Edelmetalle aus den europäischen Kolonialgebieten. Die christliche Seefahrt war daher eine gefährliche Angelegenheit. Jederzeit musste die Besatzung einen Überfall durch Seeräuber befürchten.

Vom Freibeuter zum Piraten

Ein Name hatte in dieser Zeit einen besonders bedrohlichen Klang: Captain William Kidd. Er wurde 1645 in Schottland geboren und betätigte sich zunächst als Kaufmann. Später wurde er Freibeuter im Dienste des englischen Königs. Als Freibeuter wurden Kapitäne bezeichnet, die, anders als Piraten, im Besitz einer staatlichen Lizenz zum Kapern von fremden Schiffen waren. So war

Popstar Kidd

Captain Kidd ist schon über 300 Jahre tot. Aber er ist auch heute noch eine Berühmtheit. Ein erstes Denkmal setzte ihm der amerikanische Schriftsteller Edgar Allan Poe in der 1843 erschienenen Kurzgeschichte *Der Goldkäfer*. Darin wird von einem der Protagonisten ein Zeichencode entschlüsselt, der den Weg zu Kidds Schätzen weist. In jüngster Zeit avancierte der Pirat zum Helden von Videos und einer eigenen Comicreihe.

Kidd einige Jahre damit beschäftigt, mit königlichem Segen vornehmlich französische Schiffe um ihre Fracht zu erleichtern. Doch erschien ihm bald die Berufsaussicht als Pirat attraktiver und lukrativer – im Gegensatz zu den Freibeutern konnte ein frei schaffender Seeräuber die gesamte Beute für sich und seine Mannschaft behalten.

Auf Erfolgskurs

Das Schiff, mit dem er nun zwar offiziell immer noch als Freibeuter, tatsächlich aber als Pirat unterwegs war, trug den Namen *Adventure Galley*. Mit 34 Kanonen und 150 Mann Besatzung an Bord war es für den Kampf auf See bestens ausgerüstet. Die Fahrten wurden von einem Stützpunkt an der amerikanischen Ostküste aus durchgeführt. Es begann für Kidd eine Erfolgssträhne – kein Schiff zwischen der Karibik und Südafrika war vor ihm sicher. Wahre Schätze fielen ihm und seinen Leuten bei den Beutezügen in die Hände. Aber was tat er mit diesen Schätzen? Das fragten sich bereits die Zeitgenossen. Kidd habe sie, so wurde in den Kneipen und Spelunken der Hafenstädte gemunkelt, auf einsamen Inseln vergraben.

Prozess und Hinrichtung

Zur Wende im Leben des Captain Kidd wurde im Januar 1698 die Begegnung mit der *Quedagh Merchant* vor der Südwestküste Indiens. Dieses Schiff, beladen mit wertvollen Stoffen, Gold und Opium, segelte unter französischer Flagge. Kidd startete einen Angriff. Nach erfolgter Kaperung stellte sich heraus, dass das gegnerische Schiff zwar unter französischer Flagge fuhr, jedoch einen englischen Eigentümer hatte. Wegen dieses Vorfalls wurde er nach der Ankunft in New York festgenommen, nach England überführt und dort zum Tod verurteilt. Die Anklage lautete auf Piraterie – und Mord. Denn da die Grenze zwischen Seeräuberei und Freibeuterei fließend war, mussten die Behörden mit

härteren Bandagen kämpfen. Den Anlass für die Mordanklage gegen Kidd bot ein Vorfall aus dem Jahr 1697, als der Captain nach einem Streit an Bord mit einem Eimer seinen Geschützmeister getötet hatte. Am 23. Mai 1701 starb der gefürchtete Freibeuter und Pirat in einem Londoner Gefängnis am Galgen. Zur Abschreckung für etwaige Nachahmer und Bewunderer wurde Kidds Leiche weithin sichtbar über der Themse aufgehängt.

Falsche Fährten

Gleich nach seinem Tod begann die Suche nach dem Schatz – oder besser gesagt: den Schätzen des Captain Kidd. Karten, auf denen etwaige Verstecke verzeichnet waren, existierten nicht. Aber man wusste genau, auf welchen Routen der Kapitän in den Jahren zuvor mit der *Adventure Galley* unterwegs gewesen war. So hefteten sich Seeleute, Abenteurer und Schatzjäger auf die Fersen des Captain Kidd. Zuerst nahm man Inseln unter die Lupe, von denen man glaubte, dass hier wenigstens ein Teil seiner Beute versteckt sei. Erster Kandidat war Gardiners Island vor Long Island an der amerikanischen Ostküste. Hier war Kidd 1699 nachweislich vor Anker gegangen und hatte einen, wenn auch nur geringen Teil seines Geldes deponiert. Doch Nachforschungen waren zwecklos. Nach der Festnahme Kidds waren hier schon die Behörden fündig geworden.

Ein anderer Platz, der im Fokus derjenigen stand, die sich gern in den Besitz von Kidds Vermögen bringen wollten, war Oak Island. Dieser Ort in der Mahone Bay an der Ostküste Kanadas erhielt seit dem Ende des 18. Jahrhunderts unter den Schatzsuchern den Status eines Favoriten. 1795 hatte ein junger Mann auf einem Streifzug hier eine zugeschüttete Grube entdeckt. In den folgenden Jahren und Jahrzehnten wurde in die Erforschung der Stelle viel Geld und Energie investiert. Doch der erhoffte Schatz des Captain Kidd wurde in der Höhle nicht entdeckt. Ziegenhaut und Kokosfasern waren

Am 7. Mai 2015 barg Barry Clifford (Mitte) unter großer medialer Anteilnahme einen „Silberbarren" von Bord der *Adventure Galley*, der sich allerdings später als Bleiballast entpuppte.

kein Ersatz für Kidds Gold. Außerdem liefen die unterirdischen Tunnel im Lauf der Zeit mit Wasser voll. „Money Pit" – „Geldgrube" – nennt man seitdem das Projekt Oak Island, in das viel Geld ohne Ertrag gesteckt wurde.

Suche nach dem Wrack

Andere konzentrierten die Suche auf Kidds Schiff. Die *Adventure Galley* war auf seinen Befehl hin im Januar 1699 von der Mannschaft in Brand gesteckt und versenkt worden – kurz bevor er nach der verhängnisvollen Affäre um die *Quedagh Merchant* nach New York zurückgekehrt war. Ort der zerstörerischen Tat war Sainte Marie vor der Ostküste Madagaskars gewesen.

Befand sich an Bord etwa noch ein Teil des Schatzes? Nach diversen Fehlschlägen bei der Suche nach dem Wrack kam im Mai 2015 eine Erfolgsmeldung. Ein US-Forscherteam um Expeditionsleiter Barry Clifford präsentierte das Ergebnis seiner archäologischen Untersuchungen unter Wasser. Vor der Küste Madagaskars hatten die Wissenschaftler die Reste von nicht weniger als 13 Schiffen entdeckt. In der Mehrzahl Piratenschiffe, wie man vermuten darf, war Madagaskar im 17. Jahrhundert doch ein berüchtigtes Piratennest. Und voller Stolz präsentierte Clifford der Presse einen 50 Kilogramm schweren Silberbarren, nach seiner Meinung eindeutig in das 17. Jahrhundert zu datieren, gefunden in einem Wrack, bei dem es sich der Ansicht des Archäologen nach um die *Adventure Galley* handelt.

Euphorie und Zweifel

Clifford und seine Leute konnten ihr Glück nicht fassen. Tatsächlich wäre es eine Sensation, wenn nach 300 Jahren erstmals Teile aus der Beute des berühmten Piraten wieder ans Tageslicht gekommen sein sollten. Allerdings stehen noch einige Analysen aus. So müssen Chemiker klären, ob der im Meer geborgene Barren tatsächlich der Zeit Kidds zugeordnet werden kann. Das Team will indessen die Expedition am Meeresboden fortsetzen. Es ist überzeugt, noch weitere Barren zu finden. Auch wenn Skeptiker fragen, warum die Piraten den Schatz nicht bargen, bevor sie das Schiff in Brand steckten. Eine Expertengruppe der UNESCO, die sich an Ort und Stelle umsah, drückte ebenfalls auf die Euphoriebremse. Das, was das Clifford-Team für die Reste der *Adventure Galley* hält, seien in Wirklichkeit Bruchstücke aus der Hafenbefestigung von Sainte Marie. Und die Barren sind, so die Fachleute, auch nicht aus Silber. Vielmehr soll es sich um Bleistücke handeln, die als Ballast für Schiffe dienten.

Der Schatz der Nibelungen

Der ungetreue Hagen von Tronje versenkte den Schatz im Rhein. Nur eine Sage? Viele halten die Geschichte für real. Und sie suchen ihn nicht nur im Rhein.

Die Abenddämmerung setzt bereits ein, als sich die kleine Gruppe dem Fluss nähert. Mit Kisten schwer bepackt, besteigen sie mehrere Boote. Sie fahren ein Stück hinaus, auf die Mitte des Flusses. Ein großer bärtiger Mann in prächtiger Rüstung gibt die Anweisung, die Kisten auf den Grund des Flusses zu befördern. Kurz darauf verschwinden sie in den Fluten.

So darf man sich, etwas ausgemalt, eine der Schlüsselszenen des Nibelungenliedes vorstellen. Sie steht im 19. Kapitel jenes Epos, das um 1200 auf der Basis einer längeren mündlichen Überlieferung von höfischen Dichtern des Mittelalters in eine schriftliche Form gebracht wurde. Das Nibelungenlied bietet alles, was eine spannende Geschichte ausmacht: Könige, Königinnen, Helden, Ritter, Schurken, Krieg und Frieden, Liebe und Hass, Treue und Verrat. Alles dreht sich um den Helden Siegfried, seine Gattin Kriemhild und deren Rivalin Brunhild. Szenerie ist die Stadt Worms am Rhein.

Mord und Totschlag

Eine wichtige Rolle spielt der „Schatz der Nibelungen", den Siegfried einem so benannten sagenumwobenen Volk auf nicht ganz feine Art abgenommen hat. Doch er fällt später in die Hände des finsteren Hagen von Tronje, nachdem er Siegfried getötet hat. Als Kriemhild ihre Absicht bekundet, den Schatz, den sie von Siegfried geerbt hat, zur Rekrutierung einer Gruppe von Gefolgsleuten zu verwenden, zieht Hagen die Notbremse und beschließt, den ganzen Schatz im Rhein zu versenken. Natürlich nur, um ihn zu einem späteren Zeitpunkt wieder herauszuholen. Dieser Zeitpunkt tritt allerdings nie ein. Kriemhild kommt seinen dunklen Machenschaften auf die Schliche. Doch Hagen weigert sich hartnäckig, den Ort preiszugeben, an dem sich der Hort der Nibelungen befindet. Daraufhin erschlägt ihn die resolute Kriemhild eigenhändig mit dem Schwert Siegfrieds, woraufhin sie im dramatischen Finale des Epos ihrerseits von dem Waffenmeister Hildebrand getötet wird.

Der Schatz der Nibelungen war, wenn man dem Lied trauen darf, von unermesslichem Wert. Um alles Gold, die Edelsteine und alle die anderen Preziosen zu transportieren, brauchte man, wie das Epos weiter verrät, eine ausgefeilte Logistik. Kriemhild hatte den Schatz aus einer Höhle, in der er von Siegfried deponiert worden war, nach Worms bringen lassen. Zwölf große Wagen mussten vier Tage und vier Nächte lang ein paar Mal hin- und herfahren, um den Schatz zu Schiffen zu bringen, die sie dann auf dem Rhein nach Worms brachten.

Kein Wunder, dass diese Kostbarkeiten bis in die Gegenwart hinein ganz oben auf der Liste der Schatzsucher stehen. Doch handelt es sich bei dem, was im Nibelungenlied steht, um reale Geschichte? Keine unwichtige Frage, wenn man viel Energie und Geld in die Suche investieren will. Historiker und Literaturwissenschaftler haben sich mit diesem Problem intensiv auseinandergesetzt. Der Hintergrund der Handlung ist, so meinen die meisten Experten, historisch real, nicht aber die Handlung an sich.

Der geschichtliche Hintergrund

Das Nibelungenlied, wie wir es kennen, entstand um 1200. Dargestellt wird jedoch eine viel frühere Phase der Geschichte. Das Epos führt ins 5. Jahrhundert n. Chr., in die Epoche der Völkerwanderung. Damals bildeten sich auf dem Boden des zusammenbrechenden Römischen Reiches germanische Staaten mit Königen an der Spitze. Im Nibelungenlied steht das Volk der Burgunder und dessen Niedergang im Mittelpunkt. Von Worms aus regiert, wurde es in den Kämpfen der Völkerwanderungszeit aufgerieben. Nach einer Niederlage gegen eine vom römischen Feldherrn Aetius angeführte Armee aus römischen und germanischen Truppen wurden die Burgunder nach 437 im heutigen Burgund angesiedelt.

Jedoch ist das Personal des Epos weitgehend fiktiv. Weder hat es einen Siegfried noch eine Kriemhild, einen Burgunderkönig namens Gunther oder einen Hagen von Tronje gegeben. Manche der handelnden Personen sind zwar historischen Persönlichkeiten nachgezeichnet, doch erscheinen sie im Nibelungenlied in ganz anderer Funktion. Dietrich von Bern etwa wurde nach dem ostgotischen König Theoderich gestaltet, der in der Realität grausame Hunnenherrscher Attila erscheint im Epos als der friedfertige König Etzel.

Das Nibelungenlied wollte also nicht wirkliche Geschichte abbilden. Es verbindet eine vage Erinnerung an die Zeit der Völkerwanderung mit der mittelalterlichen Lebenswelt und gestaltete daraus ein spannungsreiches Szenario mit vielen Verwicklungen und Wendungen. Die Episode mit dem Schatz, so mahnen Experten der mittelalterlichen Dichtung, darf auch nicht wörtlich genommen werden. Sie ist vielmehr symbolisch zu verstehen, als Gleichnis für den Aufstieg und Fall von Dynastien, als Warnung, sich keine Schätze aneignen zu wollen, auf die man keinen Anspruch hat. Nicht umsonst sterben am Ende alle, die sich um den Schatz bemühten.

Wichtiger Hinweis

Diese Ergebnisse der modernen Geschichtsforschung und der Literaturwissenschaft haben viele Menschen aber nicht davon abhalten können, auf die Jagd nach dem legendären Schatz der Nibelungen zu gehen und geradezu mit Besessenheit den Traum zu verwirklichen, ihn zu bergen. Tatsächlich gibt es ja auch im 19. Kapitel des Epos einen Hinweis darauf, an welcher Stelle Hagen den Hort in den Strom warf. „Er ließ ihn bei dem Loche versenken in den Rhein", schrieb der unbekannte Dichter. Was bedeutet „bei dem Loche"? Es muss sich dabei, wie man folgerte, um einen alten Flurnamen handeln. So wurden Atlanten gewälzt und alte Karten stu-

diert. „Loch", so fanden eifrige Schatzsucher heraus, ist die auch im Mittelalter bereits geläufige Bezeichnung für eine tiefe, schwer passierbare Stelle im Rhein.

Solche Stellen gibt es in der Umgebung von Worms zwar nicht wenige. Und doch stürzten sich Taucher an ausgewählten Punkten in die Fluten und suchten den Boden des Rheins mit Echolot und Radar ab. Ergebnis? Bislang Fehlanzeige.

Gute Idee

Ein Mainzer Hobbyforscher, im Hauptberuf Architekt und Künstler, im Nebenberuf passionierter Schatzsucher, hatte eine clevere Idee, mit der er im Sommer 2013 an die Öffentlichkeit trat und daraufhin in den Gazetten sofort die Rubrik „Neues aus der Wissenschaft" dominierte. Der Rhein, so seine Argumentation, fließt heute an manchen Stellen anders als in der Zeit, als Hagen von Tronje den Schatz versenkte. Tatsächlich veränderte der Fluss im Lauf der Zeit sein Bett – ein bei Flüssen häufiges Phänomen. Deshalb, folgerte der findige Fahnder weiter, könne sich der Schatz auch an einer Stelle befinden, die heute von Ackerland oder anderen Bodenformationen bedeckt ist. Das im Nibelungenlied als Ort der Versenkung genannte „Loche" interpretierte er als Bezeichnung für einen inzwischen verschwundenen Ort mit dem Namen „Lochheim", am sogenannten „Schwarzen Ort" in der Nähe des Städtchens Gernsheim, knapp 20 Kilometer von Worms entfernt. Hier ist mit über 25 Metern eine der tiefsten Stellen des Rheins – für Hagen von Tronje ein idealer Platz, um den Schatz verschwinden zu lassen, wie der Forscher findet, vorausgesetzt natürlich, dass Kriemhilds Gegner dieser Umstand bekannt war.

Und eine weitere Entdeckung machte den Forscher stutzig. Bei Probebohrungen stieß er zusammen mit seinen Helfern in einer Tiefe von etwa zehn Metern auf eine große Platte aus Granit oder Marmor. Solches Gestein kommt in der Gegend nicht vor, wohl aber

Geht es nach dem Komponisten Richard Wagner, hat der Zwerg Alberich den Schatz gestohlen. Diese Illustration zur Wagneroper *Rheingold* zeigt die Szene, in der die Töchter des Rheins dem Zwerg vom Schatz berichten.

len und vor allem eine Pferdekoppel beim Dorf Rheinbach in Rheinland-Pfalz. Warum, so fragte sich ein leidenschaftlicher Geschichtsfreund, hieß ein Ort, der 15 Kilometer vom Rhein entfernt liegt, „Rheinbach"? Weil, so lautete seine sprachwissenschaftliche Antwort, damit gar nicht der Strom gemeint ist. Der im Nibelungenlied genannte „Rin" ist nicht der Rhein, sondern ein versteckter Hinweis auf den Ort Rheinbach. Dieser hieß früher „Reginsbach". Und „Regin" ist in der germanischen Sage ein Schmied, der einst Hüter des Schatzes der Nibelungen gewesen ist. Hier in Rheinberg also soll der Schatz in einem alten Erzstollen aus der Römerzeit lagern. Bislang ist das nicht mehr als eine Hypothese. Doch die Jagd nach der wertvollen Hinterlassenschaft der Nibelungen geht weiter.

in Belgien. Die Schlussfolgerung: Hagen und seine Leute hatten die wertvolle Fracht bei ihrer Bootsfahrt mit dem Gestein bedeckt und anschließend die ganze Ladung im Rhein versenkt. Unter der Platte konnte man allerdings bislang nicht weiter forschen.

Andere Tatorte

Eine Variante bei der Lokalisierung erprobten andere Jäger des verlorenen Schatzes. Vielleicht, so überlegten sie, ist er gar nicht im Rhein versenkt worden. Möglicherweise harrt er in einer Höhle oder an einem anderen sicheren Ort der Entdeckung. Zwar spricht das Nibelungenlied ausdrücklich davon, dass der Hort in den Rhein geworfen wurde. Aber sagten die textkundigen Wissenschaftler nicht, dass man bei dem Epos nicht alles wörtlich verstehen darf? Und gibt es nicht auch andere Deutungen? Also ergriffen die Schatzjäger ihre Metallsonden und Detektoren und suchten viele Gegenden in der Nähe von Worms ab. Zwei Orte, die bis dahin nicht auf der Liste standen, gerieten auf diese Weise ins Visier – einmal eine Höhle in der Nähe der Stadt Soest in Nordrhein-Westfa-

Komponist auf Schatzsuche

Auch der berühmte Komponist Richard Wagner zählt zu den Jägern des Nibelungenschatzes. 1876 wurde seine Oper *Rheingold* in Bayreuth uraufgeführt, als Teil des Zyklus *Der Ring des Nibelungen*. Mehr als 30 Jahre lang hatte Wagner eingehend die Mythen und Sagen aus dem Mittelalter studiert. *Rheingold* handelt von den drei Töchtern des Rheins. Woglinde, Wellgunde und Flosshilde haben die Aufgabe, den Schatz zu bewachen. Nur derjenige kann den Schatz in seinen Besitz bringen, der auf ewig der Liebe entsagt. Das gelingt schließlich dem Zwerg Alberich, der sich dazu entschließt, dieses Opfer zu bringen und daraufhin den Goldschatz im Rhein stiehlt. Aus dem Gold und den Edelsteinen schmiedet er einen magischen Ring, der seinem Eigentümer übermenschliche Kräfte verleiht und um den nun ein heftiger Kampf entbrennt.

Schatzparadies Kokosinsel

Sie ist voller Piratenromantik und Traumziel aller Schatzsucher.
Doch bisher hat die Jagd nach versteckter Beute von Seeräubern
nur zu bescheidenen Ergebnissen geführt.

Keiner suchte länger und intensiver als August Gissler. Der Sohn eines Kaufmanns aus dem Rheinland setzte alles daran, die Schätze der legendären Kokosinsel zu bergen. Diese Insel befindet sich im Pazifischen Ozean und gehört zum Staat Costa Rica. Allerdings liegt sie über 500 Kilometer vom Festland entfernt und ist von dichtem Urwald überwuchert. Menschen leben hier nicht. 1978 stellte sie die Regierung von Costa Rica unter Naturschutz.

Ideales Versteck

Dies geschah auch, weil die Kokosinsel wie ein Magnet auf Schatzsucher aus aller Welt wirkte. Tatsächlich ist historisch verbürgt, dass sie in früheren Zeiten Piraten als Versteck für ihre Beute diente. Wegen der Abgeschiedenheit, mit dem dichten Tropenwald und aufgrund des reichlichen Vorkommens von Süßwasser bot die Insel ideale Bedingungen, um Beutestücke aus Kaperzügen für einen kürzeren oder längeren Zeitraum aus dem Verkehr zu ziehen und Piraten als vorübergehendes Refugium zu dienen.

Das wusste auch August Gissler, der ungekrönte, allerdings tragisch erfolglose König der Schatzsucher. 19 Jahre lang, von 1889 bis 1908, lebte er gemeinsam mit seiner Frau in dem Paradies der Kokosinsel. Er kam nicht wegen der schönen Landschaft, sondern weil er reich werden wollte. Nach dem Studium alter Karten und Dokumente war er fest davon überzeugt, dass mindestens drei große Schätze von Piraten auf der Insel deponiert worden waren. Besonders hatte es Gissler der „Kirchenschatz von Lima" angetan. 1820 hatte der spanische Gouverneur von Peru angeordnet, Gold,

Vorlage für große Literatur

Die Kokosinsel ist nach Überzeugung von Experten Vorlage für einen der berühmtesten Abenteuerromane der Weltliteratur. 1883 veröffentlichte der schottische Schriftsteller Robert Louis Stevenson den Bestseller *Die Schatzinsel*, im englischen Original *Treasure Island*. Das Buch, das auch mehrfach verfilmt wurde – die unten abgebildete Karte zählt zu den Requisiten der US-Verfilmung von 1950 –, handelt von den Erlebnissen des jungen Jim Hawkins, der zufällig in die Welt der Piraten gerät und dabei allerlei gefährliche Situationen zu meistern hat. Ihm fällt eine Karte in die Hände, auf der eine Insel abgebildet ist, die ein berühmter Pirat als Versteck für seine Schätze ausgewählt hat. In der Zeit, in der Stevenson seinen Klassiker schrieb, war die Kokosinsel als Depot für Seeräuberbeute in Europa bereits ein fester Begriff.

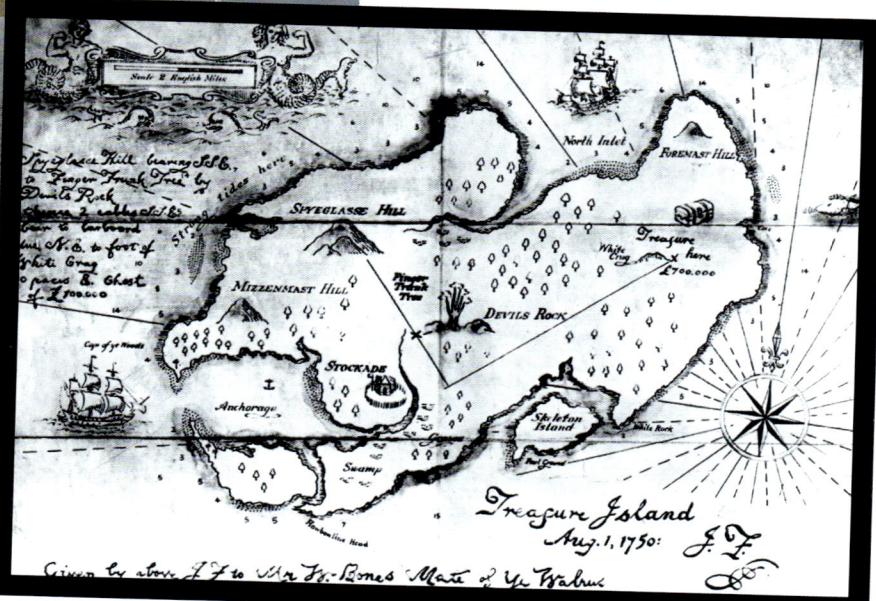

Schmuck, Juwelen und Edelsteine aus den Kirchen und den Villen der reichen Spanier außer Landes zu bringen, darunter die Marienstatue aus der Kathedrale von Lima, hergestellt aus purem Gold und übersät mit Edelsteinen. Anlass waren Aufstandsbewegungen gegen die fremden Besatzer.

Meuterei mit Folgen

Die wertvolle Fracht wurde auf ein englisches Schiff verladen und während der Reise, die nach Panama führen sollte, von einer spanischen Wachmannschaft gehütet. Doch dann kam es zu einem folgenreichen Zwischenfall. Die Besatzung des Schiffes meuterte, brachte die an Bord befindlichen Spanier um und steuerte auf die Kokosinsel zu, wo die Seefahrer den Schatz aus Lima vergruben. Kurze Zeit später wurden sie von einem spanischen

Marineschiff gestellt. Die Mannschaft wurde auf der Stelle getötet. Kapitän und Ersten Offizier zwangen die Spanier zur Rückkehr auf die Kokosinsel, um ihnen das Versteck zu verraten. Allerdings waren die beiden keine große Hilfe. Der Offizier starb bald darauf, der Kapitän setzte sich nach Kanada ab.

All diese Geschichten hatte Gissler im Kopf, als er zum Spaten griff und sich auf die Suche nach dem peruanischen Schatz machte. Er grub Löcher, Tunnel und Stollen, doch der erhoffte Erfolg blieb aus. Dabei war er davon überzeugt gewesen, an der richtigen Stelle angesetzt zu haben. Von zwei alten Seebären hatte er Karten erhalten, auf denen, unabhängig voneinander, ein bestimmter Punkt als Ort des Schatzes markiert war.

Karten gab es auch von den beiden anderen Piratenschätzen, die sich auf der Insel befinden sollten. Dazu gehörte der Schatz des berüchtigten Seeräubers Edward Davis. Zwischen 1680 und 1688 kaperte er mit seinem Schiff *Batchelors Delight* zahllose spanische, holländische und französische Handelsschiffe in der Karibik, wodurch er zu einem der reichsten Piraten aller Zeiten wurde. Nach einer Pause setzte er seine aktive Laufbahn als Pirat fort. Und immer wieder steuerte er nach einem erfolgreichen Beutezug die Kokosinsel an, die er als perfekten Schlupfwinkel und sicheres Versteck für seine Reichtümer betrachtete. Zu Recht, denn weder Gissler noch seine zahllosen Epigonen fanden, was sie suchten. Der Schatz des Captain Davis blieb verschwunden.

Das dritte Objekt, auf das sich die Schatzsucher auf der Kokosinsel konzentrierten, war das Versteck der Beute eines Piraten mit dem an sich wohlklingenden Namen Benito Bonito. Seine Identität ist bis heute nicht vollständig geklärt, wahrscheinlich handelte es sich um ein Pseudonym. Auf jeden Fall war einem Piraten, der sich Benito Bonito nannte, 1819 ein besonderer Coup gelungen, als er bei einem Überfall im Hafen von Acapulco einen sagenhaften Fang an Geld, Schmuck, Goldbarren und Silberbarren machte. Diesen Schatz soll er auf der Kokosinsel an drei verschiedenen Stellen vergraben haben.

Magere Ausbeute

Der unermüdliche Gissler versuchte auch diesem Geheimnis auf die Spur zu kommen, doch abermals hatte er kein Glück. Die ganze Ausbeute seiner 19-jährigen Suche sollen sechs Goldmünzen gewesen sein. Andere Quellen lassen ihn ein wenig besser, aber noch nicht wirklich gut aussehen. Danach waren es ein paar mehr Dublonen, die ihm in die Hände fielen. Angesichts des Aufwands, den er betrieben hatte, war diese Ausbeute erschreckend gering. Immerhin durfte er sich über die Ehre freuen, dass ihn die Regierung von Costa Rica 1897 zum Gouverneur der Kokosinsel ernannte. Noch mehr gefreut hätte sich der besessene Pionier der Kokosinsel sicherlich, wenn es ihm gelungen wäre, die Piratenschätze zu bergen.

Mit Enthusiasmus und Hightech

Gisslers Misserfolg entmutigte seine Kollegen aus dem Kreis der Schatzsucher nicht. Ganz im Gegenteil: Die einsame Insel im Pazifischen Ozean entwickelte sich geradezu zu einem Tummelplatz von Schatzjägern aus aller Welt, die von Ruhm und dem großen Geld träumten. Modernere Suchmethoden hielten Einzug. Die neuen Jäger kamen nicht mehr mit dem Spaten, sondern mit Detektoren und anderen technischen Geräten. Russische Satelliten produzierten Bilder von der Oberfläche der Insel und von der Küste. Bei der Auswertung gab es eine Überraschung: Die Bilder ließen auf Metall im Wasser schließen. Sofort wurde mit einem Unterwasser-Metalldetektor in großem Radius der Meeresboden abgesucht. Lag dort etwa einer der lange gesuchten Schätze? Oder handelte es sich um einen bisher noch unbekannten Schatz, den Piraten verloren hatten? All diese Spekulationen erwiesen sich als überflüssig. Der Detektor schlug nicht an. Die Satelliten mussten auf andere Gegenstände reagiert haben.

Auch nachdem die Regierung die Kokosinsel zum Naturschutzgebiet erklärt hat, sind auf dem Eiland noch Schatzsucher unterwegs. Weil sie nicht mehr graben dürfen, tarnen sie sich gern als Höhlenforscher. Oder als Tauchtouristen. Denn die einstige Schatzinsel gilt inzwischen als Paradies für Schnorchler. Aber vielleicht ist sie für Schatzsucher gar nicht die richtige Kokosinsel: 2005 überraschte der Schweizer Autor Alex Capus die Szene mit einer ganz neuen Theorie: Danach hat Robert Louis Stevenson, der Autor des Romans *Die Schatzinsel*, zumindest den Kirchenschatz von Lima selbst aufgespürt: Im Südpazifik, auf einer Insel, die zu den Cocos Islands gehört, in deren Nähe Stevenson einige Jahre verbrachte.

Das Zarengold im Baikalsee

In den Wirren der Russischen Revolution von 1917 verschwanden große Teile des sagenhaften Schatzes der entthronten Romanows. Eine heiße Spur führt zu einem See in Sibirien …

Der Reichtum der Zarenfamilie war legendär. In den Jahrhunderten, in denen sie über Russland geherrscht hatte, hatten sich Gold, Silber, Juwelen, Edelsteine und andere Pretiosen in den Schatzkammern der Residenz von Sankt Petersburg nur so angehäuft. Darunter befanden sich teure Gastgeschenke wie eine Halbmondbrosche, überreicht vom türkischen Sultan zum 300. Regierungsjubiläum der Romanows im Jahr 1913, ein Diamant von 100 Karat, und die Luxusdiademe der Töchter des Zaren.

Eier der besonderen Art

Weitere Prunkstücke waren die berühmten Fabergé-Eier aus der Produktion des Hofjuweliers Peter Karl Fabergé. Sammler zahlen dafür heute pro Stück bis zu 24 Millionen Dollar. Dazu hatten die Zaren die durch hohe Steuern und Frondienste der Bevölkerung meist gut gefüllte Staatskasse genutzt, um weitere Reichtümer, etwa auch kostbare Gemälde oder Teppiche, anzusammeln. Schätzungen zufolge lässt sich der Wert der Kostbarkeiten, die sich im Besitz des Zaren befanden, auf aktuell etwa 55 Milliarden Euro beziffern. Das Gold allein hatte ein Gewicht von 1338 Tonnen, für dessen Transport man heute 60 Eisenbahnwaggons benötigen würde.

Sturz des Zaren

1917 war es mit der Herrlichkeit der Zaren vorbei. Mit der Russischen Revolution endete die Monarchie. An ihre Stelle trat das kommunistische Sowjetregime. Im Juli 1918 wurden Nikolaus II. und seine Familie in Jekaterinburg (heute Swerdlowsk) ermordet. Nun begann die Suche nach ihren Schätzen. Die Revolutionäre waren finanziell chronisch klamm. Wenn sie das Vermögen der Romanows zu Geld machen würden, so dachten sie, wäre das eine Art von Bestandsgarantie für den neuen Sowjetstaat.

Aber wo befanden sich die Preziosen der Zaren? Einige tauchten auf, andere blieben verschollen. Doch es gab immer wieder verheißungsvolle Spuren. So konnte rekonstruiert werden, dass Nikolaus nach dem Ausbruch des Ersten Weltkriegs einen Teil der in Sankt Petersburg gelagerten Schätze vor den anrückenden Armeen der Deutschen und deren Verbündeten in Sicherheit gebracht hatte. In Kasan, 800 Kilometer östlich von Moskau, hatten sie eine neue Bleibe gefunden. Der logistische Aufwand beim Abtransport war enorm: 5000 Kisten, 1700 Säcke und 40 Eisenbahnwaggons waren nötig, um den Schatz des Zaren an seinen neuen Bestimmungsort zu bringen.

Rote gegen Weiße

Dieser Kasan-Schatz wurde nach dem Tod des Zaren zum Zankapfel konkurrierender Revolutionäre. Es gab erbitterte Machtkämpfe zwischen den eher bürgerlichen „Weißen" und den sozialistischen „Roten". Zunächst gelang es den Truppen der Weißen, sich in den Besitz des in Kasan deponierten Schatzes zu bringen. Sie konnten sich aber nur kurz daran erfreuen. Denn jedenfalls ein Teil des Vermögens wechselte wenig später auf die Seite der Roten. Aus den Kämpfen unter den Revolutionä-

ren gingen schließlich Lenins Bolschewiken als Sieger hervor. Jene Teile der Romanow-Pretiosen, die ihnen in die Hände gefallen waren, verwendeten sie als Instrumente zur Beschaffung von Devisen. In den 1920er- und 1930er-Jahren tauchten bei Versteigerungen in Paris, Rom oder London regelmäßig Stücke aus dem Erbe des Zaren auf. 1927 wurde bei einer Auktion in London die Hochzeitskrone der Romanows angeboten. Sie war einem Kunstliebhaber die stattliche Summe von 6100 Guineen – etwa eine Million Euro – wert. Heute sind Sammler bereit, dafür das Zehnfache auf den Tisch zu legen (als Zahlungsmittel ist die britische Guinee längst verschwunden, im Auktionshandel wird jedoch immer noch danach abgerechnet).

Gold im Baikalsee?

Hartnäckig hält sich bis heute das Gerücht, dass es damals, während der turbulenten Ereignisse nach dem Tod des Zaren, Gardisten der „Weißen" und zarentreuen Truppen gelungen sei, einen Teil der in Kasan gelagerten Gegenstände in Sicherheit zu bringen. Maßgeblich soll diese Aktion von einem Admiral namens Alexander Koltschak organisiert worden sein, der später von den Bolschewiken gefangengenommen und erschossen wurde. Die Operation „Rettung des Zarengoldes" muss außerordentlich schwierig gewesen sein. Am sibirischen Baikalsee fand die Expedition ein abruptes Ende. Die Gardisten hätten, wie kolportiert wird, den Versuch unternommen, Eisenbahnwagen über den zugefrorenen See zu ziehen. Dabei sei das Eis gebrochen, die Wagen mit der wertvollen Fracht seien im See versunken – und zwar dort, wo er eine Tiefe von über 1000 Metern erreicht.

Goldsuche mit Hightech

Nur ein Gerücht? Oder doch Wahrheit? Die Vorstellung, dass auf dem Grund des Baikalsees Zarengold auf einen Finder wartet, ließ Abenteurern, Finanzpolitikern und For-

Dieses prachtvolle Kuckucksuhr-Fabergé-Ei, das Zar Nikolaus II. 1900 seiner Mutter geschenkt hatte, gehörte nicht zum Kasan-Schatz und fand seinen Weg in den Westen.

schern keine Ruhe. Jedoch wurden entsprechende Suchaktionen immer wieder durch die ungünstigen natürlichen Bedingungen erschwert. So war es Tauchern nahezu unmöglich, den Grund zu erreichen. 2008 jedoch rückten russische Wissenschaftler mit dem Segen von Präsident Wladimir Putin im Gepäck an, um mit einer Hightechoffensive das Rätsel um den Zarenschatz im Baikalsee zu lösen. Nach amtlicher Version ging es dabei auch darum, die Tiefen des Sees geologisch auszuloten und nach noch unbekannten Tierarten Ausschau zu halten. Doch klar war, dass vor allem der sagenhafte Schatz lockte.

Sensationelle Beobachtungen

Die Operation wurde mit zwei Mir-Tauchbooten durchgeführt, die schon in anderen Fällen, wie etwa bei der Entdeckung des Wracks der *Titanic* im Atlantik, ihre Leistungsfähigkeit unter Beweis gestellt hatten. Akribisch genau wurde in den folgenden Monaten der See observiert und kartiert. 2010 ereignete sich das Unglaubliche: Der Leiter des russischen Forscherteams verkündete, man habe konkrete Hinweise darauf, dass sich der Schatz tatsächlich im Baikalsee befindet. 400 Meter unter der Wasseroberfläche hatte man einen Hang passiert, als man plötzlich im Licht der Scheinwerfer einen goldenen Schimmer entdeckte. Man fuhr näher heran und machte eine merkwürdige Konstruktion aus. Eindeutig handelte es sich um Stahlträger – vielleicht Teile der Waggons, die damals im Eis eingebrochen waren? Und dann die absolute Sensation: Durch die Luken des Tauchbootes habe man Goldbarren sehen können.

Zweifelnde Historiker

Weitere Nachforschungen führten allerdings nicht zu einer Bestätigung, dass es sich hier um Teile des Zarengoldes handeln könne. Noch gelang es keinem Taucher, bis zu den

Tauchboote und Tauchroboter

Selbst Russlands Präsident Wladimir Putin begab sich im August 2009 an Bord eines Tauchboots, um die Tiefen des Baikalsees zu erkunden (Foto). Solche Tauchboote wurden ebenso wie unbemannte Tauchroboter zuletzt immer weiter entwickelt – zu Forschungszwecken, für die Suche nach Rohstoffen und, sozusagen im „Nebenjob", auch zur Schatzsuche. An Bord des Bathyscaphs *Trieste* stießen 1953 der Franzose Jacques Piccard und der US-Amerikaner Don Walsh in vergleichbare Tiefen wie unbemannte Tauchboote vor. Als dritter Mensch machte es ihnen 2012 der kanadische Filmregisseur James Cameron an Bord der *Deapsee Challenger* nach. Ein Quantensprung in der Entwicklung von Tauchbooten gelang 2012 den Chinesen mit dem Bau des hochmodernen Gefährts *Jiaolong* (Seedrache), das in bis zu 7000 Meter Tiefe auch Proben sammeln kann. Tauchroboter sind schon seit einigen Jahren in der Lage, bis in die tiefsten Meerestiefen vorzudringen – 2009 sank die *Nereus* bis auf 10 902 Meter Tiefe in den Marianengraben hinab, ehe sie 2014 in ähnlicher Tiefe dem gewaltigen Druck von etwa 1100 Bar nicht mehr standhielt und implodierte.

vermeintlichen Goldbarren vorzudringen. Historiker zweifeln ohnehin an der ganzen Geschichte. Sie glauben nicht, dass jemals ein Zug im Baikalsee Schiffbruch erlitten hat. Die Gerüchte seien gezielt gestreut worden, um die richtige Spur zu verwischen. Ihrer Meinung nach wurden die Stücke damals außer Landes gebracht und zu Geld gemacht. Vielleicht, so ihre Vermutung, lagern sie in Banksafes in den USA, Großbritannien oder Japan – und nicht auf dem Grund des kalten Baikalsees in Sibirien.

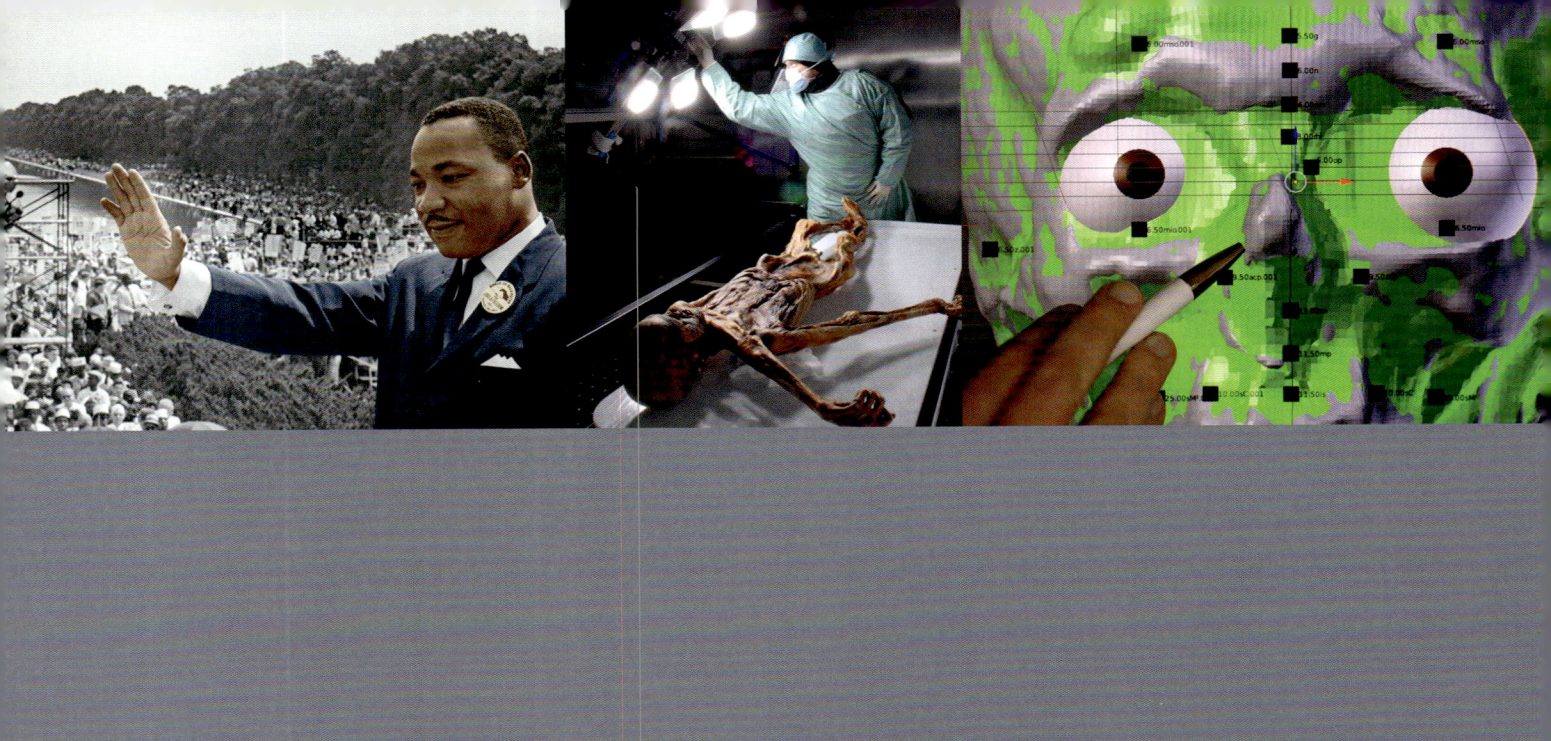

Attentate, Spionage und Gewaltverbrechen

Nero: Mord an der Mutter

Der römische Kaiser, der von 54 bis 68 nach Christus herrschte, gilt als ein Monster. Er selbst hielt seine Eskapaden für gelungene Inszenierungen. Das galt auch für den Mord an der eigenen Mutter.

Der Mord Neros an seiner Mutter Agrippina enthielt Spannungselemente, die jedem modernen Kriminalroman zur Ehre gereichen würden. Der erste Versuch, Agrippina aus dem Weg zu räumen, ging – obwohl raffiniert eingefädelt – schief. Der Mord gelang erst im zweiten Anlauf. Wie sich dies genau abspielte, haben Historiker aufgrund des akribischen Studiums der antiken Quellen weitgehend lückenlos rekonstruieren können. Die ausführlichste Beschreibung stammt aus der Feder des Geschichtsschreibers Tacitus, der ein paar Jahrzehnte nach den betreffenden Ereignissen lebte. Zum Vergleich können die Darstellungen des im 3. Jahrhundert schreibenden griechischen Historikers Cassius Dio hinzugezogen werden. Auch der Kaiserbiograf Sueton lieferte in seinen zu Beginn des 1. Jahrhunderts entstandenen Lebensbeschreibungen wichtige Informationen. Wenngleich ihre Berichte von einer grundsätzlich kritischen Haltung gegenüber dem Kaiser geprägt sind, können sie im Kern als glaubwürdig gelten.

Teuflischer Plan

Es war kurz nach Mitte März 59, als Nero den Plan, seine Mutter zu töten, in die Tat umzusetzen begann. Gift oder Dolch waren die ersten Optionen, die ihm einfielen. Doch beide Möglichkeiten wurden verworfen. Ein Dolch war zu brachial und auffällig und Gift, etwa verabreicht an der Tafel des Kaisers, zu verräterisch. Außerdem hatte sich die vorsichtige Agrippina in den Jahren zuvor durch die regelmäßige Einnahme entsprechender Medikamente gegen Gift immunisiert. Da hatte Neros Berater Anicetus eine Idee. Wie wäre es mit einem fingierten Schiffsunglück? Er könne ein Schiff bauen lassen, mit einer technischen Vorrichtung, die auf hoher See durch eine mechanische Apparatur die Kaiserin ins Wasser katapultieren würde. Nero war begeistert.

Jetzt kam es darauf an, seine Mutter auf das präparierte Schiff zu locken. Die Gelegenheit dazu bot sich, als der Kaiser sich zu einem religiösen Fest in das Seebad Baiae am Golf von Neapel begab und Agrippina scheinheilig zu den Feierlichkeiten einlud. Sie kam mit einem eigenen Schiff von Rom. Im Hafen wurde sie von ihrem Sohn empfangen. In der nahe gelegenen Stadt Bauli wurde ein opulentes Gastmahl veranstaltet.

Glück gehabt

Als die Feier zu Ende war und Agrippina sich auf die Rückreise machen wollte, geleitete der Sohn sie zu dem manipulierten Schiff. Das Schiff, mit dem sie gekommen war, hatte inzwischen eine „unglückliche" Kollision mit einem anderen Boot gehabt und war nicht mehr funktionstüchtig. Während Nero in seiner Villa auf die erlösende Nachricht vom Unfalltod der Mutter wartete, spielte sich auf See zunächst alles so ab wie geplant. Das Dach von Agrippinas Kabine war mit Blei beschwert worden. Dadurch wurde es brüchig und stürzte herab. Einer ihrer Begleiter war auf der Stelle tot. Agrippina aber, nur leicht verletzt, sprang von Bord, wurde von Barken aufgenommen und erreichte sicher das naheliegende Ufer.

Agrippina wusste, dass sie mit knapper Not einem Anschlag entkommen war und ihr Verdacht fiel sofort auf ihren Sohn Nero. Dennoch hielt sie es für klüger, sich ahnungslos zu stellen. Von dem Landhaus, in dem sie Quartier gefunden hatte, schickte sie einen Bediensteten zum Kaiser, um ihm die Nachricht von ihrer wundersamen Rettung zu überbringen. Nero stellte sich sofort auf die neue Situation ein und drehte den Spieß einfach um. Den Boten ließ er ins Gefängnis werfen, mit der Beschuldigung, er sei von Agrippina geschickt worden, um ihn zu ermorden.

Selbstmord statt Unfall

Nachdem der Plan mit dem Schiff fehlgeschlagen war, disponierte Nero um. Wenn es nicht auf die raffinierte Weise funktionierte, dann musste es auf einfachere Art vonstatten gehen. Statt Tod durch Unfall lautete die Devise jetzt: Selbstmord. Als Grund sollte in der Öffentlichkeit die Scham über einen von ihr angeblich geplanten, jedoch rechtzeitig aufgedeckten Mordanschlag auf ihrem Sohn herhalten. Noch in derselben Nacht entsandte der Kaiser ein Kommando zu der Villa, in der sich Agrippina aufhielt, mit dem Auftrag, einen Mord zu begehen, der wie ein Selbstmord aussehen sollte.

Angesichts der Tatsache, dass die folgenden Ereignisse nicht dazu angetan waren, sie auf dem offenen Markt zu verbreiten, hören sich die von Tacitus mitgeteilten Details erstaunlich gut informiert an. Manche Historiker sind skeptisch, was den Wahrheitsgehalt seiner Angaben angeht. Doch dürften sie in der Substanz authentisch sein. Die Villa wurde umstellt. Neros Leute drangen in Agrippinas Schlafzimmer ein. Es war schwach beleuchtet, außer ihr war nur eine einzige Dienerin anwesend. Agrippina, im Bett liegend, geriet in Angst. Die Dienerin lief davon, Agrippina rief verzweifelt aus: „Auch du verlässt mich." Nun erkannte sie Anicetus, Neros Mann fürs Grobe, dazu zwei weitere Helfer ihres Sohnes.

Dramatischer Tod

Sie schöpfte kurz Hoffnung, glaubte, Nero wolle sich nach ihrem Befinden erkundigen. Sie traute ihrem Sohn alles zu, nicht aber, dass er seine eigene Mutter umbringen lassen würde. Doch die Eindringlinge umstellten ihr Bett und einer der drei schlug ihr mit einem Knüppel auf den Kopf. Dann zückte ein anderer ein Schwert. Agrippina riss ihr Gewand herunter, hielt ihm ihren Schoß entgegen und schrie: „Diesen Leib sollst du treffen!" Von Wunden übersät, verblutete sie und starb eines qualvollen Todes. Um zu verdeutlichen, was sie mit diesen letzten Worten meinte, hat der antike Historiker die Worte ergänzt: „… denn dieser Leib hat Nero geboren."

Bescheidenes Grab

Diese Fakten, so versichert Tacitus, werden von allen Quellen bestätigt. Unsicher sei, ob Nero seiner toten Mutter noch einen Besuch abgestattet und dabei ihre Schönheit gepriesen habe. Sueton will von psychischen Qualen des Kaisers wissen. Oft sei ihm die Mutter im Traum erschienen. Magier habe er dazu veranlasst, Opfer zu bringen, um den Geist der Verstorbenen zu erwecken und gnädig zu stimmen. Ein Staatsbegräbnis war in der kaiserlichen Regie nicht vorgesehen, wohl weil der Kaiser Mitleids- oder Sympathiebekundungen vonseiten der Bevölkerung fürchtete. So erhielt Agrippina, die ihren Sohn fünf Jahre zuvor zum Kaiser gemacht hatte, auf dessen Anweisung an Ort und Stelle ein einfaches Grab. Später, als Nero längst mit anderen Dingen beschäftigt war, wurde sie von ihrer Dienerschaft unter einem einfachen Grabhügel an der Straße nach Misenum, hoch über dem Meer, bestattet. Nebenan befand sich ein Landhaus, das einst zum Besitz des Julius Cäsar, Ahnherr der Julier und Wegbereiter der Monarchie, gehört hatte. Der Kaiser aber begab sich nach Rom und ließ dort seine Rettung feiern.

Unentbehrliche Helferin

Agrippina starb an einem Tag zwischen dem 19. und dem 23. März des Jahres 59; diese Spanne ergibt sich aus dem üblichen Datum des fünftägigen Minerva-Festes in Baiae. Sie war zu diesem Zeitpunkt 43 Jahre alt. Ehrgeizig und konsequent hatte sie das Ziel verfolgt, ihren Sohn zum Kaiser zu machen. Im Jahr 54, als er den Thron bestieg, war er knapp 17 Jahre alt. Für dieses große Ziel hatte sie, wie berichtet wird, auch in Kauf genommen, ihr eigenes Leben herzugeben. „Mag er mich töten, wenn er nur Herrscher wird", soll sie damals gesagt haben. Nero hatte der Mutter also viel zu verdanken. Dass sie energisch darauf hingearbeitet hatte, Nero für die irgendwann anstehende Nachfolge aussichtsreich zu positionieren, steht

Quo Vadis

Das heutige Nero-Bild ist wesentlich von einem Hollywood-Film geprägt worden. 1951 spielte Peter Ustinov, nach einer Romanvorlage von Henryk Sienkiewicz, in dem Klassiker *Quo vadis* den Kaiser Nero. Dies tat er in so eindrucksvoll dekadent-grausamer Weise, dass alle Zuschauer überzeugt waren, den echten Nero gesehen zu haben. Neros Herrschaft bildete den Rahmen für eine Liebesgeschichte, in deren Mittelpunkt der römische General Marcus Vinicius und die Christin Lygia standen. Höhepunkte des Films waren der Brand von Rom und die Verfolgung der Christen durch Nero. Dass Nero das Feuer in der historischen Realität nicht hatte legen lassen, wurde aus Gründen der Dramaturgie nicht weiter thematisiert.

außer Frage. Sie hatte im Jahr 49 den amtierenden Kaiser Claudius geheiratet und aus einer früheren Ehe den jungen Nero mit in die Ehe gebracht. 54 starb Claudius, nachdem er ein Pilzgericht verzehrt hatte, das ihm auf Veranlassung Agrippinas serviert worden war. Zuvor hatte sie dafür gesorgt, dass der Kaiser ihren Sohn adoptiert hatte. Als Claudius tot war, trat Nero die Nachfolge an.

Frage nach dem Motiv

Welches Motiv hatte Nero also, die Mutter aus dem Weg zu räumen? Sie war ihm auch in den ersten Jahren seiner Herrschaft eine große Stütze gewesen. Sie hatte Erfahrung, wusste, wie man mit der Macht umging, und war bereit, Nero in jeder Hinsicht unter die Arme zu greifen.

Die Antwort ist – wenn man Neros mentale Disposition, seinen Charakter, seine Psyche studiert – einfach. Agrippina störte ihn dabei, sein Kaisertum zu zelebrieren. Er blieb nicht ewig der Sechzehnjährige, der unter der Protektion seiner Mutter als jüngster aller bisherigen römischen Kaiser an die

Macht gekommen war. Anfangs tat er das, was ihm Agrippina oder sein Ratgeber, der berühmte Philosoph Seneca sagten. Im Lauf der Zeit aber erkannte er, wer er war – nämlich der mächtige Herrscher über das römische Weltreich – und was er alles durfte und konnte. Je mehr er sich emanzipierte, desto mehr kühlte sich das Verhältnis zwischen Mutter und Sohn ab. „Seine Mutter", erzählt Sueton mit Bezug auf diese Phase in der Entwicklung Neros, „verfolgte das, was er tat und sagte, mit ziemlich deutlichem Tadel." Nero selbst hielt sich mehr und mehr für einen begnadeten Künstler und trat in Italien und später in Griechenland als Sänger auf. Mutter und Sohn hatten sich auseinander gelebt.

Muttermörder

Nero überlebte seine Mutter um neun Jahre. Am 9. Juni 68 beging er Selbstmord, nachdem er es geschafft hatte, den Senat und das Militär gegen sich aufzubringen. Das Etikett „Muttermörder" haftet ihm bis in die heutige Zeit hinein an.

Die ungarische Blutgräfin

Es waren grausame Verbrechen, die man der Gräfin zum Vorwurf machte. Die Beweislage schien erdrückend zu sein. Und doch sind sich die Historiker heute nicht mehr so ganz sicher, ob sie wirklich ein weiblicher Vampir war.

Sie starb in der Nacht auf den 21. August 1614. Zuvor hatte man sie im Turmzimmer ihrer Burg eingesperrt und die Fenster zugemauert. Ihre Leiche wurde von einem Diener entdeckt. Das war das Ende eines Lebens, das 54 Jahre lang gedauert hatte und das wie kaum ein anderes die Gemüter der Zeitgenossen in ihrer Heimat Ungarn erregt hatte: Elisabeth Báthory, die Massenmörderin, auf deren Konto Dutzende grausame, sadistische Verbrechen gegangen sein sollen.

Aus guten Verhältnissen

Am 7. August 1560 war sie in Nyirbátor im Nordosten Ungarns zur Welt gekommen. Ihre Eltern gehörten dem Adel an und waren vermögend. Der Name Báthory war im ganzen Land angesehen. Auch mit ihrer frühen Heirat machte sie eine gute Partie. Als 14-Jährige wurde sie mit Ferenc Freiherr Nádasdy verheiratet. Aus der Ehe gingen fünf Kinder hervor. Der Ehemann, der sich in den Kriegen gegen die Osmanen den schmückenden Beinamen „Schwarzer Ritter" erkämpft hatte,

starb 1604. Die bereits von Haus aus wohlhabende Witwe erbte seine umfangreichen Ländereien, die sich über Ungarn, Österreich und die heutige Slowakei erstreckten. Von der Burg Cachtice aus führte sie die Geschäfte.

Böse Gerüchte

Bis dahin verlief alles normal. Die Gräfin, der man später den Namen „Blutgräfin" geben sollte, führte das Leben einer hochherrschaftlichen Dame aus bestem Hause. Tat sie das wirklich? Bald kursierten Gerüchte, dass hinter den Mauern der Burg die furchtbarsten Dinge passierten. Die Gräfin, so wurde zunächst gemunkelt, misshandle ihre Dienerinnen. Von Folterungen war die Rede, sogar von Tötungen. Der Verdacht verhärtete sich, als herauskam, dass auch die Töchter von Adligen Opfer der offenbar perversen Neigungen der Herrin von Burg Cachtice wurden. Und plötzlich erschien die Tatsache, dass in letzter Zeit viele junge Mädchen aus der Umgebung spurlos verschwunden waren, in einem neuen Licht.

mehr Einzelheiten über die Praktiken der Gräfin und ihrer Gehilfen bekannt. Die Opfer wurden mit Ruten und Stöcken geprügelt, bis der Leib aufplatzte und das Blut spritzte, man übergoss ihre Körper im Winter mit eiskaltem Wasser, klemmte ihnen mit Nägeln die Lippen zu, stieß ihnen glühende Eisenstangen in den Schoss und zog ihnen mit Zangen Fleischstücke aus dem Körper. Ihre Schandtaten soll die Gräfin aber nicht nur in der Burg verübt haben. Zeugen berichteten, dass sie auch auf Reisen Mädchen und jungen Frauen, die sie begleiteten, die schlimmsten Qualen zufügte.

Strengste Strafen

Die Beschuldigte war bei dem Prozess, der am Tatort Cachtice selbst stattfand, nicht anwesend. Sie wurde während der Verhandlung in einem Nebenraum unter Arrest gehalten. Eine Aussage konnte sie nicht machen. Und so hörte sie auch nicht direkt, welche Urteile das Gericht fällte. Die Kammerzofe und das Kindermädchen starben auf dem Scheiterhaufen, der Diener wurde geköpft. Der vierten Angeklagten, der Wäscherin, konnte keine unmittelbare Beteiligung an den Verbrechen nachgewiesen werden. Sie wurde jedoch für schuldig befunden, bei der Beseitigung der Leichen mitgewirkt zu haben, und erhielt eine Haftstrafe.

Die Haupttäterin wurde nach dem Prozess in ihrem Turmzimmer eingemauert. Hier verbrachte sie, in fast völliger Dunkelheit und abgeschottet von der Außenwelt, noch drei Jahre, bis sie am 21. August 1614 tot aufgefunden wurde.

Das Interesse an ihrer Person aber erlosch nicht, im Gegenteil: Man überbot sich darin, neue Schauergeschichten zu verbreiten. Elisabeth Báthory habe die Mädchen nicht nur gefoltert und getötet. Sie habe auch, wie ein Vampir, ihr Blut getrunken und in ihrem Blut gebadet. Andere behaupteten, die „Blutgräfin" habe die Blutbäder als eine Verjüngungskur angesehen.

Grauen und Entsetzen

Der Fall wurde konkreter, als bei den Behörden die ersten Anzeigen eingingen. Am 29. Dezember 1610 stürmten Soldaten die Burg. Sie handelten im Auftrag von Matthias II., der zwei Jahre zuvor König von Ungarn geworden war. Ihnen bot sich ein entsetzliches Bild. Sie fanden tote Mädchen, deren Verletzungen bewiesen, dass sie zuvor übel misshandelt worden waren. Andere waren in Verliesen und Kerkern eingesperrt. Der Offizier, der die Aktion leitete, berichtete, man habe auch eine junge Frau gefunden, die schwer verwundet im Sterben lag.

Sadistische Praktiken

Elisabeth Báthory wurde auf der Stelle festgenommen. Anfang 1611 begann der Prozess gegen sie und vier ihrer Bediensteten, die im Verdacht standen, ihr bei den Verbrechen geholfen zu haben. Laut Gerichtsprotokoll wurden die Aussagen von insgesamt 228 Zeugen aufgenommen. Manche sprachen von über 100 Morden. Nach und nach wurden immer

Bücher und Filme

Mit 54 Jahren war das Leben der Elisabeth Báthory nicht von langer Dauer. Ganz anders dagegen verhält es sich mit ihrem Nachleben. Über 400 Jahre nach ihrem Tod fehlt ihr Name in keinem Buch, das sich mit den größten Serienmördern der Geschichte beschäftigt. Ein Historiker, der mit einer neuen Theorie aufwartet, darf sich höchster Aufmerksamkeit nicht nur in Fachkreisen sicher sein. So kann es nicht verwundern, dass die „Blutgräfin" häufig Gegenstand von TV-Dokus und History-Sendungen ist. Auch der Spielfilm hat die mysteriöse ungarische Gräfin längst entdeckt. Am bekanntesten ist die Produktion *Báthory - Die Blutgräfin* aus dem Jahr 2008 mit der britischen Schauspielerin Anna Friel in der Hauptrolle. Anders als frühere Filme, die den Stoff in Horrorfilmen verarbeiten, ging es hier um die Psychologie der Täterin.

Erklärungsversuche

Heutige Historiker versuchen dem Phänomen Elisabeth Báthory mit nüchternen Überlegungen auf den Grund zu gehen. Warum, so fragen sie, durfte sie nicht am Prozess teilnehmen? Fürchtete man unangenehme Aussagen? Sicher ist, dass die Vorwürfe gegen die Gräfin keine Erfindungen waren. Die ihr zur Last gelegten Verbrechen hat sie, das scheint aus den Gerichtsakten hervorzugehen, tatsächlich begangen. Aber verübte sie diese Verbrechen aus purer Mordlust, aus einem perversen, vielleicht auch sexuell bedingten Verlangen heraus? Kenner der damaligen Zeit geben zu bedenken, dass andere Adlige ihre Bediensteten ebenfalls nicht mit Samthandschuhen anfassten. Elisabeth Báthory habe die üblichen Quälereien nur auf die Spitze getrieben. Doch nicht alle Forscher sind mit dieser Sicht der Dinge einverstanden. Zwar war der Dienst bei Adligen harte Arbeit, doch Folter und Mord gehörten nicht zum Repertoire des Umgangs der hohen Herrschaften mit ihren Untergebenen. Moderne Apologeten führen auch das Argument ins Feld, bei den angeblichen Folterungen und Misshandlungen habe es sich in Wirklichkeit um notwendige medizinische Eingriffe gehandelt. Weil der Stand der Chirurgie damals nicht sehr hoch war, seien viele Patientinnen der Gräfin bei den Operationen gestorben.

Suche nach den Hintergründen

Eine andere Spur auf der Suche nach Erklärungen für diesen außergewöhnlichen Fall führt in die hohe Politik. Die Angeklagte wurde vom Prozess ferngehalten, ihre Bediensteten wurden zum Teil unter der Folter zur Aussage gezwungen. Gab es von oben, vielleicht sogar von ganz oben eine Order, dass Elisabeth Báthory in dem Verfahren als sadistische Massenmörderin gebrandmarkt wurde? Fakt ist, dass König Matthias II. größtes Interesse an dem Fall zeigte und er im Prozess auch der offizielle Ankläger war. Der König selbst war kein Ungar, sondern Österreicher aus der Dynastie der Habsburger. Zuvor hatte er gegen die Türken und auch gegen aufständische Ungarn gekämpft. So war sein Verhältnis zum ungarischen Adel nicht das Beste.

Im Juni 1612, ein Jahr nach Abschluss des Prozesses, wurde Matthias zum Kaiser des Heiligen Römischen Reiches gewählt. In dieser Eigenschaft versuchte er in dem schwelenden Konflikt zwischen Katholiken und Protestanten, der sich 1618 im Ausbruch des Dreißigjährigen Krieges entlud, zu vermitteln.

Zwielichtige Rolle des Königs

Zwar war Matthias König, doch der Besitz der Báthorys war weitaus größer als die Besitzungen des Monarchen. Das war an sich nicht ungewöhnlich. Viele blaublütige Ungarn konnten auf weit dimensionierte Ländereien verweisen. Jedoch hatte sich der chronisch finanzschwache König von Elisabeths Familie beträchtliche Geldsummen geliehen und stand deshalb bei den Báthorys tief in der Kreide. Hinzu kam ein konfessioneller Gegensatz. Zwar war Matthias als Kaiser um Ausgleich zwischen Protestanten und Katholiken bemüht, als Habsburger aber war er, wie alle seine Vorfahren, streng katholisch. Der Báthory-Clan dagegen stand, wie viele ungarische Adelsfamilien, auf der Seite der Protestanten. Wurden hier also durch König Matthias alte Rechnungen beglichen? Nutzte er die Vorfälle im Hause Báthory aus, um Gläubiger und alte Rivalen loszuwerden?

Quellen und Dokumente, die diese Thesen stichhaltig beweisen könnten, fehlen. So bleiben sie letztlich Spekulation. Doch auch jene Historiker, die nach entlastenden Gründen für das Verhalten der Elisabeth Báthory suchen, bestreiten nicht, dass sich auf der Burg Cachtice schreckliche Szenen abgespielt haben. Eine späte Rehabilitierung der Gräfin, wie sie immer wieder unternommen wird, dürfte keine Chance auf Erfolg haben.

Der Mann aus dem Eis

Es waren harmlose Bergwanderer, die einen der sensationellsten Funde in der Geschichte der Archäologie machten. Bis heute hält das Phänomen Ötzi Fachwelt und Öffentlichkeit in Atem.

Am Donnerstag, dem 19. September 1991 um 13.30 Uhr nachmittags war das Ehepaar Helmut und Erika Simon aus Nürnberg in den Ötztaler Alpen in Südtirol unterwegs. Beim 3210 Meter hohen Tisenjoch entdeckten sie in der Sohle einer Felsmulde, die mit Schmelzwasser gefüllt war, eine Leiche. Zu erkennen waren, da sie auf dem Bauch lag, Hinterkopf, Schultern und Rücken, daneben lag ein Stück umwickelter Birkenrinde. Die erschreckten Wanderer dachten an einen verunglückten Bergsteiger oder Skitouristen. In der nächsten Berghütte fragten sie nach, ob jemand vermisst würde. Das war aber nicht der Fall.

Grenzfragen

Die alarmierte Bergwacht machte sich an die Arbeit. Die Fundstelle lag genau im Grenzgebiet zwischen Italien und Österreich. So

erhoben später zunächst beide Länder Anspruch auf den Mann aus dem Eis. Tatsächlich hängt es von der Dichte der beweglichen Gletscher ab, ob der Ort, an dem die Leiche entdeckt wurde, auf italienischem oder österreichischem Territorium liegt. Erst 2006 einigten sich die beiden Staaten auf eine einvernehmliche Lösung bei der Grenzziehung. Der Fundort lag demnach exakt 92,56 Meter auf Südtiroler Seite. So war endlich klar, dass der Tote aus den Ötztaler Alpen, wenn auch nur denkbar knapp, kein Österreicher, sondern ein Italiener war – oder, weniger anachronistisch formuliert: Er gehörte den Italienern und nicht den Österreichern.

Die Bergung

Am Tag nach der Entdeckung der Leiche aber waren es Angehörige der österreichischen Bergwacht, die eine erste, durch Regenfälle jedoch stark beeinträchtigte Untersuchung vornahmen. Dabei passierte eine Panne: Aus Versehen beschädigten sie beim Versuch der Bergung Hüfte und Oberschenkel des Leichnams. Weitere Missgeschicke folgten in dieser ersten Phase, als man immer noch dachte, es mit einem Toten zu tun zu haben, den erst kurz zuvor ein trauriges Schicksal im Eis des Hochgebirges ereilt habe. So wurden weitere Körperteile durch Unachtsamkeit in Mitleidenschaft gezogen und ein Gefäß aus Birkenrinde, das der Mann mit sich geführt hatte, ging zu Bruch.

Spekulationen

Am 23. September, vier Tage nach der Entdeckung, waren die Witterungsverhältnisse endlich so, dass der mysteriöse Tote geborgen und in das Institut für Gerichtsmedizin in Innsbruck gebracht werden konnte. Inzwischen hatte der spektakuläre Fund bereits für Aufsehen gesorgt. Scharen von Schaulustigen pilgerten zum Tisenjoch hinauf. In den Medien gab es erste Spekulationen über das wahre Alter der mumifizierten Leiche aus dem Eis. Der Bergsteiger Reinhold Messner, der zufällig in der Nähe des Fundortes war, äußerte aufgrund der Ausrüstung die Auffassung, dass der Tote mindestens 500, vielleicht sogar 2000 Jahre alt war. In dieselbe Richtung wiesen auch die Untersuchungen der Gerichtsmediziner. So wurde „Ötzi", wie der Unbekannte schon bald nach seiner einstigen Heimat in den Ötztaler Alpen genannt wurde, zu einem Fall für die Wissenschaft.

Neuigkeiten aus der Kupferzeit

„Ötzi" war eine Sternstunde der Wissenschaften. In kooperativer Arbeit vieler Disziplinen und unter Einsatz modernster technischer Mittel konnte eine Vielzahl von Rätseln gelöst werden. Vor dem Fund waren die Kenntnisse über das Leben der Menschen vor 5000 Jahren sehr vage. Dank „Ötzi" wissen Historiker und Archäologen nun sehr viel mehr über ihren Alltag, ihre Kleidung, ihre Ausrüstung, ihre Ernährung, ihre Gesundheit und ihre körperliche Konstitution.

Alpine Tiefkühltruhe

Doch noch immer ahnte niemand die wirkliche Bedeutung des Fundes. Erst allmählich sollte sich zeigen, dass das Gletschereis den besterhaltenen und ältesten Körper eines europäischen Menschen der Prähistorie konserviert hatte. Ein unglaublicher Glücksfall für die Wissenschaft: „Ötzi" starb, wie von Archäobotanikern rekonstruiert werden konnte, im Frühsommer. Die kalten Winde des Hochgebirges trockneten den Körper aus und ließen ihn gefrieren. Im Herbst einsetzende Schneefälle boten ihm einen natürlichen Schutz. Am Ende lag er vollkommen sicher in einer 20 Meter dicken Eistruhe. Die Bewegungen des Gletschers hatten ihm nichts anhaben können, da die Felsmulde, die zu seiner vorletzten Ruhestätte wurde, quer zur Fließrichtung des Gletschers lag und die Eismassen daher keinen Schaden anrichten konnten. Nur zweimal dürfte der Körper von „Frozen Fritz", wie er im angelsächsischen Raum genannt wird, innerhalb von 5300 Jahren so sichtbar gewesen sein wie bei seiner Entdeckung 1991. Das war nach Ansicht von Klimatologen in der zweiten Hälfte des 3. Jahrtausends v. Chr. sowie im 1. und 2. Jahrhundert n. Chr., als das Klima in Mitteleuropa von Wärmeperioden geprägt war.

Die Detektivarbeit beginnt

Knapp eine Woche nach der Entdeckung landete die Mumie auf dem Seziertisch von Konrad Spindler, seines Zeichens Ordinarius und Professor für Ur- und Frühgeschichte an der Universität Innsbruck. Schnell erkannte der Geschichtsforscher, dass er hier einen ganz ungewöhnlichen Fall vor sich hatte. 2000 Jahre alt? Der „Ötzi" war noch viel älter, wie Spindler bald herausfand. Einen ersten Anhaltspunkt lieferte das Beil, das er damals mit sich geführt hatte und das bei den Untersuchungen vor Ort sichergestellt worden war. Wie vergleichbare Funde bewiesen, war das Gerät mindestens 4000 Jahre alt. Doch das war immer noch zu spät geschätzt. Die exakte Datierung lieferte die C-14-Methode. Sie dient Archäologen als ein bewährtes Verfahren, um das Alter organischer Stoffe ziemlich genau zu bestimmen. Gemessen wird dabei der Gehalt an radioaktivem Kohlenstoff (C 14), der mit einer Halbwertszeit von 5730 Jahren versehen ist. Bei „Ötzi" führte die Methode zu einem erstaunlichen Resultat: Nicht vor 2000 oder 4000 Jahren streifte der Mann durch das Gebirge, sondern vor mehr als 5000 Jahren. Oder noch genauer: Er lebte in der Zeit zwischen 3350 und 3100 v. Chr. und war damit wesentlich älter als die Protagonisten der ersten Hochkulturen in Mesopotamien und Ägypten – ganz zu schweigen von den alten Griechen und Römern, die im Vergleich zu „Ötzi" geradezu moderne Menschen gewesen waren.

In den folgenden Monaten und Jahren gelangten die Forscher unter dem Einsatz modernster naturwissenschaftlicher Methoden zu weiteren aufsehenerregenden Erkenntnissen. Nach und nach wurde der Schleier des Geheimnisvollen gelüftet, der den Mann aus den Bergen umgab. Als er starb, war er etwa 46 Jahre alt gewesen. Damit war er für damalige Verhältnisse bereits ein alter Mann. Seine Körpergröße betrug zu Lebzeiten 1,6 Meter, sein Gewicht um 50 Kilogramm. Er hatte dunkle gewellte Haare und trug aller Wahrscheinlichkeit nach einen Bart. DNA-Analysen ließen auf braune Augen schließen. Gesundheitlich ging es ihm nicht besonders gut. Die Mediziner diagnostizierten eine Reihe von Krankheiten und Gebrechen, die dem „Ötzi" das Leben schwer gemacht haben dürften. Verschleißerscheinungen an den Gelenken machten ihm ebenso zu schaffen wie Verkalkungen der Blutgefäße. Der Eintrag „Durchfall" hatte in seiner ansehnlichen Krankenakte ebenfalls einen festen Platz. Darauf deutet der Fund von Parasiten im Verdauungstrakt hin. Wiederholt hatte er sich Verletzungen zugezogen, so einen Rippen- und einen Nasenbeinbruch. Der ganze Körper war zudem mit Narben übersät.

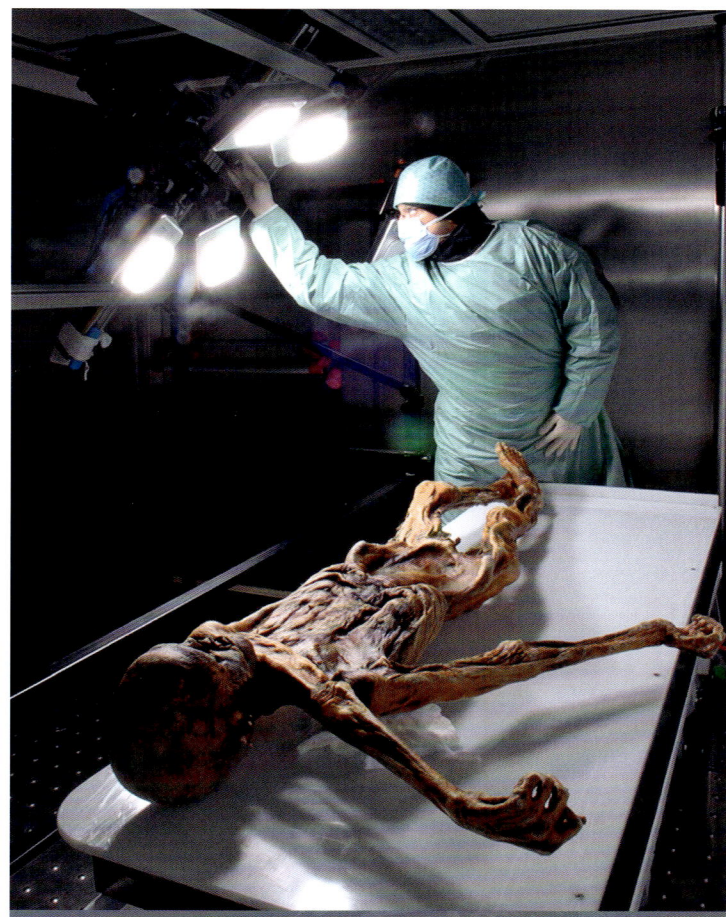

Nanooptik

Eine sensationelle Entdeckung gelang italienischen und deutschen Forschern, als sie 2012 „Ötzis" Leiche mit modernsten technischen Methoden untersuchten. Erstmals konnten an einem menschlichen Körper über 5000 Jahre alte rote Blutkörperchen ausgemacht werden – „Ötzis" Blut ist also das älteste jemals nachgewiesene Menschenblut. Dazu wurden Gewebeproben aus der Pfeileinschusswunde sowie aus einer Schnittwunde an „Ötzis" rechter Hand mit einem Rasterkraftmikroskop untersucht. Die Rasterkraftmikroskopie ist Bestandteil der Nanooptik. Mit ihrer Hilfe wird die Oberfläche von Gewebeproben abgetastet und mit Sensoren gemessen – es entsteht ein auf Millionstel Millimeter genaues dreidimensionales digitales Bild der Oberfläche. In „Ötzis" Fall, so beschrieb es einer der beteiligten Wissenschaftler, „kam das Bild von roten Blutkörperchen mit der klassischen ‚Doughnut-Form' – der gleichen Form, wie sie bei gesunden Menschen unserer Zeit vorliegt, zum Vorschein." Anschließend bestrahlte man die Proben mit intensivem Licht (Raman-Spektroskopie, ebenfalls nanotechnisch) und konnte Moleküle identifizieren, deren Eigenschaften mit denen modernen Menschenbluts übereinstimmten.

Für Archäologie und Öffentlichkeit ist „Ötzi" eine Sensation. Das Foto zeigt letzte Vorbereitungen für die Ausstellung „Ötzi 2.0 – Neues von der Eismumie" 2014 in München.

Prähistorische Akupunktur

Kopfzerbrechen bereiteten den Wissenschaftlern zunächst die zahlreichen Tätowierungen am Körper der Mumie. 61 solcher Tattoos in Form von Strichen und Kreuzen konnten festgestellt werden. Mit bloßem Auge waren sie nicht zu erkennen gewesen. Erst eine spezielle Fototechnik erlaubte es, sie sichtbar zu machen. Entstanden waren sie, indem feine Schnitte in die Haut geritzt und anschließend mit Holzkohle verrieben wurden. Dienten diese Tätowierungen als magische Zeichen zur Abwehr von bösen Mächten? Oder waren sie Ausdruck einer besonderen Position? Heute sind die Experten sicher: „Ötzi" war ein sehr früher Protagonist des medizinischen Verfahrens der Akupunktur. Offenbar war er der festen Überzeugung, damit seine zahlreichen Gebrechen heilen oder wenigstens lindern zu können.

Mode vor 5000 Jahren

Aufschluss über die Lebensgewohnheiten des prähistorischen Gebirgsmenschen lieferte die Untersuchung der Kleidung und der Gegenstände, die er mit sich geführt hatte. „Ötzi", so stellte sich heraus, war ein Mann der Berge. Er hatte sich nicht aus dem Flachland in die Höhen der Alpen verirrt, sondern fand den Tod dort, wo er sein ganzes Leben verbracht hatte. Er trug bei seinen Streifzügen einen einfachen, aus Gras gefertigten Umhang, dazu einen Mantel, zu dessen Her-

stellung das Fell von Ziegen verwendet wurde. Offenbar konnte er sich nicht häufig neue Kleider leisten, denn der Mantel wies Schweißspuren auf und war mehrfach notdürftig geflickt. Sein Lendenschurz war aus Ziegenleder hergestellt. Das Haupt zierte eine Mütze aus Bärenfell, Ober- und Unterschenkel wurden von Beinkleidern in Form von Leggins geschützt. Schuhe aus Leder und Gras mit der Größe 38 sorgten für einen festen Halt in den unwegsamen Gebirgsregionen. Eine Gürteltasche aus Kalbsleder komplettierte diesen Teil der Ausrüstung. Bei der Restaurierung und Konservierung all dieser Gegenstände wurden die Wissenschaftler vor große Herausforderungen gestellt. Denn kaum hatte man sie aus dem schützenden Eis entfernt, drohten sie auszutrocknen. Hilfreiche Arbeit leistete das Labor des Römisch-Germanischen Zentralmuseums in Mainz. Mit aller Vorsicht wurden die Reste der Kleidung gereinigt und gefettet, sodass sie schließlich wieder in der Form vorlagen, wie sie „Ötzi" vor mehr als 5000 Jahren getragen hatte.

Mobiles Feuer

Von besonderer Bedeutung für die Wissenschaftler waren die Waffen und Werkzeuge, die „Ötzi" bei sich trug: eine Axt aus Kupfer, Pfeil und Bogen, ein Dolch aus Feuerstein. Überlebenswichtig war die Möglichkeit, zu jeder Zeit über Feuer zu verfügen. Diesem Zweck dienten zwei Behälter aus Birkenrinde mit einem Durchmesser von 15 bzw. 18 Zentimetern. Die Forscher entdeckten in einem der Behälter eine schwarze Verfärbung und konnten zudem nachweisen, dass er mit Ahornblättern ausgelegt war, die offenbar zur Isolierung dienten. Wahrscheinlich entzündete „Ötzi" Feuer durch Pyritknollen und Feuerstein. Damit er schnell, unkompliziert und zu jeder Zeit Zugriff auf Feuer hatte, transportierte er die Glut in diesen Behältern – gewissermaßen das erste tragbare Feuerzeug der Weltgeschichte.

Wer war Ötzi?

Aufgrund all dieser Mosaiksteine aus dem Leben des „Ötzi" konnten sich die Wissenschaftler an die Aufgabe wagen, seinen Alltag zu rekonstruieren. War er ein Jäger? Ein Krieger? Oder war er mit einer Herde unterwegs? Lebte er allein oder in einer Gemeinschaft? Wiederum war detektivische Arbeit zu leisten, um diese Rätsel zu lösen oder zumindest einer Lösung näher zu bringen. Das war nicht einfach, doch lieferten die vorhandenen Kenntnisse über die Lebens-bedingungen der Menschen des 4. Jahrtausends v. Chr., die man aus anderen, wenn auch nicht annähernd so spektakulären Funden gewonnen hatte, wichtige Fingerzeige. Die Steinwerkzeuge, die zu seiner Ausrüstung gehörten, stammten wahrscheinlich aus den südlichen Alpen – ein Hinweis auf Handelsbeziehungen. Dass er ein Beil aus Kupfer besaß, scheint ein Indiz für besondere technische Fertigkeiten zu sein. Denn Kupfer, in den Alpen ein häufig vorkommendes Metall, wurde in Öfen bei einer Temperatur von über 1000 Grad Celsius geschmolzen. War der Mann aus dem Eis also ein Produzent von Kupfer? Das ist keine zwingende Annahme, denn er konnte auch auf andere Weise an das Beil aus Kupfer gekommen sein. Möglicherweise war es auch Attribut einer herausgehobenen Stellung, denn der Besitz von Kupfer galt in den frühen Gesellschaften als ein Statussymbol. Vielleicht hatte „Ötzi" eine prominente gesellschaftliche Stellung inne. Denn dass er ein Einzelgänger war, kann ausgeschlossen werden. In seiner Zeit lebten die Menschen in kleinen dörflichen Gemeinschaften und so gab es in einem der Täler unterhalb des Tisenjochs sicher viele „Ötzis". Von ihnen fehlt heute aber jede Spur, weil sie nicht in einem konservierenden Gletscher ihr Ende fanden.

Seine letzten Stunden

Wie aber war „Ötzi" ums Leben gekommen? Hatte er bei einem Streifzug einen Unfall? Hatte ihn eine Krankheit niedergestreckt? Heute kann als sicher gelten: Der Mann aus dem Eis starb eines gewaltsamen Todes, verursacht durch einen Pfeilschuss. Diese Erkenntnis ist den Forschungen eines Pathologen und eines Radiologen aus Südtirol zu verdanken, die 2001 bei einer neuerlichen Untersuchung auf Röntgenbildern in der linken Schulter eine Pfeilspitze aus Feuerstein entdeckten. Der letzte Tag im Leben des „Ötzi" verlief vor mehr als 5000 Jahren etwa folgendermaßen: Er hatte das sichere Dorf im Tal verlassen und sich auf den Weg ins Hochgebirge gemacht. Wie seine Ausrüstung zeigt, sollte es sich um eine längere Tour handeln. Es war Frühsommer, vermutlich war das Wetter gut. Ob er als Krieger, Hirte, Händler oder in anderer Funktion unterwegs war, lässt sich nicht beantworten. So ist es auch nur eine Hypothese, dass er auf der Flucht war. Sicher ist dagegen, dass er kurz vor seinem Tod noch eine Rast eingelegt hatte. Bei einer Computertomografie des Magens kam nämlich heraus, dass sich „Ötzi" ein opulentes Mahl aus Steinbockfleisch, Äpfeln und Getreide, gegönnt hatte. Nur ein oder zwei Stunden später muss es zu der folgenschweren Auseinandersetzung gekommen sein, bei der „Ötzi" so unglücklich getroffen wurde, dass er elend verblutete. Beim Sturz zog er sich weitere Verletzungen zu: eine geschwollene rechte Gesichtshälfte, zwei Blutergüsse im Großhirn, ein Schädel-Hirn-Trauma.

Braune Augen, laktoseintolerant

Die wissenschaftlichen Untersuchungen an den Überresten von „Ötzi" haben zahlreiche Hinweise auf seine körperli-che Konstitution und seinen Gesundheitszustand erbracht. In einer Erbgutanalyse wurde das Gen für braune Augen identifiziert, Gallensteine lassen einen erhöhten Cholesterinspiegel vermuten. Seine Laktose-unverträglichkeit war jedoch wohl typisch für seine Bevölkerungsgruppe.

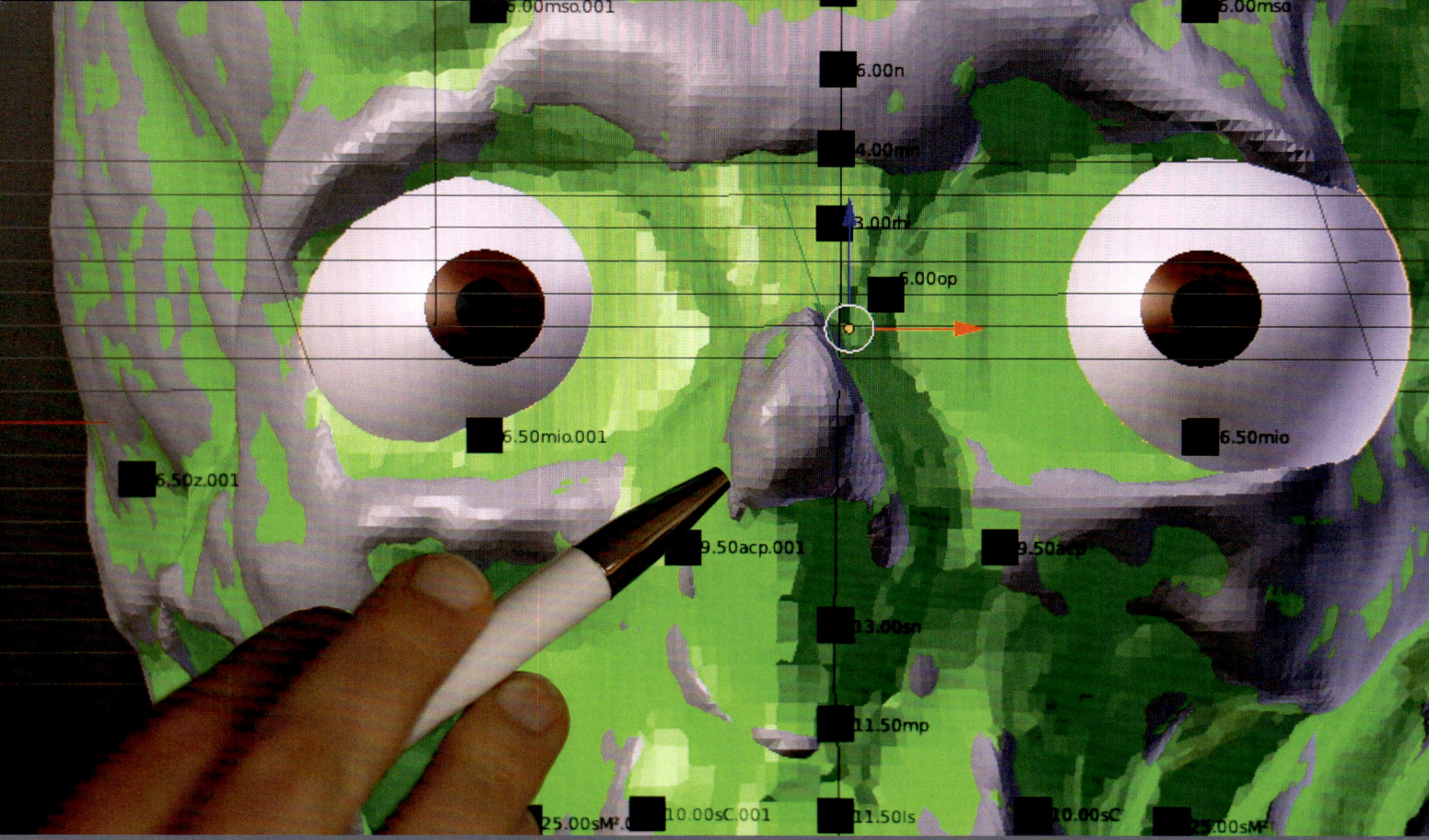

Computer-Kriminalistik

Auch in die Welt von Archäologie und historischer Forschung hat der Computer Einzug gehalten. Moderne Forscher benötigen heute einen detektivischen Spürsinn – und stützen sich häufig auf Methoden der digitalen Forensik.

Digitale Forensik

Kleopatra, die Herrscherin vom Nil, wird in antiken Quellen zurückhaltend als „nicht wirklich schön" beschrieben. Dafür soll sie alle mit ihrem Charme und ihrer Stimme verzaubert haben. Dem, der wissen will, wie sie wirklich aussah, helfen auch antike Porträts der Herrscherin nicht viel weiter: Die aus Marmor modellierten Köpfe sind ebenso wie die Bilder auf Münzen idealisierend.

Sehr hilfreich wäre es, würde man heute noch wissen, wo genau sich das Grab der Kleopatra befindet. Sie starb in Alexandria, doch es erscheint unmöglich, dass unter dem Häusermeer der heutigen ägyptischen Millionenstadt irgendwann ihre letzte Ruhestätte entdeckt wird. Wäre das der Fall, könnte man mit den modernsten Mitteln der Technik aus dem Skelett und sonstigen Überresten eine annähernd perfekte Rekonstruktion ihres Gesichts und von Teilen ihrer Anatomie in Angriff nehmen. Das Zauberwort lautet „digitale Forensik". Dieser Begriff steht für eine in der Kriminalistik schon seit einiger Zeit bewährte Methode zur Identifizierung von Leichen, deren Identität mit herkömmlichen Mitteln nicht geklärt werden kann. Ziel ist es, ein realitätsnahes Modell des äußeren Erscheinungsbildes des betreffenden Menschen zu seinen Lebzeiten zu erstellen. Viele Verbrechen konnten noch nach

Was der Schädel verrät

Die noch vorhandenen Teile des Schädels landen in den Labors von Spezialisten, die das Geheimnis der Identität mit Computertomografie, Kernspintomografie und 3-D-Aufnahmen zu lüften versuchen. Ihre Hauptaufgabe besteht darin, die Knochen mit den mutmaßlichen Weichteilen des Gesichts zu kombinieren. In der Regel lässt die Form des Schädels bereits eine Aussage darüber zu, ob es sich um einen Mann oder eine Frau handelt. Physiognomische Eigenheiten wie Augengröße, Augenabstand, Form des Mundes, Gestalt des Kiefers werden akribisch analysiert und digital modelliert. Da die Schädelknochen jedes Menschen so individuell wie das Gesicht sind, ist das Ergebnis eine nahezu unverwechselbare Identität.

Rekonstruktion am Computer

Um aus den wenigen körperlichen Überresten das Gesicht der Opfer zu rekonstruieren, bedienen sich die Wissenschaftler in der Kriminalistik unterschiedlicher Verfahren. Stand früher am Ende der Untersuchungen ein plastisch modellierter Kopf, den man aufgrund der Schädelform produziert hatte, so spielt sich heute alles digital am Bildschirm ab. Mehr denn je sind es Techniker und Informatiker, die der Polizei entscheidende Informationen liefern.

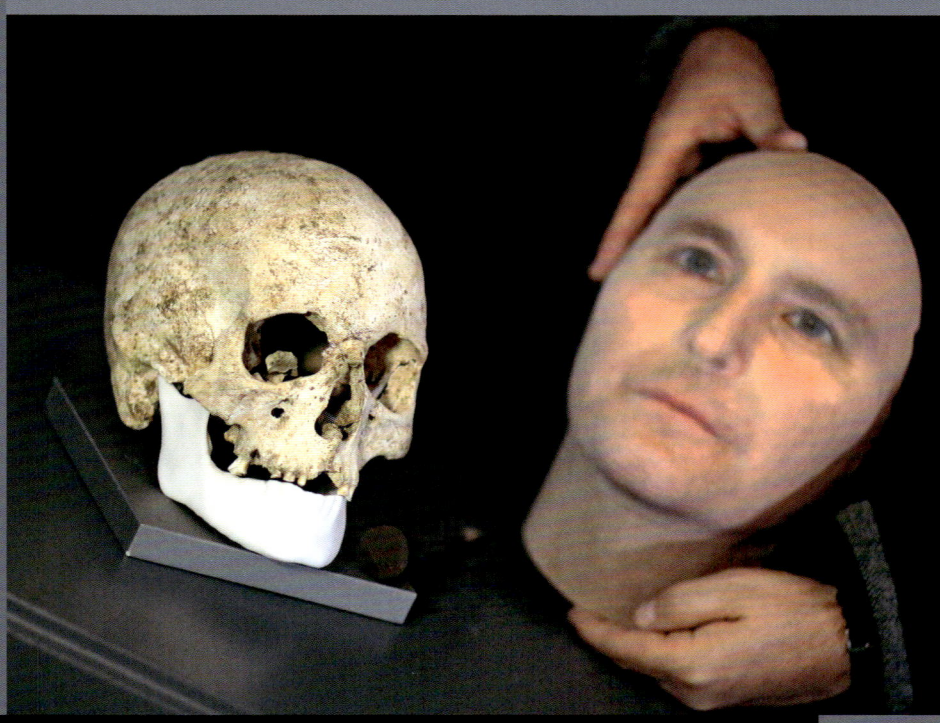

sehr langer Zeit aufgeklärt werden, weil es mit Hightech und Computer gelungen war, sich ein Bild von den Opfern zu machen, womit man wiederum den Tätern auf die Spur kam.

Tatort Vergangenheit

Inzwischen hat die digitale Forensik auch in der Archäologie einen festen Platz. Die Entdeckung der Grabstätte des makedonischen Königs Philipp II. in Vergina erlaubte aufgrund der Knochenreste die Rekonstruktion von Kopf und Gesicht des Monarchen aus dem 4. Jahrhundert v. Chr.

Richtig spannend kann es aber werden, wenn es um historische Normalmenschen geht,

denen die Wissenschaftler mit der digitalen Forensik zu Leibe rücken. Mit einem echten Krimi hatten es Archäologen 1993 in Frankfurt am Main zu tun. Sie entdeckten in einem Brunnen die Skelette zweier Erwachsener und eines Kindes, die, wie die Verletzungen zeigten, brutal ermordet worden waren. Die Tat ereignete sich im 3. Jahrhundert n. Chr., die Opfer waren Germanen, die Täter möglicherweise Römer. Durch eine Gesichtsrekonstruktion konnte eines der entstellten Opfer wieder „zum Leben erweckt" werden – eine junge Frau von etwa 25 Jahren, deren regelmäßige Gesichtszüge die Wissenschaftler entspannt gestaltet hatten.

Spionage gegen Hitler

Der Zweite Weltkrieg war auch ein Krieg der Geheimdienste und Agenten. Zwei Spione waren im Kampf gegen das Dritte Reich besonders erfolgreich – auch wenn sie am Ende enttarnt wurden.

Spione sind ganz einfach zu erkennen. Sie tragen einen grauen Trenchcoat mit hochgeschlagenem Kragen, einen Hut, tief ins Gesicht gerückt und eine Sonnenbrille. Sie stehen hinter einer Säule oder vor dem Schaufenster eines Ladens, sehen unbeteiligt aus, warten aber unterdessen auf einen Kontaktmann. In einem Lokal sitzen sie bei einer Tasse Kaffee, lesen Zeitung und beobachten durch ein Loch in dieser Zeitung die anderen Gäste.

Mit solchen Spionen hätte man auch schon vor 70 oder 80 Jahren keinen Staat machen können. Das sind Methoden aus der Steinzeit der Spionage, wie man sie manchmal noch in Filmen aus den 1930er-Jahren sehen kann. Im Zweiten Weltkrieg bereits wimmelte es nicht nur in Europa von Agenten – und Doppelagenten. Sie arbeiteten in Netzwerken und waren technisch bestens ausgerüstet. Das NS-Regime unter Adolf Hitler hatte Spione, ebenso die Engländer, die Franzosen und auch die Russen. Die besten Spione sind solche, deren Namen niemals bekannt werden, zumindest nicht ihre richtigen Namen. Wenn man sie kennt, sind sie meistens schon enttarnt. Und das führt unweigerlich dazu, dass ihre Karriere ein abruptes Ende findet. Ideal ist es zudem, wenn über die Aktivitäten eines Spions nichts an die Öffentlichkeit dringt. Ist dies der Fall, kann er sich ebenfalls als erledigt betrachten.

Überzeugter Kommunist

Ein solches Schicksal erwartete letztlich auch den Meisterspion Richard Sorge. Er gehörte schon vor dem Zweiten Weltkrieg in die Kategorie „internationale Topspione". 1895 wurde er in der Nähe von Baku, der heutigen Hauptstadt von Aserbaidschan, geboren. Sein deutscher Vater arbeitete dort als Ingenieur. Seine Mutter war Russin. 1898 siedelte die Familie nach Berlin über. Als 1914 der Erste Weltkrieg ausbrach, meldete sich der junge Sorge freiwillig zu den deutschen Waffen. 1917 erlitt er schwere Verwundungen an beiden Beinen und gelangte zu der Überzeugung, dass Kriege sinnlos seien. Beeinflusst von den Schriften von Karl Marx und Friedrich Engels driftete er ins Lager der Kommunisten ab und beteiligte sich aktiv an den revolutionären Aktionen, die in Deutschland zum Sturz der Monarchie führten.

Im Dienst der Sowjetunion

Inzwischen promoviert, ließ sich Sorge 1925 von der „Vereinigung Kommunistische Internationale" in Moskau anheuern. Deren Hauptaufgabe bestand darin, den Sieg des internationalen Proletariats und die von den Kommunisten erträumte Weltrevolution in die Wege zu leiten. Dieses ambitionierte Vorhaben konnte nicht einmal Richard Sorge, der sich in der sowjetischen Hauptstadt als begabter Organisator zu profilieren verstand, in die Tat umsetzen. Dafür fiel er dem Leiter des Militärischen Aufklärungsdienstes der Roten Armee, dem einflussreichen General Jan Karlowitsch Bersin, auf. Hinter der freundlichen Bezeichnung „Aufklärungsdienst" verbarg sich eine der wichtigsten

Im Jahr 1964 wurde Richard Sorge für seine Verdienste als Topagent für Moskau posthum als „Held der Sowjetunion" geehrt.

Institutionen im verzweigten Netz des russischen Geheimdienstes. So wurde aus Richard Sorge ein sowjetischer Agent.

Schon bald danach hatte er seine ersten Einsätze. Weil er zur Hälfte Deutscher war und daher auch sehr gut Deutsch sprach, setzten ihn seine russischen Vorgesetzten vorzugsweise bei Missionen ein, bei denen ihm diese Kenntnisse von Nutzen sein konnten. Eine seiner ersten Reisen führte ihn nach China, wo er als deutscher Journalist getarnt für den sowjetischen Geheimdienst spionierte. Weitere Einsätze hatte der aufstrebende Spion Sorge in Großbritannien und Skandinavien.

Brennpunkt Japan

Schwerpunkt seiner Tätigkeit als Agent sollte in den folgenden Jahren Japan werden. 1933 wurde er dort als angeblicher Mitarbeiter der „Frankfurter Zeitung" registriert. Etwa zur selben Zeit kam es zu einer verstärkten politischen und militärischen Kooperation zwischen der japanischen Regierung und der nationalsozialistischen Führung in Deutschland. Später, zu Beginn des Zweiten Weltkriegs, schmiedete Hitler zusammen mit Italien die „Achse" Berlin–Rom–Tokio. 1936 unterzeichneten Deutschland und Japan den „Antikomintern-Pakt". Ziel der Vereinbarung war die gemeinsame Bekämpfung der „Kommunistischen Internationale", der sich Richard Sorge, als er nach Moskau gekommen war, ideologisch zugehörig fühlte.

Der Job in Japan war also eine gefährliche Tätigkeit. Es ging nicht nur darum, auf unkonventionellen Wegen in Erfahrung zu bringen, was die Japaner selbst alles vorhatten. Die Japaner waren wegen ihrer engen Beziehungen zu Hitler eine erstklassige Quelle für die Pläne, die man im Dritten Reich schmiedete. Sorge war nicht der klassische Einzelgänger, sondern ein moderner Spion und baute in den Jahren bis zum Ausbruch des Krieges in Japan einen höchst effizienten Spionagering auf. Zeitweise bestand dieser aus über 40 Personen, Männern wie Frauen. Einige seiner Mitspione arbeiteten in hohen Positionen im Regierungsapparat. Von ihnen erhielt Sorge wichtige Informationen, die er nach Moskau weiterleitete.

Perfekte Tarnung

Da er in Japan offiziell als deutscher Journalist galt, machte Sorge seine Tarnung perfekt und trat 1934 in Hitlers NSDAP ein. Und Kommunist Sorge setzte sogar noch einen

drauf und schrieb fleißig Artikel für eine deutsche Wehrmachtzeitung. Die Japaner hielten ihn nun für einen linientreuen Nationalsozialisten, was im damaligen Japan eine vorbildliche, politisch korrekte Haltung war.

Und auch bei den Vertretern der deutschen Politik und Wirtschaft in Japan genoss Sorge einen ausgezeichneten Ruf. So konnte er in der Botschaft in Tokio ein- und ausgehen und war dort ein jederzeit gern gesehener Gast. Einen wichtigen Mentor hatte er in dem deutschen Botschafter Eugen Ott, dessen Vertrauen so groß war, dass er Sorge zu seinem Presseattaché machte. Daneben knüpfte Sorge, der amourösen Abenteuern nie abgeneigt war, eine Beziehung zu Otts Ehefrau. Diese Affäre war an sich ein Risiko, eröffnete ihm aber eine weitere Quelle, um an amtliche Geheimnisse zu gelangen. Inzwischen hatte der Topagent Zugang zu Top-Secret-Dokumenten und geheimsten Kommandosachen.

Wichtige Mitteilung

Auf diese Scheinidentität gestützt, konnte Sorge seine Unternehmungen als Agent immer mehr ausweiten. Seine Auftraggeber in Moskau waren mehr als zufrieden. Erstaunt waren sie allerdings, als Sorge ihnen am 1. Juni 1941 eine besonders heiße Information zuspielte. Am 15. Juni, so lautete seine Warnung, werde Hitler die Sowjetunion angreifen. Mitte des Monats kam per Funkspruch eine präzisierende Korrektur: „Unternehmen Barbarossa", wie der Deckname der Operation lautete, werde am 22. Juni starten. Diese Nachricht hatte der Spion von einem deutschen Militärattaché in Tokio erhalten, mit dem er sich häufig zu feucht-

Chiffriermaschine Enigma

Die Enigma (griech. für Rätsel) war eine Spezialmaschine, mit der die deutsche Wehrmacht im Zweiten Weltkrieg einen großen Teil ihrer Funksprüche verschlüsselte. Der Apparat bestand im Kern aus einer Tastatur, drei Walzen und einem Lampenfeld. Durch Stromkreise war jeder Buchstabe auf der Tastatur mit einer der elektrischen Lampen verbunden, die bei Tastendruck auf der Anzeigefläche einen Buchstaben aufleuchten ließ. Um welchen Buchstaben es sich dabei handelte, hing von der Stellung der Walzen ab. Diese änderte sich ständig, sodass sich immer neue Buchstabenkombinationen ergaben. Der Bediener hatte bei dieser sich mehrfach wiederholenden Prozedur die jeweils aufleuchtenden Buchstaben zu notieren. Der Empfänger brauchte, um diese zu entschlüsseln, eine identische Maschine und die richtige Kombination.

Gegnerische Geheimdienste versuchten immer wieder, den Enigma-Code zu knacken. Britischen Kryptologen gelang es schließlich auf der Grundlage von Arbeiten polnischer Mathematiker, den deutschen Nachrichtenverkehr zu entschlüsseln und auf diese Weise vermutlich den Zweiten Weltkrieg zu verkürzen.

Deutsche Truppen bei ihrem zunächst erfolgreichen Vorstoß in die Sowjetunion im Rahmen des „Unternehmens Barbarossa". Richard Sorge hatte diese Operation angekündigt, blieb aber ungehört.

fröhlichen Umtrünken getroffen hatte und der dann gern über neueste Meldungen aus Berlin plauderte.

Obwohl man in Moskau den Wert von Sorges Informationen zu schätzen gelernt hatte, war man ausgerechnet jetzt skeptisch. Der sowjetische Staats- und Parteichef Stalin witterte eine gezielte Falschmeldung westlicher Kreise und schlug die Warnung aus Tokio in den Wind. Tatsächlich aber begann exakt am 22. Juni 1941 der Angriff der deutschen Wehrmacht auf die Sowjetunion.

militärischen Kräfte in die Schlacht um die sowjetische Hauptstadt zu werfen? Man fürchtete einen Vorstoß der japanischen Armee in Sibirien. Doch dann traf ein weiterer Funkspruch Sorges ein: Die japanische Regierung habe, wie er aus sicherer Quelle wisse, nicht die Absicht, im Osten anzugreifen. Rasch wurden 34 sowjetische Divisionen in den Westen abgezogen. Mit ihrer Hilfe konnte der deutsche Vormarsch gestoppt werden. Die „Schlacht von Moskau" endete für Hitlers Wehrmacht mit einer schweren Niederlage.

Entscheidender Tipp

Ein zweites Mal wollte Stalin die Hinweise des Meisterspions nicht ignorieren. Anfang Oktober 1941 befahl Hitler den Marsch auf Moskau. Der sowjetische Diktator war unsicher. Konnte er es sich leisten, alle seine

Ende eines Topspions

Fast zur gleichen Zeit, am 18. Oktober 1941, wurde Richard Sorge verhaftet. Der japanische Geheimdienst war dem Meisterspion auf die Schliche gekommen. Über die genauen Hintergründe liegen keine Dokumente vor. Die Japaner wussten aber, dass sie einen wertvollen Fang gemacht hatten. Mehrfach boten sie ihn Moskau zum Tausch gegen eigene Spione an. Doch im Kreml stellte man sich taub. Man kenne keinen Mann namens Richard Sorge. Am 27. November starb der kommunistische Agent am Galgen in einem Gefängnis in Tokio. Posthum ehrte ihn die Sowjetunion 1964 mit dem Titel „Held der Sowjetunion".

Fluchtpunkt Schweiz

Dieses traurige Schicksal blieb Rudolf Rößler erspart. Er starb erst 1958, 13 Jahre nach Ende des Zweiten Weltkriegs. Sein Leben verlief zunächst nicht so, wie man sich die Karriere eines Topspions vorstellte. Rößler, 1897 geboren, stammte aus Bayern und schlug die Laufbahn eines Verlegers und Theaterkritikers ein. Nachdem die Nazis 1933 die Macht in Deutschland übernommen hatten, erlebte er aus erster Hand mit, wie die neuen Herren auch dem Kulturbetrieb Daumenschrauben anlegten. Wer sich nicht mit dem neuen Kurs anfreunden wollte, wurde verfolgt. Daher emigrierte Rößler 1934 in die Schweiz, wo er in Luzern einen Verlag gründete.

Sein Exil sah er aber nicht als Rückzug aus der Welt an. Im Gegenteil: Er war fest entschlossen, Hitler und seine Diktatur mit den ihm zur Verfügung stehenden Mitteln zu bekämpfen. Dies tat er auf der einen Seite, indem er in seinem Verlag Literatur mit scharfen Angriffen gegen die Ideologie und das Herrschaftssystem der Nazis veröffentlichte und außerdem spanischen und russischen Exilanten ein literarisches Forum bot.

Der Verlag diente ihm auf der anderen Seite aber auch als Tarnung beim Aufbau eines Netzes von Informanten, mit denen das Ausland über die Aktivitäten und Pläne Hitlers in Kenntnis gesetzt werden sollte. Dabei arbeitete er so diskret, dass es den Historikern nicht gelungen ist, sein Vorgehen bis in alle Einzelheiten zu rekonstruieren. Wahrscheinlich profitierte er von seinen weit-gespannten Kontakten in der internationalen Kulturszene. Sie bildeten die Anknüpfungspunkte für den sich ständig erweiternden Spionagering, zu dem am Ende hochrangige Militärs, Politiker und Wirtschaftsführer gehörten.

Goethe als Tarnung

Sicher ist, dass er unter dem Decknamen „Lucy" arbeitete und dass sein wichtigster Verbindungsmann ein gewisser „Werther" war. Über dessen Identität herrscht bis heute keine Klarheit. Zufällig war der Name nicht gewählt worden. Der belesene, unscheinbare Spion in Luzern hatte ihn sich von Goethe und seinem Erfolgsroman „Die Leiden des jungen Werthers" ausgeliehen. „Werthers" Informationen leitete „Lucy" jedenfalls ab 1941 nach Moskau weiter. Auf diese Weise soll die sowjetische Führung Kenntnis von einer Militäroperation in Russland erhalten haben, die im Sommer 1943 unter der Bezeichnung „Unternehmen Zitadelle" lief. Einige Forscher vermuten hinter dem Namen „Werther" einen hochrangigen Mitarbeiter im Oberkommando der deutschen Wehrmacht. Andere halten es für wahrscheinlicher, dass „Werther" als Person überhaupt nicht existierte. Ihn zu erfinden sei eine von Rößler installierte Sicherheitsmaßnahme gewesen. Einem Phantom kam man nicht so leicht auf die Schliche.

Jedoch war das Oberkommando der Wehrmacht eine der wichtigsten Quellen, die von Rößlers Leuten angezapft wurden. Ein Beweis dafür ist der bemerkenswerte Fall Lomza. Diese Stadt in Polen wurde 1944 von einer Wehrmachtseinheit zurückerobert. Der Kommandeur der deutschen Truppen war höchst erstaunt, als er im gegnerischen Gefechtsstand die Kopie des eigenen Einsatzbefehls entdeckte. Sofort fahndete man beim Oberkommando nach dem Leck, doch die Nachforschungen verliefen im Sande. Rößler und seine Organisation pflegten geräuschlos und wirkungsvoll zu arbeiten, ohne Spuren zu hinterlassen, die sie entlarven konnten. Das galt auch für die Kontakte zum deutschen Widerstand.

Rößler kooperierte im Lauf des Krieges nicht nur mit der Sowjetunion, sondern auch mit den Geheimdiensten anderer Mächte. So tauschte er mit tschechischen Agenten in Großbritannien Dossiers und Informationen aus. Auch die Behörden in seiner Wahlheimat Schweiz profitierten von seinem weit gespannten Netzwerk. Bereits 1939 hatte ihn ein Mittelsmann als inoffiziellen Mitarbeiter für den Nachrichtendienst geworben.

Vor Gericht

Den deutschen Geheimdiensten blieb jedoch nicht verborgen, dass in der Schweiz ein höchst effizienter Spionagering am Werk war. Sie setzten die Schweizer Regierung unter Druck, weil sie zu Recht davon ausgingen, dass die Eidgenossen über dessen Aktivitäten Bescheid wussten und darüber hinaus auch den Kopf der Organisation kannten. Die Schweizer kamen der Aufforderung schließlich nach, lieferten Rößler aber nicht an Deutschland aus, sondern nahmen den Fall selbst in die Hand.

Im Mai 1944 wurde Rudolf Rößler verhaftet, kurze Zeit später aber wieder auf freien Fuß gesetzt. Im Oktober 1945, ein paar Monate nach dem Ende des Krieges, wurde er von einem Schweizer Gericht erneut wegen Spionage angeklagt. Der Prozess endete mit einem Freispruch, weil die Richter anerkannten, dass er mit seiner Agententätigkeit auch im Interesse der Schweiz gehandelt hatte. Rößler zog sich jedoch nicht ins Privatleben zurück. Schließlich hatte Spionage in der Zeit des Kalten Krieges Hochkonjunktur. Nachweislich war er seit 1947 als Agent für die Tschechoslowakei tätig. Dies führte 1953 zu einer erneuten Verhaftung, und diesmal kam er nicht mehr so glimpflich davon. Ein Schweizer Gericht verurteilte ihn zu 21 Monaten Gefängnis. Damit war – jedenfalls so viel man heute weiß – die Karriere des Ru-

dolf Rößler als Meisterspion beendet. Gelegentlich schrieb er noch Artikel für diverse Zeitungen und Magazine, in denen er sich engagiert für den Weltfrieden einsetzte und eindringlich davor warnte, den Aufbau einer neuen Armee in Deutschland zuzulassen.

Rudolf Rößler starb im Alter von 61 Jahren am 11. Dezember 1958 in Kriens im Kanton Luzern.

Kryptologie

Um Informationen vertraulich weiterzugeben, werden seit Jahrtausenden Geheimschriften angewendet und ebenso lange wird versucht, solche Codes zu knacken. Heute ist aus den Bemühungen um Verschlüsselung (Kryptografie) und Entschlüsselung (Kryptoanalyse) eine Wissenschaft geworden, die Kryptologie.

Julius Cäsar vertraute bei der Verschlüsselung von Nachrichten auf eine Verschiebechiffre. Dabei werden die Buchstaben eines Textes im Alphabet um eine bestimmte Anzahl von Buchstaben verschoben, bei der Verschiebungszahl 4 wird aus einem a ein e, aus dem b ein f usw. Solche monoalphabetischen Verschiebungen wurden später zu polyalphabetischen Schlüsseln weiterentwickelt, auf deren Grundprinzip auch die berühmte Enigma-Maschine beruhte.

Mit Aufkommen des Computers wurden solche Codierungen leicht dechiffrierbar. Andererseits bot die Computertechnik ganz neue Möglichkeiten der Verschlüsselung – das RSA-Verfahren (Online-Geschäfte) etwa beruht auf höherer Mathematik in Verbindung mit 600-stelligen Primzahlen!

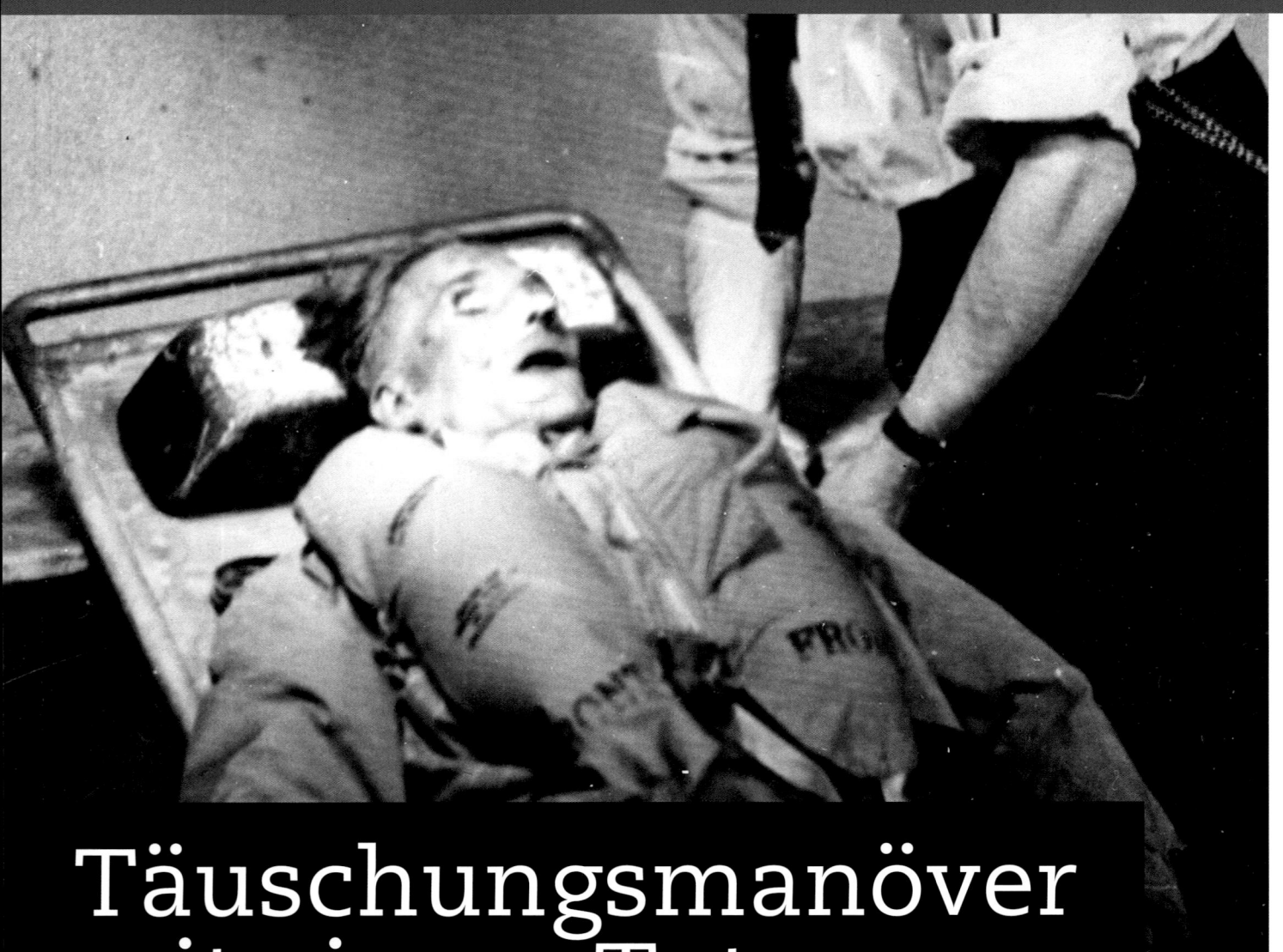

Täuschungsmanöver mit einem Toten

Ein britischer Geheimdienstmann führte im Zweiten Weltkrieg die Deutschen mit einem falschen Toten auf eine falsche Fährte.

Am 30. April 1943 taucht am frühen Morgen um 4.30 Uhr vor der Hafenstadt Huelva an der Südküste Spaniens das U-Boot *HMS Seraph* der britischen Royal Navy aus dem Meer. Die Männer an Bord holen aus dem Innern des Bootes einen länglichen Stahlkanister hervor. Der Kanister wird vorsichtig geöffnet. Darin befindet sich eine bekleidete männliche Leiche. Die Männer sprechen ein Gebet und lassen den Toten zu Wasser. Dann taucht das U-Boot wieder ab. Die Strömung treibt den Leichnam in Richtung Küste. Um 9.30 Uhr wird er von einem Fischer namens José Antonio Rey Maria am Strand von Huelva gefunden. Er bringt den Toten in den Hafen und übergibt ihn den Behörden.

Der Tote hieß Major William Martin. Besser gesagt: Dies war der Name, den ihm der britische Geheimdienst gegeben hatte. In Wirklichkeit handelte es sich um die Leiche eines 34-jährigen Mannes, der kurze Zeit zuvor in einem englischen Krankenhaus an einer Vergiftung und einer daraus resultierenden Lungenentzündung gestorben war. Damit war er genau der Todesursache erlegen, die der Geheimdienst benötigte, um eines der raffiniertesten Täuschungsmanöver in der Geschichte des Zweiten Weltkriegs zu inszenieren.

Griechenland statt Sizilien

Der Krieg war Anfang 1943 in eine entscheidende Phase eingetreten. Nachdem der Vormarsch der Deutschen in Russland ins Stocken geraten war, erhielten Nordafrika und Südeuropa als strategisch wichtige Kriegsschauplätze zunehmende Bedeutung. Italien, Griechenland und der Balkan standen in dieser Zeit unter deutscher Besatzung. Schon lange war auch der deutschen Führung klar, dass die Alliierten den Versuch einer Invasion von Afrika her über das Mittelmeer unternehmen würden. Der günstigste Punkt zur Landung war die Insel Sizilien, die aufgrund ihrer Lage an der schmalsten Stelle des Mittelmeeres das ideale Sprungbrett für ein Landungsunternehmen mit dem Ziel Italien war.

In Erwartung der alliierten Invasion auf Sizilien hatte die deutsche Wehrmacht hier starke Truppenverbände zusammengezogen. Der Angriff konnte daher zu einem gefährlichen, verlustreichen Unternehmen werden. In den britischen Planungsstäben zerbrachen sich die verantwortlichen Offiziere die Köpfe. Da hatte Captain Ewen Montagu vom Naval Intelligence Department eine geniale Idee. Man musste eben, so führte er in einer geheimen Sitzung in London aus, den Deutschen einen kleinen Hinweis geben, der sie davon überzeugen musste, dass die Invasion nicht auf Sizilien, sondern an einer anderen Stelle im Mittelmeer stattfinden würde. Dann würden sie ihre Truppen aus Sizilien und Süditalien abziehen und die britischen Schiffe und Landungstruppen hätten leichtes Spiel.

Die Generalität war beeindruckt. Ein guter Plan. Aber wie sollte er in die Tat umgesetzt werden? Montagu hatte die Antwort parat: Man müsse eine falsche Fährte legen in Gestalt eines vermeintlichen Kuriers, der den Deutschen mit von den Briten präparierten Papieren in die Hände fallen müsse. Und dieser Kurier müsse, damit die Tarnung perfekt sei, tot sein.

Operation Hackfleisch

Der Plan wurde, nach einigen Diskussionen, abgesegnet, auch von höchster Stelle. So konnte nun die Operation beginnen, der die für ihren besonderen Humor bekannten britischen Militärs den Namen „Mincemeat", „Hackfleisch", gaben. In den folgenden Wochen wurden, unter strengster Geheimhaltung, die entsprechenden Vorbereitungen getroffen. Jede Einzelheit des Unternehmens wurde akribisch durchgespielt. Würden die Deutschen Verdacht schöpfen, konnte man den Plan, in Sizilien anzugreifen, zu den Akten legen. Also durfte nicht der geringste Fehler unterlaufen.

Nach ein paar Wochen stand der Plan in allen Details fest. Ein „Major William Martin" stürzte vor der spanischen Küste mit dem Flugzeug ab. Er hatte einen Koffer bei sich, in dem sich brisante Unterlagen über die Landung der Alliierten befanden. Sie sollten belegen, dass die Invasion nicht, wie erwartet, auf Sizilien, sondern in Griechenland stattfinden würde. Die Leiche würde an die Küste geschwemmt werden. Die Unterlagen würden in die Hände von spanischen Nazikollaborateuren gelangen, die sie nach Berlin weiterreichen würden. Dort würde die Führung die von den Briten erhofften Maßnahmen ergreifen.

Schwierige Suche

Es war klar, dass man für diese Aktion keinen lebenden echten Offizier opfern konnte. Also musste nach einem geeigneten Toten

Ausschau gehalten werden. Dieser musste an einer Krankheit gestorben sein, die so geartet war, dass die Deutschen bei der Autopsie der Leiche keinen Verdacht schöpften und nicht an der Version „Tod durch Ertrinken nach Absturz mit einem Flugzeug" zweifelten. Pathologen rieten dazu, jemanden auszuwählen, dessen Tod durch eine Lungenentzündung verursacht worden war. Dies würde die Deutschen nicht misstrauisch machen, wenn sie Wasser in der Lunge der angeschwemmten Leiche entdeckten. Doch die Suche in den Krankenhäusern gestaltete sich sehr schwierig. Verständlicherweise waren die Angehörigen von Verstorbenen nicht sonderlich begeistert, als sie gebeten wurden, die Leiche für ein Experiment freizugeben, über dessen Form und Inhalt sie keine Auskunft erhalten durften. Endlich fanden sie einen 34-jährigen Waliser, dessen Identität Historiker erst sehr viel später lüfteten: Es handelte sich um einen Obdachlosen, der anscheinend an einer Vergiftung gestorben war, die bei dem Toten ähnliche Symptome wie bei einer Lungenentzündung erzeugt hatte. Da er weder Verwandte noch Freunde oder besondere Eigenarten gehabt hatte, war er für Montagu und sein Team der perfekte Tote.

Neue Identität

Nun kam es darauf an, den Mann so auszustatten, dass die Deutschen dem Täuschungsmanöver auch wirklich auf den Leim gingen. Peinlich genau hatte Montagu zuvor alle möglichen Fehlerquellen durchdacht und in einem zweiten Schritt mit der richtigen Schlussfolgerung versehen. Zunächst brauchte der Mann einen Namen. So wurde „Major William Martin" geboren, ein Name, den Montagu selbst ausgewählt hatte. Für die Ausstattung mit den entsprechenden Papieren sorgte die Passabteilung des Geheimdienstes, die die gefälschten Dokumente erstellte. Natürlich durften diese keinen druckfrischen Eindruck machen und wurden deshalb auf alt und gebraucht getrimmt. Um Major Martin ein Privatleben zu verschaffen, erfanden die Männer des Departments eine Verlobte namens Pam, deren Liebesbriefe er bei sich trug, als er mit dem Flugzeug verunglückte. Auch ein Foto war darunter, für das sich eine Sekretärin Montagus zur Verfügung gestellt hatte. Weitere persönliche Gegenstände wie ein Schlüsselbund und abgerissene Theaterkarten machten aus dem toten Major Martin eine Person, die vor dem tragischen Tod ein ganz normales Leben geführt hatte.

Allerdings befand er sich auf einer wichtigen Mission. In der Aktentasche, die er bei sich führte, befanden sich die britischen Pläne für die alliierte Invasion, aus denen hervorging, das nicht Sizilien, sondern Griechenland und der Balkan im Fokus des Angriffs standen. Zuvor sollte, wie aus den fingierten Papieren hervorging, Sardinien besetzt werden, um von dort die weiteren Operationen zu koordinieren. Zu diesem Zweck schrieb

Der Mann, den es nie gab: Die fiktive Person des „Major William Martin" war in Wirklichkeit ein obdachloser Waliser, der an einer Vergiftung gestorben war.

Montagu (Clifton Webb) und seine Assistentin (Josephine Griffin) versuchen die Invasion der alliierten Truppen auf Sizilien vor den Nazis geheimzuhalten.

Der Mann, den es nie gab

The Man who never was ist der Originaltitel eines britischen Spielfilms aus dem Jahr 1956, der zwar in freier Gestaltung, jedoch in der Substanz in enger Anlehnung an die tatsächlichen Ereignisse die unglaubliche Geschichte des Major William Martin in die Kinos brachte. Eine kleine Nebenrolle reservierte Regisseur Ronald Neame für den echten Ewen Montagu, der auch am Drehbuch mitwirkte. In dem Film spielt er einen Kommandanten der Royal Air Force, der dem Film-Montagu unmissverständlich zu verstehen gibt, dass er von seinem Plan nichts hält.

kein Geringerer als General Archinald Nye, seines Zeichens Vizechef des Generalstabs der britischen Armee, einen Brief an General Harold Alexander, den Kommandeur der britischen Truppen in Nordafrika. Diesem teilte er im lockeren Plauderton mit, man müsse die Deutschen dazu bringen, an Sizilien zu denken, um dann in Sardinien und Griechenland zuzuschlagen. Den Text dieses Briefes, der Alexander nie erreichte, sondern in Major Martins Aktentasche verschwand, stammte von Montagu. Der Agentenchef war zuversichtlich, dass der Brief eines Generals an einen Kollegen unverfänglich genug war, um die Deutschen nicht an eine Finte glauben zu lassen.

Erfolgreiche Mission

Mitte April 1943 waren die Vorbereitungen abgeschlossen. Der tiefgekühlte Major Martin war bereit für seine Mission, auch was die Kleidung anging: Man hatte ihn in eine Offiziersuniform gezwängt und ihm, allerdings unter beträchtlichen Schwierigkeiten, passende Schuhe angezogen. Der Aktenkoffer war mit einem Gürtel an seinem Handgelenk

befestigt. Am 30. April setzte ihn das U-Boot vor Huelva aus. Nun blieb nur die Hoffnung, dass die deutschen Agenten in Spanien tatsächlich anbeißen würden. Man wusste, dass sich in Huelva viele Spione tummelten. Deswegen hatte man diese Stadt als Landeplatz ausgewählt. Und rasch zeigte sich, dass Montagu und seine Leute erstklassige Arbeit geleistet hatten. Noch in der ersten Maiwoche trafen in Berlin Telegramme aus Spanien ein. Die Briefe, so wurde darin versichert, seien echt. Entsprechend änderte die deutsche Führung ihre Strategie. Der Großteil der Truppen wurde nach Südfrankreich und auf den Balkan verlegt. Am 10. Juli 1943 griffen die Briten und ihre Alliierten auf breiter Front mit Flugzeugen und Schlachtschiffen ihr Wunschziel Sizilien an.

Kranz aus London

Die Invasion war dank Major William Martin geglückt. Er fand im Mai 1943 ein würdiges Grab auf dem Friedhof von Huelva. Detailversessen wie er war, vergaß Montagu nicht, einen Kranz von Martins erfundener Verlobten Pam auf das Grab legen zu lassen.

Tod eines Hoffnungsträgers

Der Mord an dem serbischen Ministerpräsidenten erschütterte nicht nur die Menschen des Balkanstaates. Nach intensiven Ermittlungen kam es zum Prozess.

Gegen den Heckenschützen hatte der Ministerpräsident keine Chance. Aus 200 Meter Entfernung feuerte der Attentäter aus seinem Präzisionsgewehr drei Schüsse auf Zoran Djindjic ab. Die Kugeln trafen ihn in Brust und Rücken. Kurz darauf starb der Spitzenpolitiker in einem Belgrader Krankenhaus.

Es war der 12. März 2003. Gegen 12 Uhr mittags hatte das Opfer sein Haus im Belgrader Vorort Dedinje verlassen und die gepanzerte Dienstlimousine bestiegen. Etwa eine halbe Stunde später, um 12.25 Uhr, erreichte der Wagen das Regierungsgebäude in der Innenstadt von Belgrad und fuhr durch das Portal. Der Ministerpräsident kletterte aus dem Wagen, um das Gebäude zu betreten. Er konnte sich nur langsam bewegen und musste sich auf Krücken stützen. Ein paar Tage zuvor hatte er sich beim Fußballspielen eine Verletzung zugezogen. In diesem Moment fielen die tödlichen Schüsse.

Vertrauensmann und Volksheld

Serbien befand sich im Schockzustand. Für viele Menschen im Land war der populäre, charismatische Ministerpräsident der große Hoffnungsträger gewesen. Ihm hatte man zugetraut, nach den Krisen und Katastrophen der Vergangenheit das Land in eine bessere Zukunft zu führen. Die Schreckensherrschaft des ehemaligen Präsidenten Slobodan Milosevic hatte tiefe Wunden hinterlassen, die noch längst nicht verheilt waren. 2001 war der Chef der Demokratischen Partei, der maßgeblich zum Sturz des Milosevic-Regimes beigetragen hatte, zum Ministerpräsidenten gewählt worden. Von ihm erhofften sich die Serben demokratische Reformen. Und tatsächlich hatte er sich außenpolitisch dem Westen angenähert und im Innern gegen Korruption und das organisierte Verbrechen gekämpft.

Wer aber stand hinter dem Attentat? Feinde hatte der Ermordete genug gehabt – die alten Milosevic-Kader, die Kommunisten,

Nationalisten, nicht zuletzt die serbische Mafia, die auch mit ausländischen Organisationen zusammenarbeitete. Die Regierung verhängte sofort nach dem Attentat im ganzen Land den Ausnahmezustand. Damit hatten die Fahndungsbehörden nahezu uneingeschränkten Rückhalt, um bei der Aufklärung der Tat alle Hebel in Bewegung zu setzen. Razzien führten in den folgenden Wochen zu einer Flut von Verhaftungen. Viele Verdächtige wurden wieder auf freien Fuß gesetzt, weil man ihnen eine Beteiligung an der Tat nicht nachweisen konnte. Doch es stellten sich aufgrund von Zeugenaussagen und Hinweisen aus der kriminellen Szene sowie durch intensive Vernehmungen Erfolge ein.

Alte Bekannte

Ins Fadenkreuz der Ermittlungen geriet ein alter Bekannter der Polizei namens Milorad Ulemek. Sein Tarnname „Legija" – „Legionär" erinnerte daran, dass er in seiner bewegten Vergangenheit auch einmal Söldner in der französischen Fremdenlegion gewesen war. Der „Legionär" war ein glühender Anhänger des Diktators Milosevic gewesen und hatte in dessen Ära die berüchtigten „Roten Barrette", eine Spezialeinheit des Geheimdienstes, angeführt. Ulemek war – so stellte die Polizei bei ihren Nachforschungen fest – der Kopf des Mordkomplotts gegen Ministerpräsident Djindjic gewesen. Nach dem Attentat war er untergetaucht und zunächst spurlos verschwunden. In das Verbrechen verstrickt war auch der gefürchtete Zemun-Clan. Benannt nach einem Stadtteil von Belgrad, hatte diese paramilitärische Gruppe bei sämtlichen dunklen Geschäften großen Stils und bei vielen politischen Morden ihre Hände im Spiel.

Ulemek war untergetaucht, dafür gelang es den Fahndern, den mutmaßlichen Todesschützen ausfindig zu machen. Zvezdan Jovanovic gehörte zu Ulemeks Organisation. Er gab die Tat zunächst zu, widerrief aber später sein Geständnis und gab an, dazu bei den Verhören mit Gewalt gezwungen

Milorad Ulemek, der „Legionär", gilt als der Initiator des Attentats auf den serbischen Ministerpräsidenten Zoran Djindjic.

worden zu sein. Nach und nach gelang es, auch die anderen Tatverdächtigen dingfest zu machen. Insgesamt waren es 13 Personen, gegen die Ende 2003 in Belgrad der Prozess eröffnet wurde. Ulemek fehlte immer noch. Später stellte sich heraus, dass er in dieser Zeit mehrfach sein Haus aufgesucht hatte, obwohl es rund um die Uhr von Spezialeinheiten bewacht worden war. Am 2. Mai 2004 stellte er sich freiwillig den Behörden.

Professionelles Vorgehen

Schon bei den polizeilichen Vernehmungen hatte sich gezeigt, dass der Mord an Djindjic von langer Hand und akribisch vorbereitet worden war. Nachdem zuvor bereits vier Attentate auf den Politiker fehlgeschlagen waren, wollte man diesmal sicher gehen. Ulemek koordinierte, wie die Untersuchungen ergaben, an jenem 12. März 2003 die Aktion per Funk von seinem Belgrader Appartement aus. Eingeweiht waren zwei Angehörige des Geheimdienstes, deren reguläre Aufgabe es war, über einen Monitor die Regierungsgebäude und die privaten Häuser prominenter Regierungsmitglieder zu überwachen. Sie meldeten die Abfahrt des Ministerpräsidenten von seinem Wohnhaus an die Zentrale. Um den vorgesehenen Tatort kurvten währenddessen zwei Wagen, an deren Steuer Angehörige des Zuman-Clans saßen. Im Kofferraum hatten sie Maschinengewehre, um für den Notfall einsatzbereit zu sein. An einer Kreuzung direkt neben dem Gebäude, das Djindjic inzwischen nichts ahnend ansteuerte, waren zwei weitere Leute postiert, die den Scharfschützen Jovanovic per Funk informieren sollten, wenn sie die Limousine herannahen sahen. Dieser verbarg sich in einem leer stehenden Haus neben dem Regierungsgebäude. Neben ihm stand ein weiterer Komplize, dem im Ulemek-Plan die Aufgabe zukam, nach der Tat die Waffe zu vergraben. Die Autos, die bei der Aktion zum Einsatz kamen, sollten später verbrannt werden.

Hohe Strafen

Aus der Sicht der Täter funktionierte alles perfekt. Jovanovic schoss, Djindjic starb. Nun aber, da sie alle auf der Anklagebank saßen, erwarteten sie hohe Haftstrafen. Das Urteil des Gerichts wurde nach einem Verhandlungsmarathon am 23. Mai 2007 verkündet. Ulemek als Kopf und Jovanovic als Todesschütze erhielten die Höchststrafe mit 40 Jahren Gefängnis. Gegen die Übrigen, mit Helfern und Helfershelfern insgesamt acht Angeklagten, verhängte das Gericht Haftstrafen zwischen acht und 35 Jahren. Einige der Täter wurden in Abwesenheit verurteilt, weil sie sich noch auf der Flucht befanden. Nachdem bereits 2010 zwei von ihnen von der Polizei festgenommen werden konnten, wurde 2011 ein weiterer Fahndungserfolg vermeldet. Im spanischen Sevilla ging den Fahndern Vladimir Milisavljevic ins Netz, der 2007 zu 35 Jahren Gefängnis verurteilt worden war.

Offene Fragen

Diejenigen, die das Attentat ausgeführt hatten, saßen nun hinter Gittern. Aber waren sie auch die Drahtzieher? Gab es vielleicht einflussreiche Hintermänner, denen man bei den Ermittlungen nicht auf die Spur gekommen war? Bis heute gibt es viele Menschen in Serbien, die davon überzeugt sind, dass sich die wahren Täter noch auf freiem Fuß befinden.

Und das sind nicht bloße Mutmaßungen. Während des Prozesses wurden zwei Zeugen, die die Angeklagten schwer belastet hatten, ermordet. Wussten sie etwa zu viel? Ein Richter legte sein Amt nieder, nachdem er Morddrohungen erhalten hatte. Der Anwalt, der vor Gericht Djindjics Mutter und Schwester vertrat, äußerte nach dem Prozess einen konkreten Verdacht. Für ihn war der Mord das Ergebnis eines Komplotts von Politik, Mafia und Geheimdiensten. Viele Serben teilen diese Auffassung. Bewiesen ist sie bislang nicht. Der Fall Djindjic ist jedenfalls noch nicht zu den Akten gelegt.

Ende eines Traums

Der Mord an Martin Luther King schockierte die Welt. Ein Täter wurde identifiziert und verurteilt. Doch die Vermutung, dass es sich dabei um den Falschen handelt, konnte nicht ausgeräumt werden.

Memphis, Tennessee, 4. April 1968. Ein kleines, bescheidenes Motel. Genau um 18.01 Uhr peitscht ein Schuss durch die Abenddämmerung. Auf einem Balkon bricht ein Mann zusammen, der sich dort mit Freunden unterhalten hat. Kurze Zeit später ist Martin Luther King tot. Die Kugel hat ihn direkt im Hals getroffen.

Der gewaltsame Tod des 39-jährigen schwarzen Predigers löste nicht nur in den Vereinigten Staaten von Amerika Trauer und Entsetzen aus. Engagiert hatte sich der Bürgerrechtler in den Jahren zuvor für die Gleichberechtigung der schwarzen Bevölkerung eingesetzt und dabei als Mittel zur Durchsetzung den gewaltfreien Widerstand und den zivilen Ungehorsam propagiert. Weltweite Berühmtheit hatte King am 28. August 1963 mit seiner legendären „Traum"-Rede erlangt. Vor dem Denkmal des amerikanischen Präsidenten Lincoln in Washington D.C. hatte er den Menschen zugerufen „I have a dream" („Ich habe einen Traum") und – diesen Satz immer wiederholend – seine Vision von einer gerechten Welt in Frieden und Freiheit, von der Gleichheit aller Menschen, egal welcher Hautfarbe, verkündet. Im Dezember 1964 war ihm für seine großartigen Verdienste der Friedensnobelpreis verliehen worden.

Die letzte Rede

Nach Memphis war er am Tag vor seiner Ermordung gereist. Er wollte die dortigen Müllarbeiter in ihrem Kampf um bessere Löhne und Arbeitsbedingungen unterstützen. Für die nächsten Tage war eine Massendemonstration geplant, an der der Prediger teilnehmen wollte. Am selben Abend hatte er im „Bishop Charles Manson Temple" seine letzte Rede gehalten. Die Worte, die er sprach, erhielten vor dem Hintergrund der dramatischen Ereignisse des folgenden Tages eine besondere, fast prophetische Bedeutung. Er habe das gelobte Land gesehen, sagte der Prediger, und fügte hinzu: „Vielleicht gelange ich nicht dorthin mit euch. Ich mache mir keine Sorgen wegen irgend etwas. Ich fürchte niemanden."

Gleich nachdem die Nachricht von seinem Tod bekannt wurde, kam es überall im Land zu Krawallen. Aufgebrachte Schwarze machten ihrem Schmerz und ihrer Trauer über den Mord an dem Mann, der die Gewaltlosigkeit zum obersten Prinzip erhoben hatte, Luft, plünderten Geschäfte, setzten Häuser in Brand. 40 Menschen kamen bei den Unruhen ums Leben.

Verräterische Spuren

Unterdessen lief die Fahndung nach dem Attentäter auf Hochtouren. Sorgfältig hatte die Polizei den Tatort untersucht. Rasch konzentrierten sich die Ermittlungen auf eine Pension auf der anderen Straßenseite direkt gegenüber dem Motel. Der Schuss war vom Fenster eines Badezimmers im ersten Stock, aus einer Entfernung von etwa 70 Metern, abgefeuert worden. In der Nähe der Pension wurde die Tatwaffe gefunden, ein Gewehr, das der Täter offenbar auf der Flucht zurückgelassen hatte.

Einen wertvollen Hinweis lieferten die Fingerabdrücke, die von den Kriminaltechnikern am Gewehr sichergestellt wurden. Das FBI, das den Fall übernahm, verfügte über eine umfangreiche Datei von Fingerabdrücken von Personen, die irgendwann einmal mit dem Gesetz in Konflikt geraten waren. 53 000 Abdrücke wurden abgeglichen. Dann hatte man denjenigen, der das Gewehr zuletzt berührt hatte, identifiziert. Es handelte sich um einen Mann namens James Earl Ray, weiß, 41 Jahre alt. Zwei Monate nach der Tat wurde der mutmaßliche Attentäter, der einen gefälschten kanadischen Pass bei sich trug, am Londoner Flughafen Heathrow verhaftet, gerade als er nach Brüssel fliegen wollte.

Ray war für die Ermittler alles andere als ein unbeschriebenes Blatt. Auf sein Konto gingen viele Straftaten wie Diebstahl, Raub und Einbruch – jedoch noch kein Mord. 1967 war ihm die Flucht aus dem Staatsgefängnis von Missouri gelungen, wo er eine 20-jährige Haftstrafe zu verbüßen hatte.

16 Tage nach dem Attentat veröffentlichte das FBI dieses Fahndungsplakat und setzte den entflohenen Sträfling und mutmaßlichen Mörder James Earl Ray auf die Liste der zehn meistgesuchten Gefängnisflüchtlinge.

Kurzer Prozess

Am 10. März 1969 wurde in Memphis der Prozess gegen James Earl Ray eröffnet. Die Anklage lautete auf Beteiligung an einer Verschwörung und Mord an Dr. Martin Luther King. Gleich zu Beginn der Verhandlung wartete Rays Anwalt mit einer Überraschung auf. Sein Mandant, teilte er dem Richter mit, sei bereit, ein Geständnis abzulegen und sich für schuldig zu bekennen. Dafür solle ihm die Todesstrafe erspart bleiben. Er habe, so gab der Angeklagte jedoch zu Protokoll, nicht allein gehandelt. Vielmehr habe es sich um eine Verschwörung gehandelt. Daraufhin verzichtete das Gericht, ohne diesem Punkt weitere Bedeutung beizumessen, auf weitere Verhandlungen und verurteilte mit Zustimmung der Geschworenen den mutmaßlichen Mörder zu einer Haftstrafe von 99 Jahren. Nur wenige Tage später widerrief der Verurteilte sein Geständnis, hatte damit aber beim Gericht keinen Erfolg.

Nach offizieller Lesart blieb Ray ein Einzeltäter, sein Motiv war jedoch völlig unklar. Auch wenn von der Staatsanwaltschaft der Versuch unternommen wurde, ihn als einen von Rassenhass getriebenen Täter darzustellen, gab es für eine solche Haltung in Rays Biografie keine konkreten Anhaltspunkte. Einmal soll er sich, als er wieder einmal in einem Gefängnis eine Haftstrafe verbüßt hatte, geweigert haben, zusammen mit Schwarzen untergebracht zu werden. Jedoch stand diese Behauptung auf schwachen Füßen. Sie diente offenbar nur dazu, im Nachhinein eine Erklärung für den Mord an Martin Luther King zu finden.

Viele Gegner

So blieben auch nach dem Urteilsspruch Zweifel. King hatte viele Feinde gehabt. Nicht wenigen Weißen war sein missionarischer Eifer für die Interessen der Schwarzen ein Dorn im Auge. Zwischenzeitlich war der Bürgerrechtler sogar ins Visier des FBI geraten. Die Bundesbehörde registrierte

Fingerabdrücke

Im Mordfall Martin Luther King spielten die Fingerabdrücke, die man auf der Waffe fand, eine entscheidende Rolle. In der Kriminalistik kommt der Daktyloskopie (wörtlich „Fingerschau") eine große Bedeutung zu. Als Begründer der wissenschaftlichen Beschäftigung mit dieser Form der Identifizierung gilt der britische Genetiker Francis Galton. Ihm gelang 1888 der Nachweis, dass die Pappilarlinien in der Fingerkuppe bei jedem Menschen einmalig und unverwechselbar sind. Die Wahrscheinlichkeit, dass zwei Menschen über absolut identische Fingerabdrücke verfügen, liegt bei 1:64 Milliarden. Bereits 1897 überführten Spezialisten von Scotland Yard erstmals in der Kriminalgeschichte einen Täter mithilfe seiner Fingerabdrücke. Heute verfügen alle Ermittlungsbehörden über umfangreiche Dateien mit den Abdrücken von Straftätern. Allein das Bundeskriminalamt in Wiesbaden hat eine Sammlung von 2,5 Millionen Fingerabdrücken.

Kings Aktivitäten mit Misstrauen. In Regierungskreisen sprachen manche von kommunistischer Unterwanderung. Mehrfach hatte der streitbare Prediger im Gefängnis gesessen. Wiederholt waren Mordanschläge auf ihn verübt worden, und regelmäßig hatte er Todesdrohungen erhalten. In einem Brief empfahl ihm ein anonymer Schreiber, besser gleich Selbstmord zu begehen. Noch auf dem Flug nach Memphis war an Bord eine Bombendrohung eingegangen.

Jedoch verhallten von Presse und Juristen in regelmäßigen Abständen lancierte Appelle, den Fall neu aufzurollen, ungehört. Vom Hochsicherheitsgefängnis in Petros, Tennessee, aus beteuerte Ray immer wieder seine Unschuld. 1977 sorgte er mit einem spektakulären Ausbruch für Schlagzeilen. Gemeinsam mit sechs Mithäftlingen war es ihm gelungen, aus der Haftanstalt zu entkommen. 55 Stunden später saß er wieder in seiner Zelle, nachdem ihn die Polizei in einem nahe gelegenen Waldgebiet aufgestöbert hatte.

Neue Version

Indessen hatten auch Kings Witwe und seine Kinder öffentlich verlauten lassen, dass sie nicht an Rays Schuld glaubten. Wieder einmal machten Gerüchte von einem Komplott die Runde, denen Ray selbst neue Nahrung gab. Sein früheres Geständnis habe nur dem Zweck gedient, ihn vor dem elektrischen Stuhl zu bewahren. In Wirklichkeit seien die Dinge damals ganz anders gelaufen. Seine Anwesenheit am Tatort war zwar nicht zu bestreiten. Ein Zeuge hatte sich zweifelsfrei daran erinnern können, ihn an dem Tag des Attentats im Treppenhaus der Pension gesehen zu haben. Dorthin – so gab Ray an – habe ihn ein Waffenhändler aus dem Mafiamilieu namens „Raoul" gelockt. Diesen habe er einige Zeit zuvor in einem Lokal kennengelernt. Ray benötigte damals dringend falsche Papiere, „Raoul" habe versprochen, sie ihm zu beschaffen. Dafür habe er einige kleine

Gefälligkeiten verlangt, deshalb habe er ihn an dem Mordtag nach Memphis beordert. Dort habe dann ein Unbekannter auf King geschossen. Alles sei so arrangiert gewesen, dass der Verdacht auf Ray fiele, was dann ja schließlich auch tatsächlich der Fall war.

Jagd auf ein Phantom

Auf die Initiative von Rays Anwalt hin ging die Polizei daraufhin der Spur „Raoul" nach – allerdings ohne greifbares Ergebnis. „Raoul" gab es zwar, aber er stellte sich als unbescholtener Rentner mit einem für die Tatzeit wasserdichten Alibi heraus.

Auch mit anderen Aussagen verwickelte sich Ray in Widersprüche. Für eine Wiederaufnahme des Verfahrens, wie von seinen Anwälten gefordert, reichte die Beweislage daher nicht aus, zumal sich vermeintlich entlastende Zeugenaussagen bei genauerer Prüfung als unglaubwürdig und falsch erwiesen.

Wer schoss auf Martin Luther King?

1997 kam erneut Bewegung in den Fall. Eine ballistische Untersuchung nährte Zweifel an der Darstellung, dass der Bürgerrechtler von einem Schuss aus der Waffe, die am Tatort gefunden worden war, getötet wurde. Rays Anwalt fand Zeugen, die zu Protokoll gaben, der Schuss sei nicht aus dem Badezimmer in der Pension, sondern aus einem Gebüsch gekommen. „Wer erschoss Martin Luther King wirklich?", fragten danach viele Kommentatoren im rauschenden Blätterwald. Die Familie des Predigers machte sich erneut für eine Revision stark.

Ray war inzwischen ein schwer kranker Mann. Ein Leberleiden machte ihm zu schaffen. Am 23. April 1998 starb er im Alter von 70 Jahren im Gefängnis. Eine Kommission kam im Jahr 2000 zu dem abschließenden Ergebnis, dass es keine Hinweise auf eine Verschwörung gebe.

Der Doppelmord an Erzherzog Franz Ferdinand von Österreich und seiner Ehefrau Erzherzogin Sophie löste den Ersten Weltkrieg aus. Das Protokoll des Attentats lässt sich genau rekonstruieren.

Das Attentat von Sarajewo

Im Frühsommer 1914 herrschte in ganz Europa eine nervöse Spannung. An vielen Schauplätzen gab es Interessenskonflikte zwischen den Großmächten. Besonders der Balkan hatte sich zu einem dauerhaften Krisenherd entwickelt. Der Niedergang des türkischen Osmanenreichs führte zu einem Wettstreit um die Vorherrschaft in dieser von ethnischen und kulturellen Gegensätzen geprägten Region. 1908 hatte das von dem greisen Kaiser Franz Joseph regierte Österreich-Ungarn Bosnien-Herzegowina annektiert, um seine Ansprüche auf dem Balkan zu unterstreichen. Diese Maßnahme stieß auf den erbitterten Widerstand der in Bosnien lebenden Serben. Ihr Ziel war der Anschluss an das Königreich Serbien. Nationalisten träumten von einem serbischen Großreich und durften in diesem Bestreben auf die Unterstützung Russlands bauen, das sich traditionell als Schutzmacht Serbiens verstand.

Angesichts dieser brisanten und explosiven Situation war der Plan, der im Juni 1914 in der Wiener Hofburg geschmiedet wurde, eine riskante Angelegenheit. Erzherzog Franz Ferdinand, Neffe des Kaisers und potenzieller Thronerbe, und seine Frau Sophie sollten Sarajewo, der Hauptstadt von Bosnien-Herzegowina, einen offiziellen Besuch abstatten. Dies kam einer Reise in die Höhle des Löwen gleich. Denn eine derart hochrangige Visite konnte von serbischen Nationalisten nur als eine Provokation verstanden werden. Doch in Wien war man fest entschlossen, ein Zeichen zu setzen. Alle sollten sehen, dass Österreich-Ungarn nicht bereit war, auf seine Ansprüche auf dem Balkan zu verzichten.

Denkwürdiger Tag

Den äußeren Anlass für den Besuch bot ein Manöver österreichisch-ungarischer Truppen in Sarajewo, dem die Majestäten beiwohnen wollten. Die kaiserliche Regie hatte auch das Datum bewusst ausgewählt: Der 28. Juni war für die Serben ein wichtiger nationaler Gedenktag. 1389 – genau 525 Jahre vor dem Besuch in Sarajewo – hatte im heutigen Kosovo die „Schlacht auf dem Amselfeld" stattgefunden. Damals besiegte ein türkisches Heer unter der Führung von Sultan Murat I. eine serbische Armee – für die Türken der Beginn ihres Siegeszugs auf dem Balkan, für die Serben eine schmerzliche Niederlage, die sie aber in der Folgezeit als Symbol nationalen Selbstbehauptungswillens umdeuteten. Aus der Sicht der serbischen Nationalisten war daher nicht nur der demonstrative Besuch des österreichischen Thronfolgers an sich, sondern auch dessen Zeitpunkt eine gezielte und gewollte Brüskierung.

Die dramatischen Ereignisse, die sich am 28. Juni 1914, einem Sonntag, in Sarajewo abspielten, sind durch Augenzeugenberichte und Protokolle so gut dokumentiert, dass

Prächtig ausstaffiert begeben sich Erzherzog Franz Ferdinand und seine Frau Sophie am Morgen des 28. Juni 1914 zu dem Wagen, der sie durch Sarajewo fahren soll und in dem sie wenig später beide Opfer eines Attentats wurden. Dieser politisch motivierte Doppelmord löste den Ersten Weltkrieg aus.

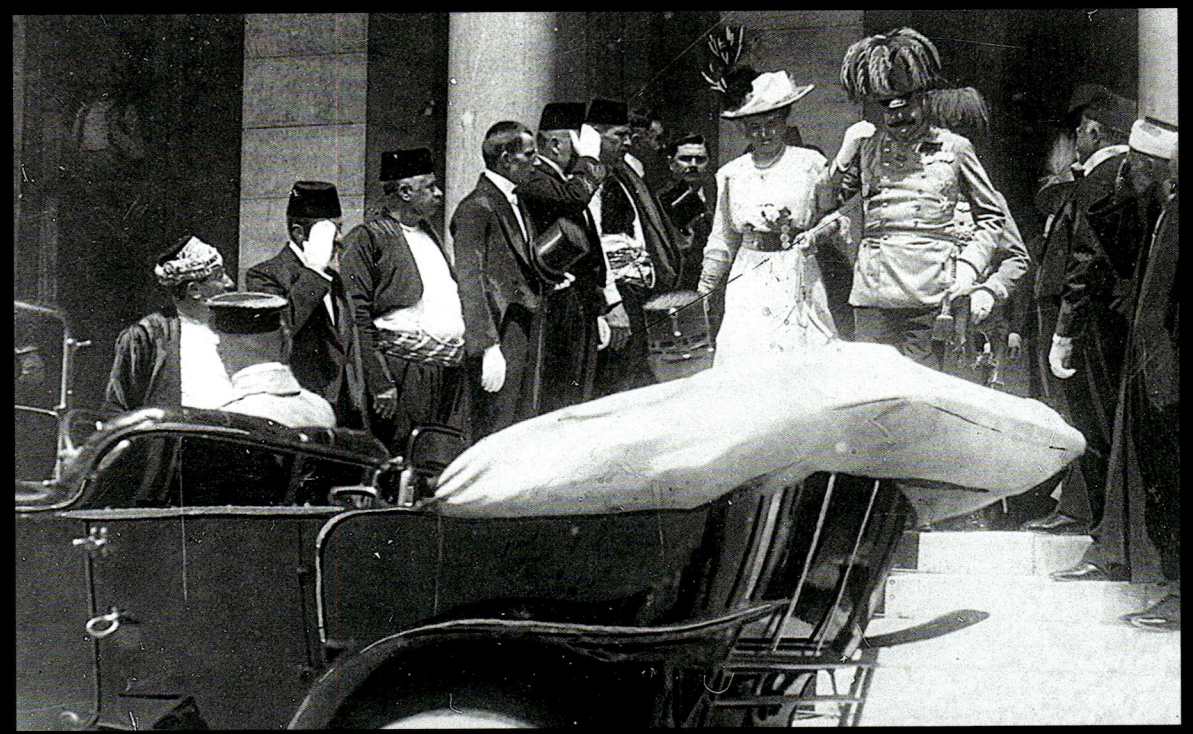

sie von den Historikern bis ins letzte Detail rekonstruiert werden konnten. Schon Tage zuvor waren der Termin des Besuchs und der Ablauf des Programms in der Presse bekannt gegeben worden. Nicht jeder hielt dies für eine kluge Entscheidung. Aber der Kaiser und seine Minister waren fest entschlossen, den Vorwärtsgang einzulegen. Deswegen war auch eine Fahrt durch die Stadt im offenen Wagen vorgesehen. Der Erzherzog und seine Frau sollten sich nicht verstecken, sondern von allen gesehen werden. Zwar lagen den österreichischen Behörden konkrete Berichte über geplante Aktionen vonseiten serbischer Nationalisten vor. Doch sie wurden von den verantwortlichen Behörden ignoriert oder nicht ernst genommen.

Präzise Vorbereitung

Tatsächlich gab es eine Gruppe von sieben jungen Serben, die alle Vorbereitungen getroffen hatten, Franz Ferdinand und seine Gattin zu töten. Geschehen sollte die Tat, während der Konvoi durch die Stadt fuhr. Ein Kontaktmann hatte ihnen Pistolen und Handgranaten besorgt. Sie wollten sich, so war es besprochen, entlang der Route verteilen, die der Wagen mit den prominenten Insassen einschlagen würde. Wer beim Vorbeifahren der Kolonne eine günstige Position hatte, sollte nach eigenem Ermessen eine Granate in den Wagen des Erzherzogs schleudern oder das Paar mit der Pistole erschießen.

Unter den Verschwörern befand sich ein erst 19-jähriger Mann namens Gavrilo Princip, ein Gymnasiast und Mitglied einer anarchistischen Organisation von Schülern und Studenten. Wie seine Mitstreiter war er glühender Nationalist und leidenschaftlicher Gegner der österreichisch-ungarischen Besatzungspolitik.

Für das kaiserliche Paar begann der Morgen des 28. Juni mit einem Frühstück, das sie in ihrem etwas außerhalb von Sarajewo, in dem Ort Ilidza gelegenen Hotel einnahmen.

Um 9 Uhr besuchten sie einen Gottesdienst. Zu diesem Zeitpunkt bezogen die Attentäter bereits ihre Positionen am Rand der Straße. Es galt, früh da zu sein, um sich in Anbetracht der erwarteten Menschenmenge, die später die Straße säumen würde, einen guten Platz zu sichern. Schon jetzt, mehr als eine Stunde vor der geplanten Ankunft, wartete eine große Zahl von Schaulustigen auf die hohen Gäste aus Wien.

Lebende Zielscheiben

Genau um 9.42 Uhr bestiegen der Erzherzog und seine Frau einen Sonderzug, der sie von Ilidza nach Sarajewo brachte. Inzwischen stand der aus sieben Wagen bestehende Konvoi für die Fahrt durch die Stadt bereits parat. Es wurde entschieden, dass Franz Ferdinand zusammen mit Sophie im dritten Wagen sitzen sollte. Ihre prächtige Kleidung konnte keinen Attentäter im Zweifel darüber lassen, wer die ins Visier genommenen Opfer waren. Die Majestäten boten sich auf diese Weise gewissermaßen selbst als lebende Zielscheiben an. Neben dem Chauffeur befanden sich mit dem Chef der Leibwache und dem österreichischen Landeschef von Bosnien-Herzegowina noch zwei weitere Personen in dem olivgrauen Sportcoupé der Marke Gräf und Stift. Erstes Ziel war das Rathaus von Sarajewo. Dort stand ein Empfang beim Bürgermeister auf dem Programm.

Genau um 10.15 Uhr setzte sich der Konvoi gemächlich in Bewegung. Eile war nicht geboten. Die Bewohner von Sarajewo sollten ausgiebig Gelegenheit haben, die Repräsentanten der österreichischen Großmacht in natura zu bewundern. Genau um 10.28 Uhr startete einer der Verschwörer die erste Attacke. Nedeljko Cabrinovic, ein 19-jähriger Druckergeselle und enger Freund von Princip, schleuderte in der Höhe des Appel-Kais eine Handgranate gegen den Wagen des Erzherzogs. Der Fahrer hatte die Aktion bemerkt und gab sofort Vollgas. Nach einer anderen Version habe Franz Ferdinand die

Granate mit dem Arm abgewehrt. Sie rollte jedenfalls vom Verdeck ab und detonierte direkt hinter dem Auto. Einige der Zuschauer erlitten, wie zwei Begleiter des Erzherzogs, leichte Verletzungen. Der verhinderte Attentäter wurde festgenommen, nachdem er vergeblich versucht hatte, sich mit einer Zyanidtablette zu töten. Wie bei den späteren Untersuchungen herauskam, hatte zuvor bereits ein anderer Verschwörer, als die Kolonne seinen Standort passierte, eine Bombe werfen wollen, im entscheidenden Moment allerdings gekniffen.

Pause im Rathaus

Um 10.30 Uhr wurde das Rathaus erreicht. Weitere drei Attentäter hatten die Chance, ihren Plan in die Tat umzusetzen, nicht genutzt. Im Rathaus beschwerte sich der Erzherzog beim Bürgermeister über den Anschlag. Legendär wurden seine Worte: „Das ist ja hübsch. Da kommt man nach Sarajewo, um der Stadt einen Besuch zu machen, und man schleudert Bomben. Das ist empörend." Davon, die restliche Fahrt durch die Stadt ganz aus dem Programm zu streichen, wollte Franz Ferdinand aber nichts wissen. So wurde nur eine kleine Änderung beschlossen: Der Konvoi sollte auf der Uferpromenade bleiben und den vorgesehenen Abstecher in die Altstadt auslassen – dort, wo der Attentäter Gavrilo Princip auf seine Gelegenheit wartete, den Erzherzog zu töten.

Tödliche Schüsse

Lange blieb man nicht im Rathaus. Gegen 10.40 Uhr setzte sich die Kolonne wieder in Bewegung, erneut mit dem Wagen des Erzherzogs an der dritten Position. Doch statt weiter Richtung Appel-Kai zu fahren, bog der Chauffeur des ersten Wagens, wie ursprünglich geplant, in die Altstadt ab. Man hatte vergessen, ihn über die geänderte Route zu informieren. Das zweite und das dritte Fahrzeug folgten ihm. Der Landeschef forderte den Chauffeur des Erzherzogs auf, zu stoppen und zu wenden – keine drei Meter von Gavrilo Princip entfernt. Der Leibwächter, der sich auf dem Trittbrett platziert hatte, stand wegen des Manövers plötzlich auf der falschen, den Zuschauern abgewandten Seite. Der Schüler hatte sich den Mord nicht so einfach vorgestellt. Und im Gegensatz zu seinen Mitverschworenen zögerte er keine Sekunde. Aus nächster Nähe feuerte er aus seiner Pistole zwei Schüsse ab. Die erste Kugel traf, durch die Fahrzeugwand, die Erzherzogin in den Unterleib, die zweite den Erzherzog, der sich über seine Frau gebeugt hatte, in den Hals, zerfetzte die Halsschlagader und die Luftröhre. Umstehende wollen gehört haben, wie er, bevor er das Bewusstsein verlor, zweimal „es ist nichts" sagte. Sofort gab der Chauffeur Vollgas und raste zum Gouverneurspalast. Die Erzherzogin verstarb bereits auf dem Weg. Ihr Mann wurde schwer verletzt in das Gebäude getragen, wo gegen 11 Uhr sein Tod festgestellt wurde.

Auf der Anklagebank

Der Attentäter Gavrilo Princip war sofort nach der Tat überwältigt worden. Im Oktober 1914 wurde ihm, ebenso wie den anderen Mitgliedern der Verschwörung, der Prozess gemacht. Auf der Anklagebank des Gerichts in Sarajewo saßen insgesamt 25 Personen, neben den sieben Haupttätern auch deren Helfer und Helfershelfer, die man bei den Ermittlungen aufgespürt hatte. Princip verteidigte seine Tat mit dem Argument, er

Augenzeugenbericht

„Ich sah einen jungen Mann aufspringen von der Menge und habe einen Schuss gehört, ein Knallen gehört, so einen einfachen Knall und gleich wieder einen anderen, einen zweiten Knall. Und da habe ich gesehen, wie der Erzherzog aufgesprungen ist im Auto, und in dem Moment hat er einen Schuss bekommen und ist zusammengesunken. Die Gemahlin, die ist nicht aufgesprungen, sitzend hat sie einen Schuss bekommen und ist umgefallen. Der Erzherzog ist aufgesprungen, hat einen Schuss in die Schlagader bekommen und stürzte auch zusammen."

Kurz nach dem Attentat auf das österreichische Thronfolgerehepaar wurde der Attentäter, der serbische Nationalist Gavrilo Princip (zweiter von rechts) verhaftet.

habe einen Tyrannen ermordet. Den Tod der Erzherzogin bedauerte er. Verbindungen zu offiziellen staatlichen Stellen in Serbien habe es nicht gegeben. Die Gruppe habe alleinverantwortlich gehandelt. Wegen Hochverrats und Meuchelmordes wurde er zu 20 Jahren schwerer Kerkerhaft verurteilt. Eine härtere Strafe kam wegen seines jugendlichen Alters nicht infrage. Die anderen Tatbeteiligten erhielten ebenfalls langjährige Haftstrafen. Der Haupttäter Gavrilo Princip starb am 28. April 1918 im Lazarett seines Gefängnisses an einer schweren Krankheit.

Unaufhaltsame Lawine

Es hat in der Geschichte viele Attentate gegeben, jedoch keines, das so weitreichende Auswirkungen hatte wie das Attentat von Sarajewo. In jeder Geschichte des Ersten Weltkriegs wird es ausführlich behandelt, wenn von den Anlässen dieser „Urkatastrophe des 20. Jahrhunderts" die Rede ist. Zu einer anderen Zeit hätte ein Attentat auf hochrangige Angehörige des österreichischen Kaiserhauses nicht solche Folgen gehabt. Doch in der aufgeheizten politischen Atmosphäre dieser Zeit war der Doppelmord von Sarajewo der

Funke, der das labile internationale Gefüge zum Einsturz brachte. Österreich wollte das Attentat nicht ungesühnt lassen, schon allein weil man sich um sein Prestige in Europa sorgte. Vor allem aber fürchtete man den Zusammenbruch der habsburgischen Herrschaft auf dem Balkan, mit möglicher Sogwirkung auf die gesamte österreichisch-ungarische Doppelmonarchie. Und so brachte Wien eine Lawine ins Rollen, die keiner der Beteiligten mehr aufzuhalten vermochte und die direkt in den Ersten Weltkrieg mündete. Auf der Suche nach Partnern bat Kaiser Franz Joseph die deutsche Regierung um Hilfe. Diese erteilte am 6. Juli 1914 eine Blankovollmacht: Würde die Balkankrise zu einem Krieg führen, so würde Deutschland an der Seite Österreichs stehen. Da Russland und Frankreich für den Fall eines Krieges auf dem Balkan Serbien ihre Unterstützung zugesagt hatten, kam es in der Folge innerhalb kürzester Zeit zu einer Serie von Kriegserklärungen: Am 28. Juli 1914 Österreich-Ungarn an Serbien, am 1. August Deutschland an Russland, am 3. August Deutschland an Frankreich, am 11. August Frankreich an Österreich-Ungarn, am 12. August Großbritannien an Österreich-Ungarn. Der „Große Krieg" hatte begonnen.

Tödliches Paradies

Erst lockte er die Menschen in Scharen an. Dann stürzte er sie in den Tod. Mit dem Namen Jonestown ist einer der größten Massenselbstmorde der Geschichte verbunden.

Die Nachricht war eigentlich unfassbar. Mehr als 900 Menschen, so meldeten im November 1978 die Agenturen, hätten in Südamerika gemeinsam Selbstmord begangen. Darunter befanden sich Männer, Frauen, Kinder, sogar Kleinkinder. Schauplatz des schrecklichen Geschehens war ein Camp im Urwald von Guyana. Der Name lautete „Jonestown", benannt nach einem Mann, der schlicht James („Jim") Jones hieß.

In den nächsten Tagen und Wochen beherrschte das Thema Jonestown weiter die Schlagzeilen der internationalen Presse. Die Bilder aus Jonestown schockierten die ganze Welt. Man sah Berge toter Menschen. Leiche lag neben Leiche, teilweise so sorgfältig angeordnet, als habe jemand dabei Regie geführt. Kinder, angeschmiegt an die Mutter, Familien, die sich an den Händen hielten, Paare, eng umschlungen.

Nach und nach wurden durch die Arbeit der Ermittlungsbehörden die Einzelheiten bekannt. Es handelte sich um eine wahre Tragödie. Doch vollständig konnte nicht auf-

Frau nach Indianapolis und begann dort eine Karriere als Prediger. Viele Menschen begeisterten sich für seine Visionen, die er unter dem Dach des von ihm gegründeten „Volkstempels" verbreitete. Die unterschiedlichsten religiösen Lehren verbanden sich in seinem Weltbild mit diffusen Ideen von Sozialismus und Kommunismus. Die Menschen, die dem charismatischen Redner mit der sonoren Stimme bald in Scharen folgten, freuten sich über seine Botschaften, in denen er es schaffte, die Ideen von Jesus Christus, Mahatma Gandhi, Karl Marx und Fidel Castro miteinander zu verbinden, um ihnen dann Erlösung von allen irdischen Sorgen und Erleuchtung zu versprechen. Vor allem lockte er die sozial Schwachen, die Benachteiligten, die Außenseiter an. Ihnen gab er das Gefühl, etwas Besonderes, Einmaliges zu sein. Und sie hofften, mit ihm und durch ihn eine bessere Welt schaffen zu können.

Himmel auf Erden

1974 verließ der selbst ernannte Messias mit einer Gruppe von Anhängern die USA. In Guyana gründete er, fernab der Zivilisation, die Siedlung Jonestown. Sie sollte dazu dienen, in aller Abgeschiedenheit zum wahren und wirklichen Leben zu finden. Jonestown sollte nach dem Willen des von seinen Leuten geradezu hymnisch verehrten Predigers eine Musterkolonie werden. So wie hier sollten nach seinen Visionen einmal alle Menschen auf der Welt leben – in einer Gemeinschaft, in der sich alle liebten, in der alle gleich und alle glücklich waren.

Zunächst entwickelte sich das Projekt für Jones vielversprechend. Mehr und mehr Menschen folgten dem Ruf in den Urwald, auch Familien mit kleinen Kindern. Bald brachte es die Kolonie auf über 1000 Bewohner, die überwiegend aus den Vereinigten Staaten von Amerika stammten. Nach außen hin bildeten sie eine verschworene Gemeinschaft, eine Sekte Gleichgesinnter, die alles miteinander teilten. Finanziert wurde

geklärt werden, was sich an diesem 18. November 1978 in der Urwaldkolonie abgespielt hatte.

Mischung aus allem

Die Menschen, die in dem Camp lebten, waren Anhänger der sogenannten Volkstempel (Peoples Temple)-Bewegung. Diese Sekte war in den 1950er-Jahren von dem US-Amerikaner Jim Jones gegründet worden. 1931 in ärmlichen Verhältnissen in einem kleinen Ort in Indiana geboren, entdeckte er früh, dass er über die Fähigkeit verfügte, auf seine Mitmenschen Einfluss auszuüben. In diesem Glauben wurde er durch seine Mutter bestärkt, die ihm einredete, er sei der Messias. Nach der Heirat 1949 zog er mit seiner

Der charismatische Jim Jones – hier bei einem Interview in Jonestown in Guyana – stieß mit seinen Ideen vor allem bei Außenseitern und Unterprivilegierten der US-Gesellschaft auf Resonanz.

das Unternehmen vor allem durch Spenden. Das Geschäft lohnte sich: Am Ende lagerten mehrere Millionen Dollar auf den Konten des Volkstempels.

Die dunkle Seite

Doch bald zeigte sich, dass Jonestown nicht die Insel der Glückseligen war, wie es der Gründer der Kolonie gern darstellte. Viele kehrten dem Camp den Rücken, weil Jones offenbar mehr versprochen hatte, als er einhalten konnte. Das tägliche Leben war hart, die Unterkünfte waren bescheiden, häufig kam es zu Streitigkeiten und Auseinandersetzungen. Stundenlang dröhnten aus Lautsprechern zur Erleuchtung einladende Predigten des Sektengründers.

Bedenklicher aber waren Berichte von Aussteigern, die von systematischen Vergewaltigungen und Folterungen sprachen. Wer das Camp gegen den Willen Jones' verlassen wollte, wurde mit Gewalt daran gehindert.

Zu diesem Zweck habe Jones, so hieß es, eine Wachmannschaft aufgestellt, die jeglichen Fluchtversuch unterbinden sollte.

Dienstreise mit tödlichem Ausgang

Die Berichte beunruhigten nicht nur die amerikanische Öffentlichkeit, sondern auch die Politik. Am 14. November 1978 reiste der Kongressabgeordnete Leo J. Ryan nach Guyana, um sich vor Ort ein Bild von den Verhältnissen im Camp zu verschaffen. In seiner Begleitung befand sich eine 18-köpfige Delegation, bestehend aus besorgten Angehörigen, Journalisten und Regierungsvertretern. Auch ein Kamerateam war dabei. Am 17. November trafen die Besucher in Jonestown ein. Der Sektenführer persönlich hieß sie willkommen. Auf den ersten Blick schien alles in Ordnung zu sein. Schmucke Häuser, glückliche Menschen. Alle, die hier wohnten, seien der festen Überzeugung, versicherte Jones, dass Jonestown das Beste sei, was ihnen in ihrem Leben passiert sei. Am Abend gab es ein gemeinsames Essen mit Musik und Tanz.

Die Wirklichkeit aber sah anders aus. Viele Mitglieder der Gemeinde wandten sich heimlich an Ryan mit der Bitte, ihnen zu helfen, diesen Ort der Unterdrückung zu verlassen. Am nächsten Morgen machte sich Ryan auf den Weg zum Flughafen. 16 Sektenmitglieder wollten sich ihm anschließen, fest entschlossen, dem Volkstempel für immer den Rücken zu kehren. Andere mit demselben Vorhaben waren durch die bewaffneten Wachleute eingeschüchtert worden. Auf dem Weg aus dem Camp wurde Ryan plötzlich von einem Mann mit einem Messer angegriffen, erlitt jedoch nur leichte Verletzungen. Die Gruppe fuhr daraufhin zum Flughafen Port Kaituma. Von dort wollte man zur Hauptstadt Georgetown fliegen. Dazu sollte es nicht mehr kommen. Der Kongressabgeordnete und seine Begleiter waren gerade im Begriff, ins Flugzeug zu steigen, als plötzlich eine Schar Bewaffneter auf sie zustürmte und sofort das Feuer eröffnete. Im Kugelhagel brach Ryan, tödlich getroffen, zusammen. Außer ihm starben vier weitere Menschen: ein Reporter des NBC, ein Kameramann, ein Fotograf und eine ehemalige Bewohnerin von Jonestown. Neun Menschen wurden verletzt.

Es war keine Frage, dass hinter diesem Attentat der „Messias" persönlich stand. Ryan hatte Unordnung in seine heile Welt gebracht, dafür musste er sterben. Doch es war Jones auch klar, dass seine Kolonie nach den tödlichen Schüssen auf dem Flugplatz noch mehr ins Visier der amerikanischen Behörden rücken würde. Eine Zukunft hatte Jonestown nicht mehr. Das Projekt war gescheitert. Bald würden die Amerikaner, da war sich Jones sicher, mit Militär anrücken und Frauen und Kinder foltern.

Wechsel in eine andere Welt

Dies führte Jones zu einem ungeheuerlichen Entschluss. Es gab nur einen Weg, die Mitglieder seiner Sekte vor der bösen Welt zu retten. Sie sollten kollektiven Selbstmord, „revolutionären Selbstmord", begehen. Ob hinter diesem mörderischen Plan reines Kalkül stand oder der Wahn eines Mannes, der, wie aus seiner Umgebung verlautete, zunehmend unter Drogeneinfluss stand, lässt sich nicht mehr klären. Anfangs hatte er wohl daran gedacht, die ganze Kolonie aus Guyana nach Nordkorea oder in die Sowjetunion, die kommunistischen Paradiese, zu verlegen. Aber dieser Plan erschien unrealistisch. Wenn sie in dieser Welt nicht mehr erwünscht waren, so erklärte Jones seinen Anhängern, dann müsse man in eine andere Welt überwechseln. Wenn man sie nicht in Frieden leben lasse, dann wolle man wenigstens in Frieden sterben. Das waren nicht nur Botschaften an die Gemeinde, sondern auch an die Öffentlichkeit. Auf einem Tonband wurden die letzten Worte des Gurus für die Nachwelt festgehalten.

Das Arrangement für den nun folgenden Massenselbstmord hatte Jones selbst festgelegt. Alle Bewohner der Kolonie versammelten sich und jedem von ihnen wurde ein giftiger Trank verabreicht – ein Mix aus Limonade, Zyanid und Valium. Die Erwachsenen tranken selbst, den Kindern wurde der tödliche Cocktail in den Mund gespritzt. Der Tod trat nach wenigen Minuten ein. 923 Menschen wurden Opfer des von Jones angeordneten Massakers, darunter über 250 Kinder.

Offene Fragen

Merkwürdig war nur, dass einige der Toten an Schussverletzungen gestorben waren. Offenbar waren sie erschossen worden, als sie zu fliehen versucht hatten. Tatsächlich war einigen Bewohnern die Flucht gelungen. Ihre Aussagen gaben wichtige Aufschlüsse über das dramatische Geschehen vom 18. November 1978. Zur Aufklärung darüber, wie Jim Jones ums Leben gekommen war, konnten sie aber nicht beitragen. Den Giftcocktail hatte er nicht getrunken. Die Soldaten, die als erste das Camp untersuchten, fanden ihn mit einem Loch in der Schläfe, verursacht durch einen Schuss. Hatte er sich selbst getötet? Oder war er ermordet worden? Auch eine Autopsie erbrachte kein eindeutiges Ergebnis.

Jonestown – ein Dokumentarfilm

2006 präsentierte der amerikanische Filmemacher Stanley Nelson den Dokumentarfilm *Jonestown. The Life and Death of Peoples Temple* (deutsch *Todeswahn einer Sekte*). Er wollte zeigen, was die Menschen bewegte, die sich der Sekte angeschlossen hatten. Vor allem versuchte er, mithilfe von Filmen, Dokumenten und Augenzeugen das Phänomen Jim Jones psychologisch zu ergründen. Und es ging ihm darum, zu einer Aufklärung der Vorgänge im Camp am 18. November 1978 beizutragen.

Haremsverschwörung gegen Ramses III.

Alle Frauen gegen den Pharao – Ramses III. musste sich gegen eine Intrige wehren. Die Details blieben lange Zeit im Dunkeln, bis Wissenschaftler der Mumie des Königs ein brisantes Geheimnis entlockten.

Ramses III. war ägyptischer Pharao aus der 20. Dynastie. Er regierte das Land am Nil zwischen 1188 und 1156 v. Chr., in einer Zeit, in der Ägypten viele Probleme zu bewältigen hatte. Im Westen machten die Libyer mobil, auf dem Mittelmeer brachten die Seevölker Unruhe. Aber es gelang dem König mit Tatkraft und Energie, das Land durch die gefährlichen Zeiten zu steuern. Ramses III. wurde das Opfer einer Haremsverschwörung. Er wurde in seinem Palast ermordet.

Schwierige Zeiten

Diese Angaben findet man in der Regel, wenn man in den Quellen und der ägyptologischen Literatur nach Informationen über Ramses III. sucht. Tatsächlich hatte Ägypten, als Ramses regierte, seine besten Zeiten hinter sich. Die machtpolitischen Verhältnisse im Vorderen Orient hatten sich gewandelt. An Expansion wie früher war nicht mehr zu denken. Vielmehr kam es darauf an, die Grenzen gegen Angriffe von außen zu sichern. Im Innern gab es wirtschaftliche und soziale Probleme.

Doch hatte sich nicht alles verändert. Als konstanter Faktor seit den frühesten Pharaonen erwiesen sich die Intrigen und Machtkämpfe am Hof des Pharaos. Darunter hatte auch Ramses III. zu leiden. Und deswegen musste er sterben. Deswegen? Die Forschung war sich in dieser Hinsicht lange Zeit nicht so sicher. Eine wichtige Quelle ist ein Papyrus aus der Zeit Ramses III., der heute in Turin aufbewahrt wird. Der Schreiber dokumentiert darin ein vom König selbst angestrengtes Gerichtsverfahren. Es ging um eine Verschwörung, in deren Mittelpunkt Teje, die Frau des Pharaos, stand. Sie soll Ramses nach dem Leben getrachtet haben, weil sie ihren Sohn Pentawer auf den Thron bringen wollte.

Viele Frauen

Teje war nicht die einzige Frau des Pharaos. Wie alle ägyptischen Könige hatte auch Ramses viele Königinnen und viele Nebenfrauen.

Meist hatten die Könige eine Favoritin, die „Große Königsgemahlin". In der Regel wurde einer von deren Söhnen zum Nachfolger des aktuellen Herrschers gekürt. Ramses hatte jedoch bis dahin darauf verzichtet, eine seiner Frauen mit dem Titel zu privilegieren. So durfte kräftig spekuliert werden, wen er als seinen Nachfolger im Auge hatte. Oft, für Teje zu oft, fiel dabei der Name Ramses, der gleichnamige Sohn des Pharaos.

Kommunikationszentrale Harem

Teje gelang es, in langer und subversiver Arbeit eine Allianz gegen den König zu schmieden. Organisatorische Zentrale der Verschwörung war der „Harem" des Pharaos. Mit einem Harem, wie sie später die Kalifen und Sultane unterhielten, hatte ein ägyptischer Harem jedoch nichts zu tun. Hier gab es keine Wächter und keine verschlossenen Räume.

Im Harem des Palastes lebten die königlichen Gemahlinnen, die Nebenfrauen, die Prinzessinnen und ihre Dienerinnen frei und ungebunden. Unter diesen Bedingungen – das liegt auf der Hand – hatte der Harem auch die Funktion einer Kontaktbörse. Hier konnten Pläne beraten, verworfen, neu aufgelegt und auf den Weg gebracht werden. Dieses Forum nutzte Teje, um für ihren Sohn Pentawer zu werben.

Gescheitertes Attentat

Tatsächlich gelang es der ehrgeizigen Frau, einen großen Kreis von Verschwörern für ihre Absichten zu gewinnen. Der Turiner Papyrus enthält die Namen vieler prominenter Persönlichkeiten, die zumindest in den Verdacht geraten waren, mit am Sturz des Pharaos gearbeitet zu haben. Auch der Tatort war bereits ausgewählt worden. Das Attentat auf Ramses III. sollte während eines religiösen Festes im Tal der Könige in der Nähe der alten Residenzstadt Theben verübt werden.

Doch die Sache flog auf. Unklar ist, ob einer der Verschwörer den Platz in letzter Minute verriet oder ob der Pharao selbst Teje und ihren Verbündeten auf die Schliche gekommen war. Die Schuldigen wurden hart bestraft, sicher auch die Anstifterin Teje, obwohl die Quellen über ihr Schicksal nichts verraten. Der vorgesehene Nachfolger Pentawer beging Selbstmord, allerdings nicht freiwillig – mit seiner Selbsttötung vollzog er eine vom Gericht verhängte Strafe.

So war die Verschwörung der königlichen Frauen im Sande verlaufen. Ramses III. starb 1156 v. Chr. im für die damalige Zeit fortgeschrittenen Alter von 62 Jahren. Nachfolger wurde sein Sohn Ramses als Pharao Ramses IV. Dessen Mutter war Iset Ta-Hemdjert, die der Vater nach den Intrigen der Teje zur „Großen Gemahlin" ernannt hatte. Ramses IV. herrschte etwa sechs Jahre lang und konnte das Reich stabil halten. Nach seinem Tod kam es zu Thronstreitigkeiten und schweren innenpolitischen Konflikten, die das Reich insgesamt schwächten.

Rätsel um den Tod des Pharaos

Wie aber starb Ramses III.? Lange Zeit war man in der ägyptologischen Forschung der Überzeugung, dass er im Zusammenhang mit der Haremsverschwörung ums Leben kam. Allerdings hat er den Prozess gegen die Verschwörer nachweislich selbst in die Wege geleitet. Damals muss er also noch gelebt haben.

Einige Wissenschaftler vermuteten, es habe tatsächlich einen Anschlag gegeben, den er zunächst überlebte, an dessen Folgen er aber so sehr gelitten habe, dass er einige Zeit danach starb. Andere gaben zu bedenken, er könne auch nach längerer Krankheit gestorben sein. Jedenfalls machte er sich Sorgen um die Zukunft seines Sohnes Ramses. Erhalten ist ein Text, in dem er die Ägypter geradezu flehentlich darum bittet, den Nachfolger zu unterstützen und zu verehren.

Mit modernster Technik

2012 nahmen sich Wissenschaftler die in Kairo aufbewahrte Mumie des Pharaos Ramses III. vor. Mit modernster Technik wollten sie dem Geheimnis um seinen Tod auf den Grund gehen. Beteiligt waren Vertreter der ägyptischen Altertumsverwaltung, ein Genetiker der Universität Tübingen und ein Paläopathologe aus Bozen, der sich bereits große Verdienste um die Erforschung des prähistorischen „Ötzi", des Mannes aus dem Eis, erworben hatte. Sorgfältig untersuchten die Wissenschaftler die konservierten Überreste des Königs vom Nil, der fast 3200 Jahre zuvor gestorben war. Nach allen Regeln der Kunst wurde er mit Computertomografie, Radiologie und Molekulargenetik seziert.

Diagnose: Mord

Am Ende hatten die Forscher einen überraschenden Befund parat: Ramses III. wurde aller Wahrscheinlichkeit nach ermordet. Die Hightechanalyse hatte also den Verdacht erhärtet, den Ägyptologen aufgrund der schriftlichen Überlieferung schon lange hegten. Wichtigstes Indiz für die Bekräftigung des Mordverdachts war eine schwere Halsverletzung, die erst durch die Computertomografie erkennbar geworden war. Aus der Art der Verletzung ließ sich schließen, dass man dem Pharao, vermutlich mit einem scharfen Messer, die Kehle durchgeschnitten hatte. Dadurch war eine sieben Zentimeter breite Wunde entstanden. Die Aufnahmen enthüllten auch ein Amulett mit dem Auge des Horus – ein im alten Ägypten viel verwendetes Motiv, das dazu diente, Verstorbene zu schützen. Wahrscheinlich hatte man Ramses III. vor weiterem Unheil im Jenseits bewahren wollen. Das Auffinden des Amuletts schloss nun die Vermutung aus, dass dem Pharao die Wunde erst nach seinem Tod zugefügt wurde. Denn dann hätten sich die Einbalsamierer kaum die Mühe gemacht, Vorkehrungen dafür zu treffen, dass es ihm im Jenseits gut ergehen würde.

Nicht ausschließen wollten die Wissenschaftler in ihrem Kommuniqué, dass der Pharao, nachdem ihm die Wunde zugefügt worden war, noch eine Zeitlang gelebt hat. Man kann also nicht davon ausgehen, dass die Verletzung sofort zum Tod führte – eine interessante Information für die Historiker und Ägyptologen, die sich sofort daran machten, die Ergebnisse der Kollegen für ihr Fach auszuwerten. Waren die jüngsten Untersuchungen geeignet, ein neues Licht auf die Haremsverschwörung zu werfen? Waren Teje und ihre Mittäter am Ende doch erfolgreich gewesen? Diese Deutung ist nicht ohne Tücken und Fallstricke. Keiner weiß, wer den Mordversuch unternommen hat und wann dies geschah. Vielleicht gab es eine weitere Verschwörung, die in die schriftlichen Quellen aus dem alten Ägypten gar nicht Eingang gefunden hat.

Das Geheimnis von Mumie E

Ein weiteres Rätsel konnte im Zuge der Hightechuntersuchungen von 2012 einer Lösung näher gebracht werden. Bis dahin herrschte Unsicherheit über die Identität einer Mumie, die man unter der anonymen Registrierung „Mumie E" kannte und die in einer Nekropole nördlich von Theben entdeckt worden war. Nun wurde festgestellt, dass man es mit den sterblichen Überresten eines jungen Mannes zwischen 18 und 20 Jahren zu tun hatte, der, wie Genanalysen zeigten, eng mit Ramses III. verwandt war. Möglicherweise handelt es sich um den unglücklichen Pentawer, der nach der Haremsverschwörung dazu verurteilt worden war, Selbstmord zu begehen. Jedenfalls fanden sich an seiner Mumie auffällige Merkmale, die darauf zurückzuführen sein könnten, dass der Mann sich selbst erhängt hat. Dafür sprechen der aufgeblähte Körper und eine merkwürdige Hautfalte am Hals. Zudem hatte man die Mumie in ihrem Grab nicht gerade königlich mit einem einfachen Ziegenfell bedeckt. Auch waren ihr bei der Mumifizierung nicht, wie üblich, Gehirn und Organe entnommen worden. Auf diese Weise wurden eigentlich Menschen behandelt, die als Verbrecher galten – so wie Pentawer nach der gescheiterten Haremsverschwörung.

Gewissheit über die Identität von Mumie E könnte ein Abgleich mit der DNA der Mutter Teje ergeben. Deren Mumie ist aber bis heute noch nicht ans Tageslicht gekommen. Doch die Ausgräber sind eifrig am Werk.

Mumien

Die Gewohnheit der alten Ägypter, die Toten und insbesondere die Pharaonen – im Bild die Mumie Ramses III. – zu mumifizieren, liefert der Wissenschaft wertvolles Material. Hintergrund war der Glaube, dass der Tod den Übergang in ein neues Leben bedeute. Nach dem Tod verlässt die Seele den Körper, der konserviert werden muss, damit ihn die Seele später wiederfindet. Bei der Mumifizierung wurden Leber, Lunge, Magen, Darm und Gehirn entfernt. Dann wurde der Körper mit Natron bedeckt, um die Verwesung zu verhindern. 35 Tage lang wurde er getrocknet und dann mit Leinenbinden umgewickelt.

Rätsel und Geheimnisse

Das Geheimnis der Flüsterakustik

Die antiken griechischen Theater sind berühmt für ihre hervorragende Akustik. Ein Team von Wissenschaftlern aus den USA lieferte dafür eine verblüffende Erklärung.

Steinsitze (hier im Athener Dionysostheater) „schlucken" aufgrund ihrer Konstruktion störende Geräusche, sodass auch in großen Theatern wie dem von Epidauros (linke Seite) die Schauspieler selbst in den letzten Theaterreihen noch gut verstanden werden konnten.

Noch heute kann man sich davon überzeugen: Wer ein antikes Theater in Griechenland besucht, staunt über die Akustik. Man stellt sich unten auf die Bühne, sagt mit gar nicht einmal lauter Stimme, sogar flüsternd ein paar Worte, die bis in die obersten Sitzreihen hinein mühelos verstanden werden. Einheimische Touristenführer demonstrieren diesen Effekt gern mit Münzen, die sie auf den Boden werfen, Streichhölzern, die sie anzünden, oder mit Papier, das sie zerreißen.

So war es auch bereits in der Antike. Wenn das Publikum Aufführungen von Stücken der Klassiker Aischylos, Sophokles oder Euripides verfolgte, musste niemand befürchten, etwas von dem zu verpassen, was Chor und Schauspieler vortrugen.

Vom Wein zum Theater

Seinen Ursprung hatte das griechische Theater im Kult des orgiastischen Weingottes Dionysos. Veranstaltungen zu seinen Ehren wurden, wie es zuerst in Athen der Fall war, von kleineren szenischen Darbietungen begleitet, die so erfolgreich und populär waren, dass im Lauf der Zeit immer mehr Menschen herbeiströmten. Zu Anfang saßen sie einfach auf dem Hang zu Füßen der Akropolis. Weil aber immer mehr Platz benötigt wurde, errichtete man im 4. Jahrhundert v. Chr. erst hölzerne und dann steinerne Sitzreihen. Damit war das griechische Theater als jene Bauform geboren, die heute noch an vielen archäologischen Stätten in Griechenland bewundert werden kann. In der Folgezeit

bauten griechische Architekten die halbkreisförmigen Theater meist in den Hang hinein, auch weil damit die umgebende Landschaft in das Gesamtkunstwerk einbezogen wurde. Römische Ingenieure errichteten später mächtige Unterbauten (Substruktionstechnik) und konnten so an jedem beliebigen Ort ein Theater errichten.

Juwel unter den Theatern

Eines der schönsten Theater aus der griechischen Antike befindet sich in Epidauros. Der Ort liegt auf der Peloponnes, etwa 60 Kilometer südlich von Korinth. Hier gab es auch ein viel besuchtes Heiligtum des Gottes Asklepios. Das Theater stammt aus der zweiten Hälfte des 4. Jahrhunderts und bot nach einem Umbau zu Beginn des 2. Jahrhunderts v. Chr. 14000 Zuschauern Platz. Zu Anfang war es für 6000 Menschen konzipiert worden. Die Ehre, dieses Juwel unter den griechischen Theatern konstruiert zu haben, gebührt, wie der antike Schriftsteller Pausanias mitteilt, dem aus Argos stammenden Architekten Polykleitos.

Der Meister besaß ein ausgezeichnetes Gespür für Harmonie, Perfektion und Proportionen, wie archäologische und bauhistorische Forschungen nachgewiesen haben. Die ursprünglich 34 Sitzreihen waren in zwölf Sektoren aufgeteilt. Nach der Erweiterung gab es 22 Sektoren mit 21 neuen Sitzreihen.

Das Geheimnis der Akustik

Berühmt ist das Theater von Epidauros für seine einzigartige Akustik. In keinem anderen Theater der Antike konnte man besser verstehen, was die Schauspieler auf der Bühne sagten und sangen. Über das Geheimnis der perfekten Akustik von

Schlechte Akustik

Dass die Akustik in Versammlungsorten in Griechenland nicht immer perfekt war, beweist ein Vorfall aus dem Jahr 197 v. Chr. Damals rief der römische Feldherr Flamininus die Griechen nach Korinth, um ihnen mitzuteilen, dass man beabsichtige, ihnen die Freiheit zu schenken. Ein Herold verlas im Stadion von Korinth mit großem Pathos die entsprechende Erklärung. Doch keiner hörte ihn, weil sich die Anwesenden in angeregten Gesprächen befanden. Sie fragten sich, als sie den Herold sahen, was eigentlich gerade geschehen sei. Als endlich Ruhe eingekehrt war, verkündete der Herold den Text noch einmal und nun brandete auf den Tribünen großer Jubel auf.

Epidauros haben sich die Wissenschaftler schon immer viele Gedanken gemacht. Eine wichtige Rolle spielte, so fand man heraus, die durchdachte Konzeption des Baus, bei der auch mathematische Erkenntnisse aus dem Umkreis des großen Gelehrten Pythagoras – wie Pentagramm und Goldener Schnitt – zum Tragen gekommen sind. So entstand ein perfekter Akustikraum. Eine weitere Ursache sahen Experten in einem meteorologischen Phänomen: In Epidauros weht der Wind meist so, dass er die Worte von der Bühne in den Zuschauerraum weiterbeförderte und somit als Verstärker der Stimmen diente.

Steinerne Schalldämpfer

2007 wollten es US-Forscher genau wissen. Ein Team vom Georgia Institute of Technology unter der Leitung von Nico Declercq nahm das Theater ausführlich unter die Lupe. Vor allem die Sitzreihen hatten es den Experten für Akustik angetan. Sie stellten fest, dass die Sitze im Zuschauerraum so konstruiert waren, dass sie alle lästigen Störgeräusche eliminierten. Genauer gesagt: Sie dämpften tiefe, oder, wie die Wissenschaftler es formulieren, „niederfrequente" Töne. Die kritische Grenze liegt bei 500 Hertz. Was darunter liegt, wirkt störend, wie zum Beispiel das Gemurmel von Theaterbesuchern. Tatsächlich waren antike Theateraufführungen – wie heute noch die Opern in der Arena von Verona – kommunikative Veranstaltungen, bei denen sich die Menschen im Publikum angeregt unterhielten, auch Speisen und Getränke zu sich nahmen. Das war kein schlechtes Benehmen, sondern Teil eines Events, der sich über mehrere Stunden hinziehen konnte. Meist wurden – im Wettbewerb – drei Stücke nacheinander aufgeführt. Das dauerte Stunden, und keiner konnte oder wollte die ganze Zeit stumm zusehen.

So zeichnete die antiken Theater stets ein ziemlich hoher Geräuschpegel aus. Die An-

ordnung der Sitzreihen aber sorgte nach Ansicht der Forscher dafür, dass die Zuschauer das Geschehen auf der Bühne akustisch einwandfrei verfolgen konnten. Die Sitzreihen verschluckten die tiefen Töne und machten den Weg frei für die ungetrübte Rezeption der hohen Töne. Dieser Effekt wurde erzielt, weil die 34 Sitzreihen aus der Zeit des ersten Theaterbaus schräg übereinanderlagen. Als das Theater im 2. Jahrhundert v. Chr. erweitert wurde, kam dieselbe Bauweise zur Anwendung, sodass die Zuschauer weiterhin einen akustisch störungsfreien Kunstgenuss erleben durften. Aber wurden durch diese Filteranlage nicht auch die tiefen Töne der Schauspieler beseitigt? Im antiken Theater wurden zu dieser Zeit auch die weiblichen Rollen von männlichen Akteuren gespielt, die ihre Gesichter hinter Masken verbargen. Mussten sie also besonders hoch sprechen, um verstanden zu werden? Darüber musste man sich keine Sorgen machen, sagen die Forscher aus Georgia. Der menschliche Hörsinn sei ohne Weiteres in der Lage, die gefilterten Töne zu ergänzen.

Ein bewusster Geniestreich?

Fragt sich nur: Absicht oder Zufall? Haben die antiken Ingenieure von diesem Effekt gewusst oder stellte er sich ohne ihr Zutun ein? Nico Declercq mag nicht an Zufall glauben. Seiner Meinung nach machte die Flüsterakustik von Epidauros sogar Schule und wurde von vielen anderen Architekten in Griechenland übernommen. Allerdings fehlt in der einschlägigen Fachliteratur der Antike, beispielsweise bei dem gewöhnlich bestens informierten römischen Architekturhistoriker Vitruv, darauf jeder Hinweis. Um die These zu belegen, werden weitere Untersuchungen in griechischen Theatern notwendig sein. Das Angebot ist groß genug. In der Antike hatte jede Stadt ihr Theater, und viele von ihnen sind heute noch in einem sehr guten Zustand.

Raffiniert verschlüsselt

Auch 100 Jahre nach seiner Entdeckung stellt das Voynich-Manuskript eine echte Herausforderung für kluge Köpfe und gelehrte Geister dar. Welches Geheimnis verbirgt sich dahinter?

Die mysteriöse Geschichte begann im Jahr 1912. Damals stöberte ein in den USA lebender Bücherwurm mit polnischen Wurzeln in der Bibliothek der Villa Mondragone im italienischen Frascati. Zu dieser Zeit befand sich das mondäne Gebäude im Besitz des Ordens der Jesuiten. Dabei eindeckte er in einer alten Truhe ein merkwürdiges Manuskript, von dem er noch nicht ahnte, dass es einmal nach ihm, dem Antiquar und Büchersammler Wilfrid Michael Voynich, benannt werden würde. Zunächst schenkte er dem reich bebilderten, aber ausgesprochen merkwürdig beschrifteten Konvolut keine große Beachtung. Er erwarb es zusammen mit einer ganzen Anzahl anderer alter Schriften, nahm sie mit nach Hause über den großen Teich und versuchte bis zu seinem Tod im Jahr 1930, sich einen Reim auf das seltsame Werk aus der Villa Mondragone zu machen.

Das Bemühen war vergeblich. Voynich starb, ohne zu wissen, was in dem Manuskript stand. Er vererbte es seiner Frau und seiner Sekretärin, die es nach dem Tod der Witwe an einen amerikanischen Buch-

händler verkaufte. Dessen Hoffnung, es gewinnbringend weiterveräußern zu können, erfüllte sich nicht. Zwar war das „Voynich-Manuskript" in Fachkreisen inzwischen ein fester Begriff, doch da keiner genau zu sagen wusste, welchen Wert es eigentlich hatte, vermachte der Händler das rätselhafte Exemplar im Jahr 1969 der Universität Yale.

Der aus polnischem Adel stammende Wilfrid Michael Voynich (1865 –1930) führte ein interessantes Leben. Er studierte Chemie in Moskau, wurde 1887 von den russischen Behörden als Revolutionär nach Sibirien verschickt, von wo ihm 1890 die Flucht nach Westeuropa gelang. 1895 gab er seine revolutionäre Tätigkeit auf und widmete sich fortan dem antiquarischen Buchhandel. Das Foto zeigt ihn im Jahr 1904.

Unzählige Wissenschaftler und Hobbyforscher bissen sich in den folgenden Jahren und Jahrzehnten die Zähne aus, wenn sie sich an die Aufgabe machten, dem anscheinend – oder doch nur scheinbar – Sinnlosen einen Sinn zu geben. Buchtechnisch handelt es sich bei dem Werk um einen Kodex mit 20 zu einem Buch gehefteten Lagen von Pergament. Als das Manuskript in den Besitz Voynichs gelangte, fehlten bereits einige davon, sodass sich die ursprüngliche Seitenzahl von 116 auf 102 Blätter reduziert hatte. Eingefügt war der Text in einen Einband, der ebenfalls aus Pergament gefertigt war.

Kryptische Zeichen

Der Text selbst aber war völlig unverständlich. Das liegt nicht etwa an einer schlechten Handschrift – die Buchstaben und Wörter machen den Eindruck, als habe sich hier ein kundiger und kunstfertiger Schreiber produziert. Zu lesen ist der Text, so viel ist wenigstens sicher, von links nach rechts. Das lässt sich daran erkennen, dass die Schrift am rechten Rand ungleichmäßiger ist. Auch so etwas wie ein Alphabet ist identifizierbar, nämlich ein Repertoire von Zeichen, die bei der Herstellung des Manuskripts verwendet wurden. Alles andere aber ist rätselhaft. Kein bekanntes Schriftsystem der Gegenwart und der Vergangenheit scheint zu dem Code zu passen, den der Schreiber verwendete. Einige Zeichen weisen zwar Ähnlichkeit mit

lateinischen und arabischen Buchstaben auf, andere wiederum entziehen sich jedem Versuch der Identifizierung.

Bunte Bilder

Eine gewisse Hilfestellung liefern die dem Text beigefügten handgemalten Illustrationen. Nach den dabei gewählten Motiven lassen sich mehrere Sektionen unterscheiden. So erinnert eine Serie von Bildern an Darstellungen aus dem klösterlichen Kräutergarten oder an therapeutische Empfehlungen aus einer mittelalterlichen Apotheke. Eine andere Gruppe mit Abbildungen von Sonne, Mond und Sternen erweckt den Eindruck einer bebilderten Lehrstunde in Astronomie. Aber wie passt dazu eine Schar nackter Frauen beim Baden? Und eine Reihe weiterer Motive, die sich schwer bestimmen lassen.

Um dem Geheimnis auf die Spur zu kommen, forschten Historiker nach dem Autor und nach der Zeit der Entstehung. Dazu musste geklärt werden, wie das Manuskript in die Villa Mondragone gelangt war. Die Recherchen waren äußerst mühselig und führten nicht selten in eine Sackgasse. Vieles blieb Spekulation, eine lückenlose Rekonstruktion war nicht möglich. Also nahmen sich die Wissenschaftler das Werk vor und forschten nach Anhaltspunkten für eine Datierung. Dabei kristallisierte sich eine Abfassungszeit um 1500 heraus, vielleicht auch etwas früher. Dafür sprach unter anderem die Zeichnung der badenden Frauen, deren Physiognomie und Haartracht Frauenporträts aus dieser Zeit entsprach, oder die an Schwalbenschwänze erinnernde Form der Burgzinnen, die damals groß in Mode war.

Geheimnis um den Schreiber

Eine vielversprechende Fährte war ein Name, der in lesbarer Form auf der ersten Seite des Manuskripts gestanden hatte, bevor er, aus unbekanntem Grund, ausgekratzt wurde. Unter UV-Licht brachten ihn Spezialisten wieder zum Vorschein – Jacobus de Tepenec, in Historikerkreisen kein Unbekannter. Er stammte aus Böhmen, lebte etwa von 1575 bis 1622, war in seiner Zeit ein berühmter Botaniker und Arzt und wurde von dem Habsburger Kaiser Rudolf II. an den Hof nach Wien gerufen. War er etwa der anonyme Verfasser des Manuskripts? Oder hatte er es selbst erworben und mit seinem Namen als sein Eigentum kennzeichnen wollen?

Der böhmische Gelehrte blieb auf der Liste potenzieller Autoren-Kandidaten nicht lange allein. Mit jeweils mehr oder weniger überzeugenden Argumenten wurden Kapazitäten wie der mittelalterliche Philosoph Roger Bacon, das Universalgenie Leonardo da Vinci oder der berühmte Arzt Paracelsus ins Spiel gebracht. Hobbyforscher mit romantischer Ader wollten in dem Verfasser einen Alchimisten sehen, der der Nachwelt eine Rezeptur für den legendären Jungbrunnen liefern wollte – oder eine Gebrauchsanweisung für die Suche nach dem Stein der Weisen.

Solche Hypothesen waren natürlich geeignet, den Eifer bei der Entschlüsselung des ominösen Voynich-Manuskripts noch weiter anzustacheln. In regelmäßigen Abständen erscheinen in wissenschaftlichen und populären Magazinen Meldungen, wonach alle bisherigen Deutungsversuche falsch seien und es Forschern nun aber endlich gelungen sei, das Rätsel zu lösen. In aller Regel sahen sich die Fachkollegen dann herausgefordert, ihrerseits die neuen Ergebnisse in Zweifel zu ziehen.

Thesen über Thesen

Dessen ungeachtet, haben neue Untersuchungsmethoden zu Resultaten geführt, die nicht nur die Fachwelt aufhorchen ließen. Eine Radiokarbonanalyse des Pergament-Einbands führte 2009 zu dem Ergebnis, dass dieser zwischen 1404 und 1438 angefertigt wurde. Wissenschaftler der Universität Yale, wo das umstrittene Schriftstück aufbewahrt wird, nahmen Proben vom Pergament, der Tinte und den Farben der Bilder mit dem Ziel, ihre chemische Zusammensetzung zu analysieren und dabei Hinweise auf Alter und Entstehungszeit zu erhalten. Sie plädierten nach dem vorläufigen Abschluss ihrer Untersuchungen für eine deutlich frühere Datierung.

Rätselhafte Zeichnungen kombiniert mit unbekannter Schrift und Sprache kennzeichnen das Voynich-Manuskript.

Daneben konzentrieren sich die jüngsten Forschungen auch weiterhin auf den Text selbst. Dabei gehen die meisten Gelehrten von der Voraussetzung aus, dass es sich bei dem Manuskript um eine kodierte Botschaft handelt. 2013 meldete sich Marcello Montemurro von der Universität Manchester zu Wort. Er unterzog die Buchstaben und Zeichen des Textes einer genauen statistischen Analyse und glaubte, eine Systematik zu erkennen. Viele Buchstabenkombinationen kommen über den ganzen Text verteilt vor. Das sind dieselben Merkmale, wie sie bei natürlichen Sprachen vorkommen.

Anfang 2014 publizierten der Botaniker Arthur O. Tucker und der Informatiker Rexford H. Talbert eine völlig neue These. Sie glauben, dass die Lösung des Rätsels nach Mexiko führt. Viele der im Kodex abgebildeten Pflanzen haben ihre Heimat in Mittelamerika. Der Schreiber habe sich der Aztekensprache Nahuatl bedient. Der Text enthalte daher keine verschlüsselten Mitteilungen, sondern sei eine Art Lehrbuch der Botanik.

Im selben Jahr trat der britische Linguist Stephen Bax an die Öffentlichkeit mit der Versicherung, es sei ihm gelungen, zehn Wörter des Textes zu entziffern – und zwar Bezeichnungen für Pflanzen und Sterne. Mutmaßlich liege dem Text eine orientalische Sprache zugrunde, etwa Arabisch oder Türkisch. Mit den decodierten Schlüsselwörtern könne man, wie einst das französische Sprachgenie Champollion bei der Entzifferung der Hieroglyphen, das Geheimnis des gesamten Textes lüften.

Eine Fälschung?

Bis heute ist der Verdacht nicht ganz aus dem Weg geräumt, dass es sich bei dem Manuskript schlicht um eine Fälschung handelt. Diese Auffassung kann sich darauf berufen, dass die Vielzahl der verschiedenen, einander ausschließenden Theorien schon beweist, dass es nicht möglich ist, auf einen gemeinsamen, allgemein nachvollziehbaren Nenner zu kommen. Vielleicht hat sich der mittelalterliche Schreiber einen Spaß erlaubt. Nicht wenige Wissenschaftler bekennen sich heute als Anhänger dieser „Schabernack"-Theorie. Tatsächlich ist bekannt, dass Fälschungen dieser Art bei Gelehrten des Mittelalters ein beliebtes Spiel gewesen sind.

Oder liegt die Quelle des Geheimnisses sogar bei dem Finder Wilfrid Michael Voynich? Die angeblichen Umstände der Entdeckung des Manuskripts lassen Platz für Zweifel. Der rührige Antiquar hatte auch – allerdings vergeblich – versucht, das Exemplar an Wissenschaftler zu verkaufen. Seine Geschäfte liefen nicht besonders gut. Hat er den Text selbst geschrieben und die Bilder selbst gemalt – und das alles täuschend echt, damit man den Eindruck hat, es handle sich um ein Werk aus dem Mittelalter?

Seit mehr als 100 Jahren liefert der Kodex mehr Fragen als Antworten.

Cardan-Gitter

Kryptografen halten es für möglich, dass das Voynich-Manuskript eine Botschaft enthält, die mithilfe eines sogenannten Cardan-Gitters zu entschlüsseln wäre. Diese vergleichsweise einfache Methode zur sicheren Übermittlung geheimer Botschaften entwickelte um 1550 der italienische Mathematiker Gerolamo Cardano. Er bediente sich eines Stücks Pergament, zeichnete darauf ein Gitter und schnitt einige der Felder aus, sodass eine Schablone entstand. Nun legte er das Gitter auf ein leeres Stück Papier und trug an den Stellen, an denen die Schablone Lücken hatte, mittels Buchstaben, Silben oder anderen Zeichen die Botschaft ein, die er übermitteln wollte. Die übrigen Flächen wurden mit beliebigen Zeichen ähnlicher Qualität wie die der Geheimbotschaft gefüllt. Wer diese Nachricht entschlüsseln wollte, musste im Besitz des Gitters sein. Ein Außenstehender kann bei einem gut gemachten Cardan-Gitter nicht einmal erkennen, dass er es mit einer Geheimbotschaft zu tun hat. Cardan-Gitter gehören damit in den Bereich der Steganografie, also der Kunst der verborgenen Informationsübermittlung.

Die Identität des berühmten Gefangenen ist bis heute ein Rätsel. Eine der populärsten Deutungen aber kann zu den Akten gelegt werden: Er war nicht der Zwillingsbruder des Sonnenkönigs.

Der Mann mit der eisernen Maske

Am 19. November 1703 starb in Paris ein Mann im Alter von etwa 60 Jahren. Das wäre heute kaum erwähnenswert, wenn seine Geschichte, seine Identität und sein Schicksal nicht bis in die Gegenwart hinein zu den strittigsten Fragen im Umfeld der französischen Krone zählten. Der Tod dieses Mannes war der Anlass sowohl für seriöse historische Nachforschungen als auch für wilde Spekulationen, die immer noch nicht verstummt sind.

Prominenter Gefangener

Vier Jahre lang war der Mann, der an diesem Tag starb, im Staatsgefängnis, der Bastille, inhaftiert gewesen. Zuvor hatte er in verschiedenen Gefängnissen gesessen, so auch auf der Insel Sainte-Marguerite vor der Südküste Frankreichs. Erstmals hatte man ihn am 24. August 1669 in der Festung Pignerol im Piemont in Gewahrsam genommen. Offenbar handelte es sich um eine außergewöhnlich wichtige Persönlichkeit. Denn höchste

Stellen aus dem Umfeld des Königs hatten angeordnet, dass er sein Gesicht hinter einer eisernen Maske verbergen müsse, um von niemandem erkannt zu werden. Anscheinend verdeckte die Maske also ein allgemein bekanntes Gesicht. Und dies mit Erfolg – niemand bekam ihn jemals ohne Maske zu sehen, nicht einmal das Wachpersonal, das bei allen seinen Gefängnisaufenthalten nicht ausgewechselt wurde, sondern alle seine Touren durch französische Haftanstalten mitmachte.

Auch das Leben, das er als Häftling führte, war alles andere als normal. In der Bastille, wie schon zuvor in den anderen Gefängnissen, hatte er einen sehr zuvorkommenden und komfortablen Service genießen dürfen. Seine Zellen waren nicht kahl und karg wie die der anderen Häftlinge,

sondern geschmackvoll mit wertvollen Möbeln ausgestattet. Er hatte die Erlaubnis, auf Musikinstrumenten zu spielen und bekam, wenn er krank war, sofort und unbürokratisch ärztliche Hilfe. Man gestattete ihm sogar, die von ihm bevorzugte seidene Unterwäsche zu tragen. Kein anderer Gefangener in Frankreich durfte sich einer größeren Aufmerksamkeit erfreuen. Zugleich aber wurde er auf das Schärfste bewacht.

Auf der Jagd nach dem Phantom

Natürlich heizten diese Umstände die Gerüchteküche an. Wer war der geheimnisvolle „Mann mit der eisernen Maske"? Die klügsten Geister zerbrachen sich die Köpfe, um herauszubekommen, welches Gesicht und welche Identität sich hinter der Maske verbarg. Geschichtsforscher, Chronisten und

Der Zwilling im Film

In dem Spielfilm *Der Mann in der eisernen Maske,* den Regisseur Randall Wallace 1998 in die Kinos brachte, blieb es kein Geheimnis, wer sich hinter der Maske verbarg: Schauspieler Leonardo DiCaprio. Gleichzeitig spielte er auch die Rolle von König Ludwig XIV. Damit war klar: Der Film folgte der Zwillingstheorie. Mithilfe der reaktivierten Musketiere gelingt es in einem dramatischen Finale, dem perfiden Sonnenkönig das Handwerk zu legen – auch wenn d'Artagnan alias Gabriel Byrne am Ende sterben muss.

Archivare recherchierten, analysierten, interpretierten. Dichter nahmen sich des Themas an, fabulierten und schufen mit dem Privileg der dichterischen Freiheit so manche Dramaturgie, die mit der Realität wenig Ähnlichkeit hatte. Der französische Schriftsteller Alexandre Dumas setzte dem Mann mit der eisernen Maske im dritten Band seiner Trilogie *Die drei Musketiere* ein literarisches Denkmal.

Geburt eines Zwillings

Auf den berühmten französischen Philosophen Voltaire geht die bis heute hoch gehandelte Version zurück, es könne sich bei dem mysteriösen Luxusgefangenen um einen Zwillingsbruder von König Ludwig XIV. handeln. Diese Behauptungen stellte der Gelehrte in einem Buch auf, das 36 Jahre nach dem Tod des Königs erschien. Als Fünfjähriger war dieser 1643 auf den Thron gekommen, die Mutter übernahm bis zu seiner Volljährigkeit die Regentschaft. Die Mutter des „Sonnenkönigs" von Versailles war Anna von Österreich. 1615 hatte sie Ludwig XIII. geheiratet. 22 Jahre lang war die Ehe kinderlos geblieben. Dann kam am 5. September 1638 Ludwig zur Welt. Wie üblich, wurde der Dauphin dem jubelnden Volk gezeigt und in der Hofkapelle gesegnet. Genau zu diesem Zeitpunkt habe Anna noch ein weiteres Kind zur Welt gebracht. Und weil es am französischen Hof damals die Regel gegeben habe, dass bei der Geburt von Zwillingen nicht die Primogenitur – also die Anwartschaft des Erstgeborenen auf den Thron – zur Anwendung kam, sondern der zweite Zwilling privilegiert sein solle, beschlossen die einflussreichen Berater der Krone, Ludwigs Double diskret von der Bildfläche verschwinden zu lassen. Man habe ihn nach England geschickt. Später sei er zurückgekehrt, um den Bruder zu stürzen und als König zu beerben. Dabei sei er gefangengenommen und inhaftiert worden. Weil er dem königlichen Bruder ausgesprochen ähnlich sah, habe man ihn gezwungen, eine Maske zu tragen.

Schädel aus der Ruine

Diese Darstellung hat den Vorzug, eine nachvollziehbare Erklärung für den Aufwand, der mit dem „Mann mit der Maske" getrieben wurde, zu liefern. Sie hat den entscheidenden Nachteil, dass es vielleicht einige Indizien, aber keinen einzigen sicheren Beweis für ihre Richtigkeit gibt. Vor einigen Jahren fand ein Graf aus Südfrankreich bei der Restaurierung der Burgruine Le Suquet im Verlies ein Skelett. Zu Lebzeiten musste es sich um einen vornehmen Herrn gehandelt haben. Darauf deuteten die samtenen Kleiderreste neben dem Skelett hin. Anthropologen in Paris nahmen den Schädel unter die Lupe, verglichen ihn mit der Totenmaske Ludwigs XIV. und kamen zu dem Schluss, dass die Leiche aus dem Schloss Ludwigs Zwillingsbruder sein müsse. Aber wie sollte er nach Südfrankreich gekommen sein? Er starb in der Bastille in Paris. Dorthin hatte man ihn im September 1698 gebracht. Zuvor war er elf Jahre lang einer von zwei Häftlingen auf der kleinen Insel Sainte-Marguerite gewesen. Sie liegt nicht weit von der Küste entfernt. Eine der nächsten Städte auf dem Festland ist Cannes. Die Burgruine Le Suquet befindet sich etwas oberhalb von Cannes. Also könnte der Gefangene doch beim Transport geflohen sein und in der Burg eine letzte Zuflucht gefunden haben. Dem steht aber die Tatsache gegenüber, dass der „Mann mit der eisernen Maske" nachweislich in Paris gestorben ist. Der Schädel konnte also die Zwillingsversion nicht retten.

Theorien über Theorien

Die Zwillingsthese ist die populärste, jedoch längst nicht die einzige Deutungsoption bei dem Versuch, den Schleier, der den „Mann mit der eisernen Maske" umgibt, zu lüften.

Porträt des „Sonnenkönigs" Ludwig XIV. Wurde hinter der eisernen Maske das Gesicht seines Zwillingsbruders verborgen?

Historiker, die sich mit dem Fall intensiv befasst haben, zählen inzwischen 60 Lösungsvorschläge. Dabei schossen häufig auch die Spekulationen ins Kraut. So wurde gemutmaßt, es handle sich nicht um den Bruder des Sonnenkönigs, sondern um den Sohn des englischen Reformers Oliver Cromwell. Das einzig historisch Richtige an dieser Theorie ist, dass dies von der Zeit her möglich gewesen ist. Von der Sache her ist es jedoch unmöglich. Ebenfalls kann man die Behauptungen zu den Akten legen, dass der „Mann mit der eisernen Maske" wahlweise ein französischer oder ein englischer Adliger gewesen sei, der eine Verschwörung gegen den König geplant habe. Oder ein Kammerdiener, der von Staatsgeheimnissen erfahren hatte – Forschungen in diese Richtung führten ebenfalls nicht zu einem konkreten Ergebnis. Genausowenig vermag eine weitere, häufiger artikulierte Theorie mit harten Fakten zu beeindrucken: Danach wäre der seltsame Gefangene ein anderer, in Ungnade gefallener Verwandter des Sonnenkönigs, ein illegitimer Sohn der Mutter Ludwigs XIV. oder das Resultat einer Beziehung des Königs mit einer Maitresse gewesen.

General im Visier

Hartnäckig hält sich bis heute in Fachkreisen eine Spur, die sich bereits Ende des 19. Jahrhunderts erstmals öffnete. Damals entdeckten Historiker im Nachlass des Generals Nicolas Catinas, der von 1637 bis 1712 lebte und also ein Zeitgenosse des „Mannes mit der eisernen Maske" war, zahlreiche verschlüsselte Briefe. Étienne Bazeries, einem der bekanntesten und erfolgreichsten Kryptografen Frankreichs, gelang es, die Texte zu dekodieren. Verblüfft stellte er fest, dass es in einem der Briefe um eine angesehene Persönlichkeit ging, die von Ludwig XIV. in einem Anfall von Zorn ins Gefängnis geworfen worden war. Bei dem Betreffenden handelte es sich um den General Vivien de Bulonde, dem der König die Schuld an einem

gescheiterten militärischen Unternehmen gab – konkret ging es um die Belagerung von Cuneo 1691 während des Pfälzischen Erbfolgekriegs. In dem an einen General namens Catinat gerichteten Brief heißt es, König Ludwig wünsche, dass Bulonde sofort festgesetzt werde. Man solle ihn in die Festung Pignerol bringen, „wo er nachts unter Bewachung in eine Zelle gesperrt werden und tagsüber die Erlaubnis haben soll, mit einer Maske an den Zinnen entlangzugehen."

Falsche Chiffre

Also war General Vivien de Bulonde der „Mann mit der eisernen Maske"? Der Ort der Festnahme passt jedenfalls. Doch man darf bezweifeln, dass er prominent genug war, um in den Gefängnissen eine Vorzugsbehandlung wie der echte Maskenmann genießen zu dürfen. Außerdem ist es nicht sicher, ob Bazeries den Brief am Ende des 19. Jahrhunderts richtig entschlüsselt hat. Moderne Kryptografen stoßen sich vor allem an dem Wort „Maske", das der Pionier der französischen Entschlüsselungstechnik gelesen haben wollte. Der Schreiber des Briefes bediente sich eines Zahlencodes. Die Zahl „330" stand nach seiner Deutung für „Maske", was aber nach neueren Forschungen unwahrscheinlich ist. Und ein weiterer wichtiger Punkt: Der Brief ist auf das Jahr 1691 datiert. Zu diesem Zeitpunkt lag die Festnahme des Original-Maskenmannes bereits 22 Jahre zurück.

Vorläufige Bilanz

Wer war der „Mann mit der eisernen Maske"? Die Frage ist trotz emsigster Bemühungen der Wissenschaft immer noch ungeklärt. Sicher ist aber, dass es ihn gegeben hat. Er ist keine erfundene Figur, obwohl sich viele Literaten mit ihm beschäftigt haben. So lange aber nicht neue Quellen oder Dokumente auftauchen, wird das Geheimnis ein Geheimnis bleiben.

Das Turiner Grabtuch

Kein Stück Stoff erregt die Gemüter mehr als das rätselhafte Tuch mit dem Konterfei eines Gekreuzigten. Handelt es sich um das Grabtuch Jesu? Oder um eine Fälschung?

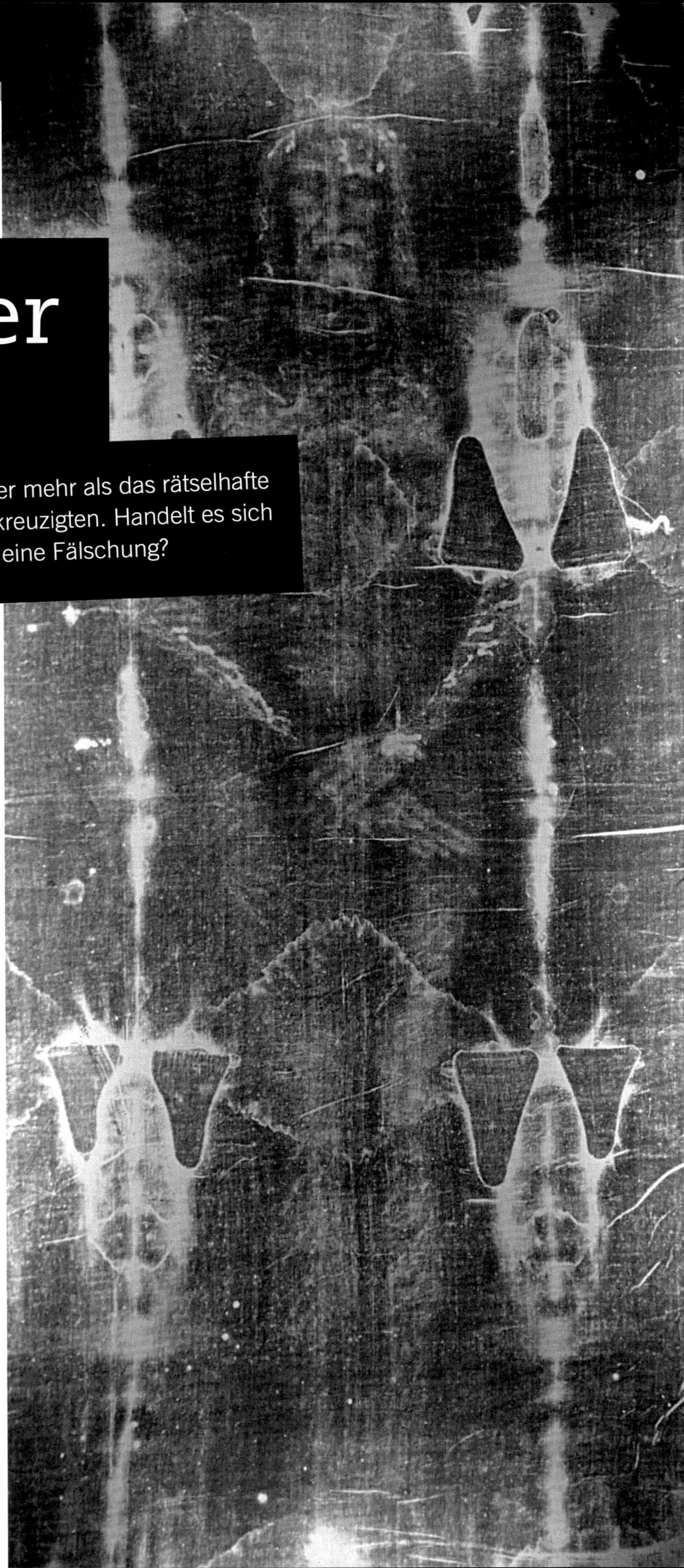

Es war der 28. Mai 1898, als der 42-jährige italienische Fotograf Secondo Pia eine Überraschung der besonderen Art erlebte. Im Dom seiner Heimatstadt Turin machte er Aufnahmen von einer Kostbarkeit: einem 4, 42 Meter langen und 1, 13 Meter breiten Leinentuch, das zum 400. Jubiläum des Gotteshauses öffentlich ausgestellt wurde. Pia war der erste Fotograf, der von der Kirche dazu die Erlaubnis erhalten hatte. Als er in der Dunkelkammer die Negative entwickelte, traute er seinen Augen nicht. Deutlich war in dem Tuch der Abdruck eines nackten menschlichen Körpers zu erkennen. Die Gesichtszüge zeigten einen bärtigen Mann mittleren Alters mit langem Haar. Sein Leib wies Spuren von Verwundungen auf, offenbar als Folge einer Kreuzigung. Das, so waren sich viele sicher, war der Beweis: Bei dem Stück Stoff handelte es sich, wie schon lange geglaubt, tatsächlich um das Grabtuch Jesu.

Damit begann die aufregende Geschichte der wissenschaftlichen Erforschung des Grabtuchs von Turin. Weltweit ist kein Stück Stoff bis heute intensiver unter die Lupe genommen worden. Historiker, Archäologen, Radiologen, Chemiker, Physiker, Biologen – Forscher aller Disziplinen haben versucht, die entscheidenden Fragen zu beantworten: Ist das Grabtuch, das nachweislich seit 1578 in Turin aufbewahrt wird, tatsächlich jenes Leinentuch, in das Jesu, nach jüdischer Sitte, nach der Kreuzigung in seinem Grab eingewickelt worden war? Oder handelt es sich um eine Fälschung?

Verschlungene Pfade

Dazu musste geklärt werden, wie das Tuch überhaupt nach Italien gekommen war. Bestrebungen, den Weg des Objekts von Jerusalem nach Turin zuverlässig zu rekonstruieren, brachten jedoch nur teilweise Klarheit. Eher zweifelhafte Quellen wollen wissen, dass das Tuch über Edessa (in der heutigen Südosttürkei) nach Konstantinopel gelangt ist, wo es 1204 von den Kreuzfahrern geraubt wurde. Sicherer wird die Spur erst im 14. Jahrhundert mit der ersten schriftlichen Erwähnung in Frankreich. 1453 kam es in den Besitz des Hauses Savoyen, das es 1578 an den Dom von Turin weiterreichte. Hier hat es seitdem seinen festen Platz in einem Glaskasten in einer der Seitenkapellen. Drei Mal wäre es beinahe ein Raub von Flammen geworden, doch überstand das Tuch die Brände im Dom mit nur geringfügigen Schäden.

Schon bevor Secondo Pia mit seiner Kamera den Stein ins Rollen brachte, war das Turiner Tuch für gläubige Christen immer ein Gegenstand der Verehrung gewesen. Für sie stand die Echtheit fest. Unter den kirchlichen Autoritäten jedoch gab es bereits sehr früh Kontroversen. Der Bischof von Troyes etwa wetterte im Jahr 1389 gegen betrügerische Kreise, die mit einem, wie er sagte, „listig gemalten Tuch" Geld machen wollten. Papst Gregor XII. erhob dagegen gut 200 Jahre später das Grabtuch in den Rang eines heiligen, anbetungswürdigen Gegenstands.

Ende des 19. Jahrhunderts begann die große Zeit der Wissenschaft. Nicht glauben wollen, sondern wissen müssen, lautete nun die Devise. Material und Fertigungsweise des Tuches passen nach Ansicht von Experten in die Zeit Jesu. Reste von Pollen und Sporen weisen auf ostmediterrane Flora hin. Israelische Botaniker fanden sogar heraus, dass die Pollen von Pflanzen stammen, die ihre Blütezeit in der Region Jerusalem genau zu Ostern haben – zu jener Zeit also, als Jesus gekreuzigt wurde.

Streit um C-14

Allzu großen Optimismus, in dem Turiner Grabtuch über das Grabtuch Jesu zu verfügen, dämpfte eine Expertise des Stoffes, die 1988 von drei unabhängigen Labors durchgeführt wurde. Die Radiokarbonanalyse (C 14) führte zu dem Resultat, dass das Tuch zwischen 1260 und 1390 hergestellt worden sei. Daher könne es unmöglich das Grabtuch Jesu Christi sein. Es handle sich um eine Fälschung aus dem Mittelalter. Die Verfechter der Echtheit gaben sich jedoch nicht geschlagen und wiesen darauf hin, dass die Genauigkeit der Analyse durch die Beschädigungen des Tuches bei den Bränden, etwa durch Löschwasser, deutlich gelitten haben könne. Außerdem habe man die Stoffproben ungeeigneten Stellen entnommen. Ein US-Chemiker nahm sich ein anderes Stück des Tuches vor und kam zu einem völlig anderen Ergebnis: Er taxierte das Alter auf, wie Kollegen sofort monierten, nicht gerade präzise 1300 bis 3000 Jahre.

Problemfall Bild

Noch schwieriger als die Datierung des Grabtuchs erscheint die Lösung des Rätsels, wie die erstaunlich deutlichen Umrisse des Körpers, die ein fast perfektes Abbild bieten, in das Tuch gekommen sind. Hierzu gibt es inzwischen eine Vielzahl von Theorien, die in Fachkreisen heftig diskutiert werden. In größerer Erklärungsnot sind diejenigen, die davon überzeugt sind, dass das Leinenstück tatsächlich das Grabtuch Jesu ist. Einige Experten halten einen Prozess der Verfärbung als Folge von Wärme oder chemischen Reaktionen für möglich, andere sprechen von physikalischen Prozessen. Italienische Phy-

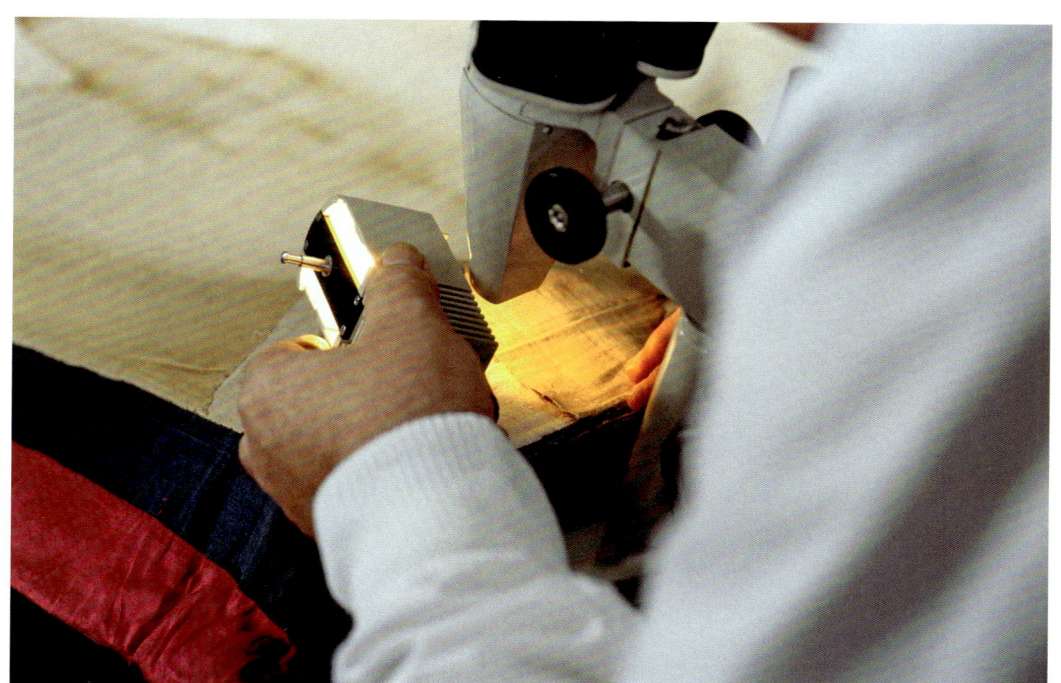

Die Untersuchung des Turiner Grabtuchs mithilfe der Radiokarbonmethode wurde 1988 fotografisch genau dokumentiert. Nach deren Ergebnis stammt der Stoff aus dem Mittelalter.

siker traten 2014 mit einer neuen Hypothese an die Öffentlichkeit. Demnach habe ein Erdbeben zu jener Zeit, als Jesus starb, Neutronen freigesetzt, die sowohl für das Abbild als auch für die – ihrer Meinung nach – falschen C-14-Daten verantwortlich gewesen seien.

Im Lager derjenigen, die das Tuch für eine Fälschung aus dem Mittelalter halten, kursieren mehrere Theorien. Die einfachste lautet: Ein Fälscher habe das Bild gemalt. Dagegen protestierten die Befürworter der Echtheit: Kein Künstler des Mittelalters sei in der Lage gewesen, eine so plastische Wiedergabe der menschlichen Anatomie zu erreichen. Die Gegner konterten: Eine solche Argumentation hieße, die Fähigkeiten mittelalterlicher Künstler zu unterschätzen.

Eine salomonische Lösung?

Eine vermittelnde Position nimmt der britische Historiker Charles Freeman ein. Er reiht sich in die Gruppe derjenigen ein, die das Tuch nicht für das Grabtuch Jesu halten. Es stamme aus dem Mittelalter, sei aber trotzdem keine Fälschung, mit der man die eigenen Zeitgenossen und die Nachwelt habe

täuschen wollen. Im Mittelalter sah, so Freeman, das Bild noch ganz anders aus. Dornenkrone und Blut seien sehr viel deutlicher erkennbar gewesen als heute. Das Tuch sei (wie andere Tücher auch) bei mittelalterlichen Osterritualen zum Einsatz bekommen, bei denen es den Tod und das Grab Christi symbolisiert habe.

Run auf die Ausstellung

Ob sich die Wissenschaft mit diesem versöhnlichen Angebot – das Tuch ist nicht echt, aber immerhin ein wertvolles Erbe – zufrieden geben wird? Das darf bezweifelt werden. Wie sehr das Objekt des Interesses auch über die Fachwelt hinaus die Massen elektrisiert, bewies die im Sommer 2015 eröffnete Ausstellung zum Grabtuch in Turin. In Scharen pilgerten die Menschen in die Metropole, um das geheimnisvolle Stück zu bewundern. Selbst Papst Franziskus ließ es sich nicht nehmen, ihm seine Reverenz zu erweisen. Wegen der ungeklärten Frage der Echtheit hat die Kirche bisher gezögert, dem Tuch den Status einer Reliquie (die man anbeten darf) zu verleihen. Einstweilen muss es sich damit begnügen, als Ikone verehrt zu werden.

Methoden der Datierung

Schauplatz Museum. Eine Vitrine mit einer bemalten alten Vase. Daneben eine kleine
Tafel mit aufklärendem Text: „Korinth, um 450 v. Chr." Woher weiß man das so genau?
Für die Archäologen ist die Altersbestimmung von zentraler Bedeutung.

Klassische Datierungsmethoden

Antike Kunstgegenstände kann man zunächst stilistisch einordnen, also sozusagen nach Moden, die sich in verschiedene messbare Phasen einteilen lassen. Hilfreich ist bei der Datierung zudem der Fundort. Wichtig ist, in welcher Schicht der Gegenstand zum Vorschein gekommen ist (Stratigrafie, siehe Kasten rechts). Um das Alter der Funde von heute in ein zeitlich exaktes Raster einzuordnen, bedarf es aber noch weiterer Anhaltspunkte. Dankbar sind die Ausgräber, wenn sich am Fundort Gegenstände befinden, die bei der Gesamtdatierung helfen. Hier leisten Münzen wichtige Dienste. Sie lassen sich in der Regel genau datieren, weil sie unter staatlicher Aufsicht geprägt wurden und die Porträts der damaligen Herrscher zeigen. Auf den Münzen der römischen Kaiserzeit ist sogar angegeben, in welchem Jahr der Regierung sie hergestellt wurden. Findet man eine solche Münze zusammen mit anderen Objekten, lassen diese sich anhand der Münze genau datieren.

Naturwissenschaftliche Datierungsmethoden

Neben den klassischen Formen haben in den letzten Jahrzehnten moderne naturwissenschaftliche Methoden der Zeitbestimmung in der Archäologie Einzug gehalten. Bewährt hat

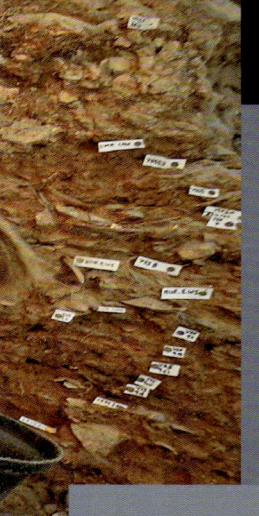

Dendrochronologie

Diese Methode beruht auf der Erkenntnis, dass jeder Baum jedes Jahr einen neuen Ring ausbildet. Mit ihr kann man das Alter von Materialien bestimmen, die ganz oder teilweise aus Holz bestehen. Denn in jedem noch so kleinen Stück Holz lassen sich die Spuren von Jahresringen erkennen. In einem sogenannten Dendrolabor werden Holzproben gemessen und im Computer in Kurven umgewandelt. Sie werden dann mit den Kurven bereits datierter Hölzer verglichen. Stimmen sie überein, kann das neue Stück entsprechend datiert werden. Begründer dieser Methode war der US-Forscher Andrew Ellicott Douglass (1867 bis 1962). Er schuf einen auf 585 Jahre berechneten Jahresringkalender. Nach unzähligen Untersuchungen ist das von ihm begründete Raster heute fast lückenlos.

Stratigrafie

Besonders interessiert die Archäologen, in welcher Schicht ein Gegenstand zum Vorschein kam. Denn die Geschichte der menschlichen Kultur ist an den vertikalen Schichten ablesbar, die sie im Boden hinterließen. Als Faustregel gilt, dass die unteren Schichten älter sind als die oberen. Doch ermöglicht die Stratigrafie auch eine relative Chronologie: Sie hilft dabei, das zeitliche Verhältnis von Phasen der Geschichte zueinander zu bestimmen.

sich das Verfahren, das in der Fachwelt „C 14" genannt wird. Dabei handelt es sich um eine Datierung nach der Radiokarbonmethode. Sie lässt sich ausschließlich auf organische Materialien anwenden. Alle lebenden Organismen nehmen Kohlenstoff auf. Nach dem Tod zerfällt der Kohlenstoff (C 14 genannt) in einem messbaren Verhältnis. Nach 5730 Jahren ist nur noch die Hälfte des ursprünglichen Kohlenstoffs enthalten. Diese statistische Halbwertszeit ist der Parameter für die jeweilige Altersbestimmung bei organischen Stoffen.

Bei der Lumineszenzdatierung können Zeiträume bis zu 100 000 Jahren erfasst werden. Dabei wird der zu datierende Gegenstand erhitzt. Die darin befindliche Energiemenge wird durch die Zufuhr von Wärme radioaktiv in Energie umgewandelt, die Rückschlüsse auf das Alter zulässt. Die entstandene Lichtmenge wird mit der Strahlenmenge verglichen, der der Gegenstand ausgesetzt war, als er irgendwann in der Vergangenheit erstmals einer Hitzeeinwirkung ausgesetzt gewesen ist. Nun vergleicht man diese Strahlenmenge mit der am Fundplatz (der also bekannt sein muss). Geht man davon aus, dass die am Fundplatz festgestellte Strahlenmenge identisch ist mit derjenigen der ersten Feuereinwirkung, ergibt sich aus der Relation beider Mengen recht genau das Alter des Gegenstands.

Die Himmelsscheibe von Nebra

Ihre Entdeckungsgeschichte gleicht einem Krimi. Für die Wissenschaft ist sie ein Geschenk: Sie dokumentiert den Stand der Astronomie im bronzezeitlichen Europa.

Die Himmelsscheibe von Nebra ist heute eine der Attraktionen des Landesmuseums für Vorgeschichte Sachsen-Anhalt in Halle. Bis sie an diesen sicheren Ort gelangte, hatte sie eine abenteuerliche Odyssee mit kriminalistischem Anstrich hinter sich.

Am 4. Juli 1999 waren zwei Männer auf dem Mittelberg in der Nähe der Stadt Nebra

in Sachsen-Anhalt unterwegs. Sie hatten Metalldetektoren bei sich, mit denen sie den Boden absuchten. Eine Genehmigung für diese Tätigkeit hatten sie nicht. Die Suche war illegal, die Männer waren Raubgräber, auf der Jagd nach Schätzen aus der Vergangenheit, die sich gut verkaufen ließen. Und sie wurden tatsächlich fündig. Sie entdeckten an einer Stelle zwei reich verzierte Schwerter,

Etwa dieses Bild zeigte sich den Raubgräbern, nachdem sie ihren Fund freigelegt hatten. Die nachgebaute Fundstelle (rechtes Bild) der Himmelsscheibe von Nebra (links) ist heute in Ausstellungen zu sehen.

zwei Beile, zwei fragmentarische Armreifen, einen Meißel – und eine bronzene Scheibe, mit aufgesetzten goldenen Symbolen, Mond oder auch Sonne, Mondsichel und Sternen, dazu unten das Bild, das sich als Darstellung einer Barke interpretieren ließ.

Die beiden Raubgräber kannten sich gut aus und ahnten, dass sie auf einen wertvollen Fund gestoßen waren. Rasch hatten sie einen Händler an der Angel, der interessiert war, die Stücke zu erwerben. Tatsächlich ging der Deal für 31 000 DM über die Bühne. Doch war es nicht leicht, die Stücke weiterzuverkaufen. Denn da in Sachsen-Anhalt das sogenannte Schatzregal gilt, das gesetzlich festlegt, dass alle Bodenfunde vom Zeitpunkt ihrer Entdeckung an Eigentum des Landes sind, war die „Ware" heiß und also ausschließlich für kriminelle Käufer interessant. Dennoch wechselten die Funde noch ein paar Mal den Besitzer, ehe schließlich ein Hehlerpaar auf der Scheibe, den Schwertern und den Beilen, deren Schwarzmarktpreis mittlerweile auf 700 000 Euro gestiegen war, sitzenblieb.

In die Falle gelockt

Da meldete sich 2002 doch noch ein Interessent. Die Übergabe sollte in einem Hotel in Basel stattfinden. Die Anbieter fielen aus allen Wolken, als sich herausstellte, wem sie den Schatz verkaufen wollten. Es handelte sich um Harald Meller, den Landesarchäo-

logen von Sachsen-Anhalt. Man hatte das Hehlerpaar in eine Falle gelockt und die Kaufabsicht nur vorgetäuscht. Polizeibeamte stellten den Fund sicher. Die Ermittler fanden bald heraus, wer die illegale Grabung durchgeführt hatte und wo sie mit ihren Sonden fündig geworden waren. Sie wurden später in einem Gerichtsverfahren zu Freiheitsstrafen verurteilt.

Nun waren die Archäologen gefragt. Zunächst konnte durch Bodenproben festgestellt werden, dass es sich um einen Depotfund handelte, die einzelnen Teile des Fundes also zusammengehörten. Das größte Interesse fand die seltsame Scheibe. Sie war durch unsachgemäßes Vorgehen bei der Ausgrabung beschädigt worden und musste erst einmal restauriert werden. Dann prüften Experten mit speziellen Geräten und Röntgenstrahlen die goldenen Ornamente. Dabei zeigte sich, dass die Scheibe, die einen Durchmesser von 32 Zentimetern hat und 2,3 Kilogramm wiegt, nicht in einem Stück hergestellt worden war, sondern mehrfach um einzelne Teile ergänzt wurde, bis sie die heutige Gestalt hatte.

Dem Alter auf der Spur

Aus welcher Zeit aber stammte sie? Dieser Aufgabe hatten sich die Archäologen in einem weiteren Schritt zu widmen. Die Datierung durch stilistischen Vergleich mit anderen Fundstücken dieser Art war nicht möglich, da es sich um ein Unikat handelt. Auch eine Altersbestimmung mit der Radiokarbonmethode (C 14) erübrigte sich, weil die Scheibe keinen Kohlenstoff enthält. Das verwendete Material stammte, wie Untersuchungen ergaben, mit großer Wahrscheinlichkeit aus Erzminen im heutigen Öster-reich. Einen deutlichen Hinweis auf das Alter aber gaben die Gegenstände, die zusammen mit der Scheibe gefunden worden waren und die gleichzeitig mit ihr in den Boden gelangt waren. Die Schwerter konnten durch Vergleich mit ähnlichen Waffen aus anderen Ausgrabungen auf die Zeit um 1600 v. Chr. datiert werden. Die naturwissenschaftliche Analyse eines kleinen Partikels aus Birken-rinde, das man an einem der Schwerter ge-funden hatte, bestätigte dieses Resultat. Da-mit entfiel auch der Verdacht, es könne sich um eine Fälschung handeln.

Die geheimnisvolle Scheibe ist also gut 3600 Jahre alt. Sie war in Gebrauch, als Ägyp-ten unter den Pharaonen eine Großmacht war und in Mesopotamien das Reich von Babylon blühte. Der Trojanische Krieg lag noch in ferner Zukunft, die Stadt Rom, später Zentrum eines Weltreichs, wurde erst gut 1000 Jahre später gegründet.

Nun aber galt es zu klären, worum es sich bei der merkwürdigen Scheibe eigentlich handelte und welchem Zweck sie einst ge-dient hatte. Die Szenerie des Himmels mit Mond, Mondsichel und Sternen, 32 an der Zahl, deuten auf eine Funktion im Bereich der Astronomie hin. Doch darüber, welche Bedeutung die „Himmelsscheibe von Ne-bra", wie man sie nun nannte, genau hatte, ist in der Fachwelt immer noch umstritten. Verschiedene Theorien sind im Umlauf, die jedoch alle mit der Schwierigkeit konfrontiert

sind, dass sie keine absolute Beweiskraft haben, weil es an Vergleichsstücken fehlt. Ein Problem besteht auch darin, dass man die goldenen Applikationen nicht eindeutig bestimmen kann. Ist der Mond wirklich der Mond und nicht doch eher die Sonne? Und stellt die Barke tatsächlich, wie mehrheitlich vermutet, eine Himmelsbarke dar, wie sie etwa aus dem alten Ägypten bekannt ist, wo sie die Tag- und Nachtfahrt der Sonne symbolisiert? Und was bedeuteten die beiden geschwungenen goldenen Bänder? Markieren sie, wie viele Wissenschaftler glauben, die Horizonte?

Praktische Hilfe

Die Symbole sind sicher nicht isoliert zu betrachten, sondern stehen in einem Zu-sammenhang. Die meisten Forscher sehen aktuell in der Himmelsscheibe von Nebra ein sogenanntes Memogramm, also ein Ins-trument, das den bronzezeitlichen Nutzern als Erinnerungs- und Orientierungshilfe bei der Betrachtung des Himmels diente. Und sie erfüllte wohl auch einen praktischen Zweck. Als einziges Sternbild sind auf der Scheibe die Plejaden zu erkennen, ein Bündel von sieben Sternen, das mit bloßem Auge am Himmel auszumachen ist, das später auch in der griechischen Astronomie und Mythologie eine wichtige Rolle spielte. Die Plejaden sind am 10. März das letzte Mal in der Abend-dämmerung sichtbar – für die Bauern das Signal für den Zeitpunkt der Aussaat. Am 17. Oktober erkennt man sie noch einmal in der Morgendämmerung – damit markieren sie den Termin für die Ernte. Die Horizont-bogen simulieren nach Auffassung vieler Ast-ronomen die Auf- und Untergangspunkte der Sonne im Verlauf eines Jahres.

Wenn es auch im Detail noch unterschied-liche Interpretationen gibt, so steht eines fest: Die Himmelsscheibe von Nebra doku-mentiert das hohe Niveau der astronomi-schen Kenntnisse, über die die Menschen im bronzezeitlichen Mitteleuropa verfügten.

Der Sonnenwagen von Trundholm

1902 entdeckte ein Bauer beim Pflügen in der Moorlandschaft von Trund-holm in Dänemark eine bronzene Skulptur. Eine Pferdefigur zieht eine mit Gold verzierte Scheibe, auf der sich konzentrisch angeordnete Ringe aus Kreisen und Spiralen befinden. Archäologen datieren sie auf die Zeit um 1400 v. Chr. und interpretieren sie als einen Sonnenwagen, der möglicher-weise nicht nur religiöses Symbol war, sondern auch als Kalender diente. Neben der Himmelsscheibe von Nebra gilt er heute als einer der wichtigs-ten Funde aus der europäischen Bronzezeit.

Atlantis der Ostsee

Um die sagenhafte Stadt Vineta ranken sich viele Legenden. Forscher glauben nun, dem Geheimnis der versunkenen Metropole auf die Spur gekommen zu sein.

Seit Jahrhunderten erzählen sich die Menschen an der Ostsee die dramatische Geschichte der Stadt mit dem Namen Vineta. Sie lag einst, so wird berichtet, auf einer Insel, nicht weit entfernt von den Küsten der Insel Usedom. Vineta war eine reiche, eine sehr reiche Stadt. Die Bewohner waren erfolgreiche Händler. Manche sprachen von einem „Venedig des Nordens". In seiner Glanzzeit gehörte Vineta zu den größten Städten Europas. Der Reichtum verführte die Bewohner jedoch zu einem Leben in Luxus und Dekadenz. Die Stadttore waren aus wertvollen Erzen gefertigt. In den Häusern hingen die kostbarsten Gemälde. Das Geschirr war aus Silber, das Tischgerät aus Gold. Der Wohlstand machte die Menschen satt, träge und streitsüchtig, ständig gab es Auseinandersetzungen. Aber es sollte noch viel schlimmer kommen: Die ganze Herrlichkeit Vinetas fiel einer Naturkatastrophe zum Opfer. Ein schrecklicher Sturm kam auf, das Meer schraubte sich in gigantische Höhen, und die stolze Stadt Vineta versank mitsamt ihren Bewohnern für immer in den Fluten.

Diese Mitarbeiterin des Landesarchivs Greifswald zeigt eine Karte der Orte Koserow und Damerow aus dem Jahr 1693, die auch eine der wenigen existierenden Abbildungen der Stadt Vineta (unten) enthält.

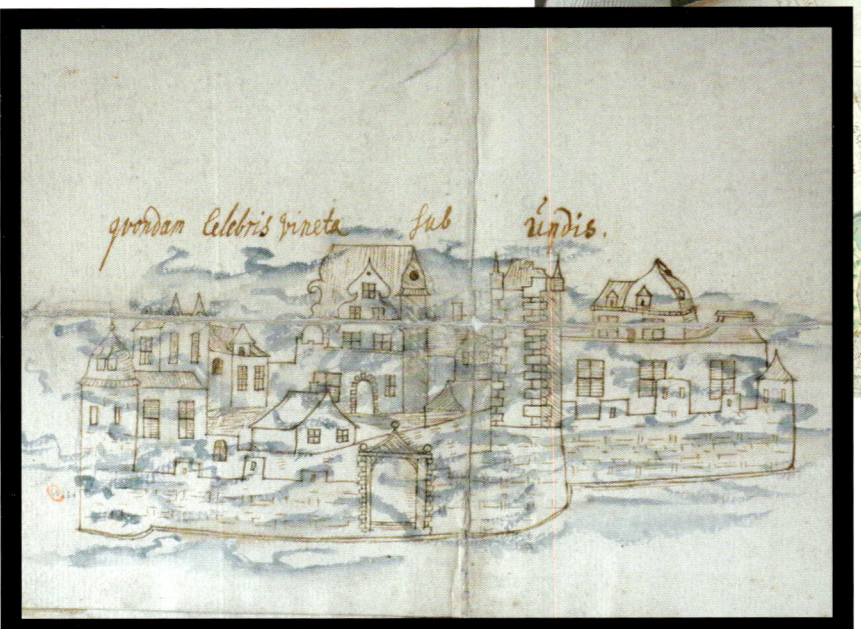

geweiht sei. Selbst dies konnte die Menschen nicht beeindrucken, und so nahm das Unheil seinen Lauf.

Die Stadt versank im Meer. Doch Seeleute, die mit ihren Schiffen in den Gewässern um die Insel Usedom unterwegs waren, versicherten, dass man, wenn das Meer ruhig ist, Teile der Stadt noch auf dem Meeresgrund erkennen könne. Und andere schwören Stein und Bein, bei ruhigem Seegang aus den Tiefen des Meeres das Läuten von Glocken vernommen zu haben.

Ignorierte Warnungen

Dabei waren sie vorher gewarnt worden: Drei Monate, drei Wochen und drei Tage vor dem Untergang erschien die Silhouette der Stadt als farbiges Abbild über dem Meer, mit allen ihren Häusern, Türmen und Mauern. Kundige Alte waren zur Stelle, die das merkwürdige Phänomen zu deuten wussten. Dies sei ein Zeichen, das auf eine bevorstehende Katastrophe hinweise. Sie rieten dazu, die Stadt so schnell wie möglich zu verlassen. Doch niemand hörte auf sie, stattdessen wurden sie von den überheblichen Bürgern von Vineta ausgelacht. Auch eine letzte, eindringliche Warnung schlugen sie in den Wind. Eine Meerjungfrau tauchte aus dem Wasser auf und teilte mit, dass die Stadt dem Untergang

Sagen und Seemannsgarn

Auf den ersten Blick scheint es sich bei dieser Geschichte um eine klassische Sage oder Legende zu handeln. Sie ist mit allen Elementen ausgestattet, die, wie Sagenforscher wissen, in einem solchen Zusammenhang regelmäßig vorkommen. Erzählungen dieser Art dienen dazu, eine moralische Botschaft zu transportieren: Die Menschen werden reich, der Prunk verdirbt ihren Charakter,

und für den Hochmut werden sie schreck-
lich bestraft. Viele Kulturen kennen solche
mündlichen oder schriftlichen Überlieferun-
gen, die nach den Vorbildern der Erzählungen über Sodom und Gomorrha und Atlantis
gestrickt sind. Auch religiöse Elemente
spielen eine Rolle: Die Vorzeichen haben die
Funktion eines göttlichen Fingerzeigs, wie
man der drohenden Katastrophe noch ent-
rinnen kann. Im Fall von Vineta liegt zudem
der Verdacht nahe, dass noch eine ordentliche Portion Seemannsgarn hinzugekommen
ist, wenn von den auf dem Meeresboden
noch erkennbaren Umrissen der Stadt und
aus der Tiefe vernehmbarem Glockengeläut
die Rede ist.

Auf der anderen Seite ist bekannt, dass
Sagen immer auch ein Körnchen Wahrheit
enthalten. Bei Vineta fällt auf, dass die Lokalisierung der Stadt sehr präzise ist. Sie lag
der Überlieferung zufolge direkt vor der Insel
Usedom. Viele Historiker und geschichtsbe-
geisterte Lokalforscher haben sich intensiv
der Erforschung der versunkenen Stadt Vineta gewidmet. Die erste Frage lautete: Gibt
es schriftliche Quellen, die die sagenhafte Er-
zählung historisch untermauern? Die Suche
blieb nicht ergebnislos.

Arabischer Besucher aus Spanien

Eine starke Autorität ist der arabische Politiker und Diplomat Ibrahim Ibn Jaqub. Vom
Emirat Cordoba im spanischen Andalusien
aus reiste er um das Jahr 970 durch Meck-
lenburg und Pommern und kam dabei auch
an die Ostsee. Er verfasste über diese Reise
einen Bericht und erwähnte darin „eine
große Stadt am Weltmeer" mit zwölf Toren
und einem Hafen. Er rühmte sie als eine der
schönsten Städte Europas. Die Bewohner, die
er zum Volk der Slawen zählte, hätten keinen König, sondern würden von einem Rat
der Ältesten regiert. Sie verfügten nach den
Worten des arabischen Besuchers über eine
gewaltige Streitmacht.

Einen eindeutigen Bezug auf eine Stadt
mit dem Namen Vineta lieferte der arabische
Informant indes nicht. Meinte er etwa eine
andere, ebenfalls bedeutende Metropole?
Jedoch gab es in der Gegend, durch die er
gereist war, keine andere Stadt, auf die seine
Beschreibung unmittelbar zutraf.

Eine weitere wichtige Quelle ist ein Be-
richt des mittelalterlichen Chronisten und
Klerikers Adam von Bremen, entstanden um
1076. Darin spricht der Gelehrte von einer
Stadt, die in den meisten Handschriften als
„Jumne" bezeichnet wird. An der Odermün-
dung, so teilt er mit, befindet sich eine „sehr
berühmte Stadt". Sie sei die größte aller
Städte in Europa, in der „Slawen und andere
Stämme" lebten.

Nachrichten über eine berühmte Stadt

Auf das Jahr 1158 ist ein Eintrag im Stadt-
buch von Lübeck zu datieren. Darin wird ein
Ratsherr namens Cord Strale erwähnt, der,

Handschriftenkunde und Paläografie

Mittelalterliche Chroniken wurden handschriftlich verfasst.
Sie entstanden in den Schreibstuben der Klöster oder in den
Amtsräumen der Städte. Um sie zu vervielfältigen, mussten sie
mühsam abgeschrieben werden. Dabei unterliefen zwangsläu-
fig Fehler, vor allem bei der Schreibweise von Namen. Experten
im Metier der Handschriftenkunde arbeiten daran, den zugrunde liegenden Urtext zu rekonstruieren. Nicht alle Texte sind
bestimmtem Autoren zuzuweisen. Dann gilt es, Alter, Herkunft
und Geschichte der jeweiligen Handschrift zu bestimmen.
Neben der Schriftform und textlichen Merkmalen liefert auch
das verwendete Material wichtige Hinweise. Häufig bereitet
zudem die Entzifferung der Texte Schwierigkeiten. Diese zu be-
heben, ist Aufgabe der Paläografie. Spezialisten dieser Disziplin
erforschen Schriftsysteme, Schrifttechniken und Buchstaben-
formen. Die Paläografie entstand als Wissenschaft bereits im
17. Jahrhundert im Zusammenhang mit Streitigkeiten um die
Echtheit von Urkunden.

wie es wörtlich heißt, „van Wineta gekamen",
also aus Vineta gekommen sei.

Fündig wurden die Forscher, die das Geheimnis des Untergangs von Vineta lüften
wollten, noch in einer weiteren historischen
Quelle. Deren Verfasser ist Helmold von
Bosau, ein Kleriker mit literarischen Neigungen. Um 1170 veröffentlichte er eine Sla-
wenchronik, für die er ganze Passagen aus
dem Werk des Adam von Bremen wörtlich
übernahm. So schreibt er auch über besagte
„berühmte Stadt", die in den Handschriften
mit unterschiedlichen Namen versehen
wird. Einmal heißt sie „Vinneta", dann
wieder „Jumneta" oder „Niniueta". Bemerkenswert ist, dass der Autor von der Stadt
so spricht, als würde sie zu seiner Zeit nicht
mehr existieren. Die Ruinen seien jetzt noch
sichtbar, teilt er mit. Von einem Versinken
im Meer ist nicht die Rede. Vielmehr sei die
Zerstörung von einer „sehr großen Flotte"
verursacht worden, die von einem „König
der Dänen" angeführt worden sei. Dagegen
legt die Sage nahe, dass die Stadt als Folge
einer Sturmflut versunken sei. Jedoch geben
die Angaben bei Adam von Bremen und Helmold von Bosau eine zeitliche Orientierung
vor. Die Stadt, von der sie reden, war 1076
noch intakt. 1170 war sie bereits zerstört.
Das Ende der Stadt, herbeigeführt durch
eine Naturkatastrophe oder einen feindlichen Angriff, muss sich also innerhalb dieses Zeitraums ereignet haben.

Auf der Suche nach der verlorenen Stadt

Dem Studium der historischen Quellen folgte
die Suche nach der verschwundenen Stadt.
Wo lag Vineta? In den vergangenen Jahrhunderten und Jahrzehnten wurden viele Orte
vorgeschlagen, zum Beispiel das direkt an
der Ostseeküste gelegene Seebad Koserow
auf der Insel Usedom. Zu den Favoriten zählt
auch das Meer bei der Insel Ruden, das auf
Landkarten aus dem 17. Jahrhundert mit
dem Namen „Wineta" markiert ist. Im Ange-

bot befindet sich außerdem die Insel Wollin
im polnischen Westpommern. Allerdings
fehlten archäologische Beweise. So wurde in
der Zeit vor dem Zweiten Weltkrieg an den
drei Odermündungen bei Swinemünde und
Peenemünde gegraben, jedoch ohne durch-
schlagenden Erfolg.

Neue Spuren

In den 1990er-Jahren blühte das Interesse
an dem Schicksal der unglücklichen Stadt
Vineta wieder auf. Der Berliner Prähistoriker
Klaus Goldmann brachte mit einer neuen
Theorie Bewegung in die zu diesem Zeitpunkt wenig aktive Vineta-Forschung. Alle
bisherigen Fährten seien, so beschied er die
Zunft, falsch gewesen. Der richtige Platz war
nach seinen Untersuchungen am Barther
Bodden, einer Lagune zwischen der Halbinsel Zingst und der auf dem Festland gelegenen Stadt Barth. Schon früher war diese
Region bekannt für ihren archäologischen
Fundreichtum. Bei Ausgrabungen waren
immer wieder Lanzenspitzen, Keramik und
andere Artefakte zum Vorschein gekommen.
Münzfunde zeugten von einem großen, sich
bis nach Persien erstreckenden Handels-
radius. Die Gegend muss im Mittelalter in
wirtschaftlicher und militärischer Hinsicht
von herausragender Bedeutung gewesen
sein.

Die Stadt, die das Vorbild für alle späteren
Legenden war, hatte nach den Schätzungen
Goldmanns zwischen 20 000 und 30 000 Ein-
wohner. Dann sei eine feindliche Flotte erschienen und habe die Deiche durchstochen,
sodass die Stadt im Meer versank. Weitere
Ausgrabungen sollen diese Theorie bestätigen. Grabungen in der jüngeren Vergangenheit ergaben vielversprechende Befunde. So
wurden Reste von Brücken, Tonscherben und
ein Bronzeschwert entdeckt. Datiert werden
die Gegenstände auf das 10. Jahrhundert. Genau zu dieser Zeit bewunderte der arabische
Reisende Ibrahim Ibn Jaqub die glanzvolle
Ostseemetropole Vineta.

Der Reichstagsbrand

Am 27. Februar 1933 brannte der Berliner Reichstag. Ein Täter wurde schnell gefasst. Aber über die Hintergründe herrscht unter Historikern keine Einigkeit.

Hatte der Täter auf eigene Faust gehandelt? Oder gab es Helfer? Und welche Rolle spielte die nationalsozialistische Regierung? Im Prinzip gibt es drei Möglichkeiten: Er war ein Einzeltäter, er hatte Helfer oder die neue Regierung hatte die Hände im Spiel. Diese Optionen werden in Kreisen der Geschichtsforscher heftig diskutiert. Gegenstand des Interesses ist der Brand des Berliner Reichstags am Montag, dem 27. Februar 1933. Es war um 21.12 Uhr, als in dem altehrwürdigen Gebäude, Tagungsort des deutschen Parlaments, Feueralarm gegeben wurde. Es brannte lichterloh, die Flammen schossen in den Abendhimmel hinauf. Um 21.27 Uhr war der Plenarsaal abgebrannt, dann zerbarst die große gläserne Kuppel. Innerhalb kürzester Zeit war der Reichstag nur noch eine qualmende Ruine.

Festnahme am Tatort

Noch am Tatort wurde ein junger Niederländer namens Marinus van der Lubbe festgenommen. Der 24-Jährige stammte aus einer einfachen Arbeiterfamilie und stand den Kommunisten nahe. Zum Zeitpunkt der Tat war er Mitglied einer anarchistischen Gruppierung, die sich „Räte-Kommunisten" nannte. Gegenüber der Polizei legte er nach seiner Verhaftung ein umfassendes Geständnis ab und versicherte, die Tat allein, ohne Helfer, ausgeführt zu haben.

Der Reichstagsbrand fand nur wenige Wochen nach der Machtübernahme der Nationalsozialisten unter Adolf Hitler statt.

Das Pressefoto vom 23. Dezember 1933 zeigt den Hauptangeklagten Marinus van der Lubbe (in der Mitte, stehend).

Am 30. Januar 1933 hatte der greise Reichspräsident Paul von Hindenburg Adolf Hitler zum Reichskanzler ernannt. Die neuen Machthaber handelten prompt: Noch in derselben Nacht lief eine Verhaftungswelle gegen Mitglieder der KPD, der Kommunistischen Partei Deutschlands, an. Man warf ihnen Verschwörung und Brandstiftung vor. In den nächsten Tagen und Wochen folgten weitere Maßnahmen, mit denen die Regierung Hitler demokratische Grundrechte wie Meinungs- und Pressefreiheit und das Post- und Fernmeldegeheimnis außer Kraft setzte. Mit der „Verordnung zum Schutz von Volk und Staat" vom 28. Februar 1933 schuf sie die Grundlagen für die Aushebelung der bestehenden Verfassung der Weimarer Republik. Deutschland befand sich auf dem Weg in die Diktatur.

Die Nationalsozialisten profitierten von dem Reichstagsbrand, indem sie ihn dazu ausnutzten, ihre Macht zu festigen und zu erweitern. Viele Deutsche waren damals davon überzeugt, dass sie nicht nur die Nutznießer des Brandes, sondern auch deren Verursacher waren. Marinus van der Lubbe sei demnach nur eine Marionette gewesen. Oder gab es wirklich eine kommunistische Verschwörung mit dem Ziel, die Regierung zu beseitigen und den Staat ins Chaos zu stürzen?

Fakten und Behauptungen

Eine Reihe von wichtigen Fakten konnte von den Historikern aufgrund der Quellen und Dokumente zuverlässig rekonstruiert werden. Van der Lubbe war am 18. Februar nach Berlin gekommen. Er war entschlossen, aus Protest gegen die rechte Regierung ein Signal zu setzen. Am 25. Februar schlugen drei Brandstiftungsversuche in verschiedenen Berliner Stadtteilen fehl. Dann kam der Reichstag an die Reihe, für den Niederländer *das* Symbol des ihm verhassten politischen Systems.

Van der Lubbe beharrte darauf, die Tat ohne Unterstützung begangen zu haben. Feuerwehr und Polizei zogen diese Aussage in Zweifel. In einer amtlichen Verlautbarung hieß es, ein Polizeibeamter habe in dem Gebäude mehrere Personen mit brennenden Fackeln beobachtet. Die Feuerwehr hielt es für unmöglich, dass ein Einzelner so viele Brandherde habe legen können, dass der Reichstag innerhalb weniger Minuten abbrannte.

Die Nachricht vom brennenden Reichstag löste bei den Nazi-Größen noch in derselben Nacht hektische Aktivitäten aus. Es wurden mehrere Besprechungen anberaumt. Hermann Göring, Hitlers wichtigster Helfer, meinte, dies sei der Beginn eines kommunistischen Aufstands. Hitler selbst soll gegenüber Vizekanzler Franz von Papen geäußert haben: „Wenn dieser Brand, wie ich glaube, das Werk der Kommunisten ist, dann müssen wir diese Mörderpest mit eiserner Faust vernichten." Aussagen dieser Art machen es unwahrscheinlich, dass die Nationalsozialisten den Brand in Auftrag gegeben oder sogar, etwa durch mobile Einsatztruppen wie SS und SA, selbst ausgeführt haben. Diese Möglichkeit ziehen jedoch einige Historiker weiter in Betracht. Sie berufen sich dabei unter anderem auf eine Aussage von Alfred Rosenberg gegenüber einem britischen Reporter. Der damalige Chefredakteur des NS-Blattes „Völkischer Beobachter" soll gesagt haben: „Ich hoffe, es ist nicht das Werk unserer Burschen." Eine solche Tat sei ihnen durchaus zuzutrauen. Die Ermittlungsakten, immerhin 50 000 Blatt stark, liefern für eine solche Deutung jedoch keine zuverlässigen Hinweise, auch wenn Manipulationen durch die damaligen Machthaber nicht auszuschließen sind.

Massenhafte Festnahmen

Die meisten Historiker konzentrieren sich heute weniger auf die Frage einer möglichen Beteiligung der Nationalsozialisten als vielmehr auf das Problem, ob der Festgenommene wirklich Alleintäter war, wie er behauptete, oder ob er nicht doch Komplizen hatte.

Rudolf Diels war der Leiter der Geheimen Staatspolizei (Gestapo) in Preußen. Er führte die ersten Verhöre van der Lubbes durch. Als er bei Hitler zum Rapport erschien, teilte er dem Reichskanzler mit, er habe den Eindruck gewonnen, bei der Tat handle es sich um das Werk eines „Verrückten". Hitler widersprach und meinte, die Tat sei von langer Hand geplant. Er forderte drakonische Maßnahmen gegen alle Kommunisten und auch Sozialdemokraten, derer man habhaft werden könne. Es hat also den Anschein, als habe er sofort erkannt, dass sich aus dem von einem niederländischen Kommunisten

verübten Anschlag politisches Kapital schlagen lasse. Göring versetzte daraufhin die Polizei in den höchsten Alarmzustand und ordnete Massenverhaftungen von Kommunisten an.

Pro und Contra

Diejenigen, die in der Debatte um den Reichstagsbrand die Position vertreten, dass van der Lubbe Helfer gehabt haben müsse, haben vor allem zwei Argumente. Zum einen war der Niederländer stark sehbehindert. Zum anderen seien die vielen Brandherde verdächtig. Dagegen wird geltend gemacht, dass die Luftzufuhr und die hohen Decken im Plenarsaal dafür verantwortlich waren, dass sich die Flammen so rasend schnell ausgebreitet und zu einer Rauchgasexplosion geführt hätten.

Hinrichtung und späte Revidierung

Der Prozess begann am 21. September 1933 vor dem Reichsgericht in Leipzig. Angeklagt waren neben Lubbe vier weitere angebliche Täter aus dem kommunistischen Milieu – eine Konzession an die von höchster Stelle verordnete Verschwörungstheorie. Sie wurden jedoch mangels Beweisen freigesprochen. Gleichzeitig betonte das Gericht, wieder mit Blick auf die Nazi-Spitzen, dass der geständige Hauptangeklagte sicher Mittäter hatte. Das Urteil gegen van der Lubbe wurde drei Monate später, am 23. Dezember 1933, gefällt. Er wurde für schuldig befunden, zum Tode verurteilt und am 10. Januar 1934 hingerichtet.

1967 hob das Landgericht Berlin den zentralen Anklagepunkt „Hochverrat" auf und reduzierte die Strafe nachträglich und natürlich nur symbolisch auf acht Jahre Zuchthaus. Denn auf Brandstiftung stand nach dem zur Tatzeit geltenden Recht nicht die Todesstrafe. Eine entsprechende Rechtsänderung wurde erst nach dem Brand vorgenommen.

Die Goldhörner von Gallehus

Ein germanischer Kunsthandwerker versah das Goldhorn und seinen Zwilling mit einer Signatur in Runenschrift. Und bescherte der Forschung ein wissenschaftliches Glanzlicht – sowie ein paar Rätsel.

O hne Kristine Svendsdatter und Erik Lassen wüsste die Forschung heute nicht so gut Bescheid über die Goldschmiedekunst der alten Germanen und über die Schrift, die sie verwendeten. Ohne einen gewissen betrügerischen Juwelier namens Niels Heidenreich hingegen hätten es die Wissenschaftler in den vergangenen 200 Jahren ohne Zweifel leichter gehabt. Auf jeden Fall sind diese drei Namen mit einer der wichtigsten Entdeckungen im Rahmen der skandinavischen Archäologie verbunden. Und für die Dänen sind die Goldhörner von Gallehus ein geschichtliches Erbe, auf das sie mächtig stolz sind.

Doppelter Fund

Kristine Svendsdatter ging dem ehrbaren Beruf der Klöpplerin nach. Am 20. Juli 1639 spazierte sie durch den kleinen Ort Gallehus im südlichen Jütland, um einen Korb mit Ware abzuliefern. Da stolperte sie über einen Gegenstand aus Metall, der leicht aus dem Boden ragte. Wie sich herausstellen sollte, war sie auf eine Kostbarkeit gestoßen – die eine Hälfte der Goldhörner von Gallehus. Erik Lassen, ein Bauer, fand am 21. April 1734 ebenfalls ganz zufällig, in unmittelbarer Nähe des ersten Fundorts, die zweite Hälfte.

Kristine Svendsdatter und Erik Lassen waren ehrliche Finder. Die Klöpplerin nahm den

Das Foto zeigt die Kopie des zweiten Horns von Gallehus. Deutlich sind ausdrucksstarke Bildmotive zu erkennen.

Betrügerischer Goldschmied

Während die Namen der ehrlichen Finder Kristine Svendsdatter und Erik Lassen in jeder Darstellung zur Geschichte der Goldhörner von Gallehus immer einen positiven Klang haben, erlangte der Kopenhagener Goldschmied und Uhrmacher Niels Heidenreich zweifelhafte Berühmtheit. Bereits vorbestraft brach er am 4. Mai 1802 in die Räume der Königlichen Kunstkammer in Kopenhagen ein und stahl die dort deponierten Goldhörner. In der heimischen Werkstatt schmolz er die wertvollen Stücke ein und verarbeitete sie zu falschen Münzen. Knapp ein Jahr später wurde er verhaftet und zu einer Gefängnisstrafe verurteilt.

Wegen dieser dreisten Tat müssen wir uns heute mit Nachbildungen der Originale begnügen. Sie beruhen auf Zeichnungen und Skizzen, die vor der Einschmelzung angefertigt wurden. Eine erste Abbildung wurde 1641 erstellt, nur zwei Jahre nach der Entdeckung des ersten Horns. Die zweite erschien 1734, nach dem zweiten Fund mit dem Runentext, in einer in Kopenhagen erschienen Schrift mit dem viel versprechenden Titel *Zuverlässiger Abriß des Anno 1734 bei Tundern gefundenen güldenen Horns*. Aufgrund dieser Angaben wurden die Hörner, nachdem sie von dem Goldschmied vernichtet worden waren, als Modelle wiederhergestellt.

Die Hörner wurden um 400 n. Chr. hergestellt, zu einer Zeit, als in Mitteleuropa die große germanische Völkerwanderung ihren Höhepunkt erreicht hatte. Rein funktional handelte es sich bei den Stücken um Blashörner oder Trinkhörner. Ihre opulente Ausgestaltung deutet darauf hin, dass der Besitzer oder Auftraggeber über erheblichen Reichtum verfügte und zur Elite der damaligen Gesellschaft der Germanen Jütlands zählte.

verschmutzten Gegenstand, den sie aus dem Boden gezogen hatte, mit nach Hause. Als sie ihn gewaschen und gereinigt hatte, staunte sie nicht schlecht, wie er funkelte und glitzerte. Sie übergab ihn den Behörden, diese reichten das Horn an einen Goldschmied weiter, der sofort den besonderen Wert erkannte. Später gelangte es in den Besitz des dänischen Königs Christian IV., der das Horn dann seinem Sohn vermachte, bevor es schließlich einen festen Platz im Kopenhagener Museum fand. Erik Lassen hatte nicht viel Gelegenheit mehr, sich über seinen Fund zu freuen. Er gab das von ihm entdeckte zweite Horn an seinen Gutsherrn weiter, der ihn König Christian VI. als Geschenk überreichte. Der Monarch zahlte dem Finder als Belohnung 200 Taler. Doch kurz darauf wurde der Bauer krank und starb.

Geheimnisvolle Bilder

Eigenartig sind die sorgfältig gearbeiteten kunstvollen Bildmotive. Zu erkennen sind Figuren, sowohl von Tieren als auch von Menschen, dazu Sterne. Über ihre Bedeutung sind sich die Wissenschaftler nicht einig. Viele glauben, dass sich die Darstellungen auf die germanische Mythologie beziehen. Andere Theorien wollen einen Bezug zum griechisch-byzantinischen bzw. mediterranen Kulturkreis erkennen oder sprechen von einer komplizierten Zahlensymbolik. Unabhängig davon besteht Einigkeit darin, dass die Hörner nicht nur die hohe Qualität des

germanischen Kunsthandwerks in dieser Zeit dokumentieren. Sie legen außerdem nahe, dass die nordgermanischen Völkerschaften, anders als man lange glaubte, in kultureller Hinsicht durchaus kein isoliertes Dasein pflegten, sondern in engem Kontakt mit der europäisch-mediterranen Kultur standen. Wahrscheinlich gestalteten sie ihre Kunstwerke auch als Folge von Impulsen, die sie aus diesem Kulturkreis empfingen.

Exklusive Schrift-zeichen

Den größten wissenschaftlichen Ertrag aber brachten nicht die Bilder, sondern die Schriftzeichen auf dem kleineren der beiden Hörner. Angesichts der Tatsache, dass aus dieser Zeit nur wenige germanische Schriftzeugnisse bekannt sind, kommt dem Text auf dem Horn eine besondere Bedeutung zu. Die von den Germanen verwendeten Zeichen werden allgemein als Runen bezeichnet. Dieser Begriff geht auf das altnordische Wort „run" = „Geheimnis" zurück. Für die meisten Germanen allerdings, die weder lesen noch schreiben konnten, war die Schrift ein Buch mit sieben Siegeln. Insofern waren die Runen der Geheimcode der Gebildeten und Mächtigen. Da es keine einheitliche germanische Sprache gab, existierten zu unterschiedlichen Zeiten verschiedene Repertoires von Runen. Sie alle lassen sich aber auf einen Grundbestand von 24 Zeichen zurückführen. Nach dem Lautwert der ersten sechs Zeichen f, u, th, a, r und k werden sie in der Sprachwissenschaft „Futhark" genannt. Die ältesten erhaltenen Schriftzeichen stammen, wie die Runen auf dem Goldhorn von Gallehus, aus Dänemark. Zu datieren sind sie auf die Zeit um 200 n. Chr. Sie waren bis in die Mitte des 8. Jahrhunderts in Gebrauch. In manchen Teilen Skandinaviens hielten sie sich sogar bis in die Neuzeit. Über die Entstehung der Runenschrift gibt es mehrere Theorien. Wahrscheinlich ist eine Beeinflussung durch den rätisch-italischen Kulturkreis.

Der „Runenstein von Rök" (im Bild ein Ausschnitt) aus dem schwedischen Östergötland trägt mit 750 Zeichen die längste bekannte Runenschrift.

Verdiente Forscher

Die wissenschaftliche Beschäftigung mit den Runen begann bereits im 16. Jahrhundert. Führend waren dabei Gelehrte aus Dänemark und Schweden. Jedoch war man sich damals noch nicht über deren Bedeutung im Klaren und hielt sie beispielsweise für Dokumente aus der Zeit der Sintflut. Einen Durchbruch stellten die Arbeiten des dänischen Runenforschers Ludvig Wimmer dar, der mit einem 1874 veröffentlichten Werk die Grundlagen für die moderne Beschäftigung mit Runen legte. Ihm ist vor allem das Wissen über die Futhark-Systematik zu verdanken. Je mehr Schriftzeugnisse im Lauf der Zeit bekannt wurden, desto mehr Einblicke gewann die Forschung in Satzbau, Grammatik und Bedeutung dieser Dokumente der alten Germanen. Beispielsweise fand man heraus, dass jede Rune neben dem Lautwert einen Begriffswert ausdrücken konnte. So kennzeichnet die f-Rune sowohl den Lautwert f als auch den Begriffswert „Vieh" oder „Besitz". Die ältesten Runen wechselten in der Laufrichtung der Schrift zwischen rechts nach links und links nach rechts. Die späteren Runentexte sind alle rechtsläufig.

Zertifikat vom Hersteller

Die Goldhorn-Runen bestehen aus 32 Zeichen. Angebracht sind sie am obersten Rand des Objekts, in einer von zwei Längsstrichen eingerahmten Fläche. Die einzelnen Runen wurden, wie die Untersuchungen ergaben, in gleichmäßiger Form durch Doppelstriche dargestellt, die mit einer Schraffur gefüllt sind. Da sie sauber und gleichmäßig eingraviert wurden, bereitet das Lesen nur geringe Schwierigkeiten. Auch in diesem Fall entspricht einem Buchstaben ein Laut. So ergibt sich, in transskribierter Form, der folgende Text: EKHLE-WAGASTIR:HOLTIJAR:HORNA:TAWIDO. Übersetzt bedeutet dies: „Ich, Hlewagastiz,

Vorsicht Fälschung!

Nicht jede Rune ist eine echte Rune. Ein berühmter Fall einer Fälschung ist der „Runenstein von Kensington". Er wurde 1898 in Minnesota entdeckt, angeblich beim Fällen eines Baumes. Der Text berichtet von einer Fahrt, die Wikinger nach Amerika unternommen hätten. Unglücklicherweise endet er mit dem verdächtig nach Neuzeit klingenden Satz „Erlöse uns von dem Bösen". Weitere Ungereimtheiten sprachlicher Art erhöhten die Skepsis der Experten. Später kam heraus, dass der Finder – ein Mann namens Olof Ohman – die Runen selbst fabriziert und die Schlussformel aus einem schwedischen Lehrbuch, in dem eine Runen-Version des Vaterunsers stand, abgeschrieben hatte.

Holtijaz, machte das Horn." Der Künstler hat sich hier also selbst verewigt, um zu zeigen, dass der Gegenstand aus seiner Produktion stammte. Bemerkenswerterweise weist auch das erste bekannte lateinische Schriftzeugnis einen ähnlichen Kontext auf. Es handelt sich dabei um eine Gewandfibel aus Praeneste (heute Palestrina bei Rom) aus der Zeit um 600 v. Chr. Darauf ist in frühlateinischer Sprache der Satz „Manios med fhefhaked Numasioi" zu lesen – „Manius machte mich für Numasius". In diesem Fall spricht der Gegenstand selbst und teilt mit, wie der Künstler und der Auftraggeber hießen.

Offene Fragen

Kopfzerbrechen bereitet den Sprachforschern hingegen die Bedeutung der Namen auf dem goldenen Horn. „Hlewagastiz" ist der Hersteller und vielleicht auch derjenige, der die Schrift eingesetzt hat. Sein Name wird von den meisten Wissenschaftlern als „der berühmte Gäste hat" gedeutet. Schwieriger gestaltet sich das Verständnis des Zusatzes „Holtijaz". Der Produzent nimmt damit entweder Bezug auf seine geografische Herkunft oder seine genealogische Abstammung. Im ersten Fall würde sich das Wort von „Holz" oder „Wald" ableiten, im zweiten Fall von einem Personennamen, der „Holta" lauten könnte.

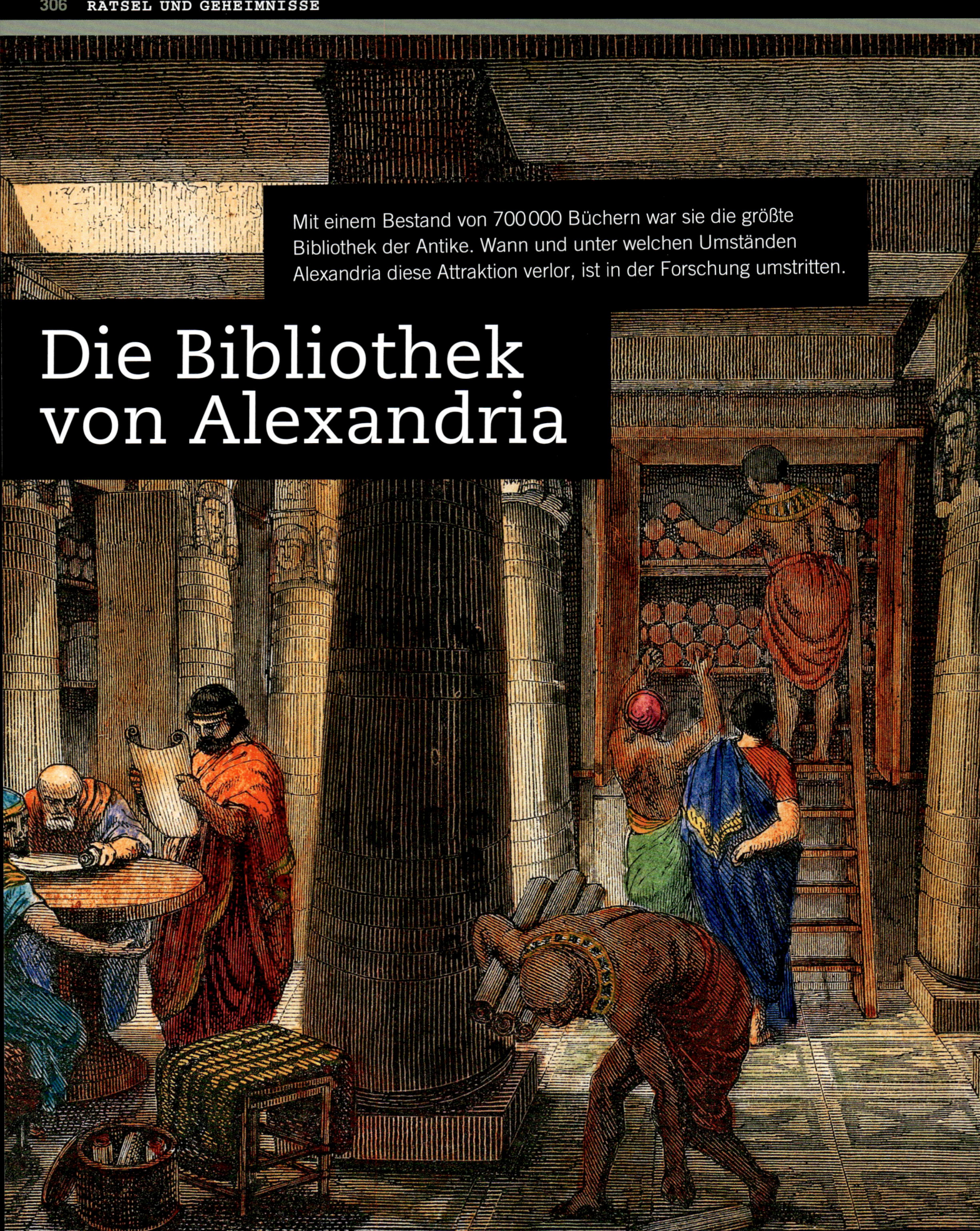

Mit einem Bestand von 700 000 Büchern war sie die größte Bibliothek der Antike. Wann und unter welchen Umständen Alexandria diese Attraktion verlor, ist in der Forschung umstritten.

Die Bibliothek von Alexandria

Langsam lief das Schiff in den Hafen von Alexandria ein. Voller Ehrfurcht blickten die Passagiere auf die eindrucksvolle Silhouette der berühmten Stadt mit ihren Palästen, Tempeln und Wohnhäusern. Eben hatten sie den Leuchtturm von Pharos, eines der Sieben Weltwunder, passiert. Nun näherten sie sich der Mole. Viele hatten die lange Seereise zur Lektüre genutzt. Nun rollten die Passagiere die Papyri, in die sie sich während der Reise vertieft hatten, zusammen und verstauten sie in ihrem Gepäck. Kaum aber hatten sie das Schiff verlassen, näherten sich ihnen einige offiziell wirkende Gestalten, die vergebens versuchten, unauffällig auszusehen. Sie wiesen sich als Beamte des Königs aus und fragten die Ankömmlinge, ob sie Bücher mit sich führten. Keiner der Neuankömmlinge sah einen Grund, diese Tatsache zu verbergen – womöglich freuten sie sich sogar über das Interesse der Behörden in dieser Weltmetropole an ihrem Besitz. Arglos überreichten alle den Vertretern des Königs ihre Papyrusrollen.

Doch dann erlebten sie eine böse Überraschung. Die Beamten teilten ihnen mit, dass die Bücher zumindest vorläufig konfisziert seien. An Ort und Stelle prüften Gutachter deren Inhalt und deren Qualität. Stießen sie dabei auf Kostbarkeiten wie eine literarische Erstausgabe, behielten sie das Buch. Zwar ließen sie für den Besitzer eilig eine Kopie anfertigen, die Urschrift aber behielten sie, um sie den Beständen der Bibliothek von Alexandria zuzuführen.

Unkonventionelle Methoden

Diese als absolut authentisch einzustufenden Informationen liefern antike Quellen über die Praktiken, mit denen es gelang, aus der Bibliothek von Alexandria die größte Büchersammlung der Antike zu machen. Dass die Bibliothek mit ihren Beständen alle anderen vergleichbaren Institutionen klar in den Schatten stellte, war das Ergebnis einer Mischung von Skrupellosigkeit, Geschäftssinn und literarischem Sachverstand, die ihr Personal auszeichnete. Das beweist eine weitere verlässlich überlieferte Geschichte über die Akquise guter Bücher: Ganz offiziell wandte man sich an die Bibliotheken in Athen mit der Bitte, die originalen Manuskripte der großen attischen Tragiker Aischylos, Sophokles und Euripides ausleihen zu dürfen. Man wolle sie nach Alexandria bringen, dort kopieren und dann wieder nach Athen zurückschicken. Als Sicherheit wollten die Alexandriner die ansehnliche Summe von 15 Talenten Silber leisten. Die Athener willigten ein und das Geschäft lief wie geplant an. Man versandte die wertvollen Schriften und tatsächlich kamen eines Tages per Bote Papyri aus Alexandria in Athen an. Doch brachten sie nicht etwa die unersetzlichen Originale, sondern lediglich Kopien. Die Originale hatte man für die Bibliothek von Alexandria vereinnahmt.

Nicht alle Schriften in den Beständen der Bibliothek wurden auf diese unsaubere Weise erworben. Gesandte des Königs und Mitarbeiter der Bibliothek waren im ganzen Mittelmeerraum unterwegs und kauften ein. In der Mitte des 1. Jahrhunderts v. Chr. lagerten in den Depots von Alexandria sagenhafte 700 000 Schriftrollen, fast der gesamte Wissensschatz der Antike. Alle Disziplinen und Richtungen waren vertreten: Romane, Lyrik, Dramen, Werke der Historiografie und Biografie, Fachliteratur aus Bereichen wie Mathematik, Geografie, Astronomie und Medizin. Die Bibliothek war zusammen mit dem Museion das wissenschaftliche Aushängeschild der Weltstadt Alexandria. In der Bibliothek lagerte das Wissen, im Museion arbeiteten Hunderte Gelehrte und Forscher, um das Wissen zu mehren. Von Kollegen, die nicht das Glück hatten, gut versorgt aus üppig gefüllten königlichen Kassen ihrer Arbeit nachzugehen, ernteten sie beißenden Spott. Sie säßen dort „wie gemästete Hühner im Korb", hieß es.

Spendabler König

Ohne den König als Mäzen hätte das System tatsächlich nicht funktioniert. Alexandria war die Hauptstadt der Ptolemäer, jener Dynastie, die es verstanden hatte, in den Kämpfen nach dem Tod Alexanders des Großen, des Königs der Makedonen, das reiche Ägypten in ihren Besitz zu bringen. Danach traten sie in einen edlen Wettstreit mit den anderen hellenistischen Königen ein, die in Makedonien, Syrien oder später Pergamon regierten. Die Kultur spielte dabei eine wichtige Rolle. Jeder wollte den anderen übertrumpfen, sei es in der Architektur, in der Technik oder in den Wissenschaften.

Die Ptolemäer hatten dank ihres Reichtums an Geld und Ideen meist die Nase vorn. Was die Bibliothek anging, so verfügten sie auch über einen einzigartigen Standortvorteil. Sie hatten das Monopol auf Papyrus, den Hauptbeschreibstoff der Antike. Pergament spielte damals nicht mehr als eine Nebenrolle. Nur in Ägypten, an den Ufern des Nils und in dessen Delta, wuchs die Papyrusstaude, aus deren Mark das begehrte Beschreibmaterial hergestellt wurde. So machten die Ptolemäer mit ihrem Papyrus in der ganzen Mittelmeerwelt gute Geschäfte, während sie sich für den eigenen Bedarf gewissermaßen vor der eigenen Haustür bedienen durften. Die Herstellung von Kopien war also für sie viel kostengünstiger als für die hellenistische Konkurrenz.

Die Gründung der Bibliothek von Alexandria geht auf den ersten Herrscher der Ptolemäer zurück. König Ptolemaios I. war einst der Leibwächter Alexanders des Großen gewesen. Nachdem er in den Kämpfen nach dessen Tod Ägypten gewonnen hatte, nahm er den Königstitel an und regierte bis 283 v. Chr. Ihm folgte sein Sohn Ptolemaios II., der sich genauso leidenschaftlich wie der Vater für die Förderung von Wissenschaft und Kunst einsetzte. Auch unter den folgenden Herrschern, die alle aus der Familie der Ptolemäer stammten, waren Museion und Bibliothek prosperierende Vorzeigeobjekte, auf die alle Welt neidisch war.

Bibliotheksdirektoren

Geleitet wurde die Bibliothek von einem verbeamteten Direktor, dessen herausgehobener Status sich auch darin zeigte, dass die Könige ihm die Erziehung und Ausbildung der Thronfolger anvertrauten. Bekannte Persönlichkeiten der antiken Gelehrtenwelt, Koryphäen ihrer Zeit, schafften es auf diesen begehrten und hoch dotierten Posten. Der erste Bibliotheksdirektor war von 284 v. Chr. an der Philologe Zenodotos aus Ephesos, der als Autor der ersten kritischen Homer-

Dass Papyri sehr gut haltbar sind, beweist dieses etwa 4 m lange, 2500 Jahre alte Exemplar, das 2015 hier im Cologne Institute of Conservation Sciences (Köln) erstmals entrollt wurde.

Ausgabe von sich reden machte. Seine Nachfolge trat 270 v. Chr. der Epiker Apollonios von Rhodos an, der ein viel beachtetes Werk über die Reisen der Argonauten verfasste. Auf ihn wiederum folgte etwa 245 v. Chr. der äußerst vielseitige Gelehrte Eratosthenes von Kyrene, der heute vor allem dafür bekannt ist, dass ihm das Kunststück gelang, den Erdumfang fast exakt zu berechnen. Ironie der Geschichte: Von Eratosthenes' zahlreichen eigenen Werken aus Bereichen wie Geografie, Mathematik, Philologie und Philosophie ist kaum etwas erhalten – vielleicht gerade weil er den Posten des Bibliothekschefs bis zu seinem auf um 194 v. Chr. datierten Tod, also rund 60 Jahre lang, innehatte. Womöglich hat er seine Schriften zur sicheren Aufbewahrung direkt der Bibliothek anvertraut. Mit deren Verschwinden wären dann auch sie untergegangen.

Geordnete Verhältnisse

Neben dem Erwerb der Schriftrollen oblag dem Direktor die Aufgabe, sie zu ordnen und damit für Forscher und interessiertes Publikum benutzbar zu machen. Auch in diesem Zusammenhang erwarb sich Eratosthenes große Verdienste. Im Ergebnis war die Bibliothek von Alexandria berühmt für ihre ordnende Systematik bei der Katalogisierung. So wurden die Schriften nach bestimmten Kriterien wie Herkunft oder, soweit bekannt, Namen der Autoren sortiert. Auch eine Einteilung nach Themen und Sachgebieten erleichterte den Benutzern das Auffinden gewünschter Werke. Diesem Zweck diente ein 120 Bände umfassender Katalog mit einem Index, der in die Rubriken Rhetorik, Recht, Epik, Tragik, Lyrik, Geschichte, Medizin, Mathematik, Naturwissenschaften und Vermischtes eingeteilt war. Neben der großen Bibliothek existierte noch eine zweite, wenn auch deutlich kleinere Einrichtung dieser Art innerhalb eines kultischen Komplexes, der dem Gott Serapis geweiht war.

Cäsar und Kleopatra

Nicht auszudenken, wenn die heutige Wissenschaft noch Zugriff auf die Bibliothek von Alexandria hätte. Damit würde eine unermessliche Fundgrube des Wissens über die Antike zur Verfügung stehen. Doch die meisten Bücher sind verschwunden. Nur ein äußerst geringer Teil der einstigen Bestände ist aktuell noch erhalten oder zumindest dem Titel nach bekannt.

In der älteren Forschung war es eine verbreitete Annahme, die Bibliothek sei im Jahr 48 oder 47 v. Chr. durch Feuer zerstört worden. Damals herrschte in Alexandria Bürgerkrieg. Erbittert kämpften Ptolemaios XIII. und seine Schwester Kleopatra VII. um die Macht. An diesen Auseinandersetzungen unmittelbar beteiligt war der römische Feldherr Julius Cäsar, der sich mit seinen Truppen auf die Seite der Kleopatra schlug und ihr schließlich zum Sieg verhalf. Tatsächlich kam es im Verlauf der Auseinandersetzungen zu einem Brand. Jedoch fielen ihm nur geringe Teile der Bibliothek zum Opfer, vielleicht sogar nur Werke, die in einem benachbarten Hafengebäude lagerten. Zahlreiche Quellen beweisen vielmehr, dass die Bibliothek auch unter der römischen Herrschaft, die 30 v. Chr. mit der Eroberung durch Octavian, dem späteren Kaiser Augustus, begann, noch intakt war. Zwar entfiel nun die finanzielle Förderung seitens spendabler Könige. Doch auch für die Römer waren Museion und Bibliothek Prestigeobjekte, die es zu erhalten lohnte.

Szenarien des Untergangs

Ernsthafter wurde die Bibliothek erst im Jahr 272 n. Chr. in Mitleidenschaft gezogen. Zu dieser Zeit rebellierte Zenobia, die Königin der Oasenstadt Palmyra, gegen die Herrschaft der Römer, eroberte dabei Ägypten und nahm den Titel einer Kaiserin an. Daraufhin sah sich der römische Kaiser Aurelian zum Eingreifen gezwungen. Im Rahmen dieser Auseinandersetzungen ging auch die

Bibliothek in Flammen auf. Ob sie danach weiter in Betrieb war, ist unter den Altertumsforschern umstritten. Einige Gelehrte glauben, dass sie,allerdings in abgespeckter Form, noch weiter existierte. Sie sind der Meinung, dass nicht ein einziges katastrophales Ereignis zum Ende der berühmtesten Bibliothek der Antike geführt habe. Vielmehr habe sie einen schleichenden Niedergang durchgemacht. Für diese These spricht, dass in der Spätantike das Interesse an Gelehrsamkeit nachließ – und damit auch an niedergeschriebenem Wissen und dessen Aufbewahrungsorten.

Christen als Bücherfeinde

In das Reich der Fabel müssen vor diesem Hintergrund Berichte verwiesen werden, die behaupten, dass es entweder Christen oder Muslime gewesen seien, die die Bibliothek mutwillig zerstört hätten. Zwar kam es in Alexandria im Jahr 391 zu schweren Kämpfen zwischen Christen und Nichtchristen. Zu dieser Zeit regierte Kaiser Theodosius, der das Christentum zur Staatsreligion erklärt hatte. Damit einher gingen Verfolgungen aller, die sich nicht zu der neuen, nun vorgeschriebenen Religion bekennen wollten. In Alexandria war der Widerstand gegen diese Politik besonders groß. Als Hort der religiösen Opposition galt das Serapis-Heiligtum. Es wurde samt angeschlossener Bibliothek auf Befehl des Kaisers niedergebrannt. In den Quellen, die von diesen Ereignissen berichten, ist aber nicht von der großen Bibliothek,

sondern nur von der kleinen Filiale die Rede. Die einstige Zentrale war zu dieser Zeit allem Anschein nach schon gar nicht mehr in Betrieb.

Kampagne gegen die Araber

Deswegen können auch Quellen nicht als zuverlässig gelten, die von einer Zerstörung der großen Bibliothek im Jahr 642 wissen wollen. Nach der Eroberung der Stadt durch die Araber habe der Kalif Omar die Anweisung gegeben, alle Werke zu zerstören, die nicht im Einklang mit dem Koran stünden. Fast alle Schriften seien daraufhin aus der Bibliothek entfernt und zum Beheizen öffentlicher Bäder benutzt worden. Wie Geschichtsforscher nachgewiesen haben, sind die Quellen, die solche Behauptungen aufstellen, in das frühe 13. Jahrhundert zu datieren, also in die Zeit der christlichen Kreuzfahrer, die bestrebt waren, die „ungläubigen" Muslime in einem schlechten Licht erscheinen zu lassen. Anders als die Autoren dieser Quellen weiß man heute, dass die Bibliothek zum Zeitpunkt der arabischen Eroberung schon längst aus dem Stadtbild Alexandrias verschwunden war.

Schwierige Verhältnisse

Wo aber befand sich die berühmte Bibliothek? Diese Frage beschäftigt Archäologen schon seit langer Zeit. Der Stadtplan des antiken Alexandria ist schwer zu rekonstruieren. Das liegt vor allem daran, dass die Stadt seit der Antike kontinuierlich bewohnt gewesen ist. Unter dem Häusermeer der heutigen Millionenstadt verbergen sich noch viele Schätze aus der Antike. Sie auszugraben, ist wegen der modernen Bebauung praktisch unmöglich. So ist bis heute das Grab des Stadtgründers Alexander- nicht gefunden worden. Nur gelegentlich und eher zufällig kommen bei Bauarbeiten Überreste aus der Antike zum Vorschein.

Die neue Bibliothek

Am 16. Oktober 2002 wurde in Alexandria, in bewusster Anlehnung an die berühmte Vorgängerin aus der Antike, eine neue Bibliothek eröffnet. Die Kapazitäten sind auf einen Maximalbestand von acht Millionen Bänden ausgerichtet. Wie die alte Bibliothek, so ist auch die legitime Nachfolgerin als internationales Forschungszentrum mit diversen Bildungseinrichtungen konzipiert.

Konferenz mit Paukenschlag

Angesichts dieser schwierigen Situation horchten 2004 Fachwelt und interessiertes Publikum überrascht auf, als aus Ägypten die Meldung kam: „Bibliothek von Alexandria entdeckt". Das Fragezeichen, das zumindest die seriösen Zeitungen und Zeitschriften hinter diese Meldung setzten, wurde in der allgemeinen Euphorie fast übersehen. Jedenfalls hatte Zahi Hawass, Leiter der ägyptischen Altertümerverwaltung, auf einer Fachkonferenz in Kalifornien Erstaunliches mitzuteilen. Einem Team polnischer und ägyptischer Archäologen sei es gelungen, so hieß es, Gebäudeteile auszugraben, bei denen es sich um die Ruinen der Bibliothek von Alexandria handeln könne.

Nach den antiken Quellen befand sich die Bibliothek nicht in einem separierten Gebäude. Sie war Teil des Museions, das dem alten Palastbezirk im Stadtteil Brucheion angeschlossen war. Dieser Bezirk lag nicht weit entfernt vom Hafen, wo einst Cäsar für Kleopatra gekämpft hatte. Die Archäologen stießen bei ihren Ausgrabungen auf einen Komplex mit 13 Räumen, die sie als Hörsäle deuteten, in denen über 5000 Studenten Platz gehabt hätten. Dies stimmt mit den antiken Berichten überein, wonach in der Bibliothek nicht nur gelesen und geforscht, sondern auch gelehrt wurde.

Ernüchterung

Die Begeisterung ebbte aber bald wieder ab. Weitere Forschungen, deren Ergebnisse 2009 veröffentlicht wurden, bewiesen, dass die Räume nicht zum Museion gehörten. Sie bildeten nachweislich ein eigenständiges Ensemble, das erst um 500 n. Chr., in byzantinischer Zeit, erbaut wurde, und zwar wohl auch als wissenschaftliches Zentrum und Leseort diente, aber mit der legendären Bibliothek nichts zu tun hatte. Die Suche nach der Bibliothek und ihren unermesslich wertvollen Schätzen kann also weitergehen.

Unterwasserarchäologie

1996 hatte der Franzose Franck Goddio Sensationelles zu vermelden. Der 49-jährige Unterwasserarchäologe präsentierte der staunenden Öffentlichkeit nichts Geringeres als den „Palast der Kleopatra". Teile des Palastes, so war allgemein bekannt, befinden sich auf dem Boden des Meeres, weil seit der Antike der Wasserspiegel gestiegen ist. Bei der historischen Spurensuche setzte Goddio auf modernste Technik. Zentimeter für Zentimeter ließ er den Meeresboden absuchen, gestützt auf Informationen, die er in den antiken Quellen gefunden hatte. An Instrumenten verwendete er neben GPS auch einen speziellen Magnometer, Echolot und ein Seitenscanner-Sonar. Am Boden des Meeres stießen Goddio und sein Team auf antike Mauern, Statuen, Schmuck, Münzen. Über 500 Einzelstücke sammelten die Forscher ein. Ein Wermutstropfen in der allgemeinen Euphorie war jedoch der bald erbrachte Nachweis, dass Goddio vor Alexandria zwar Architekturteile von repräsentativen Bauten, nicht aber den Palast der Kleopatra entdeckt hatte. Denn die von ihm zum Kleopatra-Palast erklärten Gebäudeteile waren über 200 Jahre älter als die berühmte Königin. Sie mussten von einem ihrer Vorgänger stammen.

Die berühmteste Fliegerin ihrer Zeit wollte um die Erde fliegen – und verschwand spurlos im Pazifik. Forscher geben die Suche nach ihr nicht auf.

Was geschah mit Amelia Earhart?

Der Funkspruch verhieß nichts Gutes. „Wir fliegen hin und her", sagte Amelia Earhart. Das war das letzte Lebenszeichen der damals berühmtesten Frau in den USA. Nach diesem 2. Juli 1937 blieb die passionierte Pilotin verschwunden. Eine Frau im Cockpit eines Flugzeugs war damals noch etwas völlig Ungewöhnliches. Aber Amelia Earhart war auch eine ungewöhnliche Frau. Die 39-Jährige sprengte alle Konventionen und verstand es, sich wirkungsvoll zu vermarkten. Sie bevorzugte extravagante Kleidung und trug die Haare kurz. Vor der Hochzeit mit dem bekannten Verleger George P. Putnam hatte die resolute und selbstbewusste Frau auf einem Ehevertrag bestanden. Der Gatte, der auch ihr Manager war, erklärte sich damit einverstanden, dass für seine Frau der Beruf wichtiger als Kinder war.

Leidenschaft Fliegen

Amelia Earhart war, obwohl selbst keine Feministin, eine frühe Ikone der amerikanischen Frauenbewegung. Vor allem aber war sie die „Königin der Lüfte". Die Fliegerei war ihre große Leidenschaft. Als erste Frau überquerte sie 1928 im Alleinflug den Atlantik.

Amelia Earhart am 20. Mai 1937, einen Tag vor dem Start zu der Weltumrundung, von der sie nicht zurückkehrte.

Danach wurde sie von den Medien frenetisch gefeiert. Amelia Earhart war ein Star. In Anlehnung an den großen Charles Lindbergh, der als erster Mensch überhaupt den Großen Teich von Westen überquert hatte, nannte man sie ehrfurchts- und respektvoll zugleich „Lady Lindy". Auch politisch war sie engagiert und unterstützte den demokratischen Präsidenten Franklin D. Roosevelt. Mit dessen Ehefrau Eleanor war sie eng befreundet.

Auf dem Gipfel ihres Ruhmes angelangt, nahm Amelia Earhart 1937 ein kühnes Unternehmen ins Visier. Den Atlantik hatte sie bereits bezwungen, nun wollte sie entlang des Äquators die ganze Erde umrunden. Das waghalsige Unternehmen hatte am 21. Mai 1937 begonnen, als sie von Miami nach Brasilien, dann weiter über den Atlantik nach Westafrika geflogen war. Von dort war es nach Kalkutta und schließlich nach Neuguinea gegangen. Den Großteil der Strecke hatten die begeisterte Fliegerin und ihr Navigator Fred Noonan bereits absolviert. Nun lagen noch etwa 9000 Kilometer vor ihnen. Geplant war eine letzte Zwischenlandung auf der 4200 Kilometer entfernten kleinen Pazifikinsel Howland, bevor sie im Triumph wieder den amerikanischen Kontinent erreichen wollten. Die Ankunft am Zielpunkt Kalifornien war symbolträchtig für den 4. Juli, den US-amerikanischen Unabhängigkeitstag, geplant.

Verzweifelte Funksprüche

Am 2. Juli 1937 starteten sie mit ihrer zweimotorigen Lockheed Electra auf dem kleinen Flugplatz von Lae im heutigen Papua Neuguinea in einen wolkenlosen Himmel. Vor dem Atoll ankerte das Küstenschiff *Itasca*. Es hatte die Aufgabe, das Flugzeug per Funk zu der winzigen Insel zu lotsen. Jedoch hatte es

beim Start eine, wie sich zeigen sollte, verhängnisvolle Panne gegeben: Die Antenne des Kurzwellensenders war abgebrochen. Die Fliegerin konnte zwar noch selbst Funksprüche absetzen, aber keine mehr empfangen. Und so konnte die Besatzung der *Itasca* auch nicht helfen, als aus dem Flugzeug verzweifelte Hilferufe gesendet wurden. Offenbar hatten Amelia Earhart und der Navigator die Orientierung verloren und die Insel verfehlt. „Wir müssen über euch sein, können euch aber nicht sehen", meldete die Pilotin. Und sie erklärte, dass der Treibstoff zur Neige gehe. Und dann die letzten Worte: „Wir fliegen hin und her." Danach herrschte totale Funkstille.

Absturz – oder Notlandung?

Was damals an Bord geschah, ist bis heute nicht geklärt. Zunächst gingen die ermittelnden Behörden von einem Absturz aus. Earhart war zwar eine leidenschaftliche Fliegerin, hatte sich aber auch schon häufig verflogen. Doch entdeckten Suchmannschaften im Umkreis des vermuteten Unglücksgebietes keine Spur von einem Wrack. Hatte sich die Fliegerin vielleicht doch retten können? Derlei Gerüchte erhielten in den nachfolgenden Jahren und Jahrzehnten immer wieder Nahrung. Eine heiße Spur gab es 1991. Auf dem Atoll Nikumaroro entdeckten Forscher ein Stück Aluminium. Ric Gillespie, Leiter eines Unternehmens, das auf die Wiederentdeckung verschwundener Flugzeuge spezialisiert ist, zeigte sich überzeugt, einen Teil von Earharts Maschine gefunden zu haben. Es sei der Pilotin gelungen, eine Notlandung durchzuführen. Eine Zeitlang habe sie dort noch überlebt. Das untermauert nach Ansicht der Forscher der Fund eines Frauenschuhs, der mutmaßlich in den 1930er-Jahren hergestellt worden war und der auf der Insel entdeckt wurde. Im Sommer 2015 startete Gillespie zu einer weiteren Expedition. Ergebnisse sind im August 2016 noch nicht bekannt.

Amelia im Film

Das Geheimnis um das Schicksal von Amelia Earhart ist in vielen Büchern thematisiert worden. Auch der Film hat sich des Stoffes angenommen. Am bekanntesten ist der TV-Film von 1994 *Amelia Earhart – The Final Flight* mit Diane Keaton in der Titelrolle.

Register

Bildnachweis

Corbis: Sygma/Vienna Report Agency Umschlag r. o., Bettmann 28, 36, Allied Artists Pictures/Sunset Boulevard 51, George Steinmetz 63, ITAR-TASS Photo/Ruslan Shamukov 103, ZUMA Press/KC Alfred 125, imageBROKER 143, ZUMA Press/Bryan Smith 152

Getty Images: Godong/robertharding Umschlag M. u., National Geographic/Jonathan Kingston 4, Gamma-Rapho/Franck Crusiaux 8 l., DeAgostini 11, AFP/Andrea Solero 22, Gamma-Rapho/Franck Crusiaux 23, The LIFE Images Collection/Cecil Stoughton 30, UIG/Prisma 48, DeAgostini 56, Apic/Hulton 65, Print Collector/Ann Ronan Pictures 69, AFP/Loic Venance 73, De Agostini/G. Dagli Orti/DEA 91, AFP/Stan Honda 96, All Canada Photos/David Nunuk 98 r., UIG/Auscape 104, Ann Ronan Pictures 106, All Canada Photos/David Nunuk 127, Matt Cardy 129, IWM/Capt. Tanner 138, Evening Standard/Hulton Archive 147 r., LOOK-foto/Karl Johaentges 156, Dan Kitwood 165, Andalu Agency/Sabri Celebioglu 180/181, Evening Standard/Hulton Archive 184, Tuul & Bruno Morandi 188 r., Tuul & Bruno Morandi 198, DigitalGlobe/ScapeWare3d 202/203, DEA/G. Dagli Orti 229 r., Bettmann 258, DEA/G. Dagli Orti 261, Patrick Landmann 273, Homebrew Films Company 274 r. und 290

Interfoto: Friedrich 8 M., NG Collection 18, Mary Evans 20, amw 24 l., Friedrich 27, Sammlung Rauch 53 l., PHOTOAISA 54, Sammlung Rauch 57, Sammlung Rauch 95, A. Koch 98 l., Sammlung Rauch 105, Marka/Gustavo Tomsich 107 u., HERMANN HISTORICA GmbH 113, Alinari 114, A. Koch 117, Mary Evans/English Heritage 128, NG Collection 150, BaptisteD 159, Mary Evans/WARNER BROS/Ronald Grant Archive 171, Mary Evans/Ronald Grant 187, Miller 189 l., Sammlung Rauch 189 r., SuperStock/Fine Art Images 204, Miller 209, Sammlung Rauch 218, Mary Evans/Arthur Rackham 221, Friedrich 223, Sammlung Rauch 235, Mary Evans/The National Archives, London 250 und 252, picturedesk.com/ÖNB/Albert Hilscher 265, Mary Evans 280, Alinari/Lino Salatino 289, Mary Evans 300, Friedrich Rauch 304

iStockphoto.com: Mistercheezit Umschlag l., Joel Carillet 9 l. und 32, Francisco Javier Gil Oreja 213, razerbird 249, Rike 295

Landesamt für Denkmalpflege und Archäologie Sachsen-Anhalt: Juraj Lipták 292

mauritius images: United Archives 9 r., 29, 35 und 94, imageBROKER/Kurt Möbus 97, Alamy/Eddie Gerald 99 l., age/Angela Usa´n 107 o., Tetra Images 112, Alamy/Spring Images 132, Alamy/Eddie Gerald 134, Alamy/Andre Jenny 136, Alamy/Peter Horree 142, Alamy/Odyssey-Images 145, Alamy/Wuu 147 l., Alamy/Wuu 158, Alamy/Emilia Whitbread 164/165, Alamy/John Frost Newspapers 170, Rafael Macia 183, SuperStock/Newberry Library 192, Alamy/Michael Patrick O'Neill 222/223, Alamy/Andrey Nekrasov 225, United Archives 228 l., United Archives 230, Alamy/Vladimir Cuvala 234, United Archives 257, United Archives 268, Alamy/Elio Lombardo 270, Alamy/Hercules Milas 276

picture alliance: dpa Umschlag r. u. und 8 r., akg-images 12, dpa 15 o., United Archives/TopFoto 15 u. und 16/17, dpa 19, AP Images 24 r., ZB 25, dpa 33, 37, 39, 40, 42 und 43, United Archives 44, Everett Collection 45, SZ Photo 47, dpa 52 l., AP Images 52 M., dpa 52 r., akg-images 53 r., Scanpix/Leif R. Jansson 55, Ulrich Baumgarten 59, akg-images 60/61 und 70/71, PhotoPQR/Daniel Fouray 72, dpa 74, ZB/euroluftbild.de/Gerhard Launer 75, Christian Grovermann 76, dpa 77, 79, 80 und 81, AP Images 82, akg-images 84, 360-berlin/Metodi Popow 85, Imagno/Votava 86, Niedersächsisches Landesamt für Denkmalpflege 87 und 88, dpa 89, United Archives 92/93, dpa 100, akg-images 109, 110 und 111, Artcolor 115, AP Photo/Greek Culture Ministry 119, akg-images/Cameraphoto 120, akg-images 122, akg-images/Erich Lessing 123, LBI ArchPro/Geert Verhoeven 131, AFP/James Chatters 133 o., AP Photo/Ted S. Warren 137, dpa 146 l., IMAGNO/Votava 146 M., United Archives/IFTN 148, AP Photo/Kathy Willens 149, dpa 154, 157 und 161 l., IMAGNO/Votava 161 r., 162, RR Auctions 169, dpa 172 und 178 r., Zuma Press/Paul Harris 185, dpa 188 l. und M., United Archives/World History Archive 190/191, dpa 191, Imagno/Martin van Meytens 195, dpa 196 und 200, dpa/BGR 201, dpa 203 und 207, Everett Collection 208, Heritage Images 211, akg-images 212, Mary Evans Picture Library 215, AP Photo/Martin Vogl 217, dpa 226 und 227, ROPI 228 M., dpa 228 r., 229 l., United Archives/IFTN 233, Westend61 237 l., dpa 237 r., ROPI 239, SZ Photo/Stephan Rumpf 240, APA/picturedesk.com 241, dpa 242 und 243, 244, CPA Media 245, Photoshot 246, 247, United Archives/IFTN 253, AP Photo 255, ZB 259, AP Photo 262, dpa 266/267, AP Photo 274 l., akg-images/Jürgen Raible 274 M., 275 l., Leemage 275 r., akg-images 276/277, akg-images 279 und 281, Leemage 283, 284, akg-images 285, akg-images/Jürgen Raible 287, dpa 291, 292/293, ZB 296, akg-images 299, ZB 302/303, akg-images 306, dpa 308, 311, AP Photo 312

Reuters: Umschlag M. o. und 31

ullstein bild: imageBROKER/Kurt Amthor 10, Reuters 66, SZ Photo/Scherl 98 M., Keystone 99 r. und 124, Iberfoto/Rafa Perez 133 u., SZ Photo/Scherl 141, Teutopress 146 r., Brill 153, Reuters/Rafael Marchante 166, Boness/IPON 173, Teutopress 174, United Archives 177, dpa 178 l., Reuters 254

Impressum

Autor: Prof. Dr. Holger Sonnabend
Producing: red.sign GbR, Stuttgart
Redaktion: Guido Huß
Grafik: Anette Vogt
Bildredaktion: Anja Schlatterer

Reader's Digest
Redaktion: Falko Spiller (Projektleitung)
Grafik: Peter Waitschies
Bildredaktion: Sabine Schlumberger
Prepress: Frank Bodenheimer

Redaktionsdirektor: Michael Kallinger
Chefredakteurin Buch: Dr. Renate Mangold
Art Director: Susanne Hauser

Produktion
arvato distribution: Thomas Kurz

Druckvorstufe
BORN London Limited

Druck und Binden
Neografia, Martin

© 2016 Reader's Digest, Deutschland, Schweiz, Österreich
Verlag Das Beste GmbH, Stuttgart, Zürich, Wien

UK 2982/G-GR

Printed in Slovakia

ISBN 978-3-95619-233-3

Besuchen Sie uns im Internet
www.readersdigest.de I www.readersdigest.ch I www.readersdigest.at